DE LA MÊME AUTRICE

Aux Éditions Gallimard

LE DON DES MORTS, 1991.
PASSAGES DE L'EST, 1992.
LE PRINCIPE DE RUINE, « L'Un et L'Autre », 1993.
LES TROIS MINUTES DU DIABLE, 1994 (« Folio », n° 2879).
VIOL, 1997 (« Folio », n° 3189).
D'AMOUR, 2002 (« Folio », n° 4188).
DIEU.com, « Hors série Littérature », 2004.
LA FRAGA, 2005 (« Folio », n° 4517). Prix Jean-Giono.
QUAND MÊME, « Le Manteau d'Arlequin », 2006.
CASTOR DE GUERRE, 2008 (« Folio », n° 4930). Prix Jean-Monnet.
NOUS, ON N'AIME PAS LIRE, « Hors série Connaissance », 2009.
LA VIE ÉCLAIRCIE, 2010.
SIBIR, 2012 (« Folio », n° 5947).
DISCOURS DE RÉCEPTION À L'ACADÉMIE FRANÇAISE, 2013.
L'ÉGLANTINE ET LE MUGUET, 2018 (« Folio », n° 6861).
ARMISTICE, *collectif*, 2018.
JOJO, LE GILET JAUNE, « Tracts », n° 5, 2019.
UN VIRUS ET DES HOMMES, *collectif*, « Tracts de crise », 18 mars - 11 mai 2020.
PAROLE EN HAUT, SILENCE EN BAS, « Tracts », 2021.
RUE DE LA JUSTICE, 2022 (« Folio », n° 7351).

Aux Éditions Flammarion

PAYSAGE DE RUINES AVEC PERSONNAGES, 1975.
LE VOYAGE D'AMSTERDAM OU LES RÈGLES DE LA CONVERSATION, 1977.

Aux Éditions Hachette (P.O.L)

LES PORTES DE GUBBIO, 1980 (« Folio », n° 2758). Prix Renaudot.

Aux Éditions P.O.L

UN PRINTEMPS FROID, 1983 (« Folio », n° 4424).
LA VIE FANTÔME, 1986 (« Folio », n° 4187).

Suite des œuvres de Danièle Sallenave en fin de volume

LA SPLENDIDE PROMESSE

DANIÈLE SALLENAVE

de l'Académie française

LA SPLENDIDE PROMESSE

MON ITINÉRAIRE RÉPUBLICAIN

nrf

GALLIMARD

« Vais-je à la médisance infâme,
(Le gel comme avant sent la pomme)
Livrer le serment profond jusqu'aux larmes
La splendide promesse faite au tiers état ? »

OSSIP MANDELSTAM, 1er janvier 1924
(Traduction de François Kérel.)

Bref avant-propos

Je suis et je serai toujours une petite républicaine des années d'après-guerre, nourrie dès l'enfance des symboles de la république, de son histoire et de ses mythes. Le 14-Juillet, La Marseillaise *et les trois couleurs du drapeau, la nation une et indivisible, un universalisme abstrait, l'égalité de tous devant la loi, l'amour de la France et de sa langue...*

Le lieu, le milieu, le moment disent tout. Une province de l'Ouest conservateur et clérical, dont j'ai dressé le tableau dans L'Églantine et le Muguet, *un monde rural dominé par l'alliance de l'Église et des châteaux. À peine sortie de la défaite et de la collaboration, la France s'engage dans les guerres coloniales et la modernisation du pays. Mes parents, instituteurs tous les deux, ont connu tous les espoirs et toutes les déceptions des années 30 : le Front populaire, l'effondrement de la république, la fin des illusions pacifistes, le choc de la guerre, la séparation, la captivité et, après la guerre, la lourde tâche de reconstruire l'école et de se reconstruire. Mais ils continuent de porter la mémoire des impropriétaires dont ils sont issus, ce petit peuple modeste et laborieux qui, en 1870, avait vu revenir avec la république « la splendide promesse » de 89 faite au tiers état de progrès, de justice, et d'instruction. Dans* Rue de la Justice, *j'ai tenté de reconstituer l'univers de Laurence, l'une de mes arrière-grands-mères. Laveuse sur les bords de Loire, elle garda toute sa vie sur sa cheminée la gravure encadrée du transfert au Panthéon des cendres de Victor Hugo, icône vénérée d'un peuple « qui travaille, qui souffre et qui attend ».*

De ces espoirs, je suis la fille, de cette promesse, je suis comptable.

Qu'ai-je fait de cet héritage, et qu'a-t-il fait de moi ? Voici ce qu'il me faut maintenant raconter. Au fil des expériences, des voyages, des rencontres, ai-je été capable de le maintenir, ne lui ai-je pas parfois trop rigoureusement obéi ? Je ne me donne pas en exemple, encore moins en modèle, mais tout mon parcours témoigne des heurs et des malheurs d'un idéal républicain mis au défi par les secousses d'une époque mouvementée. Mes erreurs, mes désillusions révèlent mes propres ambivalences, mais aussi les ambiguïtés et les contradictions de l'idéal républicain. Jamais cependant je n'ai remis en question mon adhésion au républicanisme hérité de mon enfance et je n'ai jamais cessé de porter à la république un attachement ombrageux. En un mot : j'ai toujours les larmes aux yeux quand j'entends La Marseillaise.

Il ne me paraît pas inutile de rouvrir ce passé-là. Ce monde n'existe plus, mais il a gardé sa force d'inspiration. Je ne désespère pas qu'on puisse y trouver de quoi répondre aux défis des sombres temps que nous traversons.

I

L'ÉLITISME RÉPUBLICAIN

Septembre 58 : mes débuts dans la vie et ceux de la Ve République

Lundi 29 septembre 1958. Dans le fond de la voiture paternelle, le journal local déplié sur mes genoux, je lis tout haut les résultats du référendum constitutionnel qui va fonder la Ve République.

J'ai passé mon deuxième bac en juin, dans un mois j'aurai dix-huit ans. Selon le parcours classique de la méritocratie républicaine, je quitte ma province pour aller suivre des études supérieures à Paris. Je suis née dans les mois où, sur les ruines de la IIIe République, s'installait l'État de Vichy ; j'entre dans la vie adulte au moment où disparaît la IVe République pour laisser place à la Ve, une autre république, un nouveau régime.

Au printemps, la politique est entrée dans ma classe de math'élem. Un complot s'est ourdi à Alger pour imposer un changement de politique et le maintien de l'Algérie française au sein de la république. La menace d'une opération militaire et d'un coup d'État, prévus par ce complot et phase finale éventuelle de cette opération, cette fois-ci sur Paris, incite les députés à accepter la passation de pouvoir « au plus illustre des Français ». La prise de contrôle des lieux de pouvoir par les militaires et les putschistes gaullistes a été annulée in extremis, René Coty nomme de Gaulle président du Conseil. Une de nos condisciples, fille d'officier, laisse entendre les sympathies de sa famille pour l'Algérie française, une autre en revanche, largement suivie, s'affirme gaulliste. Les temps sont lourds, le drame algérien pèse sur les familles, le fils d'un de nos amis, objecteur de conscience, est obligé de se réfugier au Maroc pour éviter la prison. Devant cette nouvelle guerre, je suis prise parfois d'un fatalisme venu des années de l'Occupation, où je n'étais pourtant qu'un très petit enfant : il y a des guerres, c'est le fond sur lequel s'enlève le monde. Je l'oublie vite, dans le goût des livres et l'enchantement du monde visible, le retour des saisons, la marche majestueuse du fleuve, la vie végétale, les coteaux, les champs et les bois, et le jardin, avec ses murs chargés d'espaliers. Mais la menace revient, le sentiment d'une instabilité dangereuse où nous sommes condamnés à vivre.

En 58, depuis mai, ce qui domine dans ma famille et mon milieu, c'est l'inquiétude de voir monter l'étoile du général de Gaulle. J'entre dans cette inquiétude. Mes parents, instituteurs de gauche ardemment républicains, suivent avec passion la campagne pour le référendum. En 56, j'avais vu passer à distance la révolte de Budapest écrasée dans le sang par les chars russes et la crise de Suez, cette fois je ne me suis pas sentie à l'écart, je me souviens de l'effet produit par l'affiche qu'avaient choisie les partisans du oui. Elle a de quoi étonner : elle aurait pu être proposée par ses adversaires.

La silhouette de Marianne projette sur une paroi l'ombre menaçante du Général en uniforme. La république serait-elle un masque trompeur, derrière lequel un mauvais coup se prépare ? Mes parents sont bien décidés à voter non, malgré le mot d'ordre de la SFIO — « Le général de Gaulle est le mieux placé pour faire prévaloir non pas sa politique en ce qui concerne l'Algérie, mais une politique très proche de la nôtre sur le plan humain et sur le plan libéral. » (Comité national de la SFIO le 24 juin, mais Daniel Mayer rompt avec Guy Mollet). Ils appartiennent à la gauche de François Mitterrand et du *Coup d'État permanent* (1964). Pierre Mendès

Affiche de campagne pour le référendum de septembre 58

France, qui avait rejoint le Général à Londres en 40, prend nettement ses distances, développant son argumentation en trois points, trois raisons de répondre non : les modalités de la consultation, son caractère plébiscitaire, le texte lui-même[1]. Le Parti communiste est contre. Maurice Thorez, le 20 septembre 1958 : « Français, Françaises, depuis quatre mois notre pays vit sous le régime que lui ont imposé la rébellion militaire et les coups de force d'Alger et d'Ajaccio (...). Le président de la République élu par une assemblée de notables aurait plus de pouvoir que n'en avaient les derniers rois de France. » Et Sartre : « Je ne crois pas en Dieu, mais si dans ce plébiscite, je devais choisir entre lui et le prétendant actuel, je voterais plutôt pour Dieu : il est plus modeste[2]. » Les sartriens ne faibliront jamais dans leur rejet du gaullisme. Je me souviens d'une réunion aux *Temps modernes* en 92 où Jean Pouillon, membre historique de la rédaction, semblait rouvrir un lourd dossier à charge en rappelant avec hargne la responsabilité du général de Gaulle dans la réalisation et les essais de la bombe atomique française en 1960, et leurs lourdes conséquences.

De surcroît, dans ma région natale, le militantisme catholique et le gaullisme ont fait une alliance spectaculaire au lendemain de la guerre. Les catholiques se sentent « agressés par la nouvelle visibilité locale du militantisme laïque, à travers ses relais légitimés par l'action résistante des Comités de libération, du Front national et du SNI ». À quoi s'ajoute la fin des subventions accordées par le régime de Vichy. « Le 2 septembre 1945, l'Anjou catholique donne le signal de la réaction avec la manifestation de Cholet, précédant celle d'Angers du 7 octobre. L'Union des catholiques évalua à 90 000 (30 000 dans les Mauges et 60 000 à Angers) le nombre de ceux qui avaient chanté dans les cortèges le "Nous voulons Dieu dans nos écoles". » En 47, avec Victor Chatenay, succédant au maire socialiste Auguste Allonneau, professeur de mathématiques révoqué par Vichy, le RPF fait son entrée sur la scène politique locale. Lorsque le Général se rend fin juillet 47 dans la campagne rennaise, connue pour sa virulence anticommuniste, le meeting « a des allures de grand-messe ». Des photographies le montrent à Sainte-Anne-d'Auray avec Mgr Le Bellec, évêque de Vannes, fendant à la sortie de la messe une foule estimée à 100 000 personnes. Telles sont les bases sur lesquelles se construit la petite républicaine formée dans les années 50. Cet héritage me marquera ; il me donnera un attachement sans réserve à l'enseignement public, un refus définitif de tout cléricalisme. Mais aussi une vision intransigeante de la laïcité, peu apte au départ à saisir les défis de la fin du XXe siècle. Je dirai plus loin à travers quelles expériences et quelles rencontres j'ai fini par comprendre que la méfiance envers les religions, la critique philosophique et le refus de toute croyance religieuse ne pouvaient devenir un principe politique et social. La laïcité pose la neutralité de l'État et le respect du choix de croire ou de ne pas croire :

elle ne dit rien au-delà. L'incroyance ne suffit pas pour faire des républicains.

La gauche va entrer pour des années dans une opposition sans espoir au « pouvoir personnel ». La figure du Général se charge d'ambiguïté. Dans le réquisitoire à charge qu'elle constitue contre lui, la gauche oublie cependant qu'en 46 la république a été refondée par un homme qui n'était pas républicain, un admirateur de Richelieu, un lecteur du cardinal de Retz, insensible aux écrivains des Lumières. Le « peuple de gauche » dont les enseignants sont l'armature lui tournera durablement le dos, jusqu'au début des années 2000, où sa figure va reprendre une place positive dans notre mémoire nationale, y compris auprès d'une certaine gauche républicaine. Je n'ai entendu d'arguments en faveur du Général que, vers 65 ou 66, dans la bouche d'amis marocains, étudiants à Paris, attentifs à son rôle dans la décolonisation. La gauche lui aura toujours refusé son approbation. Et sera restée insensible à son refus de l'hégémonie américaine. Dans l'entretien qu'en 65 il consent à donner à Michel Droit, le Général s'exprime avec malice tout en parlant de lui-même à la troisième personne : « En réalité, qui a été l'allié des Américains de bout en bout sinon la France de De Gaulle ! » En 66, la France quittera le commandement militaire intégré de l'Alliance, tout en restant membre de l'Otan. De Gaulle n'hésite pas à critiquer les États-Unis lors de la guerre du Vietnam, et c'est son inspiration qu'on retrouve dans le discours de Dominique de Villepin à l'ONU en 2003, au moment de la deuxième guerre du Golfe. Et il prendra vivement position contre la politique de colonisation de la Cisjordanie après la guerre des Six-Jours. Pour comble, les républicains de gauche, déjà rudement secoués politiquement par le gaullisme, vont être mis au défi lorsque avec le Général se fait notre entrée dans la modernité. Or s'il est bien un thème central de l'idéal républicain, c'est celui du progrès politique, économique, technologique, condition du progrès social. De Gaulle, modernisateur ? Oui, malgré lui. *Mémoires d'espoir* : « Comment, étant qui je suis, ne serais-je pas ému, en voyant s'estomper cette société campagnarde, installée depuis toujours dans ses constantes occupations, encadrée par ses traditions ; ce pays des villages immuables, des églises anciennes, des familles solides, de l'éternel retour des labours, des semailles et des moissons. (...) La machine est passée par là, bouleversant l'ancien équilibre, imposant le rendement (...). » Et un peu avant : « Nos vieilles villes et nos anciens bourgs sont en proie aux chantiers qui travaillent à les rajeunir. Par exemple, Paris blanchi tout en conservant ses lignes, débordant d'automobiles autour de ses monuments restaurés, se pénètre de trois autoroutes, s'entoure d'un boulevard périphérique et dresse d'innombrables immeubles neufs dans ses murs et ses environs. »[3]

Mais nous n'en sommes pas encore là ; 1958, c'est pour moi l'année du grand basculement, le passage fiévreusement attendu. Il y a longtemps déjà que je veux quitter mon village pour la ville, quitter la province pour Paris. Cette émancipation dont j'ai soif, mais que je me figure encore confusément, j'en ai pressenti la saveur, un soir, pendant les heures d'études. Je me rendais souvent à un autre bout du bâtiment, dans une salle pourvue d'un piano, dont je jouais très mal, en compagnie d'une autre interne, qui jouait du violon ; nous ne travaillions pas du tout la partition, nous écoutions par la fenêtre les bruits nocturnes de la ville. Un de ces soirs-là, revenue à ma table, et mes cahiers fermés, il m'a semblé que je recevais une promesse, une certitude encore à peine esquissée : il y avait au loin, devant moi, de la liberté. Derrière les hauts murs de l'internat, j'épie la rumeur de la ville qui m'entoure, sa présence confuse. Les quelques fois où je m'y aventure, j'entrevois une vie plus libre, plus aisée. Des boutiques, un théâtre, des librairies. Dans la vitrine du libraire de la rue Chaperonnière, Gérard Philipe dévore un livre.

Il y a aussi les grands magasins, les Dames de France ou les Nouvelles Galeries. Les lumières, la forte odeur des parfums du rez-de-chaussée, l'élégance et l'air hautain des vendeuses, tout cela me donne le vertige, un trouble où je devine quelque chose de ce qui pourra passionner la vie adolescente, puis la vie adulte. Ma ville de province ne me suffira pas, je le sens : elle incarne désormais pour moi le type même de ce qu'y voyait Stendhal, « un mélange de petitesse provinciale et de curiosité tracassière », quelque chose de vieillot, de conventionnel, une espèce de sommeil tentant, dangereux. L'année de terminale, qui précède mon départ pour Paris, je ne me sens pas à ma place dans ce groupe de filles dominé par une petite minorité, étrangement mûre, auquel les mathématiques, qui les passionnent, donnent son unité. Dans la salle de cours mansardée du dernier étage, je m'ennuie et, de mes cinq doigts rassemblés, je dessine au plafond dans la poussière l'empreinte des pattes d'un chat qui suscite bien des étonnements. Je m'impatiente. On choisit pour moi, je me coule dans des décisions qui ne m'appartiennent pas. Quelle est ma part de liberté ? Quand vais-je enfin avoir la disposition de moi-même ? J'aspire à une forme de vie libre que j'imagine de façon très abstraite, faite de rencontres, de livres. À la fin du printemps, je demande qu'on m'inscrive en classe préparatoire à Paris.

En « échappant » à la province, je méconnais toutefois une leçon que je reconnaîtrai plus tard. Beaucoup plus tard, je comprendrai de quoi m'a nourrie ma terre natale. Et, malgré tout ce qui me sépare de lui, je retrouverai Mauriac : « Tu crois avoir perdu ton temps, dans ces campagnes, mais bien des années après, tu retrouves en toi une forêt vivante, son odeur, son murmure pendant la nuit. » Pour moi, comme pour lui, « la province » deviendra « la gardienne des morts que j'aimais ». Plus tard, je pourrai aimer une province et une ville qui ne peuvent plus me faire de mal. Et pour toujours, j'oscillerai entre province et Paris, entre la ville et les grandes étendues de rivières et de prés. Entre attachement et arrachement.

À Paris, une petite républicaine des années d'après-guerre, avec ses galoches à semelles de bois

Me voici donc à Paris, tremblante d'excitation et de peur devant l'avenir confus qui s'offre à moi. Je vais vivre désormais comme je l'ai passionnément souhaité, dans cette très grande ville « où la Seine coule entre les livres » (Apollinaire et quelques autres). Mais à l'orée d'une vie que j'ai désirée de toutes mes forces un peu frustes, je suis toujours *une petite républicaine des années d'après-guerre, avec ses galoches à semelles de bois*. J'ai huit ans. Le petit matin se lève sur les coteaux de la Loire, une fine lueur rouge paraît à l'horizon. Le village s'anime ; on monte aux champs, aux vignes ; une charrette grince dans la côte. Je retrouve sous le préau les petites filles qui dénouent leur cache-nez, accrochent leurs pèlerines, leurs manteaux ; je me glisse derrière mon pupitre sur le banc de bois ciré ; une buée chaude brouille les vitres dans une forte odeur de laine mouillée ; le murmure des voix s'apaise, le silence s'installe, la leçon commence, dans la classe de ma mère, une classe unique, comme il n'en existe plus. J'ai huit ans. J'aime tout de l'héritage républicain, je sais obscurément qu'il m'est destiné, qu'il est fait pour moi, avec ses promesses et ses mensonges. Je le bois comme le sable boit l'eau. Je me souviens de cette force enfantine de conviction qui m'anime dans ces moments-là. J'aime la France, ses paysages, son histoire, les Gaulois, Roland à Roncevaux et le chevalier Bayard sur les vignettes. J'aime notre « Loire gaulois », le grand fleuve qui coule au bas de chez nous et sur les cartes de géographie, ses mille kilomètres, ses crues qui recouvrent chaque année les prairies et les routes. J'aime dessiner les montagnes en marron, les fleuves en bleu. J'aime le calcul mental, les récitations et les dictées, j'aime notre langue, j'aime que chou, joujou, bijou, genou, caillou, hibou et pou prennent un « x » au pluriel. Je suis aussi une enfant de la république coloniale : le premier livre sur lequel j'ai mis mon nom a toutes ses pages blanches et juste un titre, « Alger-la-Blanche ». Pendant une de ces longues après-midi d'hiver où les enfants sont grognons, ma grand-mère me l'a cousu pour me distraire avec des feuilles de cahier pliées en quatre. Alger, c'est à nous, Alger, c'est chez nous. En 1830, l'expédition de conquête de l'Algérie était commandée par un chouan angevin, le comte de Bourmont. Le front de mer de la ville d'Alger a été bâti dans un beau calcaire venu de la vallée de la Loire, le tuffeau des châteaux, extrait des carrières de Montsoreau, à quelques dizaines de kilomètres de mon village natal.

Pendant les années qui suivent, jusqu'à mon départ pour Paris, toute mon existence est organisée autour de mes études, et réglée par elles. Longues heures le dimanche dans la grande salle à manger de notre maison. La nuit tombe. Rougeoiement de la

« salamandre* » à travers ses petites fenêtres de mica. Des livres. Un piano, l'odeur des pommes dans le compotier. J'absorbe tout, la langue latine, l'écriture gothique des manuels d'allemand, l'alphabet grec. Parfois je suis saisie par de vifs moments de refus et de rébellion, je ferme mes cahiers, j'écoute des chansons d'Aznavour sur ma petite radio. Puis je m'échappe dans de longues promenades à travers la campagne, à pied, à bicyclette. Silence. Des maisons, des fermes dispersées entre des bois, des champs, un vol de corneilles au-dessus des grands arbres. De retour à l'internat, je m'ennuie à l'étude du soir. Longs couloirs froids, cours venteuses, grandes salles tristes. Nos surveillantes sont lointaines, sans bienveillance. Quelque chose de contraint, de sévère, règne sur ces petites filles en blouses, ramassées sur elles-mêmes. Entièrement soumise à un projet obscurément devenu le mien, je me souviens de ma mélancolie dans les soirs de printemps, recluse dans un dortoir fermé quand dehors il faisait encore grand jour. J'attendais que le pas de la surveillante s'éloigne, je relâchais sans faire de bruit le lourd volet intérieur des grandes baies XVIIe, et je lisais jusqu'à ce que la nuit soit complètement tombée. Dans cet intense et studieux enfermement, il y avait une lumière, les beaux vers de Charles d'Orléans : « Le temps a laissé son manteau / De vent, de froidure et de pluie / Et s'est vêtu de broderie / De soleil luisant, clair et beau ». Ou ceux de Du Bellay : « Déjà la nuit en son parc amassait / Un blanc troupeau d'étoiles vagabondes / Et pour entrer aux cavernes profondes / Fuyant le jour, ses noirs chevaulx chassoit ». Mes premières années à Paris prendront sans difficulté la suite de ces moments où j'avais pressenti que la vie ordinaire pouvait se doubler d'une autre vie, invisible et partout présente, celle des livres.

De quoi part-on ? Avec quelles aides, quels appuis ? J'appartiens à un monde et à une génération sur lesquels plane une

* Poêle inventé par Benjamin Franklin en 1743 puis modifié en 1889 par la société Chaboche et commercialisé sous ce nom jusqu'en 53. À feu continu, il ne fonctionnait qu'avec de l'anthracite.

ombre tutélaire, dont le souvenir domine toute une vie : celle des maîtres, des professeurs qui vous ont formé(e). Même au sein d'un « lycée de jeunes filles », mot qui évoque un corps professoral composé de femmes prudentes et corsetées. Pourtant il en émergeait de fortes personnalités, qui tranchaient par leur style, leur langage, leur allure. Elles jouissaient alors auprès des élèves d'un prestige qu'on peine à imaginer aujourd'hui. C'était le cas de Suzanne Proust, qui enseignait les lettres (français, latin, grec) de la cinquième à la troisième. La dernière fois que je l'ai rencontrée, c'était dans les années 80 à l'occasion d'une petite fête donnée par un libraire d'Angers pour un prix que j'avais reçu. Je ne lui avais rendu visite qu'une fois ou deux chez elle. Avec son mari, Bernard, professeur lui aussi, et leurs deux enfants, elle habitait à Angers dans un des plus beaux endroits du quartier historique de la Doutre, la place du Tertre-Saint-Laurent, enlaidie depuis 1879 par l'édification d'un oratoire de ce style néogothique si présent en Anjou, œuvre de l'architecte René Dussouchay. La pièce où elle me reçut (son bureau, une bibliothèque ?) était grande, garnie de livres jusqu'au plafond, il y avait des portraits d'écrivains au mur, il flottait dans toute la pièce l'odeur des Boyard papier maïs qu'elle fumait, des cigarettes « gros module », particulièrement chargées en nicotine et en goudron. Je me souviens du beau fauteuil ancien où elle me fit asseoir, d'un style comme je n'en avais encore jamais vu. Une étudiante invitée chez lui par son professeur de Sciences-Po resta debout, quand il lui dit : Asseyez-vous donc ! Prenez la bergère ! ne sachant pas ce qu'était une bergère. À mes yeux ces marques de classe étaient entièrement transcendées par la présence des livres, et l'horizon qui se profilait derrière eux, celui d'une vie entièrement nourrie de leur présence. Au demeurant, Suzanne Proust affichait tous les signes de la rupture avec son milieu bourgeois. Elle avait alors une quarantaine d'années. Petite, blonde, les cheveux courts, un beau visage animé, des yeux brillants, vêtue l'hiver de belles fourrures, avec toujours, à l'épaule ou sous le bras, un sac bourré de livres et de copies, elle faisait son entrée, souriante et décidée, l'œil amusé, accompagnée de figures non conventionnelles comme Germaine de Staël, Colette ou Raymond Queneau. Elle ne mêlait à son goût de la littérature aucune révérence convenue, sachant garder ses distances, ultime leçon, à l'endroit des grandes œuvres. L'abbé Delille suscitait l'admiration de Voltaire pour sa traduction des *Géorgiques* ? Il était aussi l'auteur de deux vers ridicules à propos d'une poule, que la règle interdisait de nommer en poésie : « Cet oiseau diligent, dont le cri entendu / Annonce au laboureur le fruit qu'il a pondu ». Pendant la guerre, Suzanne Proust avait été professeur à Châteauroux, dans un lycée où le seul homme était le gardien, « un ancien combattant, unijambiste et alcoolique », résumait-elle sobrement, ajoutant : Lui seul avait le droit de vote. Mon premier élan féministe est né ce jour-là. De son passage à Châteauroux, elle avait retenu aussi une leçon d'histoire et de latin, que je n'ai jamais oubliée. L'armée allemande occupait alors la ville. Suzanne et une amie s'arrêtent un jour devant une bijouterie. Non loin d'elles, un officier allemand promène son regard sur les bracelets et les bagues. Son amie glisse dans l'oreille de Suzanne la formule tirée de l'Évangile : Margaritas ante porcos, « des perles pour des pourceaux ». — Ante porcum, Madame, dit l'officier dans un français parfait, je suis seul. Suzanne Proust avait une passion pour la Loire, ses paysages chargés d'histoire et le riche passé architectural de notre région. Mais aussi pour la bicyclette. À la fin de l'année de troisième, notre petit groupe se rendit à vélo par la levée jusqu'à la splendide église romane de Cunault.

Tout l'enseignement d'alors est fortement axé sur le passé*. On nourrit les élèves de la poésie du Moyen Âge et de la Pléiade, des comédies de Molière et des tragédies de Corneille et de Racine.

* L'entreprise littéraire, elle-même, campe résolument sur des positions aristocratiques ; lorsqu'en 53 sort le premier « Livre de poche », *Kœnigsmark* de Pierre Benoit, immense succès de la littérature d'opérette (je l'ai toujours), la chose n'est pas bien vue. On craint qu'elle entraîne une dévalorisation de la littérature, devenue objet de consommation et chose jetable. Jusqu'en 65 où la revue *Les Temps modernes* lui consacre un numéro, la cause est loin d'être gagnée.

Je ne le regrette nullement. « Je t'aimais inconstant, qu'aurais-je fait fidèle ? » C'est un chemin naturel qui relie ma fruste ruralité et la petite école de ma mère à la grande langue française, dans toute sa splendeur, dans tout son éclat. Mais la littérature contemporaine est pratiquement absente : sauf, justement, dans ma classe de quatrième, où Suzanne Proust avait introduit une véritable révolution, en associant Queneau, « Fillette, fillette, si tu t'imagines... », aux vers de Ronsard, « Vivez, si m'en croyez, n'attendez à demain / Cueillez dès aujourd'hui les roses de la vie », en même temps qu'à ceux d'Horace, « Carpe diem quam minimum credula postero » (« Cueille chaque jour, et ne compte pas sur demain »). La lecture de Péguy se complète du pastiche qu'en fait le tandem Reboux-Müller sous le titre « Les Litanies de sainte Barbe »[4].

Sainte Barbe m'a dit : tourne la manivelle
Pour mélanger l'orgeat avec le caramel(le),
Le miel de la mystique avec le miel du zèle.
Sainte Barbe m'a dit : sois celui qui emmielle

Suzanne Proust avait un sens aigu de la langue française, de ses nuances, cette façon de faire basculer un univers autour d'une simple préposition. Elle aurait adoré l'esprit d'Anna Prucnal, comédienne et chanteuse polonaise, qui se plaignait un jour : Mon Dieu, que c'est difficile, le français ! Comment ne pas confondre « avoir le cul à l'air » et « avoir le cul en l'air » ! Nous, qui étions encore des enfants mal dégrossies, et qui avions tout à apprendre, nous n'aimions rien tant que cet exercice scolaire qu'on appelle « l'analyse logique », parce qu'on y étudie l'organisation de la phrase, et la nature des liens qui unissent ses divers éléments. Les scientifiques y voient une excellente formation au raisonnement mathématique. Tous les exemples étaient pris chez les meilleurs auteurs, comme on dit. Par exemple dans la *Recherche du temps perdu*. Par une homonymie dont elle plaisantait, l'œuvre de Proust nous fournissait un lot inépuisable de phrases particulièrement développées. Je me souviens d'un débat à Toulon, avec des professeurs de collège, de français et de maths. Il faut leur donner le goût des mots ! avait dit un professeur. — Non, le goût des phrases ! avait répliqué une autre. C'est elle qui avait raison : quoi qu'en dise Hegel[5], on ne pense pas avec des mots, on pense avec des phrases. Le passage par les textes écrits, dans la langue d'hier comme dans la langue d'aujourd'hui, est indispensable. Il s'impose dans l'apprentissage d'une pensée et d'une expression maîtrisées, conditions de base d'une citoyenneté accomplie. « L'analyse logique » est toujours pratiquée aujourd'hui, il n'est pas sûr qu'elle suffise pour restaurer le goût de la langue écrite et la confiance en ses pouvoirs. On lui a porté un coup fatal en la soupçonnant d'être l'expression privilégiée de la domination.

Voilà ce que j'ai reçu entre les murs d'un ancien séminaire, heureusement mis par la république au service de l'instruction, et je le dois à une femme libre, audacieuse, drôle, infiniment généreuse et cultivée. Pour reprendre un mot de Coluche, elle m'a tout appris et ce qu'elle ne m'a pas appris, je le lui ai piqué. Y compris de fumer quelque temps des Boyard papier maïs. Je n'ai jamais su où elle avait passé sa retraite, ni quand elle était morte. Cela m'est égal, je ne veux pas le savoir. Nous passerons tous. Je ne veux pas le savoir non plus. Comme disait ce curé de campagne, qu'elle aimait à citer : « Mes frères, nous mourrons tous. Et moi aussi peut-être. »

Le Champo et le TNP

Septembre 58 : je m'installe rue Raffet, l'annexe du Foyer des lycéennes. C'est une de ces belles villas Art déco dont le quartier regorge, jusqu'au boulevard et à la villa Montmorency tout proches. Je suis projetée au milieu de ces merveilles sans les remarquer, comme un barbare dans les ruines de la Rome antique. La salle à manger en rotonde donne sur un jardin, les portes sont surmontées d'impostes en verre coloré, nous logeons à quatre par chambre, cela ne me dérange pas. À l'automne, Roger Vadim est venu tourner une scène des *Liaisons dangereuses 1960* dans le parc d'une villa voisine, Gérard Philipe se mêle sans façon à notre petite troupe joyeuse et un peu excitée qui est venue le saluer. Chaque jour, pour les repas, nous nous rendons au Foyer des lycéennes, à quelques centaines de mètres, rue du Docteur-Blanche, qui avait sa clinique sur les hauteurs de Passy. J'y aurai une chambre les deux années suivantes. C'est aujourd'hui un internat d'excellence, le lycée d'État Jean-Zay. Pendant un demi-siècle, il a hébergé des élèves des classes préparatoires des lycées les plus prestigieux de Paris, dont mon lycée, le lycée Fénelon. Inauguré le 18 mars 1954 par le ministre de l'Éducation nationale, André Marie, le Foyer est signé de l'architecte Urbain Cassan. Magnifique construction, où se lit l'influence de Le Corbusier, dont Cassan a été l'élève, dans les couloirs en coursive, dans les hublots des portes vitrées, dans le luminaire signé Max Ingrand, lequel avait collaboré à la décoration du paquebot *Normandie*, dans la forme arrondie des balcons. Je passe ainsi des lambris Grand Siècle de mon lycée angevin à une architecture d'un modernisme que je comprends à peine, moi qui ignorais la valeur de ce trésor des années 30, la Maison bleue, à Angers, chef-d'œuvre du mosaïste Odorico. Et petit à petit je découvre en face, dans l'impasse Mallet-Stevens, de merveilleuses maisons années 30 où vit alors Henri Salvador qui salue joyeusement nos petits groupes de filles se rendant au lycée ou en promenade au Bois. J'ai eu la chance, je le mesure aujourd'hui, de découvrir sans aucune préparation la figure de la grande ville, et d'en absorber la leçon avant même de la nommer. Petit à petit, cependant, je progresse, je vois mieux, je distingue. Et je me plie rapidement à une habitude qui ne m'a jamais quittée ; celle de saisir le passé qui subsiste dans le moment présent, même quand plus aucune trace ou presque n'en est visible. Y compris en répétant une erreur. Ainsi, dans mon quartier de la Bastille, j'ai tâché pendant longtemps, chaque fois que je remontais le boulevard Bourdon, de deviner la présence de la chapelle où fut célébrée la messe de funérailles du grand Turenne. — Puis j'ai découvert qu'elles avaient eu lieu à Notre-Dame. Je croyais l'avoir lu dans une lettre de Mme de Sévigné. En fait de mémoire historique, je dois me contenter de l'ancienne fabrique des pastilles Valda, le laboratoire Pastival, avec son toit imitant leur forme arrondie.

La rentrée a lieu le lendemain de mon installation, celle de la Ve République le 4 octobre. Le 23, le général de Gaulle dans une conférence de presse à l'hôtel Matignon se félicite que « les Algériens et les métropolitains aient voté pour construire l'avenir ensemble », il évoque « l'action de la France pour l'amélioration matérielle et morale en Algérie ». C'est un engagement, « l'une envers l'autre et pour toujours de l'Algérie et de la France ». En relisant ces mots, il me semble entendre le bruit même de ce temps, sa rumeur dangereuse, guerrière : de l'autre côté de la Méditerranée, on rase des mechtas, on déporte des villageois, la France coloniale est prise de vertige, de folie. Les 23 et 30 novembre, élection de la première législature de la Ve République. Le PC est en tête de l'opposition. Les 43 musulmans et 21 Européens députés d'Algérie élus sont tous favorables à l'intégration. De Gaulle est élu en décembre à la présidence de la République. Je ne vote pas encore, je vois les choses de loin, je ne lis même pas encore régulièrement les journaux. Je prends chaque matin le métro à Passy, je reviens parfois à pied à travers Paris, un Paris qui étonne aujourd'hui, dans les films, par sa vétusté, ses façades noires de suie, le vêtement sévère, sans fantaisie des passants. Il se passera encore quatre ans avant qu'André Malraux, ministre chargé des Affaires culturelles, lance une vaste campagne de ravalement des principaux bâtiments de Paris. C'est le Paris de la fin de la guerre d'Algérie, où, à la grande frayeur des bien-pensants, les Arabes des bidonvilles vont débouler quelques années plus tard pour des manifestations pacifiques réprimées dans le sang. Mais c'est aussi pour moi, de façon tangible, exaltante, la ville par excellence. La liberté, l'indifférence de ceux qu'on croise, les traces de l'histoire, la concentration de la population, l'accélération de la technique, un monde qui inquiétait Georges Duhamel dans les *Scènes de la vie future*. Rien de cela ne m'effraie, au contraire. Je n'ai pas encore l'idée de ce qu'est la banlieue, de ce qu'elle cache, les usines, la vie misérable des bidonvilles ; j'ignore les hiérarchies sociales, la variété pyramidale des mœurs et des modes de vie. Je veux seulement fouler un pavé historique, voir les nuages gris s'en aller au-dessus de la Seine et de ses ponts, me mêler à ses habitants, dont rien n'interrompt le flot, pas même la mort : « Sous le premier Empire, y avait des habitants / Sous le second Rempire, y en avait tout autant » (Jean Tardieu)[6]. Un jour, je le croisai dans l'entrée des Éditions Gallimard et je m'avançai vers lui pour le saluer et lui dire quelques mots. Il m'écouta en souriant, inclina une fois ou deux la tête avant de s'éloigner, souriant encore. Il y a longtemps qu'il est complètement sourd, me dit alors un ami, mais cela ne le gêne nullement.

Dans ces premiers temps de mon installation à Paris, je mesure à quel point j'avais été jusque-là tenue à l'écart des formes et des joies de la vie moderne, citadine. Ma grande, mon inoubliable découverte est celle du cinéma, et des salles du Quartier latin dont Le Champo, avec ses fauteuils défoncés, où on attrape régulièrement des puces, et le Studio des Ursulines, l'ancienne salle des Concerts Colonne. Ce que j'attends cependant avec le plus d'impatience, c'est d'aller au TNP, le « Théâtre national populaire », nom que Jean Vilar a voulu redonner au théâtre de Chaillot quand il en prend la direction en 51. Il y a bien de la logique républicaine là-dedans ! Le TNP, c'est le symbole d'une ouverture inouïe du théâtre, de la culture sur un monde, et un public auquel le théâtre, la culture, les grands textes n'étaient pas destinés. Mon ignorance de Paris était grande, je n'y étais venue qu'une fois avec mes parents. Mais du TNP, de Jean Vilar, du *Cid*, de Gérard Philipe, au fond de ma province je n'ignore rien, ni du palais de Chaillot où le TNP s'est installé en 53. Et voici qu'un soir, nous nous aventurons place du Trocadéro, nos billets en poche. Je n'ai jamais oublié le puissant appel d'air à la sortie du métro face à la tour Eiffel, l'immense panorama urbain, d'où surgit ce grand paquebot des années 30, avec ses portiques et ses escaliers monumentaux. J'entends encore les trompettes qui annoncent le spectacle, j'en ai gardé les livrets, si modernes avec leur graphisme en noir et rouge. Ma vie est faite de brusques et éclatantes découvertes, Paris est ce bain magique, transfigurant des mots jaillis de la profondeur de l'enfance : comme celui de « Trocadéro ». Je ne cesse de tendre et retendre les fils ténus qui me relient au passé : les débuts de ma vie à Paris, c'est le passage d'un fragment tombé du palais du Trocadéro, au TNP de Vilar dans sa splendeur. Dans mon village natal, Savennières, tout près de l'école des filles, où nous habitions, une demi-lune sablée s'ouvrait dans le trottoir. C'était l'entrée, précédée d'un beau portail, d'un château invisible derrière son parc, on disait que ce portail venait « du palais du Trocadéro », le palais construit en 1878 pour l'Exposition universelle, et remplacé par le palais de Chaillot, à l'occasion d'une autre Exposition universelle, celle de 1937. Il faut voir le poids, dans l'imaginaire des républicains primaires que nous étions, de ces belles demeures anciennes, aristocratiques ou bourgeoises ; quel respect mêlé de sourde hostilité les entourait, ainsi que leurs habitants. Le « Manoir des Lauriers » avait été construit au tout début du XVIIIe siècle, puis agrandi et embelli par l'ajout d'un grand pavillon à fronton central, donnant sur des jardins en terrasses et « ayant son aspect sur la rivière de Loire ». En 31, la comtesse de Gramont* acquiert Les Lauriers et fait dessiner une entrée monumentale par André Leconte (prix de Rome). Lorsqu'elle mourut, en 61, nous n'habitions plus Savennières. Je vois encore les lourds battants

* Née en 1868, petite-fille du juriste Ernest Duboys d'Angers, elle était alors veuve d'Antoine-Alfred-Arnaud-Xavier-Louis, comte de Gramont de Coigny, mort le 31 octobre 1923 au château de la Bizolière (Savennières), physicien et minéralogiste français, membre de l'Académie des sciences.

de ce fameux portail s'ouvrir pour laisser sortir la Hotchkiss (la Panhard-Levassor, la Delahaye ?) qui conduisait la comtesse à ses visites, et l'été à son château de Pau. Ce portail, je ne l'ai franchi qu'une fois ou deux, pour aller porter un pli au chauffeur de la comtesse, un ami de mon père, sans doute une convocation à la réunion annuelle des anciens prisonniers de guerre. M. Brinsard avait deux fils. L'un d'eux fut tué dans un café de la banlieue parisienne par un membre du FLN.

Ce que fut le TNP de Vilar, ce qu'il a voulu être, l'incompréhension dont Vilar fut victime l'été qui suivit mai 68, et dont il mourut, à quel point cela résonne aujourd'hui, je ne saurais le dire suffisamment. Un théâtre populaire et non ouvriériste ; une vocation pédagogique au sens large ; l'appel et la référence aux grands classiques : héritage magnifique des années qui suivirent la Libération. Au centre, à cause de la présence et de la figure de Gérard Philipe, la mise en scène du *Cid*. L'étude de Clémence Grenat, en ligne, nous éclaire par la comparaison qu'elle fait entre la mise en scène de Jacques Copeau (1940), celle de Jean Vilar (1951) et celle de Roger Planchon (1969)[7]. Les circonstances sont différentes, en 40, les Allemands occupent Paris. Mais dans les deux premiers cas, le choix du *Cid* illustre le désir commun de surmonter les maux de la guerre, pendant et après, en faisant résonner « les thèmes de l'héroïsme, du courage, de l'honneur, de l'amour et de la jeunesse ». Un optimisme fondamental marque l'époque de la Libération et creuse la différence avec la nôtre, frappée de déclinisme. Le désir de revenir au répertoire classique français ne peut se comprendre que dans un autre état de l'école et de la transmission : dans ces années-là, la notion de patrimoine littéraire commun n'a pas encore subi les effets de la critique sociologique. *Le Cid* parle à tout le monde. Aujourd'hui, je ne sais pas ce qu'un jeune d'aujourd'hui peut retirer de sa lecture. Je n'exclus pas, du reste, qu'il soit nécessaire de la contextualiser si l'on ne veut pas rencontrer de résistance : chez Corneille, « l'ennemi », c'est « le Maure ». Le grand décentrement qui marque notre époque nous oblige à ne plus regarder l'histoire de l'Europe seulement de notre point de vue, mais à inverser la perspective, comme le fait Amin Maalouf[8] dans *Les Croisades vues par les Arabes*, un livre qui fait appel au témoignage des historiens et chroniqueurs arabes de l'époque. On ne parle plus de croisades, mais d'invasions franques. Ce renversement champ/contrechamp est un choc pour la pensée, une expérience difficile, mais absolument nécessaire. Je l'ai faite aussi plus tard en lisant la remarquable biographie de Nehru par Shashi Tharoor[9]. Un événement devient tout autre par le champ/contrechamp, c'est le cas du massacre d'Amritsar, vu par les Anglais, ou vu par les Indiens.

À distance, la leçon du TNP paraît d'une autre époque. Elle en appelle à une idée de l'universel passablement secouée par l'émergence, inévitable pourtant, des affirmations identitaires. Elle reposait cependant sur une idée de la culture absolument juste et généreuse, exigeante, populaire au meilleur sens du terme, dont les pouvoirs publics auraient pu davantage s'inspirer. On la retrouvera vingt ans plus tard, lorsque Antoine Vitez prendra la direction du théâtre de Chaillot : le plus grand nombre a droit au meilleur, le théâtre doit être *élitaire pour tous*.

Le règne des humanités classiques

Jules Vallès, accablé par leur domination jusque dans la vie de sa famille, disait de son père qu'il « empestait les langues mortes ». Rien de plus républicain, pourtant, au sens ancien du terme. Ce sera notre cas, un siècle plus tard, à Paris, dans la classe de lettres supérieures, dite hypokhâgne, où je suis inscrite. L'année suivante je passerai le concours d'entrée à « Sèvres », l'École normale supérieure des filles, établie depuis la guerre à Paris, boulevard Jourdan, l'obscur vainqueur de la bataille de Fleurus. Ce sera désormais le nom de l'École. Dans ces années étranges, qui ne ressemblent à rien de ce qu'un étudiant, une étudiante d'aujourd'hui peut connaître, vouloir, aimer, l'Antiquité grecque et romaine, son histoire, ses œuvres tiennent une place considérable. Au sein de quoi, ma passion pour la langue latine, ses sonorités enfuies, enfouies. Un pareil aveu est bien imprudent. On pense sans doute que les Romains étaient de pompeux raseurs en toge débitant des hexamètres dactyliques. Mais ils avaient de l'humour, comme en témoigne cette blague du début de notre ère. Un homme se plaint de la mort d'un esclave qu'il vient d'acheter : Je regrette, dit celui qui le lui a vendu, mais ça ne lui était jamais arrivé quand il était chez moi.

Cette passion était née très tôt, dès mes premières années de lycée, et elle m'a constamment accompagnée. D'où venue ? Qu'est-ce qui me l'avait dictée ? La langue latine ne m'a jamais quittée, sa structure, son rythme, sa logique, son économie. C'était comme un retour à nos premiers parents, une version de notre langue quand elle n'était pas encore née. Et, à travers sa prose, sa poésie, une ruralité paisible, déchirée parfois par des désordres sanglants, des guerres, des aventures, des voyages. Comme dans le début de la *Première Bucolique*, cette allusion à la bataille de Philippes (42 avant notre ère) qui sonna la fin de l'époque républicaine à Rome : « Nos patriam fugimus », « Nous fuyons notre patrie », tandis que toi, Tityre, tu t'exerces à la flûte sous le couvert d'un grand hêtre, « patulae recubans sub tegmine fagi ». Peut-être y trouvais-je aussi confusément un antidote à la domination, dans nos terroirs de l'Ouest, d'un catholicisme puissant — social, économique, politique. Le latin qu'on nous enseignait, c'était celui de la romanité préchrétienne, la république ayant, sous le nom de « bas latin », banni le latin chrétien. C'était comme un appel vers ce moment disparu, ce moment « unique », comme dit Flaubert, où « les dieux n'étant plus et le Christ n'étant pas encore, l'homme seul a été ». Avec les langues anciennes, nous rejoignions l'esprit de la Renaissance, des Lumières. « Les classiques ont été le chemin vers le déisme, l'athéisme, ou plus simplement la critique du christianisme.

Mettre l'Antiquité au centre de leur intérêt était subversif ; faire des Grecs les pères des premières Lumières, c'était implicitement attaquer l'historiographie chrétienne, en traitant le passé comme un registre séculaire. C'était déloger la religion de sa place de préoccupation humaine centrale. »

C'est là que se pose le plus hardiment le rapport de la république avec l'esprit de 89. J'ai pour cette raison toujours trouvé bien réducteur le sens que donne Claude Lévi-Strauss à l'étude des langues anciennes dans un entretien à *L'Express* des années 70. « Ce qui a tant fait souffrir en classe nos pères et nos grands-pères, le latin et le grec, eh bien ! c'était de l'ethnologie ! L'effort qu'on leur demandait n'est pas tellement différent de celui que nous faisons lorsque nous étudions des Indiens du Brésil ou des Australiens. Oui, ils essayaient d'apprendre à juger leur propre culture dans la perspective élargie que donne la connaissance de cultures différentes, et, au fond, c'est cela qu'on appelle l'humanisme. » Ce n'est pas ce que je voulais, ce que je voyais ; je n'étais pas transportée ailleurs, c'était le même monde, mais vu sous un angle qui en magnifiait le contenu et les modestes entours. Qui l'arrachait à la verticalité de la vision religieuse pour le recréer dans une perspective nouvelle : ainsi fit la peinture de la Renaissance. Un monde sans arrière-monde, sans sur-monde. La fontaine Saint-Vincent où ma grand-mère m'emmenait accrocher des fleurs à la grille qui protégeait la statue du saint n'avait jamais cessé d'être l'autel où un paysan romain rendait hommage au protecteur de sa vigne, ici et maintenant, et non pour espérer une récompense dans un au-delà mystérieux et trompeur.

Aujourd'hui, je pourrais reprendre un siècle après lui ce que disait Anatole France en 1921 : « Je porte aux études latines un amour désespéré. » Car un discrédit irréparable frappe l'étude des langues anciennes, le latin et le grec, au moment où l'étude du « fait religieux » aurait tant besoin d'ouvrir à des espaces échappant à la domination mortifère des trois monothéismes. Rien n'a été fait pour défendre les langues anciennes à partir du moment où on a tenu pour acquis le raisonnement captieux que voici : jusqu'à un passé relativement récent, elles ont été le socle et l'élément constitutif des études secondaires. Or, celles-ci étaient réservées à une élite sociale, à un public bourgeois soucieux de se séparer de la grande masse par des marqueurs d'appartenance. De ces prémisses indiscutables, on a tiré une conclusion qui l'est beaucoup moins : à quoi bon prolonger ou maintenir un enseignement qui révèle et accentue les inégalités de naissance ? Dans *La Reproduction*, coécrit en 70 avec Jean-Claude Passeron, Pierre Bourdieu parle de « gaspillage ostentatoire d'apprentissage » à propos « de l'acquisition des langues anciennes conçue comme une initiation, nécessairement lente, aux vertus éthiques et logiques de l'humanisme ». Je ne sais pas exactement ce qu'il entend par là. Une définition de ce que pourrait être aujourd'hui l'humanisme ne me semble pas hors de propos. En tout cas, Bourdieu a été bien entendu : le choix de l'option latin au collège fait partie de la stratégie des parents aisés pour que leurs enfants se retrouvent dans les meilleures classes. Ce qui me désole dans ce sophisme dangereux, c'est qu'il tient pour négligeable l'apport spécifique des langues anciennes dans le processus de formation. Encore Anatole France : « Pour armer la jeunesse, rien ne vaut la force latine[10]. » Le latin, signe de reconnaissance qu'échangent entre eux les dominants, et qu'ils transmettent à leur progéniture ? Sans doute. Mais ces études « de classe », les classes inférieures avaient su parfaitement les détourner et les utiliser à leur profit. Qu'elles soient mortes, ces langues, ne me dérangeait pas ; je les aimais justement parce que personne ne les parlait plus. En tout cas, elles me parlaient, à moi, dans mon enfance rurale de républicaine en galoches, et je ne peux me redire aujourd'hui sans émotion tel vers d'Horace : « O fons Bandusiae splendidior vitro », ou le début de *L'Odyssée* : « Ἄνδρα μοι ἔννεπε, Μοῦσα, πολύτροπον. »*

* Horace : « Ô fontaine de Bandusie, plus limpide que le verre. » Repris par Ronsard dans une ode : « Ô fontaine Bellerie / Belle fontaine chérie ».

Homère : « Ándra moï énnepe, Mousa, polutropon », « Chante-moi, Muse, l'homme aux mille tours ».

Autre chose encore. J'appartiens à une génération où les études secondaires commençaient seulement à s'ouvrir un peu plus largement, et où la filière classique se présentait comme le choix de l'excellence. Mais pour les filles, c'était une conquête. Ainsi que la lecture des romans (et la lecture en général), le latin fut longtemps considéré comme dangereux pour les femmes, et les humanistes de la Renaissance s'en inquiètent. Érasme souligne au contraire le rôle positif du latin dans l'éducation des femmes. Dans un dialogue intitulé *Le Père abbé et la femme instruite*, le père abbé s'appelle Antrone, ville de Thessalie réputée pour la haute taille de ses ânes, et la femme instruite, nommée Magdalie, fait songer par sa finesse et son érudition à Margaret, la fille aînée de Thomas More[11]. La femme instruite l'emporte aisément sur l'abbé ignorant : le triomphe d'Érasme est total. Mais sa leçon est bien oubliée sous la IIIe République, où, dans les premières années de l'enseignement secondaire féminin, les langues anciennes sont interdites aux jeunes filles. L'agrégation de lettres féminine ne comportait pas d'épreuves de latin ni de grec, contrairement au concours masculin. Il fallut attendre la session de 31 pour que version et thème latins soient obligatoires à l'écrit de l'agrégation féminine, et 39 pour la version grecque.

Il faut cependant se garder de toute révérence superstitieuse à l'égard de l'Antiquité. Et écouter Volney : « Nos ancêtres juraient par Jérusalem et par la Bible, et une nouvelle secte a juré par Sparte, Athènes et Tite-Live. » Dans ses *Leçons d'histoire*, Volney, « l'athée angevin », se livre à une critique sévère de l'éducation classique. Volney était le pseudonyme, composé à partir de Voltaire et Ferney, du comte Constantin-François Chassebœuf de La Giraudais, né le 3 février 1757 à Craon en Anjou, mort le 25 avril 1820 à Paris, philosophe et orientaliste français. « Ils nous ont vanté la liberté de Rome et de la Grèce, et ils ont oublié qu'à Sparte une aristocratie de trente mille nobles tenait sous un joug affreux six cent mille serfs ; que, pour empêcher la trop grande population de ce genre de nègres, les jeunes Lacédémoniens allaient de nuit à la chasse des hilotes comme des bêtes fauves ; qu'à Athènes, ce sanctuaire de toutes les libertés, il y avait quatre têtes d'esclaves contre une tête libre. » Comme à la Renaissance, l'Antiquité a eu, au XVIIIe siècle, un rôle libérateur. Mais il arrivera aussi qu'elle devienne une référence et une source d'inspiration pour une droite extrême, notamment dans les années 30 du siècle dernier, en Italie et en Allemagne avec le fascisme et le nazisme, en France, chez bon nombre de collaborateurs. Et plus récemment encore dans des mouvements comme le GRECE.

Et cependant, ce qu'alors je ne vois pas, c'est ce paradoxe républicain, logé au cœur de ce qu'on nomme « les humanités ». À la fin des années 50, on entrait dans une logique moderne, où on donnerait toute leur place aux enseignements scientifiques. Mais demeurait encore très vivante une tradition venue en droite ligne de l'Antiquité : une place éminente accordée aux « humanités », cette « surélévation métaphysique des valeurs culturelles », comme le dit l'historien Henri-Irénée Marrou. Grammaire, philosophie, poésie et rhétorique, chez les Grecs ; grammaire, rhétorique et droit, chez les Romains… Dans ces temps d'apprentissage et d'heureuse ignorance, j'étais loin d'en avoir percé les redoutables contradictions, cœur de l'école républicaine. C'est par « les humanités » qu'on devient « homme » au sens générique du terme, quoique les femmes en aient été longtemps écartées. Depuis la Renaissance, c'est le déploiement et l'application de la formule d'Érasme : « On ne naît pas homme on le devient. » À travers son ouvrage *De pueris statim ac liberaliter instituendis* (1529), traité consacré à l'éducation, Érasme résume dans ses idéaux pédagogiques sa vision de l'homme dans le monde : se soumettre à la leçon des grands hommes et des grands textes afin de s'arracher à la barbarie primitive, et de l'arracher en soi. L'instruction est construction et même davantage, elle est la condition d'un achèvement en chacun d'une humanité encore à faire. Et il y a urgence à le faire, « *statim* », dit Érasme, « sans attendre », les temps le réclament.

On ne le comprend bien que si on pense au moment où vit Érasme. Ce qui advient en Europe est inouï, c'est l'ébranlement d'un système unique, unifié et sans fissure, le christianisme, et cela oblige à une refonte de toutes les certitudes. La figure la plus rayonnante en est justement Érasme, l'enfant illégitime, fils d'un prêtre, qui doit se construire une filiation et même se trouver un nom. Il s'appelle Desiderius, lui dont personne ne veut, il choisit Erasmus, qui veut dire « aimé ». Il va repartir de zéro et arracher à la religion ce qu'on lui avait confié avant le grand ébranlement de la connaissance et de la découverte du monde. En reprenant à Tertullien, Berbère christianisé du IIe siècle, sa formule : on ne naît pas chrétien, on le devient, il s'oppose à lui frontalement. Pour le penseur chrétien, c'est par la conversion, et elle seule, que la nature de l'homme est rachetée, pour Érasme aussi : notre « nature » est dans la raison que nous tenons de Dieu. Mais pour construire l'humanité de l'homme, il en confie la tâche à la culture antique, dont Tertullien précisément faisait peu de cas : qu'importe Platon ou Homère, disait-il, quand on est devenu chrétien ? Ce sont les chrétiens qui ont ravagé la bibliothèque d'Alexandrie bien avant qu'elle soit incendiée par les Arabes au VIIe siècle. La leçon des Anciens, la lecture de leurs livres, la méditation de la pensée et des œuvres des philosophes, tel est pour Érasme le seul moyen de résister à la barbarie. Ce qu'il appelle barbarie, c'est essentiellement le fanatisme, en particulier religieux, dont son siècle sera déchiré. Stefan Zweig, dans son magnifique essai *Érasme, grandeur et décadence d'une idée*, publié en 35, y voit hélas un échec : la culture n'en finira jamais avec le fanatisme ; il en a la preuve sous les yeux ; Juif viennois, Stefan Zweig fuit l'Allemagne nazie, terre pourtant de la plus haute culture, et finit par se donner la mort au Brésil en 1942.

Nous avons été élevés, filles autant que garçons, selon cette logique grecque de la *paideia*, mot que rend l'allemand *Bildung*, tout à la fois éducation et construction. Elle repose sur la notion d'héritage et de transmission, la reconnaissance d'une dette envers ceux qui nous ont précédés et d'une mission envers ceux qui viennent. Dans et par leurs livres, qui sont un testament qui nous est destiné, nos prédécesseurs nous mettent en possession des instruments de notre liberté : la connaissance des langues, la connaissance du passé, l'histoire et les mots. La leçon des livres, c'est la leçon des hommes disparus, passée par le filtre des livres, comme l'eau se purifie en traversant la roche. C'est ce « don des morts » qui fonde et accompagne la construction de soi. Ce que furent les mythes, dans des époques lointaines, ou ce qu'ils sont dans des civilisations sans écriture. Érasme continuera d'inspirer longtemps cette conception « libérale » de l'homme, forgé par la culture plus que par la nature. Il faut que l'homme sorte de l'animalité : Bossuet, *Panégyrique de saint Bernard*, « l'enfance est la vie d'une bête ». Il lui faut accomplir les potentialités restées à l'état embryonnaire. Mais qu'en est-il de ceux ou celles qui ne sont pas passés par elle ? Qui n'ont pas été in-struits (construits) ? Où les a-t-on laissés, sinon dans un état inférieur d'humanité ? Appartiennent-ils encore à la « civilisation » ? J'ai cité ailleurs cette remarque d'un personnage de Balzac dans *Les Paysans*, le journaliste Blondet, fils adultérin d'un préfet. Il observe un villageois qui essaie de capturer une loutre. « Quelles peuvent être les idées, les mœurs d'un pareil être, à quoi pense-t-il ? se disait Blondet pris de curiosité. Est-ce là mon semblable ? Nous n'avons de commun que la forme, et encore !... »

L'homme qui n'est pas passé par « les humanités » appartient-il encore à la « civilisation » ? Lointain héritier d'Érasme, « l'élitisme républicain » va construire, à travers l'école, une subtile hiérarchisation du corps social, réservant à un très petit nombre l'accès aux degrés supérieurs de l'enseignement. Même au niveau élémentaire : l'école rurale, dont je suis le produit, est déjà, elle-même, en porte-à-faux avec le monde qui l'entoure, la ruralité, alors qu'elle y a puisé ce corps de fonctionnaires modestes, à qui la république doit tout. Arrachés à leur monde, les maîtres d'école sont pétris d'une vision optimiste de l'avenir républicain, mais pessimiste de l'existence et des hommes (au sens générique), toujours prêts à retomber dans les bas-fonds de l'ignorance, de l'obscurantisme, de la superstition. Depuis la Révolution, la civilisation paysanne, la culture paysanne sont synonymes d'arriération, mot dont j'ai montré dans *L'Églantine et le Muguet* qu'il vient tout droit du vocabulaire de la psychiatrie — une des explications de la guerre de Vendée. Pour faire advenir et consolider la république, les instituteurs ont reçu (et accepté) le devoir de transformer ce monde dont pourtant ils sont souvent issus. L'école n'est pas là pour magnifier ses valeurs, mais pour les combattre. Elle est là pour l'émanciper. L'arracher à son arriération.

C'est la cruelle ambiguïté de l'école républicaine, qui m'a formée, l'école de la IIIe République toujours vivante dans ces lendemains de la Libération. Elle émancipe, c'est indiscutable. Et en même temps, elle pose les bases d'une hiérarchie implacable. Ma petite école, mon village, la nation, le continent, tout s'échafaude de proche en proche, jusqu'à des lointains auxquels on ne pense jamais, comme une pyramide renversée, dont la pointe repose sur la tête de chaque petit républicain, de chaque petite républicaine de France. Laquelle France est le centre du monde, avec sa langue incomparable, et son histoire qui « l'a faite grande comme la nature l'a faite belle », selon la formule d'Ernest Lavisse. Le cadre est posé, et de degré en degré se dessine un avenir où seraient reconnus et même décuplés par son empire colonial la grandeur et le rayonnement de la France. Le plus petit, le plus humble d'entre nous a la charge d'y contribuer à sa façon. (D'où « Alger-la-Blanche », quand j'ai tout juste huit ans.) Mission coloniale et suprémacisme républicain ? Supériorité de notre monde (blanc, chrétien, occidental) sur tous les autres ?

À ce moment de mon récit se fait entendre une phrase dont le sens, l'inspiration et la portée m'obsèdent depuis des années. Cette phrase, je l'ai rencontrée chez Alain, dans ses *Propos sur l'éducation*. La voici : « Polynésien téléphonant, cela ne fait pas un homme. » (Propos LXXXVIII.) Il ne s'agit pas de faire le procès d'Alain, et d'ajouter un soupçon de racisme aux accusations d'antisémitisme qu'on lui a récemment portées. C'est de la république qu'il s'agit, cette république dont je suis l'enfant, et pour toujours. Du reste, ce n'est pas de race qu'il s'agit : relisons le Propos, c'est d'abord une vive attaque de la technique. En usant d'une formule qui se veut saisissante, Alain fait sentir la différence qu'il y a entre la technique (le progrès technique, la science appliquée, les inventions) et « les humanités ». La technique ne forme pas. La technique peut s'accommoder parfaitement du fanatisme et de la barbarie. Les humanités sont nécessaires pour que l'homme s'accomplisse en l'homme. Que la technique n'humanise pas, soit. Mais il y a autre chose : elle ne « civilise pas ».

Et là, on fait un pas risqué. On pose qu'il existe, loin de nous et hors de nous, un monde qui pour faire partie du « nôtre » devra subir une métamorphose le faisant passer de la barbarie à la civilisation. La suite est explicite : « Venons-en aux Grecs »... L'appel à la Grèce est moins innocent qu'il n'y paraît : depuis Renan et la *Prière sur l'Acropole*, la Grèce est un lieu unique, indépassable, où « la perfection existe », un type de beauté universelle, « sans nulle tache locale ou nationale ». Laissons un instant Renan de côté : on y viendra plus tard. Et continuons de dérouler les conséquences de cette proposition péremptoire : « Polynésien téléphonant, cela ne fait pas un homme. » Les vrais hommes, ce sont les « civilisés », les autres sont des « sauvages ». Lors de l'exposition coloniale de 1887, Jules Lemaître, universitaire, académicien, fondateur antidreyfusard de la Ligue pour la patrie française, commente dans *Le Figaro* du 19 septembre l'exhibition d'un « village nègre » : « Tandis que ces sauvages dansaient, je me répétais malgré moi la vieille réflexion qui est dans la "Sagesse" de Pierre Charron et qui devait être déjà dans quelque auteur ancien : il y a plus de différence d'homme à homme que d'animal à homme. Allez voir ces fils monstrueux de l'Afrique équatoriale : vous aurez sûrement cette impression que l'abîme est moindre entre les bons chiens qui jappent près de là et un Achanti, qu'entre un Achanti et M. Taine ou M. Herbert Spencer. »

Je m'attarde sur ce thème, et sur la citation d'Alain, parce que ce n'est pas une erreur, une faute provisoire, un aveuglement daté, c'est le cœur même de l'idéal républicain. On peut parfaitement admettre que les inventions techniques ne contribuent pas à développer la perspective éthique. Non seulement la technique ne « civilise » pas, mais elle peut être l'accomplissement et l'assomption, dans la guerre, de la pire barbarie. Dans *Civilisation*, et dans les *Scènes de la vie future*, Georges Duhamel met successivement en scène la guerre, puis les abattoirs de Chicago, comme « le résultat normal » et l'envers horrible de la civilisation industrielle.

Mais Alain a choisi une tout autre voie pour faire le procès de la technique. En faisant apparaître l'image presque grotesque d'un homme à demi nu le téléphone à l'oreille, il réactive l'un des pires moments de notre histoire, celui où la république justifiait par sa mission civilisatrice l'appétit de conquête de l'Occident impérialiste. J'ai lu quelque part que, dans une première version, que je n'ai pas retrouvée, Alain aurait écrit : « Hottentot téléphonant, cela ne fait pas un homme. » Cela aurait du sens : le Hottentot est alors la figure éponyme du sauvage. Depuis que, au début du XIXe siècle, une femme khoisan, Sarah Baartman, de son vrai nom Sawtche, est exhibée en Europe pour son large postérieur, sous le surnom de « Vénus hottentote ». Née vers 1788-1789 dans le Cap-Oriental, elle meurt le 29 décembre 1815 à Paris. Et il existe un texte de Max Weber qui justement développe un thème proche de celui d'Alain, dix ou vingt ans avant lui : la science et la technique ne permettent pas à l'homme « occidental », qui se dit civilisé, « de mieux penser le monde que ne le ferait par exemple un Hottentot ». Notons aussi la formule du pasteur Priestley attaquant Volney et son livre sur les ruines : « Mais il est aussi inutile de raisonner avec un tel homme, qu'avec un Chinois ou un Hottentot. »

Le Hottentot a disparu de la version actuelle du Propos d'Alain, mais en le remplaçant par un Polynésien, on demeure toujours hors de l'Europe, et de l'Occident. Tahiti depuis le XVIIIe siècle a fait l'objet de constructions successives, entre mythe, fantasme, attirance et rejet. Son image se dégrade au point de devenir l'exemple de la barbarie en attente de civilisation. Seul Diderot (lui, encore une fois, et son amour aigu de la liberté !) est capable de donner en modèle cette vie libre qu'exalte un vieillard « otaïtien ». Dans un véhément discours, Orou admoneste Bougainville au moment où celui-ci s'apprête à quitter l'île : « Nous sommes libres, et voilà que tu as enfoui dans notre terre le titre de notre futur esclavage ! » Et : « Ici, tout est à tous, et tu nous as prêché je ne sais quelle distinction du tien et du mien. » Dans ce monde jusque-là préservé, la sexualité elle-même est différente : elle est libre, parce qu'on n'attache pas des « idées morales » à des « actions physiques qui n'en comportent pas ». Enfin et surtout, les mots « dieu » et « religion » n'ont là-bas aucun sens : « Pourrais-tu m'apprendre ce que c'est que le mot religion, que tu as prononcé tant de fois et avec tant de douleur ? » dit encore Orou.

Il est clair que ce n'est pas, une fois de plus, Diderot que l'on écoutera. Notre vision de la Polynésie doit tout au travail mené par les missions protestantes aux alentours de 1840. Elles vont réécrire le traité de « la nature indigène ». Je résume. Le 16 avril 1840, un missionnaire protestant de vingt-trois ans, Robert Thompson, rend compte aux directeurs de la London Missionary Society (LMS) de l'évolution d'un chef marquisien local, Moana, « bien éduqué et totalement débarbarisé », dans les écoles pastorales de Rarotonga (îles Cook) et de Samoa. Il est devenu « un partisan fervent de la civilisation chrétienne ». Tout change, hélas, quand il se retrouve au contact de sa terre et de son peuple : sa « nature barbare » reprend le dessus. La mission historique du christianisme officiel aura été, avant tout, d'encadrer les populations, des populations « égarées sur le terrible chemin de la barbarie ».

Loin de tout prosélytisme chrétien, Alain retrouve quelque chose de cette inspiration : pour que s'accomplisse l'humanité en lui, le Polynésien par nature a plus de chemin à parcourir qu'un Européen.

Que faut-il en conclure ? Que l'universalisme républicain est une illusion, une parade, une imposture ? Le masque d'un suprémacisme multiforme ? En un sens, oui. D'emploi relativement récent, le mot recouvre diverses affirmations de supériorité et de domination d'une catégorie d'êtres sur les autres, pour des motifs de race, de sexe, de classe, de civilisation, de culture, de langue, de religion ou de croyance... La Révolution de 89 avait réglé son compte au suprémacisme nobiliaire. Celui de Sade dans son *Voyage d'Italie* : pourquoi hésiter à sacrifier un manant « dont la vie n'est utile à rien » ? La société d'ordres a disparu mais non les conceptions hiérarchiques. Dans les années 1880, le suprémacisme colonial évidemment condensera en lui toutes les formes du suprémacisme républicain. Conquêtes, pacification. Malédiction coloniale, qui nous a tous frappés ! Y compris Victor Hugo, c'est dire, dans son *Discours sur l'Afrique* (1879) : « La destinée des hommes est au sud. Le moment est venu de donner au vieux monde cet avertissement : il faut être un nouveau monde. Le moment est venu de faire remarquer à l'Europe qu'elle a à côté d'elle l'Afrique. (...) Quelle terre que cette Afrique ! L'Asie a son histoire, l'Amérique a son histoire, l'Australie elle-même a son histoire ; l'Afrique n'a pas d'histoire ; une sorte de légende vaste et obscure l'enveloppe. (...) Allez, Peuples ! emparez-vous de cette terre. Prenez-la. À qui ?

à personne. Prenez cette terre à Dieu. Dieu donne la terre aux hommes. Dieu offre l'Afrique à l'Europe. Prenez-la... »

Et c'est ainsi que la boucle se boucle. Nous voici revenus à la question de l'école : comme « le nègre », le paysan, la femme, le prolétaire, l'enfant doit être arraché par l'instruction à sa condition première. Je parle ici contre moi-même, en mettant provisoirement de côté les immenses ouvertures que l'école primaire, laïque et obligatoire a promues dans notre société. Mais par certains de ses aspects, l'école entre aussi dans cette logique dangereuse qui fait de « la civilisation » le stade ultime d'un processus de transformation. De même que, en revendiquant sa « mission coloniale », Léonora Miano a raison de le dire, « le pays affirme son incapacité à se hisser à la hauteur des idéaux républicains », de même le régime sous lequel l'école s'exerce — le suprémacisme scolaire — limite les prétentions de la république à être démocratique et sociale.

Fénelon et Mme Guyon. Les femmes et les études

Mes deux lycées, deux lycées de filles, sont placés sous un patronage masculin, d'abord Joachim Du Bellay, à Angers, puis Fénelon, le lycée parisien où je passe trois ans dans les classes préparatoires à l'ENS. C'est classique. C'est le cas de presque tous les lycées « de jeunes filles ». Seules rares exceptions, à Rouen, le lycée Jeanne-d'Arc, dès 1882, beaucoup plus tard, le lycée Marie-Curie à Sceaux (1937) et, en 1939, à Paris, le lycée Hélène-Boucher. Aujourd'hui encore, où les lycées sont devenus mixtes, les femmes ne donnent leur nom qu'à 16 % d'entre eux. Singularité, et paradoxe français : Jeanne-d'Arc à Rouen est le deuxième lycée de filles en France, si grande est la force du nationalisme patriotique dans les années 1880, auquel Michelet a contribué en faisant de Jeanne d'Arc une « sainte laïque ». (À partir de 1890, l'Église reprend le mythe à son compte, et met en route le procès de canonisation.)

Inauguré en 1883, Fénelon est le plus ancien lycée de filles de Paris. Son ouverture découle de la loi Camille Sée de décembre 1880 sur l'enseignement secondaire public pour les jeunes filles. Il répond très explicitement, note Anne-Marie Thiesse, à un but idéologique : « arracher les jeunes filles et futures épouses de la bourgeoisie à l'influence de l'Église et des idées réactionnaires afin de les gagner à la République[12] ». On le place pourtant sous l'autorité d'une grande figure de l'Église, « le Cygne de Cambrai », François de Salignac de La Mothe-Fénelon, théologien, pédagogue et écrivain : on verra plus loin les raisons de ce choix en apparence paradoxal. En principe, l'enseignement secondaire féminin ne doit pas déboucher sur une insertion professionnelle[13], pourtant deux classes vont très rapidement se destiner à la préparation à l'École normale supérieure de Sèvres. Le lycée construira sa réputation sur la qualité et le nombre des professeurs qu'il forme pour l'enseignement des filles. Pour le primaire, la IIIe République s'est lancée dans une énorme entreprise de constructions, mais l'enseignement secondaire va souvent utiliser d'anciens séminaires et autres couvents. D'où le ton et le caractère particuliers qu'ils confèrent aux études : j'ai connu à « Joachim » cet accord subtil qui s'établit entre les bâtiments, leur austérité, leur solennité, et les disciplines enseignées. Et la république en ressort grandie. Elle domine l'ancien monde qu'elle met à son service. Le lycée Fénelon était à l'origine un luxueux hôtel particulier, l'hôtel de Villayer, ancien hôtel de La Vieuville, sis au n° 47 de la rue Saint-André-des-Arts, issu lui-même de la division en 1640 de l'hôtel de Navarre*. Refait en 1728 pour François-Angélique de Renouard, comte de Villayer, il abrite de 1781 à 1787 une assemblée de savants et d'artistes, le « salon de la correspondance générale pour les Sciences et les

* La Vieuville était un surintendant des finances sous Louis XIII. L'hôtel de Navarre avait appartenu au XIIIe siècle à Jeanne de Navarre, épouse de Philippe le Bel.

Arts », ouvert aux savants, artistes et « amateurs éclairés » de l'Europe des Lumières. Pour les faire communiquer entre eux et concurrencer l'Académie. Certaines salles de l'ancien hôtel particulier sont aujourd'hui classées aux monuments historiques. Il est agrandi à partir de 1886 par l'architecte Charles Le Cœur (1830-1906), qui fut le collaborateur de l'architecte rationaliste Henri Labrouste.

Le parrainage des établissements scolaires est en lui-même une histoire de l'enseignement en France. François de Salignac de La Mothe-Fénelon fut un évêque que la Révolution admira. En 1694, Fénelon avait rédigé une lettre à Louis XIV, où règne un ton précurseur de 1789. « Tant de troubles affreux qui ont désolé toute l'Europe depuis plus de vingt ans, tant de sang répandu, tant de scandales commis, tant de provinces saccagées, tant de villes et de villages mis en cendres... (...) Cependant vos peuples, que vous devriez aimer comme vos enfants, et qui ont été jusqu'ici si passionnés pour vous, meurent de faim. La France entière n'est plus qu'un grand hôpital désolé et sans provision[14]. » Mais si un lycée républicain a pris son nom, c'est parce que Fénelon est l'auteur d'un *Traité de l'éducation des filles*. Grand pédagogue, il avait été supérieur de l'Institut des nouvelles catholiques, un internat parisien consacré à la « rééducation » de jeunes filles de bonne famille de parents anciennement protestants puis convertis. Mais surtout, il avait composé en 1694, à l'intention de son élève le duc de Bourgogne, fils du Dauphin, un roman en dix-huit livres intitulé *Les Aventures de Télémaque*. Les rapports entre l'évêque et son pupille, alors âgé de sept ans, et de caractère très difficile, furent presque immédiatement aisés. Quelques mois après leurs premiers échanges, le jeune prince dit à Fénelon : « Je laisse derrière la porte le duc de Bourgogne, je ne suis plus avec vous que le petit Louis. »

Les Aventures de Télémaque furent longtemps utilisées pour l'apprentissage de la lecture. Charles Defodon en réalise en 1883 une nouvelle édition[15]. Éditeur d'un *Manuel général de l'instruction primaire*, Defodon a été associé à *L'Ami de l'en-*

fance, organe de l'éducation maternelle française, qu'il coédite avec Pauline Kergomard, née Reclus. En tant que républicain, il rejetait l'accent mis par Fénelon sur la piété, mais acceptait une grande partie de ce qu'il pensait des femmes et de leur rôle domestique. D'accord en cela avec Camille Sée qui disait « les femmes ont une maison à régler, un mari à rendre heureux, des enfants à bien élever ». Defodon pensait cependant que Fénelon était trop restrictif dans l'enseignement des femmes « sur des sujets comme l'histoire, importants pour développer leur patriotisme ». Aragon y avait appris à lire et il en composa en 1922 un pastiche dadaïste qui se termine ainsi : « Vous me pressez comme un jeune homme. Ah ! Mentor ! — Égarons-nous, Madame, au fond de ces bosquets. Il ne resta au bord de la mer que le caillou poli tombé de la bouche de Minerve, et les oiseaux hurleurs qui faisaient l'amour en plein vol. »

Ouverture audacieuse du livre I : « Calypso ne pouvait se consoler du départ d'Ulysse... » : la rancune amoureuse de la nymphe se reportera sur son fils Télémaque dont elle s'éprend à son tour. Les thèmes politiques et moraux s'entrelacent, il s'agit d'apprendre à un futur souverain comment gouverner et se gouverner. Publié à l'insu de Fénelon en 1699, le *Télémaque* est rejeté vivement par Bossuet (« un ouvrage indigne non seulement d'un évêque mais d'un prêtre et d'un chrétien ») : les personnages, issus de l'épopée homérique, ne font jamais appel ou référence à la Bible. Même si, comme le suggère Jacques Le Brun, la référence à l'Antiquité rend universelles les interrogations et les préoccupations religieuses du Cygne de Cambrai. Cependant, il n'échappe à personne qu'il est lu dans les milieux huguenots. Et l'ouvrage n'a pas les faveurs du roi. (« Fénelon a entrepris de décrier éternellement mon règne. ») Il est vrai qu'on y entend à chaque pas une condamnation du pouvoir absolu : « [Le roi] peut tout sur les peuples ; mais les lois peuvent tout sur lui » : c'est du Montesquieu.

Avant l'affaire du *Télémaque*, où il rencontra l'opposition de Bossuet, Fénelon s'était déjà heurté à l'évêque de Meaux, dans l'affaire du quiétisme, à propos de Mme Guyon. Or là se révèlent la nature exceptionnelle de Fénelon, la force de ses intuitions théologiques, et la compréhension dont il témoigne envers les femmes, bien au-delà de ses propositions du *Traité de l'éducation des filles*. Le brillant portrait que fait de lui Saint-Simon ne lui rend pas justice, et ne rend pas justice aux multiples facettes de sa personnalité et de son talent. « Plus coquet que toutes les femmes, mais en solide, et non à misères, sa passion était de plaire, et il avait autant de soin de captiver les valets que les maîtres, et les plus petites gens que les personnages. Il avait pour cela des talents faits exprès : une douceur, une insinuation, des grâces naturelles et qui coulaient de source, un esprit facile, ingénieux, fleuri, agréable, dont il tenait, pour ainsi dire, le robinet pour en verser la qualité et la quantité exactement convenable à chaque chose et à chaque personne ; il se proportionnait et se faisait tout à tous. » Dans la question du « pur amour », Saint-Simon se montrera sceptique, il est un peu comme Mme de Sévigné qui disait : « Épaississez-moi un peu la religion, qui s'évapore toute à force d'être subtilisée » (trop subtile, trop éthérée).

C'est comme directeur de conscience des demoiselles de Saint-Cyr que Fénelon avait fait la connaissance de Mme Guyon. Vers l'âge de vingt ans, en 1670, Jeanne-Marie Bouvier de La Motte, née le 13 avril 1648 à Montargis, avait puisé dans la doctrine du jésuite espagnol Miguel de Molinos une définition et une pratique du « pur amour » : un abandon de soi se manifestant dans un désir continuel de « présence à Dieu ». « Madame, lui écrit-il, vous cherchez au-dehors ce que vous avez au-dedans. Accoutumez-vous à chercher Dieu dans votre cœur, et vous l'y trouverez. » Pour Jacques Le Brun[16], le « pur amour » est un amour inconditionnel fondé sur le refus de toute récompense, un amour qui peut aller, avec la perte de soi, jusqu'à la perte de l'amour et même celle de Dieu. Après l'avoir accueillie avec faveur, Bossuet rejette Mme Guyon, condamnant une primauté accordée à l'expérience intérieure aux dépens de la tradition et de la hiérarchie. Mal jugée et mal comprise, victime de l'acharnement de Bossuet, Mme Guyon est sommée de se soumettre, d'abjurer son hérésie ; elle suscite contre elle l'alliance des jésuites, du roi et de Mme de Maintenon. Le 1er août 1697, pour l'avoir soutenue, Fénelon est chassé de la cour et reçoit l'ordre de se retirer dans son diocèse de Cambrai. En 1709, il y prendra soin des victimes de la famine. La même année, dans le contexte d'une Europe déchirée par les conflits politiques et religieux, un certain chevalier de Ramsay (qui parle et écrit parfaitement le français) devient son disciple. Ramsay est né en 1686 (certains disent 93) à Ayr en Écosse. L'Angleterre du XVIe siècle avait été déchirée par les querelles dynastiques et religieuses, on s'entretuait allègrement entre chrétiens au nom du « bon Dieu ». Enfant, Ramsay est sans cesse divisé entre une mère anglicane et un père calviniste. Toute sa vie, il sera à la recherche d'un équilibre spirituel et d'une doctrine plus assurée de la vie. Converti au catholicisme, « jeune disciple désorienté » de Fénelon, il aide celui-ci à élever son idéalisme politique jusqu'à l'utopie d'une « république universelle ». Mais il ne sera pas pour rien non plus dans la fortune et la réception de ce livre sulfureux, le *Télémaque*. À la mort de Fénelon en 1715, il ira rejoindre Mme Guyon à Blois.

Ni au lycée Fénelon, ni dans les cours d'histoire du secondaire nous n'étions capables d'écouter avec attention et bienveillance le récit du drame vécu par Mme Guyon et du courageux soutien qu'elle reçut de l'évêque de Cambrai. Mme Guyon nous faisait ricaner, voilà la vérité, et je crains bien que nos professeurs y aient été pour quelque chose. Que n'aurions-nous pas gagné, cependant, à l'écouter, à l'entendre. Non forcément de vouloir sur son modèle nous perdre en Dieu jusqu'à y perdre la conscience de soi. Mais de comprendre à quelles extrémités les femmes sont poussées pour trouver une liberté que l'ordre patriarcal leur refuse.

Mme Guyon aurait sûrement détesté nos études, nos manières,

notre langage et le joyeux exercice de nos libertés garçonnières. Mais, en un sens, c'était une égale, une lutteuse — une amie.

Derrière tout cela, une question, qui se fait jour petit à petit et dont j'ai pris conscience tardivement. En matière d'éducation, quelle est la place que la république fait aux femmes ? Dans la fin du XIXe siècle, elle organise l'enseignement secondaire, puis supérieur, pour les filles, prolongeant un mouvement amorcé sous la monarchie de Juillet, et le Second Empire. C'est un enjeu au moment de la Révolution, en 89, ce l'était déjà à la Renaissance, mais que le chemin est long ! Érasme a osé suggérer que l'éducation des filles se fasse sur le même mode que celle des garçons. Mais lorsqu'en 1523 Jean-Louis Vivès*, théologien et philosophe espagnol, publie une *Institution de la femme chrétienne* qui sera beaucoup lue dans les milieux humanistes européens, s'il reconnaît la nécessité d'éduquer les filles, la question reste entière : que leur apprendre ? La première vertu pour Vivès est « la pudicité », l'ensemble des manières et des comportements d'une femme digne, discrète, réservée. Future épouse et future mère, la femme devra apprendre comment « concilier ses devoirs d'épouse et de mère avec des obligations sociales assumées en toute liberté de choix pour occuper ainsi une place plus importante au sein de l'Église ». Elle doit pouvoir se rendre agréable à son mari par ses charmes et sa conversation, l'aider dans le gouvernement des affaires domestiques et être capable d'élever chrétiennement ses enfants. En un sens, la Révolution retrouvera cette première inspiration, le sentiment religieux étant remplacé par la nécessité d'élever de futurs bons républicains, sur le modèle de la Romaine Cornélie, mère des Gracques. Plus tard, Camille Sée le formulera ainsi : « Virgines futuras virorum matres republica docet ! », « La république instruit les vierges, futures mères des hommes ! » La Révolu-

* Vivès est d'une famille de conversos, son père meurt sur le bûcher en 1522. Il vient s'installer à Paris, au collège Montaigu, rue Valette (détruit en 1844), mais part très vite pour Bruges.

tion a rompu avec l'ordre ancien, mais elle rechigne à consacrer l'entière égalité des sexes. Seul Condorcet la revendique au motif qu'une « légère indisposition » mensuelle ne peut écarter les femmes de la vie publique et du droit. Mais tous affirment comme le conventionnel Marc-Antoine Baudot : « Il faut que les femmes soient femmes », c'est-à-dire qu'elles restent à leur place, le foyer. Est-il même nécessaire qu'elles apprennent à lire ? Dans son *Projet d'une loi portant défense d'apprendre à lire aux femmes*, Sylvain Maréchal affirme à l'article 3 : « C'est un luxe dont l'effet fut presque toujours l'altération et la ruine des mœurs. » Du reste, « jamais fille chaste n'a lu de romans », dit Rousseau (*La Nouvelle Héloïse*).

La république va donc laisser subsister longtemps, en matière d'éducation, la relégation des femmes. Et continuer de se montrer la digne fille d'un XIXe victorien qui, dans toute l'Europe, entend maintenir les femmes à la place que leur assigne le développement économique de la bourgeoisie. Le parcours est long et lent. En 1900, on devait encore se battre pour que soit donné aux filles le même enseignement qu'aux garçons ; un article du *Figaro* de 1904 décrit avec une condescendance amusée les étudiantes de la Sorbonne qui, en petits groupes, « pépient leurs leçons » dans le jardin du Luxembourg. Et c'est seulement en 1924 qu'un décret assimile l'enseignement des jeunes filles à celui des garçons et reconnaît officiellement les diplômes préparés. On ne peut lire ou relire sans émotion le récit du combat des femmes dans les débuts de la république et jusque dans les années 20 pour que progressivement les grands concours s'ouvrent à elles.

Quarante ans plus tard, je n'ai pas eu à lutter pour faire des études. Et la mixité n'ayant été rendue obligatoire dans l'enseignement primaire et secondaire qu'en 76, je les ai accomplies dans un environnement entièrement féminin, sauf aux cours de la Sorbonne pour la licence et l'agrégation. Nos professeurs étaient des femmes. La plupart étaient célibataires, ce qui leur conférait un statut différent de celui de leurs collègues masculins, menant, eux, une vie plus classiquement « bourgeoise ». Le sort de ces femmes professeurs a totalement changé. Mais à l'époque dont je parle, on les admire moins qu'on ne les plaint, on les juge avec une condescendance attristée, on parle de leur « sacerdoce », ce sont des bonnes sœurs laïques. Grosse erreur. On oublie qu'alors le choix du célibat était celui de l'autonomie et de la liberté. Beaucoup de femmes, à l'époque, arrêtaient de travailler quand elles avaient une famille. C'est ce que Giono imposa à sa femme, institutrice, qui regretta l'école toute sa vie. Le célibat dès lors pouvait signaler une personnalité libre et audacieuse. Dans mon lycée de province, et plus tard à Paris, ces femmes professeurs jouissaient du reste toutes, ou presque, d'une confiance et d'une autorité qu'on ne songeait pas à remettre en question. — Aura et prestige rarement accordés alors aux femmes, qu'elles devaient sans doute moins à leurs qualités personnelles qu'à l'autorité, alors incontestée, du savoir : la république respecte le savoir et respecte ceux (celles, en l'occurrence) qui le transmettent. Je ne puis dire qu'une chose : j'ai porté à la plupart d'entre elles une admiration et une estime sans réserve, mais je regrette de n'avoir pas été suffisamment sensible aux luttes qu'elles avaient dû mener pour se retrouver là où elles étaient. Car on ne saurait assez dire avec quel sérieux, quelle ferveur, parfois même quelle passion, elles laissaient deviner, derrière elles, à travers elles, une vision entêtée de l'histoire, de notre avenir, du destin de notre pays. Une même idée de la raison, du progrès.

En un sens, la non-mixité ne m'a pas pesé : sortant de mon enfance de fille unique, j'ai aimé cette camaraderie vigoureuse, sans mièvrerie, dont les garçons ont été longtemps les seuls bénéficiaires, et que les filles avaient su conquérir. La non-mixité favorisait une forme d'égalité entre les sexes qui s'est perdue depuis. Une égalité dans les études, même s'il subsistait un cours de couture dans les lycées de filles, où aucune de nous n'excellait. Étant une des moins douées, j'avais obtenu d'occuper régulièrement la chaire de lecture : comme dans les couvents, une élève lisait à voix haute pendant que les autres s'évertuaient à coudre des brassières et des bavoirs. Le procès de la non-mixité a été largement fait. Et son éloge a pris aujourd'hui les couleurs du séparatisme social. Mais, en séparant les sexes, on pratiquait de fait une façon (paradoxale) d'échapper aux stéréotypes de genre. J'ai pu constater vers 2008-2010 le poids de ces représentations dans un collège « ambition réussite » du Midi : les garçons revendiquant de « ne pas aimer lire » comme un marqueur de leur virilité, les filles faisant du goût de la lecture une des rares supériorités de leur sexe. L'envers de leur distance pour les études scientifiques. Marie Duru-Bellat, qu'on ne peut soupçonner de dérive droitière, l'affirme, « les filles se sous-estiment dans les domaines réputés masculins quand elles sont en présence de garçons ». « Une chose est patente : la mixité tend à brider le développement intellectuel et personnel des élèves. »[17] Et la mixité contribue aussi à l'hypersexualisation de l'adolescence. Faut-il donc y renoncer ? Non. Et pourtant, la non-mixité libérait les femmes.

Je ne pensais donc nullement qu'il y eût l'ombre d'une différence dans mes études avec celles des garçons. Ma génération avait pu enfin, la dernière avant la mixité, accéder à des études quantitativement et qualitativement identiques et je n'avais eu à subir aucun des accommodements humiliants qu'on avait pendant longtemps imposés aux femmes, afin de préserver, justement, leur féminité. J'avais eu tout simplement la joie d'entrer dans une grande aventure enfin offerte aux femmes. Ayant bénéficié de cette forme d'émancipation égalitaire devenue accessible aux filles, je comprends l'étonnement de Simone de Beauvoir quand Sartre lui fait remarquer qu'elle n'a tout de même pas été élevée comme un garçon : elle n'avait pas vu de différence. Moi non plus je n'avais pas vu la différence. Plus tard, dans les années 80, un certain féminisme différentialiste va émerger, et reprocher aux femmes d'avoir accepté de faire « des études d'homme ». Quand une jeune femme (une rivale dans une affaire privée) me pousse à le reconnaître, je ne comprends même pas ce qu'elle veut dire. Je ne comprends toujours pas. Le seul point où je reconnais une différence sensible, ce n'est pas dans la nature et la forme des études, les matières, les habitudes de travail, le style des professeurs. Mais dans le sérieux qu'y apportent les filles, plus fragiles et d'autant plus attachées à la méritocratie républicaine que la contrainte de genre pèse sur elles de façon biaisée en plus de la contrainte sociale. Il leur reste à conquérir la distance, le sens du jeu et de l'humour. Nous nous y essayions, à l'École, et nous n'y parvenions pas si mal. Pour conclure : dans ce long parcours de formation que m'a offert l'école républicaine, j'ai acquis pour toujours une vision égalitaire du féminisme. Rien ne doit être refusé aux femmes parce qu'elles sont des femmes ; rien ne doit leur être accordé parce qu'elles sont des femmes.

L'heureux temps des études

Inconsciente du système qui me porte et que je contribue à faire prospérer, dans ces premières années loin de ma famille, je m'enchante de vivre à Paris et des études que j'y fais, ayant quitté sans trop de regret les études scientifiques. Je prends chaque matin le métro à la station Jasmin — je me souviens d'un des premiers marchands de glaces italiennes installé devant l'entrée —, je ne suis pas de retour avant la toute fin de l'après-midi, et c'est en général pour entamer une soirée de travail qui se prolongera fort avant dans la nuit. On s'étonnera peut-être de voir à quel point j'adhère à ce système contraignant, à cette figure paradoxale, très encadrée, de l'émancipation. Du reste, c'est à peine s'il m'arrive parfois de penser au but que je poursuis en me rendant au Quartier latin. « Faire des études » est un but en soi, ce n'est pas se préparer à une profession ou à un métier. C'en est la conclusion, ou plutôt le coup d'arrêt, le regrettable point final.

Rien ne me pèse dans la succession des activités qui règlent notre vie quotidienne, cours, répétitions, « colles ». Chaque jour, pour le déjeuner, on nous ramenait du quartier des écoles vers le XVIe arrondissement de notre foyer, selon un des plus beaux parcours que Paris peut offrir, puisqu'il ne quitte pas la Seine. Je cite sans ordre les apparitions d'un Paris printanier ou automnal, les premiers bourgeons, les feuilles rouges sur le Cours-la-Reine, les monuments dans la brume, l'Institut, la beauté du pont Alexandre-III, du Grand Palais, les péniches du quai Anatole-France, ces voies, ces vies entraperçues, les rires, les appels, des perspectives ouvertes sur un passé énigmatique et un avenir confusément entrevu. Comme un insecte qui mue et se débarrasse par secousses de l'ancien vêtement qui l'entrave, j'aperçois bien, de temps en temps, des figures et des mondes inconnus, qui m'attirent, mais je reste au bord. Après le dîner, c'est chaque soir l'heure du « petit grec », un entraînement très efficace au déchiffrement de pages entières de Démosthène ou d'Homère. Parfois, nous passons une grande partie de la nuit à des devoirs d'histoire ou de littérature, tantôt chez l'une, tantôt chez l'autre, buvant tasse sur tasse d'un Nescafé amer (je revois sa boîte de métal qui sent la rouille, pour moi un symbole de l'époque). Vers minuit, nous nous faisions une dînette en coulant sur une biscotte des morceaux de fromage fondus dans du papier d'aluminium sur le couvercle d'une bouilloire.

Encore une fois, ce sont des détails qui pourront grossir, à mon propos, un dossier déjà lourd. Oui, c'était le temps d'une contrainte extrême, et d'un enfermement, mais pour tout dire, je n'en souffrais pas du tout. J'ai aimé l'atmosphère des concours, et la rudesse des épreuves qu'on vous faisait subir. Je ne me suis jamais sentie en concurrence ou en rivalité avec les élèves de ma classe préparatoire, mais plutôt soumise comme elles à la même perspective d'une éventuelle élimination. Dans mon souvenir, ce sont d'abord des moments irremplaçables de formation, d'instruction, de construction de soi, avec d'autres, parmi d'autres. Il y avait cette discipline harassante, ces horaires démentiels, ces salles de classe sombres, ces couloirs déprimants et le face-àface jour après jour avec des professeurs exigeants parfois jusqu'au mépris. Tout cela est vrai, mais il y avait aussi la joie de la difficulté vaincue, une joie du corps autant que de la tête, cette belle joie des sportifs et des musiciens, des acteurs, et ces moments incomparables, fulgurants où la lumière se fait dans votre tête. J'ai toujours eu un rapport très physique avec l'objet de mes études.

Je parle d'un temps disparu. On a plus d'un argument aujourd'hui contre ce système qui nous est propre, en France, où l'enseignement supérieur se distribue selon deux voies distinctes : l'université et les grandes écoles. Pourtant, il y avait là quelque chose d'incomparable que je voudrais faire comprendre. Les classes préparatoires, aujourd'hui, font l'objet d'une critique virulente, parce qu'elles sont soumises à une logique de sélection sociale, étrangère à celles que j'ai connues, les prépas littéraires. Aujourd'hui, une « prépa » (surtout une prépa scientifique) est la clef de reproduction d'une « élite ». Dans un article d'*Alternatives économiques* du 18 août 2023, Marie Duru-Bellat instruit leur procès en termes plutôt vifs. Commentant le film de Frédéric Mermoud, *La Voie royale*, la sociologue relève ce désir de faire partie de l'élite qui pousse des jeunes gens, garçons et filles, à s'inscrire dans les classes de préparation aux grandes écoles scientifiques et elle souligne le désarroi des élèves « de milieu rural ou de petites villes, ou très éloignés du monde des grandes écoles [qui] peuvent se sentir mal à l'aise parmi ce public, majoritairement de milieu social très favorisé, et plus encore les filles dans cet univers de garçons de bonne famille qui ont déjà endossé leur habit de dominant à l'aise autant socialement que scolairement ». C'est un diagnostic impitoyable de la concurrence et de la compétition qui règnent dans notre société de réussite individuelle et de profit.

J'ai toutes les raisons de ne pas me reconnaître dans ce tableau : nous n'appartenions pas au monde des dominants, et nous n'ambitionnions pas d'y appartenir mais de nous construire. Mais selon quels modèles dans un système d'éducation séparée ? Des femmes, essentiellement. Les classes préparatoires en offraient alors des exemples contrastés, laissant entrevoir des choix de vie qui n'étaient pas tous enviables, et les rudes épreuves qu'elles avaient dû traverser, et traversaient encore, une solitude plus imposée que choisie, le soin d'une vieille mère, des liaisons secrètes. C'est un tout un pan mal connu de l'histoire des femmes. Pour toutes ces raisons, la lumière se portait naturellement, je l'avais déjà vu dans mon lycée de province, sur celles en qui l'on devinait une existence moins convenue, un passé de risques assumés, et qui donnaient l'exemple d'une pensée rigoureuse : j'ai toujours obscurément préféré la rigueur à toute autre qualité intellectuelle et morale.

Quand je me remémore ces heures d'enseignement à Fénelon, dans cette salle austère, à l'angle de la rue de l'Éperon, au début des années 60, l'image s'impose aussitôt de Dina Dreyfus, notre professeur de philosophie. Et il me revient aussitôt le sentiment qui me dominait alors, dans ma fruste inexpérience : celui d'être associée à quelque chose de « plus grand que moi », de voir les choses non plus dans leur contingence mais dans leur nécessité — comme dit Spinoza qu'alors je n'avais pas lu. Françoise Héritier, Assia Djebar, Marianne Bastid-Bruguière, qui ont été ses élèves, ont parlé d'elle comme je m'apprête à le faire : pour s'acquitter d'une dette. Dina Dreyfus était née à Rome, son père était importateur de matériel cinématographique. Je n'ai pas oublié le récit qu'elle nous fit un jour de la « marche sur Rome », à laquelle elle avait assisté petite fille cachée derrière les rideaux d'une fenêtre. Élève de l'anthropologue Marcel Mauss, elle participe avec Claude Lévi-Strauss, qu'elle avait épousé en 1932, à la mission culturelle française de la nouvelle université de São Paulo. Et elle fonde avec Mário de Andrade la première société d'ethnologie du Brésil. On ne lui rend pas suffisamment justice. Elle est absente de *Tristes Tropiques*, et, dans son album *Saudades do Brasil*, Lévi-Strauss exclut toutes les photographies sur lesquelles elle apparaît[18]. Après la guerre, et la Résistance dans la région de Montpellier, elle sera professeur d'abord à Versailles puis en première supérieure à Fénelon.

Suivre ses cours, c'était jour après jour comme passer de l'ombre à la clarté, sortir enfin d'une brume d'enfance, d'une confusion première, primitive, et sentir se déplier en soi la possibilité d'être libre en pensant clairement. Qu'était-ce qu'enseigner la philosophie pour Dina Dreyfus ? C'était enseigner à philosopher. Ce qui veut dire partir des commencements, puis, pas à pas, déployer des concepts, trouver les liens, articuler, argumenter. Chaque étape de la réflexion était ponctuée d'une formule à laquelle sa belle voix et son accent italien donnaient une solennité et un charme singuliers : « par voie de conséquence ». C'était un enseignement d'un rationalisme strict, formant à la rigueur, à une morale de la rigueur, même. De ce rationalisme, le fondement était Kant, et sa morale de l'impératif catégorique. Jean Bonnet a intitulé « Kant, instituteur de la république (1795-1904) » la thèse où il examine le rôle du kantisme dans l'émergence et la construction de l'idéal républicain. À juste titre. « La morale avait changé de structure : elle ne valorisait plus ni l'héroïsme de la vertu (valeur aristocratique), ni la sainteté de la foi (valeur religieuse). Elle prônait le mérite, qui ouvrait à tous des chances égales de réussir. Le kantisme était la théorisation parfaite de cette méritocratie dont la République consacrait l'ascension. »

C'est cette logique, au sens large, qui donnait à Dina sa force de conviction. Elle avait hérité de l'enseignement de Léon Brunschvicg une pratique et une politique de la raison, se rattachant délibérément à la tradition cartésienne des idées claires et distinctes. Le jugement est l'acte fondamental de la pensée, son exercice est la condition de la liberté. Ce qui ne va pas sans un certain idéalisme abstrait, une forme d'égalité par-delà les différences qui évite certes qu'on s'enferme en soi, mais traite cruellement tout ce qui n'entre pas dans la configuration souhaitée. Je n'avais donc pas rompu avec la leçon de mon enfance. Je m'étais simplement engagée un peu plus loin dans la direction que m'avaient donnée mes parents, jusque dans leurs façons d'être. La vie avec eux était une sorte de chemin proposé et exposé avec une rigueur première, primitive, sans lourdeur ni obligation, où les choses et les mots se dépliaient ensemble. Telle est la dialectique de l'instruction selon l'idéal républicain : elle repose sur la passion non pas de savoir, mais d'apprendre, et ensuite de faire savoir, de transmettre. Vaine, égoïste, l'accumulation des savoirs, qui inspire souvent des traits de caractère ou des comportements méprisables. Tandis qu'apprendre procure une joie des plus vives, des plus sûres, et des plus durables : rien n'est plus précieux que cet instant où on passe sur le sujet le plus infime de l'ignorance à la connaissance.

Après un premier échec, je suis reçue en juillet 61 à l'ENS, je vais télégraphier le résultat à mes parents dans la petite poste en bas du boulevard Jourdan, tout près de l'École. Nous nous retrouvons le lendemain et je les emmène déjeuner place Denfert-Rochereau. Ils sont encore jeunes, ils ont tout juste la cinquantaine, leur visage est grave, traversé par des éclats de fierté, ils ont rempli la mission que leur avaient assignée leurs familles modestes, ils ont accompli leur devoir, payé leur dette à ceux qui les ont précédés. Une trentaine d'années plus tôt, ils entraient à l'École normale de leur département, aujourd'hui, ils vont aller visiter avec moi, dans l'après-midi, en face de la Cité universitaire, le site tout à fait modeste de l'ENS : des bâtiments en préfabriqué entourés d'arbres, de pelouses et de buissons en cette saison luxuriants. Puis ils retourneront dans notre province et, à l'automne, ils retrouveront leur classe. C'était si simple, ce parcours de l'élitisme républicain, de la méritocratie républicaine ! Pour en finir avec le trait majeur des sociétés d'ordre (l'Ancien Régime), où l'héritage social s'imposait dans la transmission des places et des charges, et puisqu'on ne peut se passer de l'excellence dans tous les domaines, de la recherche, de la science, de la technique, de l'enseignement, la république avait pensé pouvoir confier à l'école la mission d'un recrutement démocratique de l'excellence. Mais la cruelle conséquence en est que tout le système éducatif est conçu et organisé du sommet à la base, « de manière pour ainsi dire téléologique, en déduisant de l'objectif ultime ce qu'il s'agit d'enseigner dès le départ et au plus grand nombre » (Alain Renaut, *Les Révolutions de l'université*, 1995). Oui, la sociologie a raison, lorsqu'elle fait observer que « l'école française demeure au XXIe siècle otage des idées qui l'ont vu naître à la fin du XIXe : distinguer une petite élite sans se soucier d'élever suffisamment le niveau des autres[19] ». Et je partage avec elle le regret de voir encore tant d'enfants de milieu modeste en déshérence aujourd'hui. Mais cette question douloureuse est peut-être une question mal posée et, surtout, suivie d'une série de réponses erronées. Aujourd'hui, il semblerait que tout a été conçu dans la hâte et l'égarement, qu'on n'ait rien trouvé de mieux, pour répondre aux défis de la prolongation scolaire, que de renoncer, au nom de l'égalité, à soumettre les élèves à des exigences sérieuses dans l'acquisition des connaissances. Conséquence inévitable : c'est le tri social qui l'emporte, l'énorme vivier des classes populaires demeure largement inexploité. Si, aujourd'hui, l'héritage social l'emporte, c'est parce que l'école ne se donne plus les moyens d'accomplir cette mission. Ni dans le cycle primaire ni au collège. C'est donc l'héritage familial qui y supplée.

La méritocratie fait l'objet d'une critique légitime : en séparant une classe d'élus d'une masse d'exclus, elle légitime une forme de reconnaissance sociale par le niveau d'instruction. Où « les humanités » ont joué pendant des décennies un rôle éminent. Les élus feront en sorte de rendre héréditaire cette première sélection, la suite n'étant alors qu'une compétition entre enfants déjà sélectionnés socialement et géographiquement. Il serait étonnant qu'il en aille autrement dans une société profondément inégalitaire. Cependant, entre méritocratie et héritocratie, il faut choisir, on en revient toujours là...

L'été de 61 : après un court séjour dans ma famille, j'en passerai une grande partie à Rome. Mais avant d'en venir à ce séjour, je dois faire droit à un souvenir obscur et entêtant datant de la fin du printemps. Pourquoi et comment, d'une manière imprévisible, et détournée, ai-je été quelque temps saisie d'un si vif intérêt pour le socialisme des kibboutz ? Une après-midi, je viens de quitter l'École où j'ai passé une épreuve orale, et je descends joyeusement vers le métro sous les grands arbres avec une élève de première année. Est-ce en vue de l'épreuve d'histoire ? Je l'interroge sur le Sillon, que je viens de découvrir, et sur le « sillonisme », ce mouvement par lequel Marc Sangnier cherche à offrir aux ouvriers un substitut à la gauche « anticléricale et matérialiste ». (À vrai dire, le christianisme social ne me passionne guère, je ressens plutôt une vague hostilité envers tout ça, y compris face à l'engouement pour l'abbé Pierre.) Je m'enfonce dans des interrogations imprécises quand tout à coup je vois qu'elle a compris « sionisme ». C'est à peine si je connais le mot, encore moins de quoi il s'agit : on voit là que j'ai un long chemin à parcourir. Elle me conseille la lecture d'un article, est-ce celle d'un numéro de *L'Arche* ? Je suis incapable de le dire. Mais je ne parviens pas à mesurer le degré d'intérêt pour le kibboutz que je ressens dans les semaines qui suivent. J'ai d'autant plus le désir de le décrire que nous sommes aujourd'hui témoins d'une double horreur : l'intrusion le 7 octobre 2023 dans les kibboutz du sud d'Israël d'une milice armée venue de Gaza qui s'est livrée sur la population à des sévices sans nom ; et en riposte, dans un esprit de vengeance, l'entreprise génocidaire d'élimination par l'armée israélienne de la population de Gaza. J'ai presque oublié à quel point cette rêverie égalitaire en terre biblique avait pris alors de la place dans ma vie. Je cherche à m'informer davantage sur les kibboutz en lisant régulièrement *L'Arche*. J'admire ces récits où l'on voit tout un groupe n'avoir qu'une seule montre, et se nourrir de lentilles pendant des semaines, j'envisage d'apprendre l'hébreu, au moins d'en déchiffrer les caractères avant d'être rebutée par la difficulté. À un moment, je projette même d'accompagner en Israël (c'était avant la guerre des Six-Jours de 1967) des amis étudiants qui s'y rendaient régulièrement. Le judaïsme les attirait plus que le socialisme ; moi, c'était le contraire.

Je comprends aujourd'hui sur quelle équivoque, alors, je vis. Le monde où ma première éducation s'est faite, début des années 60, est un monde marqué par le souvenir récent de la guerre, de l'occupation, de la Libération. Dans ce contexte, « la cause palestinienne » n'est pas celle des Arabes de Palestine, qui naîtra après la guerre des Six-Jours : au lendemain de la guerre, dans l'ombre de l'Holocauste, c'est la cause des Juifs de Palestine. La Ligue française pour la Palestine libre est créée en 47 par des militants proches de l'Irgoun. Elle fonde un hebdomadaire, *La Riposte*, rassemble « de nombreux messages de sympathie qu'elle a quémandés auprès d'intellectuels de renom et de tous bords (Paul Claudel, Vercors, Raymond Aron) ainsi qu'un manifeste signé par de nombreuses personnalités, dont beaucoup sont de gauche, telles que Simone de Beauvoir, André Breton, Paul Éluard, François Mauriac, Maurice Merleau-Ponty, Emmanuel Mounier, Raymond Queneau, Jules Romains ou Jean-Paul Sartre » (Mathieu Bouchard au n° 72 de *Confluences Méditerranée,* janvier 2010).

L'épisode de l'*Exodus* va marquer durablement les esprits : parti de Sète le 11 juillet 1947, le bateau est chargé d'émigrants qui sont souvent des « rescapés » de l'extermination. Ils n'ont pas de visa légal, car les Anglais veulent limiter l'immigration juive. La marine britannique s'empare du navire et renvoie tous ses passagers en Allemagne. Ce traitement révoltant aura une influence sur la décision de l'ONU en 1947. Le 30 novembre, l'Assemblée générale de l'ONU approuve en effet le partage de la Palestine entre Juifs et Arabes par 33 voix contre 13 et 10 abstentions. Un État voit le jour en 1948, succédant au « foyer national juif » créé par le mandat donné à la Grande-Bretagne par la SDN en 1922. (Pour Shlomo Sand, c'est plutôt la fermeture des portes des États-Unis en 1924 qui a jeté les vraies bases d'un État juif en 48.)

Pour les intellectuels de gauche, la « question palestinienne » est donc une question juive, qui prend place dans la lutte opposant « les forces émancipatrices », qu'il s'agisse du communisme ou du socialisme, « aux forces de l'impérialisme ». C'est l'Irgoun contre les Anglais : à travers les attentats que l'organisation commet, le « sionisme » est perçu comme une des formes mondiales de l'émancipation. Quand plus tard je lis, vers le milieu des années 70, le récit de l'attaque de l'hôtel King David le 22 juillet 1946, j'en approuve l'esprit : Menahem Begin, qui l'avait coordonné, jugeait intolérable que les Anglais maintiennent des limitations strictes à l'immigration juive en Palestine afin de ménager les populations arabes.

Qu'est devenu, aujourd'hui, l'esprit des kibboutz, qui m'avait tellement fascinée ? On a bien oublié le lien entre la Résistance française et le sionisme des kibboutz, établi à travers les épreuves de la guerre. L'histoire des deux pays l'a distendu, puis rompu, comme le montre le livre de Shakin Nir, *L'Idéal du kibboutz*. Le judaïsme dans les kibboutz s'était au départ métamorphosé en une sorte d'athéisme socialiste à morale très stricte : la religion y est revenue, alors qu'elle avait été mise à l'écart. Les kibboutz sont désormais en Israël un passé révolu, presque occulté. En 2010, d'après une enquête, ils ne représentaient déjà plus que 1,6 % de la population israélienne. Lors d'un premier voyage en Cisjordanie, en 97, je lis dans la presse (de langue anglaise) que les parents d'un soldat mort dans le Golan sont révoltés qu'on leur impose un office religieux pour ses funérailles : sinon, leur fils ne recevra pas les honneurs militaires. Nous sommes de vieux kibboutzniks, écrivent-ils, où donc est passé l'idéal du kibboutz de notre jeunesse ? En 2012, Amos Oz, dans un entretien au journal *Haaretz*, était revenu avec nostalgie sur ces années-là : « L'idéal primitif du kibboutz était d'une audace inouïe : il ne s'agissait pas moins que de changer tout de suite la nature de l'homme. » Et il évoque « le malaise » ressenti par « la génération des bâtisseurs d'Israël et aussi ses admirateurs en France (...) à la disparition de cet "idéal" ». En août 95, Amnon Kapeliouk publiait dans *Le Monde diplomatique* un article intitulé « La décadence des kibboutz » : « Parce qu'ils célébraient une conception spartiate de la vie, ainsi que le travail manuel, l'organisation collective et la gestion communautaire, les kibboutz israéliens soulevèrent, tout particulièrement dans les milieux progressistes, un formidable enthousiasme. Des volontaires accourus du monde entier y séjournèrent, fascinés par ces phalanstères modernes et leur modèle de convivialité. Mais les temps ont changé, et les eaux glacées du calcul égoïste noient lentement l'idéal de naguère. Le kibboutz agonise. »

Premiers voyages, premières tentatives prudentes de dépaysement

Je mesure aujourd'hui la place que les voyages vont tenir dans ma vie. Ils m'ont fait sortir de mon pré carré, de ma « zone de confort », je me suis confrontée à l'altérité, je me suis dé-paysée, j'ai vu s'ébranler mes certitudes, ce qu'avaient déjà commencé à faire la lecture et les livres. Ils joueront un rôle déterminant dans cette grande confrontation avec le vaste monde que j'attends anxieusement. Ce n'est pas pour rien que j'aimais déjà tellement Jack London et James Oliver Curwood, les chiens de traîneau et le Grand Nord dans mon village des bords de Loire. Je viens d'une famille et d'un monde où on ne voyageait pas. Les bonnes familles, elles, voyagent beaucoup, très loin, et cela depuis le milieu du XIXe siècle : mais nous autres, au plus loin que je remonte, nous sommes des *manants*, ceux qui *restent* là où ils sont nés. (En Anjou, on dit « rester » pour « habiter ».) En 52 et 53, pendant des vacances au Pays basque, terroir de ma famille paternelle, j'ai demandé à voir un poste-frontière, et je me souviens de mon émotion quand j'ai glissé le pied sous la barrière pour le poser sur un macadam identique, mais devenu mystérieusement étranger. Jusqu'à ce que le gardien lève légèrement la barrière. Mais alors, saisie de peur et de joie, j'ai reculé. Le rêve des lointains, cependant, le rêve d'aller vivre et travailler loin de chez soi, un personnage, dans ma famille, l'avait incarné. D'où cette aura qui entourait sa mémoire et son nom. C'était le meilleur ami de mon grand-père paternel, béarnais comme lui[20]. Il était « chauffeur de maître ». (Je lis sur Wikipédia que, « dans les années 1920, les chauffeurs portaient des manteaux de style militaire, parfois des cols d'astrakan ainsi que des gantelets ».) Parrain de mon père, il travaillait à Paris, et mon père lui fut toujours reconnaissant de lui avoir montré les Champs-Élysées en le prenant à bord de la limousine de ses patrons lorsqu'à douze ans il lui avait rendu visite. Il s'appelait Michel Plaa-Porte, je me suis récemment souvenue de son nom, je l'ai cherché et retrouvé sur un site généalogique, celui de l'Association pour la mémoire de l'émigration. Il était né en 1878 à Jurançon, comme mon grand-père, et il passa une partie de sa vie aux États-Unis, dans le Massachusetts. Avait-il accompagné son patron, un riche bourgeois, un industriel ? À côté de son nom figure celui d'un certain Norman Price. Qui s'installe à Pau en 1915 et meurt à Gérardmer en 1916. Aux États-Unis, en 1912 et 1913, Michel Plaa-Porte réside dans le Massachusetts. « Prides Crossing — Beverly », dans le quartier de Norman Price, qui arrive en France en 1915 et s'installe à Pau. Où avait-il connu les Price ? Son contact lors du voyage de mai 1919 est « FK Price », Frederic était le frère de Norman Price. Lequel a sa statue à Pau.

D'où l'importance, dans mon souvenir, d'un tout premier voyage, quelques années avant Rome, dans la dernière partie de mon enfance : car c'est aussi mon premier contact avec l'histoire contemporaine vivante. Durant l'été de 54, on m'envoie en Allemagne, avec une camarade de classe, dans la famille de ma « correspondante ». Expérience saisissante : l'Allemagne, si peu de temps après la guerre. Souvent, lorsqu'il vient me chercher à l'internat le samedi, je surprends mon père en discussion animée avec Suzanne Proust. Je me souviens de leur divergence sur un sujet d'époque : fallait-il ou non créer la CED (une Communauté européenne de défense) ? Unir l'Europe et réarmer l'Allemagne sous l'égide des États-Unis, face au danger soviétique ? On s'étonnera que je m'en souvienne. Mais j'ai de bonnes raisons à cela. Pacifiste convaincu dans les années 30, prisonnier durant la guerre, mon père change quand il est question de l'Allemagne, c'est un sujet qui le préoccupe. Je n'ai pas fini d'en chercher les raisons. De sa captivité au Tyrol, il est revenu en proie à un tourment qui ne le quittera jamais. Ses récits se concentrent sur le souvenir de l'amitié entre les prisonniers, il a gardé des photos du théâtre dans les baraques. Quelques officiers me semblent avoir eu une place et un rôle douteux, animant des cercles de conférence probablement au service de « la Révolution nationale ». Il se brouille avec les officiers d'active, et quitte le camp pour aller travailler. Je n'en sais pas plus. Et je n'y pense évidemment pas, en cette fin de matinée de juillet à Paris, sur un quai de la gare de l'Est, en compagnie de ma camarade de classe. Je suis seulement excitée par la perspective d'un long trajet par le train. Sur mon passeport, le premier, que par hasard j'ai retrouvé, je reconnais un joli pull à motifs jacquard dont j'étais très fière. Ma mère est très émue de me voir partir, elle essaie de ne pas le montrer. Je n'ai conservé aucune des lettres que je dus écrire à mes parents cet été-là. J'ai seulement quelques photos prises à Mayence, dans la famille de ma correspondante, un couple d'épiciers-droguistes. Je me souviens de l'odeur de produits chimiques répandue dans la maison, de leur petite voiture carrossée de bois. Je me souviens des destructions ; des baraquements (où ?) ; de la crainte que m'inspiraient les grands bassins de natation sur le Rhin ; des autoroutes, au revêtement fait de plaques cimentées, c'était un programme ambitieux de Hitler, longtemps considéré comme une preuve de modernisme. Je me souviens aussi d'une promenade en bateau sur le Rhin, en direction du rocher de la Lorelei. De la grand-mère aux yeux froids qui me regardait sans tendresse. Et de la joie insistante, démonstrative, ostentatoire (quelle avait été son attitude sous le nazisme, dix ans plus tôt ?) que manifestait le père de Gotti, quand on croisait des Américains. Notre séjour dure un mois. J'ai rencontré une autre famille, celle qui accueille ma camarade de classe, plus aisée, plus cultivée. Les garçons m'appellent « Lockenköpfchen* », « Bouclette », parce que j'ai d'épais cheveux raides et drus, je fais un peu de progrès en allemand, je me débrouille bien dans les textes, mais je n'aime pas au fond parler une langue étrangère : on dit ce qu'on peut et non ce qu'on veut.

Au retour, quand nous descendons du train, une grande photo en couleur sur la couverture de *Paris-Match* annonce à un kiosque la mort de Colette. Profil aigu, l'air d'une vieille catin — je dis ça avec sympathie —, elle écrit. Je vérifie, c'est le numéro du 14 août. (Je ne remarque sûrement pas l'encadré en bas de la page : « Les journées sanglantes du Maroc ». De violentes émeutes à Fès et Kenitra ont fait 24 morts.) Je me souviens d'avoir éprouvé alors un violent sentiment, non pas de tristesse, encore moins de deuil, mais de reconnaissance, presque de joie. En apprenant la disparition de ce personnage familier, bien français, qu'était Colette, je me retrouvais chez moi. Je n'avais plus à accomplir à chaque instant ce travail harassant de compréhension, de découverte, des mots, des gestes, des mets. En attendant mes parents, qui devaient nous ramener dans notre province, nous avons commandé un steak frites dans une brasserie.

Nous lisions beaucoup à la maison. Mes parents avaient un goût véritable pour la littérature française, mêlé à une passion républicaine, typique des instituteurs de l'époque, pour nos « grands auteurs ». Les livres de Colette occupaient une place particulière. À cause des chats, de l'enfance, des jardins, de Sido. Ma mère suspendait pour se plonger dans ses livres la vigilance moralisatrice un peu grondeuse qu'elle avait héritée de son éducation austère et de ses années d'École normale.

* Titre d'un poème de Theodor Storm, puis d'un film d'Irving Cummings (1935).

Quant à moi, en lisant Colette, est-ce que j'avais déjà compris que mon destin serait d'« appartenir à un pays que j'ai quitté », comme elle le dit en parlant d'elle-même dans *Les Vrilles de la vigne* ?

1961. Vers la mi-juillet, je monte dans le train pour Rome, avec une de mes anciennes camarades du lycée d'Angers qui a entrepris des études de sciences. Nous sommes liées depuis les petites classes, elle était aussi ronde que j'étais mince et longue, trop vite grandie. Voici Doublepatte et Patachon, disait en nous voyant sa mère, qu'on appelait Milou. (Tout le monde a oublié ce duo de comiques danois des années du muet, qui inspira Laurel et Hardy.) Le père de mon amie était professeur, d'une famille de médecins. J'aimais la grand-mère qui vivait à un autre étage, ses chapeaux, le discret et élégant ruban qu'elle portait autour du cou, comme on faisait alors, pour en dissimuler l'affaissement. Leur maison était remplie de beaux vieux meubles, de musique et d'enfants.

En partant pour Rome, nous obéissons à un appel des plus convenus : le voyage à Rome vient couronner les études classiques. Mais il entrait aussi dans des habitudes qui n'appartiennent pas à mon monde, à ma classe. C'était un passage obligé dans la formation d'un artiste, comme Poussin au début du XVIIe siècle, qui y restera quinze ans. Et une étape dans la formation d'un jeune homme fortuné, qui s'étend progressivement aux filles que, de Russie, d'Angleterre ou des États-Unis, on envoie passer quelques mois en Italie avec précepteur et gouvernante. Du reste on dit *Voyage d'Italie*[21], et non en Italie, ce qui prouve l'importance et l'obligation. Sade le fera, et Chateaubriand, puis Stendhal, Lamartine, Théophile Gautier, Hippolyte Taine ou les frères Goncourt… Et deux lycéennes à peine dégrossies, en 61, la tête farcie de déclinaisons et de citations de Tacite. « Oderint, dum metuant », « Qu'ils me haïssent pourvu qu'ils me craignent ». (Je me le suis remémoré au lendemain de la victoire électorale de Vladimir Poutine.)

Dans ce premier voyage à Rome, j'ai presque uniquement fixé mon attention sur les antiquités romaines, au point d'ignorer le baroque, pourtant frappée par la solennité et la vastitude de Saint-Pierre quand nos religieuses nous emmènent à une messe célébrée par Jean XXIII. Nos religieuses ? Eh oui. Nous avons trouvé à nous loger dans un foyer d'étudiantes dirigé par des sœurs dominicaines de la Présentation, près du Forum et du Colisée, aujourd'hui Casa Rosario. Elles ne m'ont pas demandé de certificat de baptême, et nous nous sommes bien entendues. Les plus jeunes parfois dévalaient l'escalier en riant, les cheveux libres, et filaient se cacher en nous voyant.

Je venais à Rome pour ses ruines — pas pour la vie italienne de tous les jours, que j'ai découverte alors, et qui m'a aussitôt conquise. Je venais voir « les poudreuses reliques » des vieux Romains, comme dit Du Bellay dans *Les Antiquités de Rome*. Mais ce premier séjour dans la Rome d'aujourd'hui m'a empêchée de m'enfermer dans une admiration nostalgique et passéiste des empires disparus. Toute la ville le dit d'une manière saisissante : les ruines font partie du temps d'aujourd'hui. En se révélant, elles révèlent chaque détail de la longue histoire qui nous en sépare et nous la font en même temps oublier. Tout est présent. Du Bellay en les tirant « hors du tombeau » au milieu du XVIe siècle développe une vision mélancolique de la fin de chaque chose, et de l'écroulement des empires. Pour moi, au contraire, elles redevenaient vivantes, associées à chaque bâtiment, à chaque perspective, à chaque point de vue, les colorant de leur présence silencieuse, et suscitant le désir de les protéger et de les conserver. Jamais je n'aurais imaginé qu'elles puissent faire à ce point partie de la vie d'aujourd'hui. Dès l'arrivée à Rome, le nom de la gare introduit une équivoque temporelle qui m'enchante. « Termini », est-ce le terminus des lignes, ou plutôt une survivance des thermes de Dioclétien tout proches ? Une ville branchée directement sur la source antique ! Cette joie ne m'a jamais quittée : j'y pensais hier encore en longeant les thermes romains, comme je traversais le Quartier latin pour rentrer chez moi. Cœur de l'ancienne Lutèce, situés au carrefour du boulevard Saint-Michel et du boulevard Saint-Germain, voies perpendiculaires dont le tracé coïncide à peu près avec ses deux voies majeures, le *cardo*, sud-nord qui va de la Seine au jardin du Luxembourg, et le *decumanus*, d'est en ouest. Sur les ruines dispersées dans un vaste jardin, des pousses vertes se montrent déjà, du fait d'un hiver trop doux, elles ont l'air de sortir des restes intacts de l'ancienne brique rouge... À Rome, cette année-là, pour la première fois de ma vie, j'entendais la langue italienne : revenue d'entre les morts, c'était la langue latine à laquelle j'avais consacré tellement de temps ! Bien plus encore que dans le français où elle est mieux dissimulée. Du jour au lendemain, j'ai eu envie d'apprendre cette langue, pour la lire, plus que pour la parler. Plus tard viendront l'histoire de l'art, la peinture, la sculpture de la Renaissance italienne, le baroque, la musique, l'opéra. Peu après ce premier voyage, je commencerai l'apprentissage de l'italien à la rue d'Ulm avec un jeune normalien qui me fait connaître la poésie du Tasse et la musique de Monteverdi : *Il Combattimento di Tancredi e Clorinda.* « Tancredi / Che Clorinda un uomo stima / Vuol nelle armi provarla / Al paragone », « Tancrède, qui prend Clorinde pour un homme, veut la mettre au défi par les armes »*.

Tout un monde s'ouvre, puis se déploie et prend corps dans cette admirable lumière et chaleur et odeur des villes du Sud, que je ne connaissais pas encore, parmi les pins parasols à la senteur entêtante d'encaustique, dans le crissement des cigales. Des garçons nous font signe par la portière de leurs petites Fiat. La plupart du temps nous déclinons l'invitation (ou l'invite ? Je ne les distingue pas encore très bien l'une de l'autre). Mais c'est ainsi que je suis allée à la Villa Adriana la première fois.

* Je le traduirai ou plutôt l'adapterai en français en 83 à la demande d'Antoine Vitez, pour une mise en scène de Lorenzo Mariani. Le spectacle se donnera dans l'admirable foyer Art déco du théâtre de Chaillot.

Rome et Athènes : Athènes, l'été suivant, avec la même camarade de classe. Je les joins dans un seul trait. Nous prenons à Venise un bateau pour la Grèce, nous passons les nuits sur le pont. Nous n'avons pas prévu de provisions, les matelots nous apportent des portions de mouton au gras dans un riz épais et collant, dont l'odeur forte me rebute et m'écœure, venant s'ajouter aux mouvements du bateau. Un vieil homme très élégant vient nous offrir du raisin. Il est italien, architecte, il parle un français parfait, pourquoi voyage-t-il sur ce bateau ? Il nous explique longuement le procédé de construction sans grue qu'il a mis au point : une série de vérins élève les étages achevés et on glisse le nouvel étage au-dessous. La vie du bateau et le lent déroulement du paysage dans mon souvenir se confondent. La vue des deux côtes se perd dans une vision d'escarpements boisés, de villages enfouis dans un creux de roche, sous une lumière qui ne faiblit jamais. Le bateau franchit l'isthme de Corinthe par un passage étroit, nous glissons vers Athènes. J'ai complètement oublié le trajet du retour.

Il n'y a rien dans ce voyage en Grèce qui rappelle ce que j'ai connu l'année précédente à Rome. La vie quotidienne me semble frappée d'un exotisme dont je saisis mal la source et la nature, je ne mesure pas à quel point la Grèce est turque. La Grèce antique ne se mêle pas à la Grèce moderne, elle se fixe sur d'intenses moments et sur des monuments, le Parthénon, le site de Delphes, celui de Mycènes dont nous franchissons la porte des Lionnes en plein cagnard. Mais le reste du temps, peut-être parce que je ne voudrais voir que « des chèvres éparpillées sur du marbre » (Giraudoux*), je la cherche sans la trouver. Dans Mykonos presque désert, un vieil homme nous voyant déambuler en short se lève et tente de nous donner des coups de canne ; une femme nous loue un espace pour dormir sur un toit « à l'abri de ses garçons », nous fait-elle

* À propos de Giraudoux, pour s'en détacher complètement, sans lui dénier un talent incontestable, il faut se reporter à son portrait par Maurice Martin du Gard dans *La Chronique de Vichy* : hautain, bavard, mufle avec sa femme.

comprendre, puis elle improvise une danse en répétant « klab, klab » tout en se tortillant. Ah oui ! Un club ! Une boîte ! Les délices nocturnes des îles ! Nous ne donnons pas suite. Sur le bateau du retour, entre les îles et Athènes, voyant que je m'endors, quelqu'un me donne une ficelle, pour que j'attache mon sac à mon bras.

Mais j'ai tout de même appris que la langue grecque avait survécu depuis trois mille ans quand, devant moi, passe un camion de « metaphorè ». Aristote, *Poétique* (1457 b) : « La métaphore est le transport à une chose d'un nom qui en désigne une autre, exemple : l'homme est un loup pour l'homme. »

De Sèvres au boulevard Jourdan

L'« École normale supérieure d'enseignement secondaire pour jeunes filles » avait été établie en 1881 dans les bâtiments de l'ancienne manufacture de Sèvres. Elle était venue parachever la mise en place d'un enseignement secondaire pour les filles. Dont Camille Sée, député de gauche et proche de Jules Ferry, avait fait une affaire d'État. Il décrète : « Les filles sont aussi aptes que les garçons à recevoir l'éducation secondaire. » C'est un fervent républicain, athée et franc-maçon, la famille Sée est avec quelques autres familles juives de la région de Colmar parmi les premières à être admises au sein de la loge locale, La Fidélité. Fils de l'agent d'affaires Gerson Sée, Camille Salomon Sée, né en 1847, connaît une carrière fulgurante à la chute de l'Empire. Avocat au barreau de Paris aux côtés du président du conseil de l'Ordre, il s'intéresse très vite au fonctionnement des maisons de la Légion d'honneur de Saint-Denis et d'Écouen, rares établissements non religieux pour les jeunes filles. En 1867, Duruy, ministre de l'Instruction publique, avait fondé des cours publics d'enseignement secondaire destinés aux filles. Mais, violemment combattus par le clergé, ils sont vite supprimés : en janvier 1870, ils ne subsistent plus que dans quatorze villes, en 1879, dans cinq villes, y compris Paris. Au total, pour Paris, 128 élèves.

Le 28 octobre 1878, Camille Sée dépose à la Chambre un projet de loi visant à organiser l'enseignement secondaire des jeunes filles. Opposition virulente des partis conservateurs. Le projet est cependant adopté par la Chambre en 1879 et par le Sénat en 1880, l'instruction des filles ne sera plus dispensée par les seuls établissements confessionnels. Rupture décisive. Dans les années 1860, Mgr Dupanloup rappelait que les filles doivent être élevées « sur les genoux de l'Église », c'est-à-dire dans des institutions contrôlées par elle. (C'est le même Dupanloup qui, évêque d'Orléans, attribuait les inondations de la Loire à la colère de Dieu, furieux de la réédition des œuvres de Voltaire.) Le 29 juillet 1881, une loi porte création d'une École normale supérieure destinée à fournir directrices et professeurs pour le nouvel enseignement à destination des filles. Elle sera installée à Sèvres, dans les bâtiments de l'ancienne manufacture de porcelaine.

Ancienne manufacture de 1756. La façade principale et l'entrée

L'École doit préparer en trois ans ses élèves au « certificat d'aptitude à l'enseignement secondaire des jeunes filles » :

l'Église n'a plus désormais le monopole de leur formation. La première directrice en est la veuve de l'ancien ministre Jules Favre, franc-maçon initié en mai 1877 à Toulouse, successeur de Victor Cousin à l'Académie, spiritualiste, grand-père de Jacques Maritain.

En fondant un enseignement secondaire pour les filles, Camille Sée ne songe nullement à la « coéducation », c'est-à-dire à la mixité. Cela lui vaut les attaques de la féministe Hubertine Auclert, qui critique aussi l'absence de matières « utiles à l'autonomie professionnelle ». Bien oubliée aujourd'hui, Hubertine Auclert fut l'une des premières à militer pour le droit de vote et l'éligibilité des femmes. Elle fut aussi l'une des premières à réclamer la féminisation de certains mots comme témoin, avocat, électeur, député... La loi est votée, mais dans son contenu, l'égalité entre filles et garçons est loin d'être réalisée. Les programmes sont différents de ceux des établissements pour garçons : « Il faut choisir ce qui peut leur être le plus utile, insister sur ce qui convient le mieux à la nature de leur esprit et à leur future condition de mère de famille, et les dispenser de certaines études pour faire place aux travaux et aux occupations de leur sexe. Les langues mortes sont exclues ; le cours de philosophie est réduit au cours de morale ; et l'enseignement scientifique est rendu plus élémentaire[22] ». Le moins de sciences possible : la science ne convient pas aux femmes. Sur cette division socio-sexuée des savoirs — les sciences « masculines » et les lettres « féminines » — on vit encore aujourd'hui, note Nicole Mosconi[23]. Pour les jeunes filles, pas de surmenage, eu égard à leur nature délicate, pas de baccalauréat non plus, pourtant couronnement des études. « Les lycées et collèges de jeunes filles ont été fondés pour faire de bonnes épouses et de bonnes mères, de bonnes maîtresses de maison, sachant à la fois plaire à leur mari, instruire leurs enfants, gouverner leur maison avec économie et répandre autour d'elles les bons sentiments et le bien-être » (Camille Sée, octobre 1887). Il ne s'agit pas de faire faire des « progrès aux mathématiques et à la chimie ni de rivaliser avec Madame Dacier* ». Surtout : prenons garde à ne pas « faire de certaines d'entre elles des hommes incomplets ». Et il faut « songer au pot-au-feu ! » (débats à la Chambre autour de la loi de décembre 1880).

Le maître mot de l'époque, c'est « donner un sexe aux études ». Les femmes « enseigneront en femmes les doctrines les plus nobles ; elles donneront un sexe aux analyses morales, plus fines et plus ingénieuses » (Eugène Manuel, président du jury de l'agrégation féminine de lettres, 1885). En 1881, Ernest Legouvé, essayiste, auteur dramatique, académicien depuis 1855, devient le directeur des études de l'École normale supérieure de filles, en même temps qu'il est nommé inspecteur général de l'Instruction publique. (Ernest Legouvé, au moment de l'affaire Dreyfus, rejoindra la Ligue de la patrie française, qui entendait rassembler « les antidreyfusards modérés et républicains ».) Ardent défenseur des droits des femmes, il est lui aussi partisan de « l'égalité dans la différence ». À un moment cependant, il comprend que c'était une erreur de refuser aux filles l'accès aux sciences comme peu compatibles avec la nature de l'intelligence féminine. « Nous nous sommes trompés », écrit-il : il venait de voir les excellents résultats des filles au concours d'agrégation des sciences qui leur est réservé. Mais on laissera tout de même une composition littéraire parmi les épreuves écrites, afin, dit-on, de « ne pas laisser trop étrangères à l'art d'écrire les jeunes filles qui suivent la carrière des sciences ». Cette épreuve subsistera jusqu'au concours de 37.

En 1907, on n'hésite pas à poser le problème suivant au

* Anne Dacier, née en 1645 et morte en 1720. Son père, Tanneguy Le Fèvre, né à Caen en 1615, était un philologue qui s'était converti au protestantisme entre 1643 et 1645 et s'était fixé en 1649 avec sa famille à Saumur, l'une des capitales européennes du protestantisme. Frappé par les aptitudes exceptionnelles de sa fille, il lui fait donner la même éducation qu'à ses fils et lui inspire l'amour du grec. Elle traduira plus tard *L'Iliade* et *L'Odyssée*. J'en ai deux volumes, achetés dans une vente par mon arrière-grand-mère pour son « petit gars », mon père. Cf. *L'Églantine et le Muguet*.

concours de l'agrégation féminine de lettres : « Y a-t-il des enseignements, parmi ceux qui conviennent aux deux sexes, qu'il faille présenter aux jeunes filles autrement qu'aux jeunes hommes et, pour ainsi dire, féminiser ? » Le commentaire de l'épreuve est assuré par le président du jury, Gabriel Compayré. Figure typique de l'époque, républicain modéré, député du Tarn, professeur de philosophie à la faculté des lettres de Toulouse, puis professeur de pédagogie à l'École normale supérieure de Fontenay-Saint-Cloud, « École normale supérieure d'institutrices » créée le 13 juillet 1880, qui avait pour mission de « former les professeurs des écoles normales qui formeront les institutrices, ainsi que les directrices des écoles primaires ». C'est l'un des grands idéologues et pédagogues de l'école républicaine. « Il s'agit de savoir quelle orientation il convient de donner aux études féminines, et si la même forme d'instruction convient aux deux sexes, comme le pensent les partisans de la coéducation ou des coenseignements (...). Les meilleures copies sont celles où, avec finesse et perspicacité, on a montré que l'égalité n'excluait pas toute différence ; que les matières de l'enseignement pouvaient être les mêmes et les formes varier ; que, sans en amoindrir la substance, il y avait la manière de les présenter ; qu'il fallait tenir compte des aptitudes physiques ou intellectuelles de la femme, et de sa destination dans la vie, de son rôle familial et social ; et enfin qu'il était possible de "féminiser" les études sans les "efféminer". »

Dans ce domaine, la palme revient sans doute à l'une des directrices de l'ENS de Sèvres, Mme Henri Marion (1896-1906), qui s'inspirera des enseignements de son mari à la Sorbonne (1883), premiers cours de science de l'éducation. Y pullulent tous les lieux communs de la psychologie du XIXe siècle à propos des femmes : leur « faiblesse physiologique », l'importance de la maternité, la sédentarité de la fille opposée à la mobilité du garçon, leurs qualités propres — la sensibilité, la sympathie, l'amour, le bavardage, la pudeur —, une intelligence vive mais superficielle. Suggestible, peu douée pour les sciences, manquant d'initiative et de vigueur, « la femme est destinée par sa nature à être épouse et mère » (onzième leçon). C'est dans ce cours que Marion introduit le principe politico-philosophique qu'il défend concernant le statut de la femme : celui de « l'égalité dans la différence »[24]. Pour Henri Marion (comme autrefois pour Mgr Dupanloup), tout dépend des femmes : « Les institutions ne valent que par les mœurs et les femmes les font pour une part prépondérante. » Le véritable but de cette instruction des femmes est, en effet, nous dit-il, « la régénération des mœurs et des esprits » (*L'Éducation des jeunes filles*).

Une chambre d'élève

Progressivement, on parviendra pourtant à une assimilation presque complète, puis totale, dans l'enseignement donné aux deux sexes et dans les concours de recrutement. La conquête de l'égalité a été un combat de longue haleine, par et pour les femmes. D'où ce sentiment d'impatience, voire de lassitude qu'on éprouve en revenant sur les débuts de cette épopée, qui paraissent bien lents. On aurait tort cependant de distribuer parcimonieusement son admiration à celles qui en furent les héroïnes, ces jeunes femmes fin de siècle au chignon sage, aux robes longues, qui viennent au « bonsoir » de Mme Vve Jules

Favre. Parmi elles, Marguerite Aron. Si l'on veut connaître un peu mieux ce qu'étaient les sévriennes des premières années, il faut lire son *Journal d'une sévrienne*, publié chez Alcan en 1912. Née en 1873 dans une famille juive, laïque et républicaine, elle fut professeur toute sa vie et mourut à Auschwitz le 15 février 1944. Elle était entrée à Sèvres en 1893, dans la treizième promotion, et voici ce qu'elle dit de l'École : « Un couvent laïque. Oui, c'est bien la vieille tradition ecclésiastique qui pèse encore sur nous. Elle voulait — dans son ascétisme originel — que l'éducation des enfants soit confiée à des femmes vivant à part du siècle et ignorant ses infirmités ; et maintenant encore, une jeune femme, qui sort seule, se promène, voyage, va au théâtre, s'habille bien, converse ouvertement avec des hommes, scandalise les convictions éducatives de la bourgeoisie française. Par soumission, par dévouement à leur tâche, la plupart d'entre nous ont pris le parti de la prudence — qui fut parfois celui de la pruderie — et sont demeurées à quarante-cinq ans des ingénues surannées. La plupart des enseignantes du secondaire féminin restent alors célibataires, à l'imitation des sœurs des collèges catholiques. »

Sous l'Occupation, l'ancienne manufacture de Sèvres est réquisitionnée par l'armée allemande. L'École doit déménager. Comme on a du mal à faire leur place aux filles ! Quel contraste avec l'ENS des garçons, créée en 1794, et installée en 1847 rue d'Ulm, à deux pas du Panthéon, où elle est toujours, sur une partie des jardins du couvent des Feuillantines où Victor Hugo jouait enfant. Expulsée, l'ENS des filles s'installe d'abord d'une manière précaire à la fois à la Résidence américaine de Reid Hall, rue de Chevreuse, et à la Maison des étudiantes, boulevard Raspail. En 48, pour l'établir de façon stable, on lui concède un terrain appartenant à la Cité universitaire, boulevard Jourdan. C'est aux limites de Paris, sur la ceinture des Maréchaux, un ancien terrain militaire lié à l'enceinte bastionnée, les fameuses « fortifs », édifiées entre 1841 et 1845. Découpé avant la Première Guerre mondiale d'une manière arbitraire dans l'ancien parcellaire agricole, il servait pour le dressage des chevaux. Il longe la rue de la Tombe-Issoire qui était la grande route royale de Paris à Orléans[25]. Des bâtiments dits provisoires sont construits et ne seront jamais remplacés. Dans leur précarité, ils m'étaient devenus chers, et je n'ai pas aimé que pour le nouveau « Campus Jourdan ENS-PSE », inauguré le 23 février 2017 par François Hollande, on ait rasé l'un de ses bâtiments historiques. Édifié en 49, il abritait la direction, l'administration, la bibliothèque, et la grande salle de conférences, dite salle des fêtes. Sans doute cette transformation était-elle nécessaire : Claude Allègre, alors ministre de l'Éducation, avait déjà envisagé une affaire de vente immobilière juteuse[26]. Mais il ne reste rien de la disposition presque élégante de son entrée, qu'on appelait « l'aquarium » comme l'entrée de l'ENS de la rue d'Ulm. Qu'est devenu le panneau qui portait la liste des sévriennes mortes pour la France ou déportées ?

L'aquarium.
À gauche, la loge du gardien, les boîtes du courrier,
à droite la sortie vers les jardins

L'histoire de l'ENS est un moment important de l'émancipation des femmes ; l'histoire de ses directrices aussi. Je m'inspire, pour la décrire, d'un récit en ligne intitulé « Une histoire plurielle d'un lieu singulier ». La première directrice est Mme Jules Favre, dont j'ai parlé plus haut, ainsi que de celle qui lui succède entre 1896 et 1906, Mme Henri Marion, laquelle essaie de faire entrer à l'École la notion douteuse, héritée de son mari, d'« égalité dans la différence ». Mais l'École se dote de professeurs remarquables comme Ferdinand Brunot qui y enseigne l'histoire de la langue française. Et Marie Curie, nommée maître de conférences de 1900 à 1906. Bien au-delà de ce qu'attendait l'École, Marie Curie s'attache à Sèvres et donne deux conférences d'une heure et demie par semaine. Avec Louise Belugou (de 1906 à 1919), l'enseignement développe de nouvelles matières, histoire, droit, langues vivantes. Et un laboratoire est créé. De 1919 à 1936, la directrice est Anne Amieux. C'est une femme brillante. Première femme professeur nommée directrice d'un lycée de Paris, le lycée Jules-Ferry, elle est décorée de la Légion d'honneur en 1920 et promue officier en 1930, chose rarissime à l'époque. Elle siégera même à titre consultatif au Conseil supérieur de l'instruction publique. Elle propose d'ouvrir, dans les locaux de l'École normale de Sèvres, une école d'application pourvue de classes primaires et secondaires. Mais le rapprochement de l'École de Sèvres avec l'enseignement supérieur ne se fait qu'au milieu des années 30, grâce à Eugénie Cotton, nommée en 36 par Jean Zay, ministre de l'Éducation nationale du Front populaire. Entrée à l'ENS en 1901, élève puis assistante de Marie Curie, amie de Pierre Curie et de Paul Langevin, Eugénie Cotton avait été reçue en 1904 première au concours féminin de l'agrégation des sciences physiques et naturelles. C'est elle qui obtient (décret du 23 décembre 1936) que l'École normale supérieure de jeunes filles, sœur de la rue d'Ulm, soit rattachée à l'enseignement supérieur. L'École a conquis son autonomie et sa légitimité ; auparavant les femmes pouvaient choisir de passer le concours de la rue d'Ulm. Ce fut le cas de Simone Weil, entrée à Ulm en 28, et de Jacqueline de Romilly en 33.

En 41, l'École est chassée de Sèvres, dès 40 Eugénie Cotton a été révoquée pour des raisons politiques. Avec son mari Aimé Cotton, elle est en effet proche du Parti communiste depuis les années 30. Ils accueillent chez eux des antifascistes allemands réfugiés en France après 33 et des Espagnols traqués par le général Franco. Forcée à la démission par le gouvernement de Vichy, elle est remplacée par Edmée Hatinguais, que nomme Jérôme Carcopino, secrétaire d'État à l'Éducation nationale et à la Jeunesse. De Jérôme Carcopino, historien de l'Antiquité, on a pu dire qu'il était, parmi les ministres de l'Éducation nationale de Vichy, celui qui avait mis, « au service de la Révolution nationale, le tempérament le plus autoritaire et la poigne la plus rude ». (Il était le cousin de Francis Carcopino, dit Carco, l'ami de Colette et l'auteur de *Jésus-la-Caille*, le romancier des truands et des rues obscures.) Lui succédera Abel Bonnard, académicien, condamné à mort par contumace à la Libération.

Edmée Hatinguais est suspendue à la Libération. Eugénie Cotton refuse de reprendre la direction de l'École. Elle participe à la fondation de l'Union des femmes françaises, reçoit à Moscou le 2 juillet 1951 le prix Staline pour la paix, écrit en 53 un « hommage au grand Staline ». Le 30 août 1944, Eugénie Cotton étant « non acceptante », c'est Lucy Prenant qui avait été nommée à la tête de l'ENS par un arrêté signé du secrétaire général à l'Éducation nationale « délégué par le Gouvernement provisoire de la République », le psychologue Henri Wallon. Elle aussi fait partie des « compagnons de route » du Parti communiste, dont est membre son mari, Marcel Prenant, éminent biologiste. Agrégée de l'Université, professeur au lycée Fénelon, née Soto, elle avait été mise à la retraite en vertu du statut des Juifs de 40. Elle avait eu une éducation très particulière ; éduquée par un précepteur, elle n'alla ni à l'école ni au lycée (au moins en début de scolarité). « Élevée comme un garçon », « elle sait nager », elle emprunte des filières « masculines », c'est-à-dire fréquentées quasi uniquement par les hommes, et en tirera une forte inspiration égalitaire pour sa direction de l'ENS. Dans un roman autobiographique, *Les Amants de l'ombre*, sa fille, Jeannette Colombel*, raconte que petite elle faisait pipi debout avec ses cousins. Bachelière en 1908 — cette année-là, 76 filles et 6 598 garçons sont reçus —, elle fait des études de sciences et de philosophie. De nombreuses élèves évoquent le bal dont elle créa la tradition à l'école — une année, il fut ouvert par Maurice Thorez, remplaçant Vincent Auriol indisponible.

Après des installations chaotiques, se retrouver dans les modestes préfabriqués du boulevard Jourdan, c'était pour l'École un vrai changement d'époque, c'était entrer dans un monde bien éloigné des temps de la manufacture de Sèvres, du « goûter » et du « bonsoir » cérémonieux de Mme Favre. J'y suis admise pour le 80e anniversaire de l'École, la directrice est alors « Marie-Jeanne », Marie-Jeanne Durry, qui le sera jusqu'en 74. Est-ce celle qui l'avait précédée, Mme Prenant, ou Eugénie Cotton que, par une périphrase appuyée, elle disait être « persona grata à Moscou » ? Dans les destins de l'École, en effet, au milieu du dernier siècle, deux scientifiques proches du Parti communiste ont joué un rôle de premier plan. C'est une indication importante pour comprendre ce moment bien oublié de notre histoire, qui commence avec le Front populaire, et la création du Comité de vigilance des intellectuels antifascistes. Dont font partie Paul Langevin, alors sympathisant, son gendre Jacques Solomon, les Joliot-Curie. Jacques Duclos, alors vice-président de l'Assemblée nationale, ouvre le 1er juin 1938 une conférence à la Maison de la chimie à Paris par ces mots : « L'union de la science et du travail, de l'intelligence et du peuple, voilà, pensons-nous, la clé de l'avenir[27]. »

* Qui fondera avec Jeannette Vermeersch, l'épouse de Maurice Thorez, l'Union des femmes françaises en 44. Elle quitte le parti en 68. En 49, elle avait mené une vive campagne contre *Le Deuxième Sexe*. Elle est la grand-mère de Raphaël Glucksmann.

Octobre 61. La fin de la guerre d'Algérie

Quand, en octobre 61, j'entre à l'École, malgré mes airs dégagés, je suis toujours la petite républicaine en galoches, plus au courant des aventures de la République romaine et des successeurs d'Alexandre que des grands événements du vaste monde. Telle, en octobre 56, l'insurrection de Budapest, premier grand ébranlement du bloc soviétique, dont les effets se poursuivent jusqu'à « la chute du Mur ». Et la même année, la crise de Suez, à l'extrémité orientale de la Méditerranée, un de ces affrontements prolongés dont nous vivons aujourd'hui un épisode paroxystique. Pour la petite communauté villageoise où je suis née, vignerons, ménagères, retraités, petits propriétaires, tout cela est bien loin, le grand événement, c'est en janvier et février, notre grand fleuve gelé, qu'on peut traverser sur la glace à la hauteur de Saint-Florent-le-Vieil, le village de Julien Gracq. Au moment de la débâcle, d'énormes pans de glace se dressent contre les piles des ponts, et jusqu'aux parapets. À distance, j'y vois une image saisissante de l'époque, secouée par des affrontements multiples. Budapest s'est soulevé contre le régime, l'armée soviétique intervient et écrase l'insurrection. Les conséquences, en France, sont désastreuses pour le Parti communiste. Un de mes collègues à l'université de Nanterre, grand spécialiste de Rousseau, communiste de la première heure, avait gardé un souvenir très vif de ce moment dramatique de novembre, où des émeutiers avaient tenté d'incendier le siège de *L'Humanité* et celui du comité central, il y avait eu plusieurs morts. C'était le professeur Jean-Louis Lecercle. Grand, austère, très maigre — on l'appelait « le diamètre » —, avec des camarades, il avait monté la garde devant le siège de *L'Humanité*. « On bourrait son béret de papier journal pour se protéger », disait-il. *L'Humanité*, 6 novembre 1956 : « Les fascistes ont tenté de pénétrer cette nuit dans l'immeuble de notre journal. » Deux cents jeunes manifestants brisent les vitrines de l'association France-URSS, rue d'Anjou. Le samedi 17 novembre sont célébrées au Père-

Lachaise les obsèques d'Albert Ferrand et François Le Guennec, les deux communistes victimes de l'assaut donné aux locaux du Parti le 7[28]. De nombreux intellectuels envoient au Parti leur lettre de démission. *Le Monde* du 7 novembre signale que des « écrivains de gauche » — parmi lesquels Sartre, Simone de Beauvoir et des membres du Parti communiste — « protestent auprès du gouvernement soviétique contre l'emploi des canons et des chars pour briser la révolte du peuple hongrois ». « C'est un crime », écrit Sartre dans *L'Express* du 9 novembre. « C'est le peuple, ce sont les ouvriers et les paysans — les anciennes victimes de Horthy, que l'on massacre aujourd'hui encore. » (Allié de l'Allemagne nazie, l'amiral Horthy avait été régent du royaume de Hongrie du 1er mars 1920 au 15 octobre 1944.)

Dans ma province, la presse locale est vivement anticommuniste, on l'est aussi autour de moi, dans les rangs de la gauche SFIO. Je me souviens surtout qu'on parle du pianiste Gyorgy Cziffra, de sa fuite en Autriche, du concert qu'il a donné à Paris en décembre, de son talent stupéfiant, du bracelet de cuir qu'il porte pour avoir passé trois ans aux travaux forcés... Sa belle gueule fait la couverture des magazines. L'un des premiers 33 tours que je me fais offrir dès que j'aurai un tourne-disque, ce sont les *Rhapsodies hongroises* qu'il a enregistrées en 57.

L'affaire de Suez, presque en même temps, inquiète davantage autour de moi, à cause de la menace sur l'essence. En octobre, Nasser a nationalisé la Compagnie du canal de Suez, contrôlé par les Britanniques. Guy Mollet décide de rejoindre les Britanniques pour mener une action militaire contre lui aux côtés d'Israël. Espérant, par ce ralliement, faire chuter Nasser et couper les vivres au FLN, alimenté par des réseaux transitant par l'Égypte ou venant d'Égypte. C'est hier, et c'est aujourd'hui : le Moyen-Orient, pour les décennies à venir, occupe dans notre histoire nationale une place qu'il ne quittera plus. L'approvisionnement en pétrole de l'Europe est coupé. Est mis en place un système de rationnement, qui rappelle fâcheusement les souvenirs de l'Occupation, il durera jusqu'en 57. 1956 est la première des grandes crises où il se révèle que les principaux enjeux internationaux sont liés au pétrole, dont le Moyen-Orient possède les réserves les plus importantes du monde : le pétrole, le pétrole, cherchez le pétrole ! écrit *Le Canard enchaîné* dont mon père commente les articles à table. Rétrospectivement, je ne vois pas comment, dans ma famille, on aurait pu prendre quelque distance envers la politique décidée par la France. Socialiste depuis toujours, elle ne pouvait être qu'en plein accord avec le gouvernement de Guy Mollet. Et puis les mouvements indépendantistes font peur, et Nasser les soutient : sa ligne politique, à la fois anticolonialiste, anti-impérialiste, tiers-mondiste, socialiste, nationaliste et panarabe est vécue comme une menace pour l'Occident.

Dans ma province, on se passionne plutôt pour l'inauguration de la nouvelle gare d'Angers le 12 juin. Ou, un an plus tard, pour l'arrestation de trois « fils de famille » dont un fils de colonel, coupables de l'assassinat en mai 56 d'un riche retraité dans le Quimper-Paris. Je le pressens confusément : il y a deux mondes, celui où l'on décide et où l'on agit, et celui où on subit les conséquences de ce qu'on n'a ni décidé ni choisi. Parmi mes modestes voisins ruraux, tous ont la conviction, vécue avec fatalisme, qu'ils n'ont pas et n'auront jamais de prise sur le monde. Dans ma famille cependant, on le contourne en se passionnant pour la politique, locale et nationale, la succession des ministères, le jeu des partis, des coalitions et, dans notre région, la montée du gaullisme. Cette passion pour le jeu politique est *un devoir républicain*. Mais je comprends vite de quelle impuissance elle est le masque. L'engagement républicain, la conviction républicaine se réduisent et se résument dans la seule action, le seul acte de la vie civique ; le vote. D'où le sens que prend, dans ma famille, à cette époque, l'accession à la majorité (alors, vingt et un ans) : c'est l'accession au droit de vote. Dans dix ans, mai 68, « Élections, piège à cons ». Ça devait arriver. Et ça reviendra, régulièrement. Ainsi en 2018, avec le mouvement des Gilets jaunes.

Octobre 61, mes premiers pas boulevard Jourdan. Ce qui frappe quand on se retourne sur son passé, c'est de voir à quel point on peut vivre selon le mode des histoires parallèles : on est absorbé par soi, par l'aventure dans laquelle on est en train de s'engager, et soudain le vaste monde et ses secousses y font une incursion violente. En ce qui me concerne, ça n'a pas tardé. Au mois d'octobre 61, l'histoire prend une inflexion meurtrière : le 17, une manifestation pacifique d'Algériens est réprimée dans le sang. (L'Assemblée nationale vient de voter, le jeudi 28 mars 2024, un texte demandant au gouvernement l'instauration d'une journée qui le commémore.) Ce sont les mois où la France est secouée par des événements violents liés à la guerre d'indépendance algérienne. Je suis frappée, lorsque je revois ces premiers temps à l'École, par le manque de mémoire, et les ravages du silence : personne ne me parle alors des incidents dont en 57 avait été victime une élève algérienne, Assia Djebar, dont j'aurai à prononcer en 2015 l'éloge funèbre à l'Académie. Elle avait été exclue de l'école pour avoir rejoint les étudiants de l'Ugema, et refusé de passer ses examens. La France se débat depuis la guerre face aux mouvements d'indépendance de ses colonies, possessions et protectorats d'outre-mer. Le cas de l'Algérie est particulier. J'y reviens régulièrement parce qu'on ne comprend plus aujourd'hui ce que ces mots voulaient dire, « l'Algérie, c'est la France ». C'est le résultat d'une longue histoire. Jusqu'en 1848, c'est un territoire conquis, sous administration militaire, en 48, l'Algérie est annexée à la France et devient territoire français. Décidée sous la IIe République, sa départementalisation est mise en place entre 1848 et 1862, et jusqu'en 1955 elle est divisée en trois départements, puis de nouvelles divisions interviennent. Et c'est avec l'avènement de la IIIe République que s'affirme nettement une volonté d'assimilation administrative et législative de l'Algérie, bien différente de ce qu'avait souhaité Napoléon III, désireux de renforcer le pouvoir politique des musulmans. Dans « Jules Ferry et la question algérienne en 1892[29] », Charles-Robert Ageron a mis en lumière les affrontements au sein du camp républicain. En 1891, l'administration algérienne est mise en accusation par le rapporteur du budget de l'Algérie. Une commission extraordinaire est créée au Sénat sous la conduite de Jules Ferry. Son rapport, publié en 1892, condamne notamment la politique d'assimilation, dénonce l'expropriation du sol natal des indigènes, leur exploitation par les communes. Mais aussi, en face, l'« excessive bienveillance de Jules Ferry pour les indigènes ». Contradictions du camp républicain, qui ne seront jamais résolues, à travers deux guerres mondiales et la parenthèse criminelle de Vichy.

Dans les années 50, la population française a été touchée de plein fouet par la guerre d'Algérie, à partir du moment où ce sont les appelés qu'on envoie là-bas et non plus l'armée de métier comme en Indochine quelques années plus tôt. La guerre d'Algérie en mobilise plus d'un million et demi. Autour de moi, un grand nombre d'étudiants sont engagés dans un combat « anti-impérialiste » qui s'étend à toute la planète ; des feux s'allument partout pour l'embrasement général d'un Grand Soir qui ne tarderait pas. Petit à petit, je suis atteinte par ce qui a été la cruelle découverte de toute une génération : ces « droits de l'homme » dont la France passe, à juste titre, pour être la patrie, c'est elle-même qui les bafoue, ouvertement, dans ses départements d'outre-mer et dans ses banlieues. J'avance péniblement, périlleusement, sous le poids d'injonctions contradictoires. J'ai raconté ailleurs les divergences entre mes parents au début de la guerre d'Algérie, et ici, le vif débat sur « l'Algérie française » dans la classe de math'élem quelques années plus tôt. Et j'ai pendant des mois tardé à me déterminer, prise par l'atmosphère surchauffée des classes de concours. Mais le 17 octobre 1961 balaie tout. Une manifestation pacifique d'Algériens, organisée par la Fédération de France du FLN, est réprimée sauvagement par la police. Deux morts, selon la police, deux cents selon certains historiens, conclusion d'un cycle de violences de deux mois.

Après l'échec du putsch des généraux d'avril 61, un certain nombre de militaires entrés dans la clandestinité avaient mis en place, avec des activistes pieds-noirs, l'Organisation armée secrète (OAS) qui sévit en Algérie et commence à s'implanter en métropole à partir du mois de juin. Sur l'internet, les blogs de quelques militants de l'époque m'aident à retrouver la trace de ces moments décisifs. Par exemple celui d'Henri Pouillot, né en 1938 en Sologne, ingénieur retraité. Appelé, il a été affecté de juin 61 à mars 62 à la villa Susini à Alger (où on pratiquait la torture). Auteur de deux livres témoignages sur cette période, l'anticolonialiste est toujours aussi vigilant ; il se dresse pour condamner « la colonisation israélienne qui ne cesse de grignoter le territoire palestinien ». Voici comment il présente les événements de fin 61. C'est le moment des négociations pour la paix qui se déroulent à Évian. Pour les faire échouer, « une formidable offensive terroriste se développe visant particulièrement les intellectuels considérés comme de gauche et donc favorables à l'indépendance qu'ils ne peuvent accepter. Le maire d'Évian est parmi les victimes, il est assassiné le 31 mars 1961, pour sa "complicité" dans la phase de négociations qui aboutiront un an plus tard ».

Je déborde sur l'année suivante pour rendre compte du caractère progressif de nos engagements. Début 62, les attentats de l'OAS visent les domiciles de l'écrivain Vladimir Pozner, d'un cadre du PCF, Raymond Guyot, de deux professeurs d'université, de deux officiers supérieurs en retraite, devant la porte de la prison de la Roquette à Paris (là où étaient enfermées les militantes du FLN, ou celles du réseau Jeanson). Le 7 février, une bombe qui visait André Malraux défigure une petite fille de quatre ans, Delphine Renard. Le Parti communiste organise une manifestation pour le lendemain, sur ce mot d'ordre : « TOUS EN MASSE, ce soir à 18 h 30, place de la Bastille ! Les assassins de l'OAS ont redoublé d'activité. Plusieurs fois dans la journée de mercredi, l'OAS a attenté à la vie de personnalités politiques, syndicales, universitaires, de la presse et des lettres. Des blessés sont à déplorer ; l'écrivain Pozner est dans un état grave. » Nous nous y retrouvons nombreux. La police a reçu l'ordre de disperser coûte que coûte les manifestants en empêchant les divers cortèges de se rassembler. Mes camarades et moi sommes empêchés de rejoindre le secteur Voltaire : comme Fabrice à Waterloo, nous ne voyons rien de ce qui se passe à Charonne, nous l'apprenons par les journaux le lendemain. Il y a eu huit morts sur place, un neuvième à l'hôpital. La version que nous nous communiquons fiévreusement est que les manifestants essayaient de se réfugier dans la bouche de la station de métro, qu'elle avait été fermée et qu'ils ont été étouffés contre les grilles. En réalité, le métro était encore ouvert, et les « grilles », ce sont celles que les policiers ont jetées sur eux, des grilles d'arbres, ainsi que des grilles d'aération du métro descellées à cet effet. Il va de soi, pour tous, que la police a montré beaucoup plus de hargne envers les manifestants qu'envers l'OAS. Le 13 février nous rejoignons l'immense manifestation d'un million de personnes qui monte jusqu'au cimetière du Père-Lachaise.

On ne peut conclure sur ces événements sans soulever une question délicate, qui va se raviver en mai 68, dans les affrontements entre les « gauchistes » et le Parti communiste. Qui n'est plus le premier parti de France des lendemains de la guerre. La guerre d'Algérie va mettre en lumière toute l'ambiguïté des rapports du PCF avec la colonisation. Le 12 mars 1956, par 455 voix, dont celles des 146 députés du Parti communiste français, l'Assemblée vote les « pouvoirs spéciaux réclamés par le gouvernement de Guy Mollet afin de disposer en Algérie des pouvoirs les plus étendus pour prendre toutes les mesures exceptionnelles commandées par les circonstances, en vue du rétablissement de l'ordre, de la protection des personnes et des biens et de la sauvegarde du territoire ». En janvier 56, le front électoral constitué sous l'étiquette de « Front républicain », et composé essentiellement de socialistes et de radicaux, avait obtenu la majorité parlementaire en laissant entendre qu'il allait faire la paix en Algérie. Les formules volontairement floues permettaient toutes les interprétations. Argument du PCF : « Les pouvoirs spéciaux sont demandés, nous dit-on, pour aboutir rapidement à la paix et pour contraindre, si besoin est, les grands possédants d'Algérie à renoncer à leurs privilèges. » Mais en 2001 Roland Leroy le reconnaît : « Nous étions conscients que le Parti socialiste était en train d'amorcer une politique d'alliance avec la droite, mais nous pensions que notre vote freinerait considérablement ce processus : dans la réalité, cela n'a pas été le cas, nous nous sommes trompés[30]. » Le 24 octobre 1956, Aimé Césaire, député de la Martinique, adresse à Maurice Thorez, secrétaire général du Parti communiste français, sa lettre de démission.

Ce sont des éléments décisifs pour le demi-siècle à venir.

Avec le temps, les choses se mettent dans une perspective qui les construit et leur donne un éclairage adéquat : mais il n'en va pas de même quand on est au cœur des événements. Aurions-nous accepté ou compris ce que signifiait ceci, qui n'a filtré que très lentement, très tardivement : qu'Israël était impliqué dans les activités criminelles de l'OAS ? C'est pourtant ce que révèle l'entretien donné par Redha Malek, ancien chef du gouvernement algérien et porte-parole des négociateurs des accords d'Évian, à l'Algérie Presse Service en mars 2012. Il en avait déjà parlé dans son livre sur les accords d'Évian : des terroristes israéliens de l'Irgoun dirigé par Menahem Begin étaient entrés clandestinement en Algérie et avaient participé aux attaques perpétrées par l'OAS. Leur but était de pousser de Gaulle à créer un État pour la minorité européenne au nord de l'Algérie : le résultat a été, tout au contraire, de précipiter l'exil des Juifs d'Algérie.

Il y eut cependant des Juifs algériens qui se sont battus aux côtés du FLN pour une Algérie pluriculturelle et démocratique, débarrassée du joug colonial et de la séparation communautaire. Dans son ouvrage, *Les Juifs algériens dans la lutte anticoloniale. Trajectoires dissidentes (1934-1965)*, Pierre-Jean Le Foll-Luciani a retracé l'itinéraire de ces Juifs algériens qui, nés citoyens français vers 1930, déchus de la citoyenneté française durant trois années et exclus de l'école sous Vichy, sont devenus des militants communistes après la Seconde Guerre mondiale avant de rejoindre le FLN en 56.

18 mars 1962 : accords d'Évian. Deux drames en découlent : les évoquer ne retire rien à mon soutien absolu à l'indépendance algérienne. Celui des rapatriés, et celui des harkis. Plus tard, au lycée de Beauvais, mon amie et collègue Nicole B. me fait un récit dramatique de l'accueil des « rapas » à Paris au pavillon de l'Arsenal, alors dépôt pour le grand magasin de la Samaritaine. La métropole ne semble pas saisie d'une grande solidarité ; la gauche, mal à l'aise, peine à reconnaître que ce ne sont pas tous de riches propriétaires exploiteurs des populations arabes. Sur les 700 000 pieds-noirs qui gagnent la métropole cette année-là, 450 000 débarquent à Marseille. « Qu'ils aillent se réadapter ailleurs », déclare le maire, qui est alors le socialiste Gaston Defferre. Mais il doit faire face dans une totale impréparation ; des paquebots débarquent chaque jour, des communistes, la CGT, les dockers du port manifestent une franche hostilité à ceux qu'on prend pour de gros capitalistes, racistes de surcroît. Seuls 20 % resteront à Marseille[31]. Le drame des harkis, je l'ai ignoré plus longtemps, et que la France les avait abandonnés. « On a préféré penser que les harkis, dans leur ensemble, ne courraient pas grand danger au moment de l'indépendance, parce qu'ils avaient toujours eu, plus ou moins, un pied dans la rébellion. » Le général de Gaulle paraît avoir partagé ce point de vue. Le 3 avril 1962, lors d'une séance du comité des affaires algériennes, il qualifie les supplétifs de « magma qui n'a servi à rien, et dont il faut se débarrasser sans délai[32] ». Le général Ailleret, alors commandant supérieur en Algérie, affirme, dans ses *Mémoires posthumes*, qu'il était « certain » qu'ils auraient à « subir le contrecoup d'une haine féroce » en cas d'accession de l'Algérie à l'indépendance. Pour échapper au massacre, ils n'avaient que deux solutions : « se replier sur la France avec leurs familles » ou bien, s'ils ne s'étaient pas trop compromis, « passer en temps utile au Front ». L'ancien ministre des Armées Pierre Messmer a

de même reconnu que, pour « les soustraire aux vengeances qui les menaçaient, le seul moyen vraiment efficace était de les transporter en France avec leurs familles ». Mais « le gouvernement voulait croire que le FLN appliquerait loyalement les accords d'Évian, quelle illusion ! » conclut-il. La gauche et les étudiants anti-impérialistes ne s'en soucièrent pas davantage. Entre 50 et 100 000 d'entre eux furent massacrés en Algérie. Dans le début des années 70, j'ai découvert avec P. dans le Var un camp à moitié détruit, le camp de La Chapelle à Collobrières, un hameau forestier où 10 000 harkis et membres de leurs familles vécurent en France, ayant pu quitter l'Algérie.

Une ultime conclusion s'impose avant d'en finir avec ce chapitre de l'Algérie : l'une des conséquences de l'indépendance, c'est que la majorité des Juifs algériens se retrouve en France. Ce qui ne sera pas sans conséquences : ces « Juifs pieds-noirs » — expression qui paraît à certains tout à fait impropre, les Juifs d'Algérie revendiquant une présence bien antérieure à celle des Français —, par leur esprit, leurs pratiques, leur culture, vont apporter des modifications sensibles dans la communauté juive de France, aux dépens du modèle d'Europe centrale. Et donner certainement une couleur particulière au rapport que la communauté française entretient avec les « Maghrébins ».

La vie à l'École

On raconte que Marie-Jeanne Durry aurait dit au directeur de la rue d'Ulm que son école était un bordel dirigé par un moine ; à quoi il aurait répondu que la sienne était un couvent dirigé par une pute. Marie-Jeanne Durry avait été la première femme professeur à la Sorbonne, mais je n'ai jamais su ce qu'elle attendait des jeunes femmes qui préparaient, à l'École, les concours d'agrégation, ni ce qu'elle pensait d'elles. À ses déjeuners rituels où tous les mois, à tour de rôle, nous étions convoquées plutôt que conviées, elle gardait près de son assiette une liste des littéraires avec leur nom et leur prénom, l'avancement de leur parcours. Rien de tel pour les scientifiques qui formaient à ses yeux un bloc indistinct dont elle ne se souciait pas. Quel changement depuis Marie Curie et Eugénie Cotton ! En fait, l'École n'intéressait pas Marie-Jeanne. Sa carrière était achevée sur le plan universitaire, elle ne pensait qu'à l'Académie, qui lui décernera plusieurs prix dont, en 77, le grand prix de poésie. Elle attachait beaucoup d'importance à son œuvre poétique, nous invitait à des lectures scandées par les mugissements d'Alain Cuny[33]. J'en ai écrit une ou deux parodies pour la fête annuelle de l'École, je me souviens juste de ce vers : « Ses racines pendent de ses branches ». (C'est peut-être une citation.) L'École poursuivait son chemin sans qu'elle cherche à l'ouvrir, à l'animer.

Mais ce dont je me souviens surtout, c'est l'intense regret que j'ai alors de mes années dans les classes préparatoires. La sinologue Marianne Bastid-Bruguière, ma consœur aujourd'hui à l'Institut, dit dans une interview sa déception en voyant ce qu'était l'École : un quotidien sans perspectives, un corps de professeurs à l'esprit étriqué, fermé à toute initiative. Elle décide de faire du chinois. Mais ça vous servira à quoi ? J'ai le souvenir d'une déception identique, mais aussi de moments incomparables où nous faisions ensemble l'apprentissage de la liberté, par petits groupes d'affinités. Sylvie Le Bon de Beauvoir, Florence Dupont, Nicole Loraux, moi-même, et quelques autres, nous voulions être des « petits camarades », comme à une autre époque Sartre, Aron, Nizan, ce qui ne va pas de soi pour des filles. Il nous fallait pour cela secouer les codes, inventer des manières qui ne copient pas celles des garçons, mais s'éloignent ostensiblement de ce qu'on attend, traditionnellement, d'une « jeune fille ». L'École avait adopté le vocabulaire de la rue d'Ulm — le « pot » pour la salle à manger, la « bibal » pour la bibliothèque, la « thurne » pour la chambre, les « talas » pour désigner les élèves qui vont « t-à la messe »... Boulevard Jourdan, l'aumônier, de 42 à 69, fut le père Jean

Daniélou, jésuite, théologien de renom, membre de l'Académie française en 72, qui mourut dans des circonstances embarrassantes. Il était le fils de Madeleine Daniélou, laquelle, jeune agrégée des lettres, l'une des premières, crée une école normale libre à Paris, pour répondre « à la nécessité impérieuse », dans le contexte d'alors, de « fonder des collèges où les valeurs chrétiennes et les valeurs intellectuelles soient unies ». C'est ainsi que Sainte-Marie de Neuilly ouvrit ses portes en 1913. Son portrait par le père Jean-Robert Armogathe[34] fait de Jean Daniélou une « machine à penser et à parler », qui avait choisi « la pastorale de l'intelligence ». Je suis à l'époque peu sensible à ces arguments, je m'associe à un groupe « antitala » qui avait apposé, sur le panneau annonçant les manifestations des « talas », ces lettres en gros caractères d'imprimerie : ÉCR.L'INF., abréviation de la formule « Écrasons l'infâme » que Voltaire utilisa à partir de 1763 en conclusion de ses lettres. Voltaire dit aussi parfois « écrasez » : « Quoi que vous fassiez, écrasez l'infâme, et aimez qui vous aime. » (Lettre à d'Alembert, 28 novembre 1762.)

J'ai retrouvé des photos d'une de nos virées d'alors, dans nos premières voitures d'occasion. Comme tout Paris, nous étions attirées par une nouveauté de l'époque : la partie sud de l'aéroport d'Orly officiellement inaugurée en février 61 par le général de Gaulle. Maintenant inscrit à l'Inventaire général du patrimoine culturel, ce fut pendant un temps le monument le plus visité de France. Je m'y attarde un moment, pour bien faire sentir cette France en pleine reconstruction, où on exalte ces grands bâtiments publics, tout de verre et d'acier. De Gaulle : « La cérémonie d'aujourd'hui consacre l'aérogare d'Orly comme l'une des plus frappantes réalisations françaises. Et devant cette grande réussite, nous exprimons la satisfaction nationale... » Tout près de l'École, il y avait le parc Montsouris, témoin de la sollicitude de Napoléon III pour les quartiers populaires, longtemps accessible aux malades de Sainte-Anne. Je regretterai toujours son merveilleux pavillon météo, une copie d'une partie du palais du Bey de Tunis, qui avait représenté la Tunisie à l'Exposition universelle de 1867 et a été détruit par un incendie en 1991.

L'Observatoire météorologique, parc Montsouris

Nous suivions les cours de la Sorbonne, mais en gardant une certaine distance. Je ne me suis jamais sentie étudiante, c'est un mode de vie qui ne correspond pas du tout au mien, mais j'aimais les bâtiments de la Sorbonne, les fresques des amphis, les longs couloirs, la magnifique cour et la chapelle construite par Lemercier. Je ne remarque cependant pas à l'époque les deux statues qui en encadrent l'entrée, celles Pasteur et de Victor Hugo[35]. Signe qui ne trompe pas, la présence de ces deux icônes de la république, installées dans les années où la Sorbonne fut construite (1885) : la république est chez elle. Comme les bâtiments de l'ancienne abbaye Saint-Serge devenus mon lycée d'Angers, la chapelle de la Sorbonne appartient à un passé que la république a entièrement repris à son compte et mis à son service. Je n'y pensais guère alors, mais j'y suis sensible aujourd'hui, lors des séances solennelles de l'Académie sous la coupole de l'Institut, chapelle de l'ancien collège des Quatre-Nations, fondé par Mazarin dans les années 1660. J'aime que l'héritage chrétien soit pris en charge par la république, cela nous libère du poids qu'il faisait peser sur les institutions d'Ancien Régime. Les cours de la Sorbonne, comparés à ceux des classes préparatoires, ne me passionnent ni ne m'impressionnent, sauf ceux de Jacqueline de Romilly et de Pierre Larthomas. Si tout l'amphi ne s'était pas levé à son entrée, Jacqueline de Romilly en ressortait aussitôt. Femme d'une droite assumée, assez mal comprise en mai 68, elle avait une vision juste et généreuse de l'enseignement du grec ancien, se souvenait de ses premières années de professeur dans un lycée de province, du goût de ses petites élèves rurales pour le thème grec. Dans son beau livre sur le Troyen Hector, elle note une singularité : un poète grec fait dans *L'Iliade* l'éloge d'un ennemi. Pierre Larthomas enseignait, lui, l'histoire de la langue. Il était béarnais et rappelait que le passé simple était bien présent autrefois dans ses montagnes. « Nous allâmes au théâtre, disait son grand-père, et nous nous y emmerdâmes. » Il aurait été bien surpris qu'on en juge aujourd'hui l'étude inutile, « parce qu'il ne sert qu'à l'expression littéraire ». Les jours de cours à la Sorbonne, nous allions déjeuner rue d'Ulm. Dans leurs thurnes en désordre, des garçons cherchaient une chemise au col point trop douteux. Des liens se créent. Mais je regrette de ne pas avoir donné de suite à des rencontres fugitives de cette époque. Quelques années plus tôt, à la fin de mon année d'hypokhâgne, il avait été organisé une excursion en autocar avec une classe de garçons de Louis-le-Grand. Je m'assieds tout au fond, près d'un garçon très blond, les cheveux ras, qui sourit et ne dit rien. C'est, disent ses camarades, « le petit-fils du peuple », Paul Thorez, le dernier fils du premier secrétaire du PCF. Il ressemble à son père, et il a les traits d'un jeune Russe. Les autres garçons le charrient, l'appellent Pavel, je ne comprends même pas pourquoi. Plus tard, je le comprendrai en lisant son petit livre, *Les Enfants modèles*, où il retrace les mois passés en Union soviétique dans son enfance et son adolescence, sur la mer Noire, au milieu des fils et filles de la nomenklatura. Il était né à Moscou, où Thorez s'était réfugié avec sa famille après avoir reçu, de l'Internationale communiste, l'ordre de déserter. Il n'eut pas une vie facile. Et j'entends encore Aragon décrire avec un humour sarcastique les démêlés des « fils de Maurice » avec leur mère, Jeannette Vermeersch, et leurs raisons secrètes. Je regrette d'être restée silencieuse à côté du « petit-fils du peuple ».

À l'époque, j'ai plutôt l'habitude, face au grand bruit du vaste monde, et quand j'en subis l'intrusion violente, d'essayer de ne pas en être écrasée. Mais si nous oublions l'histoire, elle ne nous oublie pas. Cette même année 61 voit la mort de Céline, le 1er juillet, et celle de Frantz Fanon, le 6 décembre. C'est le choc de deux mondes, et de deux visages de la France. Collaboration contre Résistance, anticolonialisme contre Algérie française. J'ai vingt ans au cœur de ce moment trouble où la république doit construire, ou ressaisir son identité. Ce qui se joue alors, ce sont les développements de la guerre froide. Dans la nuit du 12 au 13 août 1961, un réseau de barbelés a coupé Berlin en deux, et va devenir une séparation infranchissable : le « mur de Berlin ». Plus tard, un écrivain est-allemand me dira : Quand j'ai fait mon service militaire, on m'avait envoyé là pour entourer Berlin-Ouest d'un cordon sanitaire, mais je ne l'ai compris que bien plus tard, c'est moi qui étais enfermé. La guerre froide s'étend à d'autres parties du monde avec Cuba. Un ami que je me ferai quelques années plus tard, encore étudiant, est inscrit à l'UEC (Union des étudiants communistes), il s'embarquera pour Cuba en 64, avec sa petite amie de l'époque, qui le trahira pour un « barbudo ». Exclu de l'UEC, il entamera une carrière à la Roger Vailland, essayant d'articuler l'écriture, le libertinage et l'engagement politique dans un communisme dissident. Le rêve de révolution a pris la clef des champs, selon l'expression de François Dosse. Puis il s'enfoncera dans un anticommunisme virulent. Appelons-le Nor. Il reviendra sous ce nom dans ce récit. C'est une figure d'époque.

En mai 62, dans « l'aquarium » de l'École, je tombe sur deux de mes camarades en larmes ; l'une d'entre elles, quand elle avait deux ans, avait échappé à la Shoah avec ses parents en fuyant la Hongrie. Et certains épisodes de la fin de la guerre n'avaient laissé à quelques membres de sa famille aucun bon souvenir des

Russes. La peur, la hantise d'une guerre mondiale est revenue avec la crise des missiles, « le jour où le monde a failli disparaître ». Un an plus tôt, des exilés cubains soutenus par les États-Unis ont tenté une invasion militaire de Cuba dans la baie des Cochons. Cuba est devenue de plus en plus dépendante des marchés et de l'aide militaire soviétiques, l'URSS en profite pour avancer ses pions sur ce terrain dangereux. En mai 62, Nikita Khrouchtchev déclenche l'opération *Anadyr* en envoyant 50 000 soldats, trente-six missiles nucléaires SS-4 et deux SS-5 ainsi que quatre sous-marins à Cuba pour empêcher les États-Unis d'envahir l'île. En octobre, Kennedy s'engage à ne pas envahir l'île, Khrouchtchev retire les missiles. Clause secrète : démantèlement des missiles en Turquie. Mise en place du téléphone rouge.

J'ai parfois le sentiment d'être arrivée à l'âge adulte dans un brouillard, troué de brèves éclaircies. Ai-je voté le 28 octobre 1962 au référendum proposant que le président de la République soit désormais élu au suffrage universel ? Si c'est le cas, j'ai certainement suivi les consignes de l'antigaullisme primaire qui m'était dicté par ma famille, et par la gauche de l'époque. Ce qui n'était pas plus mal, au vu des conséquences : les élections législatives ne seront souvent qu'une simple confirmation de la présidentielle ; le Parlement devient une chambre d'enregistrement. En voyant le résultat, 65 % de oui, on comprend que les Français ne sont pas encore prêts à se séparer de leur homme providentiel. Les communistes se sont prononcés pour le non. Débuts politiques hasardeux, erratiques. Fin 63 ou début 64, quelques agrégatives d'histoire me convient à les rejoindre, me font lire *Tribune socialiste*, l'organe du PSU, m'invitent à des conférences. J'acquiesce mollement, elles appartiennent à la « deuxième gauche », je leur trouve un petit côté clérical. Parmi elles, Christiane Mora qui occupera des postes de responsabilité au Parti socialiste et sera plus tard maire de Loches. C'est d'elle que je reçois commande d'un article sur le livre d'Alfred Grosser, *La IVe République et sa politique extérieure*. Qu'est-ce que j'y connais ! J'ai toujours, épinglé à la couverture, le mot courtois de remerciement qu'il m'avait adressé. Sur *Le Monde* du 10 février 2024, tandis que je travaille à ce récit, je vois l'annonce de sa mort. En dehors de cet activisme « deuxième gauche », je saisis mal les engagements politiques des élèves dans leur ensemble. Les « talas » participent au pèlerinage de Chartres, mais sans prosélytisme. Le groupe communiste, s'il existe, est très discret. Je ne le vois pas. Mais c'est sans doute à lui que nous devons, début 64, une visite d'Aragon, venu parler du *Fou d'Elsa*. Aragon fait sa première entrée ici, il reviendra souvent. (J'écris ceci au lendemain de la mort de Jean Ristat, par qui je l'ai connu dix ans plus tard.) L'Aragon de 63 n'est pas le vieil homme aux cheveux blancs, en costume Saint-Laurent, que j'ai fréquenté pendant plusieurs années à Paris, à Toulon ou Avignon. Il a les cheveux courts, le regard froid, et un pull bleu à col en V sur chemise et cravate. J'ai compris plus tard, après une lecture plus attentive, que ce livre était une réponse — cryptée — à l'attitude du PC pendant la guerre d'Algérie, et un manifeste de son engagement sur la question de la décolonisation. Abdelwahab Meddeb en rend compte magistralement dans un numéro de *Po&sie* en 2012[36]. « C'est en tant qu'être libre, athée, laïc qu'il circule dans un domaine profondément théocentré. » Au cœur du livre, la défaite des Arabes à Grenade fait écho à la défaite de la France en 40, qui se prolonge dans une autre « défaite », laquelle sous les yeux d'Aragon est en train de se transformer en victoire : celle de l'Algérie lésée par la France. D'une Algérie ayant connu le déni de sa propre tradition, le « partage andalou », du temps de l'Alhambra. « La restitution de la grandeur andalouse à une Algérie exsangue, en résurrection armée a été un des desseins d'Aragon dans l'entreprise du *Fou d'Elsa*, chantier ouvert entre 58 et 62, en pleine tourmente de la guerre d'Algérie. » Conclusion de Meddeb : « Le processus de sublimation dans *Le Fou d'Elsa* s'accélère. D'autant plus que juste après la disparition d'Elsa Triolet, Aragon n'a pas hésité à orienter sa pulsion vers les garçons et vers leur turbulence banlieusarde. »

On a surtout retenu du livre que « la femme est l'avenir de l'homme », formule reprise de Corbin et d'Ibn 'Arabî sur « le féminin créateur ». L'Elsa de la fiction a aussi pour point de départ une Elsa écrivain, qui échappe à la détermination de genre. Aragon se plaignait à un fonctionnaire de l'Élysée qu'Elsa n'ait pas comme lui reçu de carton pour un dîner : « Les femmes n'étaient pas invitées », lui est-il répondu. Aragon : « Mme Triolet n'est pas un homme ou une femme, c'est un grand écrivain français. »

1964 : l'agrégation. « J'ai la mémoire qui flanche ». Un détour par Venise

J'aurais voulu que dure toujours le temps béni des études, cette manière d'entretenir autour d'un projet, d'un programme la circulation d'affinités choisies. Mais la préparation du concours d'agrégation m'accable par la monotonie répétitive des exercices, thèmes grecs et latins, versions, et je vois s'éteindre, dans les commentaires de la Sorbonne, la claire lumière qui jusque-là jaillissait des grands textes. Le « moissonneur de l'éternel été » est devenu l'arpenteur vétilleux de chaumes un peu secs. Parmi les lectures obligées, je n'en retiens que deux, parce que toutes deux m'annoncent qu'on peut lire mieux et autrement les grands textes. C'est *La Jeunesse d'André Gide*[37], du professeur Delay, dépliant les entrelacs de l'œuvre, et les ouvrant sur les « rouges tourmentes » de l'enfance et de l'adolescence. Et le *Montesquieu* de Louis Althusser, qui se proposait de « concilier un marxisme rénové avec une certaine forme de structuralisme ». Ce qui me conviendra très bien dans les années à venir[38]. En d'autres termes : préparer et passer le concours de l'agrégation, c'est tenir une promesse qui n'est pas la mienne, celle que mes parents ont faite à leur modeste ascendance rurale. Dans toute cette période, il me tarde de secouer l'héritage bien plus que de l'accomplir.

En accueillant avec une indifférence parfois mêlée d'hostilité ce passage obligé par l'épreuve de l'agrégation, j'ai tort sur un point : ne pas voir quelle conquête a été pour les femmes l'accès au concours. Comme toute conquête, lente et progressive. Les premières femmes agrégées sont reçues en 1883 (six en lettres et six en sciences), une agrégation féminine est créée cette année-là pour ces deux grandes matières, deux ans après la fondation de l'École normale supérieure de jeunes filles. Mais jusqu'en 43, les agrégées littéraires n'ont pas reçu la même formation que leurs pairs masculins : leur agrégation ne leur permet pas d'exercer dans l'enseignement supérieur. L'introduction du thème grec à l'agrégation féminine de lettres en 43 est le couronnement de la conquête des langues anciennes par les femmes[39]. Il y a là quelque chose d'assez plaisant : je devrais me féliciter que nous ayons enfin accès à un exercice plutôt rébarbatif où pour ma part je n'ai jamais excellé ! (L'académie de Strasbourg pratique encore tous les ans un concours de thèmes latins et grecs sous le titre « Ludi grammatici ».) Lorsqu'en 1920, une Société des agrégées est créée, elle milite pour réduire les inégalités entre hommes et femmes professeurs. Mais les femmes seront longtemps sous-estimées. Adrien Cart, rapporteur du jury de l'agrégation de lettres féminine, se gausse, à l'issue du concours de 50, des ambitions de certaines candidates : « Un trop grand nombre d'entre elles s'imaginent avoir la maturité d'esprit nécessaire pour poursuivre des recherches personnelles ; elles se croient appelées à découvrir des vérités historiques nouvelles ; elles ont besoin de rester à Paris pour poursuivre, disent-elles, d'importants travaux. Le Jury est unanime à estimer qu'il leur serait bien plus profitable d'enseigner pendant quelques années dans un lycée, d'éprouver ainsi leur vocation de “chercheuses”, et de ne demander de congé qu'une fois cette vocation bien éprouvée. » Auteur d'une grammaire latine, Adrien Cart était professeur à la Sorbonne et à l'École normale supérieure de Sèvres.

Malgré le profond découragement que me donne la perspective de l'exil, l'été de 64 ne m'a laissé qu'un souvenir très heureux. L'oral s'échelonne tout au long du mois de juillet et de la première semaine d'août. L'École s'est vidée. Seules y demeurent les agrégatives auxquelles on n'assure même pas les repas. Le jardin est à nous pour de courts pique-niques, la ville s'enfonce dans les vacances. Je travaille, je lis, j'écoute Jeanne Moreau : « J'ai la mémoire qui flanche... », j'ai besoin de cette diversion un peu veule. Je découvre la littérature américaine, Melville (*Moby Dick*) et Dos Passos. Heures calmes au soleil sur la pelouse. Les épreuves orales ont lieu au lycée Louis-le-Grand, temple des études masculines, je flâne en sortant dans les rues du Quartier latin, l'été est torride, déjà aux arbres des feuilles jaunies et partout une odeur de goudron chaud, comme à Rome. Je commence à me déprendre des modèles sévères de ma toute première jeunesse. En écoutant la voix rauque de Jeanne Moreau, en traversant le jardin du Luxembourg où de tendres couples s'ébauchent, je me prends d'une espèce de confiance animale dans l'avenir.

Après l'annonce, positive, du résultat, je décide de partir pour Venise. L'année précédente, j'ai passé mon permis de conduire, et mon père m'a offert une petite Dauphine. Là encore, je mesure la différence des temps : apprendre à conduire, avoir une voiture à soi, c'est pour une fille de ma génération, de mon milieu une forme d'émancipation que nos mères n'ont pas connue et ne souhaitent souvent même pas. Pourtant, dans la France de la Belle Époque, les femmes ont voulu conduire, elles ont dû se battre, leur place n'est pas derrière un volant, mais « blotties dans les coussins ». Plus tard, c'est un débat qui m'oppose à Nor : il n'a jamais voulu « passer son permis », la formule le fait ricaner, il méprise « les bagnoles », et tout le virilisme ostentatoire qui les entoure.

Milieu août, j'embarque dans ma Dauphine en direction de Venise une amie et son frère, pour un séjour que l'adolescent va égayer de son humour et de ses facéties. C'est un matheux, qui aime à se lancer intrépidement dans un déchiffrement improbable des inscriptions latines. Je résume : la lagune, les îles, l'odeur de l'eau, le claquement des courtes vagues contre la pierre des quais, les Tintoret de la Scuola Grande di San Rocco, les glaces sur le quai face à la Giudecca, je m'ouvre enfin à une manière de vivre qui jusque-là m'était inconnue, comme elle l'était à ma famille et à mon milieu. J'en ferai plus tard le sujet d'un livre, *La Fraga*. Par un hasard digne de ces rencontres qu'aimaient les surréalistes, nos deux semaines se trouvent placées sous le patronage de Giorgio De Chirico. Nous le croisons à maintes reprises, sur un quai, à la descente d'un vaporetto, une autre nuit près de la gare, et le matin même de notre départ, près de notre hôtel à une heure très matinale.

Au retour, il fait presque nuit lorsque, quelque part dans la vallée du Pô, notre voiture tombe en panne. Des paysans nous secourent. Leur maison, entre de hautes rangées raides et feuillues, de maïs ? de roseaux ?, est d'une grande pauvreté, cette pauvreté de l'Italie rurale qui à l'époque n'a pas encore disparu. J'y ai pensé, quelques années plus tard, écoutant Aragon raconter comment en 1928 sur le chemin de Venise, en compagnie de Nancy Cunard, leur voiture dans un virage avait renversé les murs en torchis d'une pauvre masure. Cris et lamentations des habitants, Nancy leur fait porter par le chauffeur une grosse somme d'argent. Tout le monde se jette à genoux, et ils repartent sous les bénédictions d'une foule en pleurs. Quelques semaines plus tard, Nancy Cunard le trompait avec un musicien noir et il tentait de se suicider.

Paris, fin septembre. Dans la clarté que se renvoient le ciel et la lagune, j'avais oublié qu'il me faudrait trouver où me loger. On m'a accordé de rester une année de plus à l'École, pour préparer une thèse, je ne suis pas du tout certaine d'en avoir envie, mais c'est autant de pris avant l'obligation de m'exiler. Je loue une chambre, à Montrouge, sur la place de la Mairie, dans un appartement meublé à profusion de gros meubles et d'objets inutiles. Ma chambre est une grande pièce dotée d'une salle de bains immense, dont la propriétaire a coupé l'accès à l'eau chaude. L'hiver suivant, je circule la nuit discrètement de pièce en pièce, j'entrevois par une porte entrebâillée un lit monumental, un édredon gonflé, et au-dessus, un visage de vieille femme endormie, creusé, cadavérique.

Mais je m'ennuie à Montrouge, je passe mon temps boulevard Jourdan où je n'ai rien à faire, et dans les cinémas de la rue des Écoles. C'est l'année de *Pierrot le Fou*. « Qu'est-ce que j'peux faire / J'sais pas quoi faire », chantonne Anna Karina. Moi non plus. Je ne vais même plus au TNP, depuis que Vilar a laissé la place à Georges Wilson. Je n'y reviendrai pas avant qu'Antoine Vitez en prenne la direction en 80. Que faire de moi ? J'ai décliné, après l'agrégation, la proposition d'un poste d'assistante en latin à la Sorbonne. Ensuite, l'invitation à accompagner, toujours comme assistante, un professeur nommé aux États-Unis. Dans la droite ligne de mes études classiques, de ma formation classiquement républicaine, je me plonge dans le XVIIIe siècle, les Lumières, l'*Encyclopédie*, Diderot, Helvétius, d'Holbach. Et Rousseau, dans son splendide *Discours sur l'origine et les fondements de l'inégalité parmi les hommes*, qui attaque frontalement la notion de propriété individuelle. Je me souviens avec précision de la première lecture que j'en ai faite, de ces formulations qui m'avaient si profondément frappée, de ce jugement implacable qu'il porte sur la société civile : « une poignée de gens y regorge de superfluités tandis que la multitude affamée manque du nécessaire ». D'où mon idée d'en faire le sujet d'une thèse, si je dois en faire une. Je me décide un jour et je prends rendez-vous avec Paul Vernière, auteur d'un ouvrage remarqué sur Spinoza. Il est professeur à Nanterre, dont la faculté vient d'être inaugurée[40]. Nous nous mettons d'accord sur une formulation, « La liberté au XVIIIe siècle ». Lorsque je lui présente mon travail, un peu plus tard dans l'année, je le résume ainsi : les matérialistes sont hostiles à la notion chrétienne de libre arbitre, mais partisans de la liberté politique. Pourquoi ? Quel est le rapport ? Dans son petit bureau où il tourne le dos à la fenêtre, je vois mal son visage mais je devine son irritation. « C'est un peu à vue de pays », me dit-il.

Je ne ferai jamais cette thèse ni aucune autre.

1965 : le Maroc. Découverte du monde arabe

En 65, je quitte l'École, définitivement, pour prendre un poste à Beauvais à la rentrée. Et durant l'été, je pars au Maroc avec une camarade qui a l'adresse de quelques étudiants de Meknès. J'aurais dû le dire plus tôt : je tiens à ce beau mot de « camarade », aujourd'hui presque disparu de l'usage, y compris chez les étudiants, au profit de « collègue », lequel s'est répandu aussi dans le monde ouvrier. Il est clair que « camarade » souffre de son passé politique. Un général de gendarmerie, Jacques Plays, proteste pourtant contre cette disparition : « La camaraderie est l'un des fondements de notre Institution car elle contribue à assurer la solidité et la résilience du Corps. » Un gendarme lui a répliqué : « Si mes souvenirs sont bons, c'est en Russie qu'on s'appelle camarade ou à la CGT[41]. »

Mais revenons à ce voyage au Maroc.

Presque à mon insu, j'y connais une de ces expériences qui ont déterminé une grande partie de mes orientations à venir.

Nous sommes parties pour ce long chemin dans une Mini Cooper aux roues si petites qu'après un accrochage un garagiste marocain utilise celle d'une Vespa, beaucoup plus étroite, et peu sûre. Traversée de l'Espagne, découverte de Madrid, arrêts à Grenade, Tolède. Les collines espagnoles sont surmontées de la grande silhouette d'un taureau, une publicité Osborne en métal découpé de quinze mètres de haut. Dans un endroit désolé de la Manche nous prenons en stop deux paysans farouches, l'homme et la femme, muets, tout de noir vêtus, serrés à l'arrière avec leurs paniers. À Algésiras, nous devons rester le temps qu'on me renvoie mon passeport oublié dans un hôtel. Notre présence fait la joie du consul, qui semble s'ennuyer un peu. Nous passons de longues heures à bavarder avec lui, dans une pièce où sèche du jasmin.

Je trouve sur YouTube quelques images de ces années-là, où l'on voit l'arrivée du ferry dans un port aujourd'hui devenu un des plus grands de Méditerranée[42]. (Je l'ai visité en 2011, circulant rapidement entre les montagnes des conteneurs dans la petite voiture d'un responsable à qui on m'avait confiée.) Puis c'est Casablanca, Rabat et Meknès, l'odeur des nourritures et du jasmin, la chaleur, la musique, l'architecture même : d'un coup, il me semble que le monde antique m'est rendu, mieux qu'à Rome ou Delphes. Quelque chose de la vie vivante de l'Antiquité est toujours là, populeuse, animée, avec ses cris, ses animaux, ses mendiants, sa précarité. Ce Maroc d'il y a plus d'un demi-siècle est un pays que viennent de secouer les graves événements survenus en mars de la même année, et les plus radicaux de nos amis laissent entrevoir la situation dangereuse où ils se trouvent pour y avoir participé. Le jeune roi Hassan II, monté sur le trône en 61, s'est montré très dur envers la contestation : le 22 mars, une « manifestation pacifique » de lycéens est dispersée mais, renouvelée le 23, cette fois la manifestation n'est plus « pacifique ». Des magasins sont saccagés, des bus et des voitures brûlés par une foule de lycéens, de chômeurs, de passants et même de parents d'élèves. Ils se retrouvent rapidement face à l'armée. Les chars, venus de Médiouna, se déploient dans les grandes artères de Casablanca. À 15 heures, l'armée reçoit l'ordre de tirer sur les manifestants. « J'ai entendu un premier coup de feu, puis un deuxième et un troisième, mais je pensais qu'il s'agissait de balles de caoutchouc. Ce n'est qu'un peu plus tard que j'ai réalisé ce qui se passait… lorsque j'ai vu, autour de moi, tomber des camarades », raconte un témoin. Les slogans, ouvertement hostiles au roi Hassan II, le traitent d'« assassin », de « tyran »… (Omar Brouksy, *Jeune Afrique*, 21 mars 2005). Il y a des dizaines de morts, le général Oufkir a noyé la révolte dans le sang. Le roi s'exprime ainsi dans un message à la nation : « Il n'y a pas de danger aussi grave pour l'État que celui d'un prétendu intellectuel. Il aurait mieux valu que vous soyez restés tous illettrés. » En juin, il déclare l'état d'exception et, le 29 octobre de la même année, quelques mois après notre voyage, Mehdi Ben Barka est enlevé et assassiné à Paris, sans doute avec la complicité des services secrets français.

Ces événements récents marquent profondément le petit groupe d'étudiants avec lequel nous nous sommes étroitement liées. Ils sont tous animés d'une volonté de changement, qui les rend parfois insensibles aux souffrances d'un peuple misérable. Ne lui donne rien ! me dit l'un d'eux quand il me voit chercher une pièce dans mon sac. Il faut en faire un révolutionnaire. Le groupe est dominé par la personnalité d'un garçon de quelques années plus âgé que nous, né en Algérie, réfugié au Maroc, et qui avait rejoint les maquis de la guerre d'indépendance. La paix signée, il a repris à Paris des études de droit (il sera un grand juriste, avocat et professeur à l'université d'Alger). Au cours d'actions militaires contre l'armée française, il a été fait prisonnier et interné dans un camp aux lisières du Sahara, où sévissent d'anciens nazis ; il raconte sobrement les mauvais traitements qu'on lui a fait subir. Il parle de l'Algérie, aussi, où il a vu renaître un islam qui cimente l'opposition à la colonisation. Signes avant-coureurs d'une inévitable réislamisation de la société ; en face, de grandes « cérémonies de dévoilement » avaient été organisées à Alger en 58, patronnées par les épouses du général Massu et du général Salan. Le glissement du monde arabe vers le fondamentalisme est-il une réappropriation de soi face à la colonisation, une réponse à la violence coloniale face aux mouvements d'indépendance ? Frantz Fanon, revenant sur cet épisode dans *L'An V de la révolution algérienne*[43], y voit non une libération, mais une oppression de plus. Entrecoupées de longs repas de fête, de visites touristiques, de flirts et d'heures à la plage puis dans les montagnes autour d'Ifrane, nos conversations sont typiques de ces années-là (et elles anticipent celles de mai 68). Il s'agit d'en finir avec l'Europe coloniale, et il n'y a pas d'autre solution, et d'autre chance d'unité, que « la révolution anti-impérialiste » dont l'indépendance algérienne semble avoir été le prodrome. C'est donc, par-delà la Méditerranée, la poursuite et la continuation d'une atmosphère : celle de la guerre d'Algérie. Mais placées dans un autre monde, et sous un autre ciel.

Je dois à ces jeunes gens, à ces moments passés avec eux, d'avoir rompu pour toujours avec la vision des Arabes que je traînais, de naissance, avec moi. Ne suis-je pas de ce peuple français pétri d'obscène arrogance coloniale qui chante « Trabadja la moukère... » à la fin des repas de noces ? Ou « La Fille du bédouin » ? Je l'ai raconté dans *L'Églantine.* Avec la guerre d'Algérie, l'image des Arabes avait encore changé : ils avaient fait une apparition menaçante dans la vie des Français. Jusque-là, dans notre imaginaire, les Arabes n'occupaient qu'une place folklorique, teintée d'un fort mépris. Dans nos campagnes, où ils circulent solitairement, passant de ferme en ferme pour y proposer leurs tapis, on les chasse sans ménagement, mais ils sont plutôt moins mal vus que les Roms. Souvenons-nous cependant de la scène du café dans le film *Marius*, de Marcel Pagnol (1931). Un marchand de tapis (qu'à l'époque on appelle « un sidi », ou un « monzami ») entre dans le bar du Vieux Port. « Zouli tapis, mademoiselle ? » demande-t-il à Fanny qui répond sèchement sans le regarder : « Macache. » Il se tourne alors vers « Msiou Marius » dont la réponse est encore plus brutale : « On t'a dit non, sale bicot ! » En manifestant avec ou pour les Algériens dans les rues de Paris juste avant les accords d'Évian, j'avais répudié cette France-là, close sur ses certitudes, blessée par la décolonisation. C'est une autre sorte d'Arabes que je découvre au Maroc : non plus les pauvres vendeurs de tapis sillonnant nos campagnes, ni les travailleurs des bidonvilles descendant en masse manifester dans nos rues. Mais tout un monde insoupçonné, une civilisation dont je pressens la beauté, la profondeur historique. De Tanger aux montagnes de l'Atlas, dans notre petite voiture anglaise, en compagnie de ces garçons marocains, nous commençons une longue descente de ville en ville, Meknès, Fès, Marrakech. Ce sont des fils de riches. Leurs familles nous accueillent pour des fêtes de mariage qui se succèdent et durent trois, quatre jours ; des relations se nouent. Montagnes ocre et violettes, désert, oueds asséchés. J'ai retrouvé récemment quelques photos en noir et blanc d'une halte au sortir d'un col de l'Atlas. De nos visages rieurs, de nos épaules bronzées, devant un campement d'où montent des fumées. Et avec elles revient le souvenir de brochettes délicieusement parfumées. Mais par-dessus tout, ce que j'en conserve, c'est l'horizon immense, au propre comme au figuré, qui s'est ouvert à moi : l'espace, l'architecture des villes, la langue, la musique, les couleurs et les odeurs... Et le souvenir d'une métamorphose, dont j'ai été le témoin : la rudesse de l'Arabe colonisé se libérant dans une violence qui m'effrayait mais que j'étais réduite à approuver avait fait place à la grâce des jeunes danseurs de la place Jemaa el-Fna, à leurs mouvements « un peu sauvages, pleins d'harmonie, et de sensualité voilée ». Plus tard, bien plus tard, sans avoir à renier cette séduction, j'apprendrai à nuancer cette attirance que l'Orient exerce sur un Occidental. Edward Saïd l'a bien montré dans son livre, *L'Orientalisme : l'Orient créé par l'Occident* (paru en français en 1980, mais je ne l'ai lu que plus tard) : les ressorts de cette séduction sont, de fait, la domination politique et culturelle de l'Orient par l'Occident, la dépréciation de la langue arabe, la diabolisation de l'islam... Et pourtant, en un certain sens, notre arrogance est mise à mal par l'évidence de sa grandeur, de sa puissance, de son ancienneté. Dans ce milieu des années 60, « l'Orient » va déposer sur moi son empreinte mystérieuse, qui ne s'est jamais effacée. Et, si farouchement attachée que je sois à l'esprit des Lumières, à l'idée que les religions sont en nous une part d'obscurité, je ne pourrai jamais entendre sans une émotion, que tant d'autres Occidentaux ont éprouvée avant moi, à Tanger, à Gaza, à Tunis, l'appel du muezzin répercuté sur les toits blancs qui descendent jusqu'à la mer. À partir de ce moment, « la question arabe » se résumera pour moi en trois mots : la dette envers « le sidi » malmené de nos campagnes ; la solidarité « anti-impérialiste » avec les combattants pour l'indépendance de l'Algérie ; l'admiration pour ce que j'ai deviné de la civilisation islamique. Je ne peux pas l'oublier, quand trente ans plus tard je parcours pour la première fois les collines de Cisjordanie. Ni ensuite dans mes séjours en Tunisie et au Maroc. Et aujourd'hui plus que jamais, après les événements d'octobre 2023 en Israël.

Beauvais, le lycée Félix-Faure, le système Dassault

À la fin de l'été, le principe de réalité reprend ses droits : je me rends pour la première fois à Beauvais où j'ai été nommée dans un lycée de garçons, le lycée Félix-Faure. Ancien nom aussi de la place Étienne-Pernet, dans le XVe arrondissement, où juste avant mon voyage au Maroc, ayant quitté Montrouge, je me suis installée dans un petit appartement. Décidément ! Félix Faure m'accompagne partout. (J'ai entendu récemment un jeune homme le confondre avec Edgar Faure, dont la riche vie sentimentale ne s'est pas achevée aussi scandaleusement.) Au rez-de-chaussée, un (toujours fameux) restaurant de bouillabaisse. L'immeuble est sombre, son escalier froid sent la cave, du fond d'un logement mal éclairé un couple de gardiens rognonne en entrouvrant sa porte. Mon appartement est au premier étage, sombre lui aussi, peu confortable, mal chauffé. Je le meuble sommairement, un lit, un bureau fait d'une planche sur deux tréteaux, des tabourets, en guise de canapé, jetée sur une malle, une couverture rapportée du Maroc. Il donne sur le flanc de l'église Saint-Jean-Baptiste de Grenelle, avec son clocher de ce style néogothique si commun dans ma province natale. La première pierre en a été posée par la fille du duc de Berry, c'est alors la commune de Grenelle, créée en 1830, rattachée à Paris en 1860. Tout près, une baraque à frites où certains soirs, rentrée tard de Beauvais, je vais chercher mon dîner. Juste de l'autre côté, près d'un immeuble haussmannien, une grande construction hérissée d'ornements végétaux, floraux, l'un des plus beaux édifices à Paris de style Art nouveau... Tous ces détails, d'histoire, d'architecture, donnent de la profondeur à mon expérience quotidienne de Paris, même s'il est sûr qu'à l'époque ils m'échappent. Mais ils ne me sont pas indifférents. Par leur variété, leur juxtaposition hasardeuse, coupée de grands écarts historiques, ils contribuent à la joie que donne la vie dans une très grande ville. Leur vue me procure la même sensation que dans une forêt le voisinage d'un résineux et d'un chêne. Sentiment d'une profusion vitale inépuisable, qui me reposera plus d'une fois du désordre intérieur où je suis régulièrement jetée. Comme en cette fin de ma première année d'indépendance, après ces moments de joyeuse camaraderie et un peu davantage avec les étudiants marocains. Je me sens profondément désorientée de vivre seule, loin de la vie collective où je me suis plu.

Beauvais, ce sera pour quelques années, plusieurs fois par semaine, un départ très matinal dans un Paris encore vide, une route souvent plongée dans le brouillard, l'arrivée qui s'annonce par la forte odeur de l'usine Spontex — un sulfure d'hydrogène particulièrement nauséabond. Dans ces années-là, quand on entre dans Beauvais, on rencontre, sur de vastes esplanades, les baraquements construits pour loger la population après les bombardements de la Seconde Guerre mondiale. Beauvais est une des villes de France les plus sévèrement touchées par les deux guerres mondiales : en 14-18, sa proximité avec le front en fait un hôpital militaire qui accueille près de 40 000 blessés. Pendant la Seconde Guerre mondiale, elle est occupée par la Feldkommandantur allemande. Le 6 juin 1940, les bombes tombent sur la cathédrale et les habitations du centre : le cœur historique de la ville est détruit. De l'hôtel de ville, seule demeure la façade. Les travaux de reconstruction ne débutent que cinq ans plus tard. Ils dureront près de vingt ans, le dernier baraquement est détruit en 83.

Beauvais, c'est aussi pour moi un retour à la vie provinciale, dans ses ressorts les plus évidents, et en même temps les plus secrets. Beauvais, c'est Marcel Dassault, l'ingénieur en aéronautique, déporté à Buchenwald, sénateur, puis député de l'Oise depuis 57 — il le restera jusqu'à sa mort en 86. Il est le patron et le bienfaiteur du Beauvaisis, subventionnant, sur ses deniers personnels, la réfection d'une église, la construction d'une salle des fêtes, la rénovation de la mairie, la construction d'un court de tennis, d'une piscine… La suite sera prise par son petit-fils, Olivier, député de l'Oise de 1988 à sa mort en 2021. Un couple d'amis qui réside à Beauvais, très engagé dans la vie locale, m'aide à déchiffrer cette manière paternaliste de régner sur de petites communautés locales. Notamment par une forme primitive d'organisation et d'orientation des suffrages. Le « système Dassault », appuyé sur l'une des plus grandes fortunes du pays, est au cœur de la politique économique de la France depuis l'après-guerre, un mélange d'intérêts politiques et financiers que poursuivra aussi son fils Serge à Corbeil. Et que le système Dassault mène à l'international, par la vente de ses Mirage, puis de ses Rafale.

Il fait froid, le matin (les Picards disent « il fait cru »), quand je gravis l'escalier monumental du lycée Félix-Faure, le vent des plaines du Nord souffle dans son entrée encadrée de portiques. L'autre lycée, Jeanne-Hachette, alors lycée de filles, est installé dans les locaux de l'ancien grand séminaire de l'Oise. Mais Félix-Faure est un des plus beaux lycées issus de la politique scolaire de la IIIe République. Monumental, de « style colonial », autrefois appelé « le palais scolaire » (par ses détracteurs), il a été conçu par l'architecte picard Norbert-Auguste Maillart qui s'illustrera en Amérique latine.

Le lycée Félix-Faure lors de son inauguration

Les travaux de terrassement commencent en 1896, on procède au comblement d'un bras du Thérain, on démolit la porte de Bresles, une des anciennes entrées du Beauvais médiéval. Le 29 mars 1896, la première pierre est posée par Émile Combes, ministre de l'Instruction publique et des Cultes. Le lycée est inauguré en 1898 et un an plus tard, après son décès inattendu le 16 février 1899, il prend le nom de Félix Faure, ancien élève du collège de Beauvais. C'est le seul établissement scolaire qui porte son nom. « De son coupé-salon descend M. Combes... » La pose de la première pierre est relatée dans un article du *Moniteur de l'Oise*, je ne résiste pas au plaisir de le citer en longueur, les fastes de la république font partie de mon sujet. « 9 h 25 : le train ministériel est signalé. Le canon tonne, la musique du 51e, massée sur le quai, joue la Marseillaise... » « Le préfet Grimanelli était allé au-devant de Combes, à Beaumont... Combes, petit, alerte, les yeux vifs. Gréard, vice-recteur : grand, droit, favoris argentés. Ronjon, directeur des Beaux-Arts, binocle, l'air ennuyé. Rabier, directeur de l'Enseignement secondaire. Le Docteur Lesage, rayonnant. Cuvinot, sénateur, l'air souffrant (...). Puis, on monte en voiture pour se rendre à la Préfecture. Le cortège comprend 22 landaus, coupés et omnibus... précédés et suivis de pelotons de gendarmes à cheval en grande tenue, superbes avec leurs culottes blanches, leurs retroussis rouges : tout cela malheureusement terni par l'eau et le brouillard. »

Un banquet de cent couverts est offert par la Municipalité. On y relève une gigue de renne à la moscovite et une glace Cronstadt, témoins de la russophilie des années 1896-1897. Les agapes terminées, le cortège se rend au Mont-Capron : « Il fait un temps affreux ; on doit ouvrir les parapluies pour arriver à l'estrade officielle assez rudimentaire, où l'on ne parvient qu'en pataugeant de façon effroyable. L'eau traverse de temps en temps la bâche qui sert de toiture et quelques-uns des invités sont désagréablement aspergés... » Ces conditions peu propices n'abrègent pas le discours du maire, du docteur Lesage, ni celui du ministre aux accents étonnamment contemporains, qui conclut sur la réforme de l'enseignement secondaire : « L'enseignement secondaire, Messieurs, a subi depuis trente ans de profondes modifications : sa clientèle s'est étendue, par suite ses plans d'études ont dû s'élargir ; il lui a fallu s'adapter à des conditions sociales qu'il ne pouvait négliger sans manquer son but... L'Université se devait de sauvegarder l'étude des lettres antiques... et introduire dans l'enseignement les études nouvelles que les besoins de notre temps rendent indispensables... La difficulté était de faire à chaque chose sa place, sans surcharger les programmes, sans écraser les jeunes intelligences sous la multiplicité des matières... » Puis vient la consécration officielle : « M. Combes, puis M. Garbet, puis M. Grimanelli prenant en main la truelle et le marteau nickelé à manche d'ébène mettent quelques truellées de ciment dans les interstices de la pierre... frappent quelques coups de marteau... »

La construction du lycée dure deux ans. Elle est émaillée d'incidents pittoresques. Maurice Baumont se souvint qu'en 1897, alors élève au collège des garçons, posté dans le grenier, il vit des braises et des flammes puissantes s'échapper une nuit de la toiture en construction. En novembre 1897, l'opinion publique s'émeut de la lenteur des travaux. Hucher, le nouveau maire, incrimine et modifie les plans adoptés, notamment l'esplanade et les perrons d'entrée qui débordent beaucoup trop sur le boulevard de l'Assaut. « Les portes et les fenêtres préparées à l'avance dans un atelier de menuiserie parisien furent de mauvaises dimensions. L'architecte fut la cible des critiques du maire, de l'entrepreneur et ses émoluments fondirent en conséquence. La première rentrée eut lieu, cependant, comme prévu, en octobre 1898. Le lycée accueillit 267 élèves dont 128 internes. »

Je débarque un matin d'octobre 65 devant une classe uniquement composée de garçons, fils de paysans de la plaine à betteraves, ou habitant Beauvais, dont les parents sont tous plus ou moins les obligés du système Dassault. Au programme de la classe de première, Montaigne, chapitre II des *Essais* : « Le monde n'est qu'une branloire pérenne. Toutes choses y branlent sans cesse : la terre, les rochers du Caucase, les pyramides d'Égypte, et du branle public et du leur. La constance même n'est autre chose qu'un branle plus languissant. » J'ai soigneusement évité de le lire tout haut mais le mot n'a pas échappé à mes grands gars secoués d'une rigolade homérique. Je remettrai à plus tard tout commentaire sur le relativisme de Montaigne, son héraclitéisme, et ils ne sauront pas qu'une « branloire » est une forme rudimentaire de balançoire...

Un an, un deuxième, au lycée Félix-Faure. Je me lie avec des professeurs qui se sont installés sur place, ont construit des formes de vie que je n'envisage pas pour moi : le mariage, une famille, l'achat d'un appartement. Nous l'avons choisi au rez-de-chaussée, me dit un collègue d'allemand avec un sourire d'excuse, il faut penser à la retraite ! Les formes d'organisation du lycée paraîtraient aujourd'hui intolérables, les meilleures classes sont attribuées aux professeurs agrégés, qui jouissent d'une table séparée au réfectoire. Un collègue âgé me voyant lire Proust à l'interclasse se penche vers moi : Ça vous passera ! me dit-il. Je ne mesure pas à l'époque la profonde vérité de sa remarque, l'usure d'une carrière de répétition, le découragement, la résignation. Ces jeunes, tout feu, tout flamme ! Ça s'éteint, croyez-moi. Avec mes élèves, je connais de vifs moments d'intérêt dans une classe littéraire, où il y a quelques filles. Lecture de Sartre, *Qu'est-ce que la littérature ?*, longs débats sur la question de l'engagement… Mais les retours à Paris et les soirées place Étienne-Pernet sont difficiles. Finies les soirées où nous écoutions des oratorios de Bach dans nos thurnes tout en buvant du bourbon Four Roses (acheté au petit magasin de liqueurs à l'angle de la rue Marie-Rose où vécut Lénine)… Finis les après-déjeuners sur les pelouses, les échanges de livres, les virées nocturnes et les retours juste avant que la porte ne se ferme. On s'éloigne, on se disperse. Y. est venu me voir d'Algérie, où il a repris ses études. C'est un échec. Me réorienter vers la philosophie ? Non. Je connais une grande après-midi de découragement après la lecture d'un chapitre de la *Critique de la raison pure*. J'ai besoin de la variété des textes littéraires, de leur séduction, mais aussi de leur ambiguïté, de cette manière insidieuse, détournée d'affronter le réel. De cette époque naît ma passion pour Flaubert, dont je me redis de longs passages où je me sens chez moi, face à l'insidieux engourdissement provincial, tandis que se déploie le monde extérieur. « Les marteaux des calfats tamponnaient les carènes. » (C'est un alexandrin. Gide n'aimait pas « une prose où les vers se sont mis ».) « Ce silence épandu augmentait la tranquillité des choses » (*Un cœur simple*).

Est-ce que je ne suis pas en train de tourner en rond ? Où sont les temps enchantés des toutes premières études ? La petite classe de ma mère, où le soir dans le silence troué par le ronflement du poêle et le craquement des bûches je lisais *La Légende des siècles*, en frottant mes petites galoches contre le carreau froid ? Où l'avenir se dessinait devant moi comme l'accomplissement de promesses aussi radicales et frustes que celle des bourgeons du lilas, s'ouvrant le long des grands murs ? Tout ça pour ça ! Un petit appartement dans la lumière glauque des réverbères ! Une soirée triste à la baraque à frites ! Et demain, à 5 heures du matin, la route du Nord dans le brouillard froid qui colle en fines gouttelettes sur mon pare-brise !

Heureusement, il y aura mai 68.

Mais, en attendant, pas d'autre événement majeur que la mise en ballottage du général de Gaulle en décembre 65 à l'élection présidentielle, la deuxième de la Ve République, la première au suffrage universel direct. En février, Pierre Dac avait annoncé sa candidature avec son Mouvement ondulatoire unifié (MOU), un parti politique satirique dont le slogan est : « Les temps sont durs, votez MOU ! » Au programme : ne pas dissoudre l'Assemblée nationale dans l'acide sulfurique. Il renoncera, par fidélité à l'esprit de la Résistance. Ballottage, donc, le 5 décembre, de Gaulle (majoritaire en Anjou) 48 %, Mitterrand, 18, Lecanuet, 23. Le Général avait refusé de faire campagne. De Gaulle « en pyjama » ? Jamais. Il accepte cependant entre les deux tours de répondre aux questions de Michel Droit. Pour s'imprégner de l'esprit d'une époque, il faut voir ces trois interviews sur le site de l'INA et écouter aussi les réponses de François Mitterrand au journaliste Roger Louis le 22 novembre. Du côté du Général, la défense d'une « Europe des nations », le tableau d'une France agricole en pleine mutation. Du côté de la gauche, les libertés individuelles, la justice sociale, comme en 1789, comme en 1848 et comme en 1936, avec le Front populaire et les congés payés. En 65, c'est une « meilleure répartition des profits », une « défense acharnée de la paix, du désarmement », contre la politique nucléaire. La gauche veut la justice, la droite veut l'ordre. « La droite s'agrippe au passé, la gauche veut l'avenir. » Remarque étonnante, quand on se rappelle la volonté de modernisation qui anime le Général depuis son retour au pouvoir. Ce n'est pas son rapport à l'avenir qui devrait distinguer la gauche, mais la question des forces de production : entre les mains de qui faut-il les laisser ?

En résumé, et dans une confusion qui ne se lèvera jamais complètement, ce sont « les forces de progrès », contre de Gaulle, pour la république.

Notons un infléchissement décisif dans l'attitude du Parti communiste envers l'URSS. Les communistes torpillent la candidature de Gaston Defferre, et affichent hautement leur soutien à François Mitterrand. Le meeting communiste le plus important a eu lieu, au Palais des Sports, le 23 septembre. Ce faisant, la direction d'alors se heurte à l'attitude des dirigeants soviétiques favorables au statu quo et au maintien en place de De Gaulle[44]. Lorsque je cherche à la comprendre, et à y voir plus clair, cette époque de ma vie me paraît placée sous le signe de l'anxiété et de la confusion ; je redoute que, sauf exceptions, nous soyons condamnés à ne pas avoir de prise sur le monde, à en regarder les figures comme sur une grande tapisserie murale. Gracieuses ou repoussantes, elles sont hors d'atteinte et nous narguent ou simplement ignorent nos vaines agitations.

Treblinka. *La levée d'un tabou*

Dans cette période de ma vie, je vais d'ébranlement en ébranlement. (C'est le moment ou jamais.) Après la découverte du monde arabe, au printemps, je subis de nouveau un grand choc : c'est en janvier 66, la lecture d'un livre qui vient de paraître, *Treblinka*, de Jean-François Steiner. Il y a quelque chose de singulier dans la simultanéité de ces deux événements. Elle nous met au cœur d'un des pires drames du monde actuel.

Je n'aime pas trop penser les choses en termes de « génération ». Il se trouve pourtant que je partage un certain nombre de traits avec celles et ceux qui sont nés avec l'effondrement de la IIIe République ou juste après la guerre : nous avons mis beaucoup de temps à comprendre et à nous représenter ce qu'avaient été la réalité de la Seconde Guerre mondiale, la nature du nazisme, l'ampleur du programme génocidaire du IIIe Reich et la complicité du régime de Vichy. Le mois de ma naissance, le nouveau régime, issu de la défaite, édictait ses lois sur le statut des Juifs, et faisait d'eux une catégorie à part de la population. Le « statut des Juifs » du 3 octobre

1940 s'articule autour de deux points principaux : le premier définit qui est dorénavant juif ; le second vise à ôter aux Juifs « toute influence politique » en énumérant la liste des interdictions professionnelles, notamment dans la fonction publique. Il est interdit aux Juifs d'exercer les professions de fonctionnaire, enseignant, journaliste, dirigeant de certaines entreprises. Dans l'enseignement, une circulaire est adressée à l'ensemble des recteurs et inspecteurs d'académie du pays puis complétée le 4 novembre. Chaque fonctionnaire devra remplir une déclaration individuelle sur son appartenance ou sa non-appartenance à la « race » juive. Instituteur, mon père en est dispensé puisqu'il est alors prisonnier ; ma mère, institutrice elle aussi, a nécessairement dû la signer : nous n'en avons jamais parlé. De même ne m'a-t-on jamais parlé de l'antisémitisme. Quand le terme « juif » apparaît dans la conversation, c'est un adjectif, bien dans la terminologie de l'époque, qui désigne un partenaire dur en affaires, qui ne vous fait pas de cadeau, notamment quand il s'agit d'argent. Expression d'un vieil antisémitisme classique.

Ni chez moi, ni autour de moi, dans les années qui suivent la Libération, la guerre n'est présentée comme un affrontement avec le nazisme, c'est une guerre franco-allemande de plus. Mon grand-père paternel était allé deux fois à Verdun, une de mes arrière-grands-mères avait vu, enfant, la déroute de l'armée de Chanzy en 1870. La Première Guerre, c'est : les invalides, les mutilés, le million de morts, les destructions, les discours devant le monument aux morts. La guerre de 40, c'est : la défaite, les prisonniers dans des camps en Allemagne ou en Autriche, l'Occupation et le rationnement, le rutabaga, les semelles de bois aux chaussures, les ruses et le marché noir pour se nourrir, se vêtir. Les difficultés d'approvisionnement font encore, dix ans plus tard, l'objet de récits dramatisés. Quant à la « déportation », c'est un terme générique, dont on n'évoque pas autour de moi les victimes juives. Il y avait bien, dans mon village, un homme arrivé dans les années 50, un

Italien rescapé du camp de Dachau, il prononçait « Dassau », c'est le surnom qu'il reçut, je n'ai jamais su son nom véritable. Déporté ? Résistant ? Juif ? Il travailla longtemps comme intendant d'un grand propriétaire, eut, dit-on, une liaison avec sa femme, et disparut.

La réalité, l'ampleur, les formes, la nature de l'extermination des Juifs d'Europe ont mis du temps, en France, à s'imposer à la conscience nationale. Y compris dans ma propre région, sur ma propre terre. J'ai du reste tardé plus encore à saisir l'ampleur de la question tsigane. Durant mes années d'enfance et d'adolescence, c'est un silence et comme un énorme tabou. Et pour en rester à la ville de mon adolescence, Angers, je ne mesure pas alors le degré de sa complicité dans l'extermination des Juifs. Pourtant le bilan est particulièrement lourd, plus que le bilan moyen français. Il se passera environ cinquante ans avant que le sort des Juifs persécutés ou déportés soit reconnu dans sa spécificité par la ville d'Angers. Et que des plaques commémoratives soient apposées à la gare, ainsi que, en 2012, au grand séminaire, rebaptisé centre Saint-Jean, où étaient rassemblés les Juifs angevins avant leur départ pour les camps. Dans mon lycée, vers 55 ou 56, quelques-uns de nos professeurs font allusion à ce qui s'est passé pendant l'Occupation. La directrice et plusieurs professeurs ont été envoyés à Ravensbrück. Trois en sont revenues. Mais les raisons de cette déportation ne sont alors pas énoncées clairement : actes de résistance ? Ou, pour la directrice, le fait d'avoir caché des petites filles juives ? Furent-elles dénoncées par une de leurs collègues ?

Plus tard, à Paris, dans le début des années 60, lorsque j'aurai pour camarades d'études en classe préparatoire deux jeunes filles venues d'Algérie, alors département français, et qui sont juives, c'est à peine si je comprends ce que cela signifie. Les républicains, garçons et filles, formés dans les écoles de la république, ont adopté la formule du comte de Clermont-Tonnerre dans son discours en faveur de l'émancipation des Juifs le 23 décembre 1789 : « Il faut tout refuser aux Juifs comme nation et accorder tout aux Juifs comme individus. » Et quand la jeune Olga, au début de leur rencontre, demande au Castor ce que cela signifie d'être juif, Simone de Beauvoir ne répond-elle pas sans hésiter : « Rien ! Les Juifs, ça n'existe pas, il n'y a que des hommes » ? De même Sartre, dans les *Réflexions sur la question juive* : « Le Juif est un homme que les autres hommes tiennent pour Juif. » La solution politique à l'antisémitisme ? C'est la révolution socialiste, « la société sans classes ». Car « c'est aussi pour les Juifs que nous ferons la révolution ». Le grand changement, note Michel Winock en 2002 dans la revue *L'Histoire*, viendra plus tard, avec la création d'Israël et le soutien au nouvel État juif. Les Juifs entendent désormais appartenir à un groupe historique que l'on appellera à juste titre juif, « juif en soi et pour soi » (Raymond Aron).

Pourtant, il me semble que j'ai failli l'entrevoir. Des années plus tard, un souvenir m'est revenu. C'est celui d'un des médecins scolaires du département, qui venait deux fois par an en visite à l'école communale. Il s'appelait le docteur Bartmann. Je revois sa silhouette voûtée, son visage creusé, j'entends encore cet accent dont je ne devinais pas l'origine. De quel malheur était-il le survivant ? L'ombre était sur lui. Elle nous intimidait. Cette ombre me poursuivra des années, me poussant dans les années 80 à des visites anxieuses et répétées dans l'ancien quartier juif de Prague, avec sa synagogue, son cimetière aux tombes empilées, et son ancienne horloge au cadran inversé. Ainsi que dans les camps de Dachau, Auschwitz, Theresienstadt.

J'ai peine à me représenter aujourd'hui l'état d'émotion et d'agitation où me plonge la lecture du livre de Steiner. C'est pour cela que je rouvre prudemment le dossier d'un livre controversé (et d'un auteur aujourd'hui déconsidéré). Au moment où je le lis (janvier 66), personne n'a encore émis de doute sur son honnêteté : il est préfacé par Simone de Beauvoir, qui plus tard prendra ses distances à l'égard d'un livre alors présenté comme le document qu'il n'était pas. Car c'est pour cela justement qu'il a eu sur ses lecteurs un effet considérable, un effet incontestable, du fait même qu'il est écrit à la première personne par un narrateur nazi, rapportant l'histoire du camp jusqu'à la révolte d'août 43. Particulièrement exaltante, pour les (encore) jeunes lecteurs que nous sommes, l'ambivalence que note Simone de Beauvoir dans sa préface. La beauté et la grandeur de la révolte ressortent avec une force extrême par opposition avec la lâcheté et la soumission de ceux qui se seraient « laissé conduire au supplice comme des moutons à l'abattoir ». Plus tard, Pierre Vidal-Naquet déclarera qu'il a été « piégé » par le livre (1987, *Les Assassins de la mémoire*). Il s'était déjà montré très violent dans un article intitulé « Treblinka et l'honneur des Juifs » (*Le Monde,* 2 mai 1980), et ensuite dans la revue *Esprit*, en septembre de la même année. C'est pour lui le type même, qu'il dénonce vivement, d'une « sous-littérature », d'une « forme proprement immonde d'appel à la consommation et au sadisme ». Il y a dans ce livre un enjeu, dont à l'époque je ne mesure pas l'importance : la prétendue « passivité » des Juifs. C'est sur ce point que les plus vives critiques du livre se concentrent : elles donneraient une image extrêmement négative d'un peuple régulièrement soumis à la persécution. Raul Hilberg ne rejette pas entièrement cette thèse : cette prétendue « passivité » serait plutôt pour lui « résignation » devant l'inégalité de situation. « Au cours des siècles, les Juifs ne se sont pas défendus parce qu'ils n'étaient pas en mesure de le faire. »

Ce reproche qu'on fait à Steiner, on l'avait fait quelques années plus tôt à un livre très différent, celui de Schwarz-Bart, *Le Dernier des justes*, paru en 59, où il obtient le prix Goncourt. Je le lis à sa sortie, sur le conseil de Suzanne Proust, c'est un des premiers livres que j'ai achetés, ou me suis fait acheter. Plus tard, je lui préfère le livre de Steiner, contestable et contesté, à cause de la dimension religieuse du *Dernier des Justes*, chose pour laquelle en général j'ai peu de goût. C'est l'histoire d'une famille, la famille Lévy, qui a reçu l'étrange privilège de susciter à chaque génération un *tsadik*, c'est-à-dire un Juste. Depuis le Moyen Âge jusqu'au XXe siècle, la famille subit des persécutions antisémites : le « dernier des Justes » disparaît dans les camps d'extermination nazis. Le livre rencontre le succès mais déclenche une polémique ; des rumeurs de plagiat circulent. Mais c'est surtout autour de la question du sacrifice du peuple élu que les controverses vont naître. Dans *Les Lettres nouvelles*, Léon Poliakov lui reproche d'avoir développé une thèse « sommaire » : « Les Juifs sont un peuple-Dieu, qu'il faut qu'on tue, eux-mêmes le disent. » Si c'est le cas, alors « il devient tout simplement un livre dangereux ». Comme un peu plus tard au livre de Steiner, on lui fait reproche d'avoir mis l'accent sur la passivité du peuple juif. Il était alors « de bon ton de vanter le courage des révoltés du ghetto de Varsovie et des soldats du jeune État d'Israël », écrit Francine Kaufmann. Schwarz-Bart, le « petit ouvrier juif touché par la gloire », rencontre un peu plus tard, en 67, une Antillaise, Simone, qui deviendra sa femme. Et il éprouve pour les Antillais un sentiment de « fraternité spontanée ». À cause de leur « civilisation chaleureuse », sans doute, mais surtout à cause des échos qu'éveille l'esclavage en lui « en tant que juif » et « descendant lointain d'un peuple né en esclavage ». Le respect des droits de l'étranger s'enracine dans la Bible sur le rappel lancinant de cette expérience historique. D'où sa conclusion, que la réalité géopolitique contredit régulièrement : « Être un écrivain juif, c'est être du côté des persécutés. » Au fur et à mesure que le temps passe, c'est le nouvel État créé par des Juifs, Israël, qui va proposer une réponse virile et guerrière à l'accusation de passivité. Plus nettement après la guerre des Six-Jours qui voit l'écrasement des forces égyptiennes en un temps éclair. Israël incarne désormais une nouvelle forme de la « fierté juive », et même de la « fierté sioniste ». Le kibboutz exaltait déjà la formation d'un nouvel homme juif, par la force régénératrice du travail, essentiellement de la terre. Armé, sans doute, mais pour se défendre, en somme un « soldat laboureur ». Mon attirance pour les kibboutz est faite aussi d'une admiration pour la courageuse entreprise de faire exister au Moyen-Orient un État juif. Cette attention au peuple juif va peser sur la vision que j'ai de la France, ce pays qu'on m'a appris à aimer, à admirer. Lorsqu'en 69 est diffusé le film de Marcel Ophuls *Le Chagrin et la Pitié*, j'avais déjà compris qu'elle s'était déshonorée dans la répression des mouvements d'indépendance anticoloniaux ; et voici que je la découvre complice du plus abominable des crimes, l'extermination des Juifs. Un coup d'arrêt est donné à une fiction d'une France majoritairement résistante. En 72 et 73, le livre de Robert Paxton *La France de Vichy* achève ce processus : la population française y est décrite comme ayant soutenu en masse les lois antijuives. Je ne verrai de longtemps autour de moi qu'une France composée de lâches et de collaborateurs.

Juste avant la guerre des Six-Jours, je voue une espèce de révérence abstraite au peuple juif, pour ses souffrances répétées au cours de l'histoire, pour ses réalisations.

1967 : la Bastille. La guerre des Six-Jours

En 67, depuis un peu plus d'un an, je suis venue habiter un studio dans le quartier de la Bastille, sur le bassin de l'Arsenal. Cette partie ultime du canal Saint-Martin, aujourd'hui port de plaisance, était alors un port marchand, pour des matériaux de construction et de la faïence sanitaire. Sur le pont des péniches, des femmes étendaient le linge et, le matin, on entendait des coqs chanter. Ce quartier, vraiment populaire à l'époque, s'est considérablement « gentrifié ». Sur la place de la Bastille, la gare de la ligne de Vincennes est désaffectée en 69 et elle sera détruite en 84 pour la construction de l'Opéra. Mais auparavant son grand hall va servir pour la fête de l'Huma. Sous les arcades qui supportent la voie ferrée, entre les arches, des armureries s'étaient installées. Dont l'une était célèbre pour son enseigne, un fusil, tenu au bout d'un long bras.

Sur la place de la Bastille, il y avait un cinéma, le Lux, avec une façade monumentale et des ouvertures en hublots. André Zucca, le photographe de *Signal*, en a laissé un cliché qui rend justice à son style années 30. Il avait été construit sur le côté de la place où était longtemps restée une maquette d'éléphant installée en 1814, projet d'un monument destiné à orner le centre de la place. Le monument ne fut jamais érigé, la maquette n'en est pas moins immortelle grâce aux *Misérables,* et à la réplique de Gavroche à l'enfant qu'il a logé avec son frère dans le ventre du monstre, « Colle-toi ça dans le fusil. » De mon studio, j'ai une vue magnifique sur tout Paris, sur la colonne de Juillet qui découpe sur le ciel la silhouette gracile et dorée du *Génie de la Liberté**. Je n'ai aucun désir de m'installer dans une vie stable d'adulte — ménage, dans tous les sens du terme, cuisine, courses, objets, régularité. Je meuble le studio aussi sommairement que le petit appartement de la place Félix-Faure. Tout un mur est couvert de grandes photographies que j'arrache aussitôt, mais incomplètement, laissant de minces lambeaux gris strier le plâtre mis à nu. Nor m'aide à coller au mur un papier un peu terne, qu'après mon voyage à Abidjan en 68 je couvrirai de grandes toiles de jute ornées d'oiseaux noirs. Devant la fenêtre, la table à tréteaux de l'avenue Félix-Faure, et sur cette table, des livres, des dossiers, et un gros poste de radio à transistor où j'écoute de la musique depuis mes années d'École.

C'est là que je reçois, en juin 67, l'annonce de la guerre des Six-Jours. Je veux raconter ce moment, le décrire, il faut revenir sur ces instants matriciels, dont les décennies à venir seront marquées durablement.

* Œuvre d'Auguste Dumont (1836) à qui l'on doit aussi le Napoléon de la colonne Vendôme et la statue de Blanche de Castille au jardin du Luxembourg. Réalisée par Chardon, fondeur bronze, dont le dernier atelier à Paris a disparu en 2005.

Depuis quelques mois, je ne prends plus ma voiture pour me rendre à Beauvais, je découvre la beauté de la gare du Nord, sa façade monumentale ornée de statues. Le 5 juin, descendant du train, je lis dans un kiosque les gros titres des journaux : « Les Égyptiens attaquent Israël ». À peine arrivée chez moi, je me jette sur la radio ; rien ne sort, les piles sont mortes, je me précipite dans une droguerie pour en acheter. Je ne sais vers qui me tourner, je n'ai pas le moyen de joindre mes amis marocains, un événement considérable s'est produit, foudroyant, comme l'annonce en 39 de la mobilisation générale. Alors, ça recommence ? La guerre n'est pas finie ? Jusqu'où, jusqu'à quand s'acharnera-t-on sur les Juifs ? « Les Égyptiens attaquent Israël ». « Le mensonge est si gros, écrivent Alexis Berg et Dominique Vidal dans *Le Monde diplomatique* de juin 2007, que, pour sa seconde édition, le journal de Pierre Lazareff rectifie — si l'on ose dire — le tir : “C'est la guerre au Moyen-Orient”, affiche désormais sa “une” ». La désinformation règne cependant partout, dans tous les camps : le 6 juin, le quotidien socialiste *Le Populaire* titre encore : « Attaqué de toutes parts, Israël résiste victorieusement ».

Je me sens d'abord prise dans une contradiction intolérable mais elle se résout rapidement : ma solidarité envers les mouvements « anti-impérialistes » est entière, mais il y a l'Holocauste et le « socialisme des kibboutz ». Israël n'est pas à mes yeux un État impérialiste : menacer Israël est inacceptable. Je penche sans hésiter de son côté. L'armée de l'air israélienne, en quelques heures et grâce à l'effet de surprise, détruit « près de 300 avions égyptiens, 50 syriens et 20 jordaniens, la plupart au sol même ». En six jours, du 5 au 10 juin, elle anéantit l'armée égyptienne, atteint le canal de Suez, occupe Jérusalem-Est, et envahit la partie de la Cisjordanie attribuée aux Arabes lors du partage de 47. C'est du côté d'Israël, et de ses soutiens, en France notamment, « la divine surprise », « le miracle » des Six-Jours. Se sentir juif pour la première fois : en France, dès son annonce, cette guerre a éveillé une intense solidarité chez les Juifs. Elle ranime chez Raymond Aron le sentiment de sa judéité. Il décrit, dans *De Gaulle, Israël et les Juifs* (Plon, 1968), ce « sentiment irrésistible de solidarité » qui est monté en lui. C'est « dans une joie émerveillée la réconciliation de leur citoyenneté française et de leur judéité ». Et il ajoute : « Je n'ai jamais été sioniste, d'abord et avant tout parce que je ne m'éprouve pas juif… Mais je sens plus clairement qu'hier que l'éventualité même de la destruction d'Israël me blesse jusqu'au fond de l'âme. » Avant de confesser : « Un Juif n'atteindra jamais à la parfaite objectivité quand il s'agit d'Israël. » Comme ces mots résonnent tragiquement, en cet automne de 2023 où la destruction de Gaza, en réponse à l'attaque terroriste du Hamas le 7 octobre, suscite l'approbation de toute la société israélienne, et le soutien des deux tiers des Français !

L'offre de soutien est telle que le CRIF se révèle incapable d'y répondre. Les collectes d'argent en faveur d'Israël, réalisées par les associations juives en mai et juin 67, dépassent le total des sommes réunies en France depuis mai 48. Cette solidarité est largement partagée en dehors de la communauté juive, comme le rappelle FXavier dans son blog de Mediapart : « Le journal quotidien *Le Monde* et le périodique *L'Observateur* que nous lisions avec un certain intérêt, nous faisaient vraiment trembler de peur face à cette évidente menace qui pesait en ce mois de juin sur l'existence d'Israël. L'analyse des forces en présence donnait aux pays arabes potentiels belligérants : l'Égypte, la Syrie, l'Irak et la Jordanie une supériorité militaire écrasante. » Le Comité d'action de la Résistance (CAR), « qui regroupe pratiquement toutes les grandes familles de la Résistance », « révèle une singulière relation d'identification entre anciens résistants français et combattants israéliens. Interrogés sur les causes de la guerre des Six-Jours, les "chefs de mouvements de résistance israéliens" répondent par une longue liste de noms et d'adresses d'anciens nazis, réfugiés en Égypte, convertis à l'islam et recyclés dans l'appareil d'État nassérien. » (Alya Aglan, in *Matériaux pour l'histoire de notre temps*, 2009.) Comment résister à cette vague de fond ?

Le 26 mai, Jean-Claude Servan-Schreiber crée le Rassemblement français pour Israël ; Force ouvrière affirme sa solidarité avec la Histadrout et les travailleurs de « ce pays libre, entouré d'États hostiles ». *Le Monde*, dans l'édition du 2 juin, évoque un télégramme de solidarité adressé à Golda Meir par Guy Mollet, secrétaire général de la SFIO, puis une « manifestation de solidarité devant l'ambassade d'Israël » qui réunit plusieurs dizaines de milliers de personnes derrière le général Kœnig. Le 4 juin, Gaston Defferre, présidant à Marseille une réunion du Comité de soutien français à Israël, déclare : « Nos amis de la Fédération [de la Gauche démocrate] et moi avons choisi notre camp : nous sommes pour Israël. Nasser est à nos yeux un dictateur. » (Dossier réalisé par François Weiser pour l'Association France Palestine en 2007.)

Un grand concert gratuit est donné avec Johnny Hallyday en vedette.

Ce n'est cependant pas la position officielle de la France : la France observe une neutralité vécue comme une rupture par rapport à la tradition de soutien à Israël. Mais, dans les faits, notre « neutralité » s'accommode de ventes d'armes à Israël — avérées au moins avant le déclenchement des hostilités (31 mai). Tout est dit dans la tribune de Daniel Mayer, ancien chef du Comité d'action socialiste clandestin, président de la Ligue des droits de l'homme et ancien ministre (*Le Monde* du 7 juin) : « J'ai honte d'être socialiste, si c'est là l'épithète accordée à la politique d'encouragement à l'agression menée par l'Union soviétique. (...) Pour répondre à l'avance à certains, j'ajoute que je n'ai pas honte d'être juif. » Pour certains, la défense et la victoire d'Israël sont une revanche sur la défaite française en Algérie. Comme le note Alfred Grosser dans un éditorial du *Monde*, « la sympathie pour Israël est teintée d'hostilité envers les Arabes, forme détournée de vengeance de la décolonisation ». Et l'hebdomadaire *Minute* ne laisse planer aucun doute sur ses sentiments : « De toute manière, avec les Arabes, une seule politique est possible, c'est celle de la trique et du coup de pied au cul. Car ils ne comprennent et ne respectent que la force[45] » (22 juin 1967).

… Le fait est là : les Israéliens ont attaqué les premiers ; mais « guerre d'agression » ou « guerre préventive » ? Pour une grande part de l'opinion publique française, une fois qu'elle est posée, l'hypothèse est acceptée, c'est une « attaque préventive » mais justifiée. Chaque allusion aux menaces qui planent sur un peuple rescapé de l'Holocauste éveille un sursaut de sympathie pour lui. Eugène Ionesco prend publiquement parti pour la défense de ce peuple « menacé », un peuple qui a le droit de vivre « plus que les autres » : tel est alors le poids que l'extermination fait peser sur les consciences. Cette guerre « préventive » est naturellement qualifiée de guerre « d'agression » du côté arabe. Or ce n'est pas une question de pure rhétorique ; depuis 45, c'est au Conseil de sécurité des Nations unies d'autoriser un État signataire à engager une guerre pour se garantir d'une menace. Israël passe outre. Depuis, à travers cinquante ans de conflits et malgré de prétendus accords, à travers les différentes « opérations » — *Plomb durci*, etc. —, la logique n'a pas changé d'un iota : Israël, patrie des rescapés de l'extermination, seul refuge pour les Juifs du monde entier, est en droit de se défendre.

Cette « guerre juste » fait 3 000 blessés et 750 morts du côté israélien et environ 20 000 morts du côté arabe. Et ses conséquences sont incalculables. Côté arabe : la défaite de l'Égypte est vécue comme une humiliation. Les Arabes ont perdu toute la partie de la Palestine restée arabe depuis 49 : 70 000 kilomètres carrés de territoires dont les 5 500 kilomètres carrés de la Cisjordanie et de la bande de Gaza. Côté israélien : au lendemain de la guerre, le Conseil de sécurité, par la résolution 236 du 11 juin 1967, exige « un cessez-le-feu et un arrêt immédiat de toutes les activités militaires dans le conflit opposant l'Égypte, la Jordanie et la Syrie à Israël ». Trois jours plus tard, la résolution 237 demande à Israël d'assurer « la sûreté, le bien-être et la sécurité des habitants des zones où des opérations militaires ont eu lieu » et de faciliter « le retour des réfugiés ». Pour ce qui est de la France, la conclusion de Michel Winock est sans appel : « La guerre des Six-Jours a contribué à transformer le climat intellectuel en France. »

En ce qui me concerne, cette guerre, la menace qu'Israël soit détruit, le terrorisme arabe qui se met en place dans les mois et les années qui suivent ont pour résultat d'affaiblir pour longtemps l'image positive du monde arabe que m'avaient donnée mes rencontres au Maroc et mon attirance pour sa civilisation. Les connotations religieuses de l'événement m'ont échappé : six jours, c'est la durée de la création, Dieu s'étant reposé le septième. Ou du moins je passe outre ; j'ai juste reçu un appel « civilisationnel » à défendre l'État hébreu contre les entreprises de destruction.

Mais, de fait, une nouvelle réalité est là, qu'on s'emploie à nous cacher ; la victoire militaire d'Israël a pour conséquence une occupation militaire des territoires alloués en 47 aux Palestiniens. De Gaulle avait irrité Israël et ceux en France qui soutiennent sa politique en déclarant dès le 3 juin : « L'État qui le premier emploierait les armes n'aurait pas l'approbation de la France. » Il les irritera de nouveau et bien davantage dans sa conférence de presse de septembre 67. Cette conférence de presse a soulevé et soulève encore des commentaires indignés. Quand il qualifie le peuple juif de « peuple d'élite, sûr de lui-même et dominateur », Raymond Aron, pourtant politiquement proche de lui, se demande avec stupeur « pourquoi le général de Gaulle avait solennellement réhabilité l'antisémitisme ». L'événement a été filmé, c'est un document d'une quinzaine de minutes qu'on peut trouver sans difficulté sur YouTube. Le Général répond aux questions de deux journalistes dans des termes d'une précision et d'une qualité qui prouvent qu'il s'est minutieusement préparé. En résumé : l'admiration pour « le peuple juif », la considération de ses souffrances au cours des siècles ne peuvent conduire à approuver ni les conditions de son installation en Palestine, ni la perpétuation de la politique d'expansion militaire de l'État d'Israël. Le Général va droit au but, sans esquiver les questions gênantes : l'établissement d'un foyer « sioniste », puis celui d'un État dans cette partie du monde, n'est cependant pas sans avoir soulevé dès le début de graves inquiétudes. « Ces terres avaient été acquises dans des conditions plus ou moins justifiables. Et certains avaient fini par craindre que, une fois rassemblés, les Juifs qui étaient restés ce qu'ils avaient été de tout temps, un peuple d'élite, sûr de lui-même et dominateur, n'en viennent à changer en ambition ardente et conquérante leurs souhaits très émouvants de retour. » Le mot « dominateur », à coup sûr, est de trop. S'il entend désigner une essence, non une pratique, ou une politique.

L'analyse poursuit son cours. La France est désireuse de mener une politique équitable envers les Arabes et la paix survenue en Algérie y encourage davantage encore. Lorsque la tension croît entre Israël et ses voisins, la France dit aux Arabes qu'« Israël est un fait accompli » et que « nous n'admettrions pas qu'il fût détruit ». Mais hélas, « le drame est venu ». « Israël s'est emparé de ses objectifs, maintenant il organise sur les territoires conquis une occupation, qui ne peut aller sans oppression, répression, expulsion, déclenchant une résistance qu'ils qualifient de "terroriste". » Pour la gauche, l'homme du 18 Juin a été éclipsé par l'homme du « coup d'État permanent ». Parce que ses sympathies vont au peuple juif persécuté, et parce que, de l'autre, elle est violemment antigaulliste, la gauche n'est pas préparée à l'entendre : j'en suis, alors, très modestement, la preuve[46]. Sartre et Simone de Beauvoir oscillent alors entre, pour lui, « un soutien critique » à Israël et, pour elle, une nette distance.

C'est plus que ce dont je serai capable, jusque dans la fin des années 90. Une distance invincible me sépare de toute manifestation de « terrorisme » — je regarde même avec une certaine défiance les stands politiques que tiennent, dans les couloirs de mon université, des étudiants qui vendent et portent des keffiehs noirs ou rouges. La rencontre de Jean Genet chez Paule Thévenin, l'éditrice masquée d'Antonin Artaud, n'y change rien, pas même la lecture d'*Un captif amoureux* en 1986. (Une anecdote à ce propos : une amie me dit : « Comment peux-tu lire ce livre antisémite ! — Je n'y ai rien trouvé de tel. — Forcément, il a été expurgé ! »)

Il me faudra, comme presque toujours, ces « choses vues » qui livrent immédiatement leur sens et entraînent un renversement de perspective, radical, et sans retour.

1967-1968 : Nanterre - La Folie. Montrouge, la télévision scolaire

En 67, à l'initiative de Paul Vernière, on m'a confié une charge de cours à la récente université de Paris-Nanterre, à l'époque « faculté ». Un an plus tard, elle sera célèbre dans toute la France à cause des événements qui s'y déroulent, et qui mettront tout le pays en grève.

Ce qu'est alors la faculté de Nanterre, je l'ai constaté l'année précédente en rendant visite à mon futur « directeur de thèse » : c'est un chantier, les bâtiments sont séparés par de vastes allées boueuses. De hauts arbres et des bosquets touffus ponctuent ce qu'on n'appelle pas encore le campus, le mot n'est pas entré dans notre, en tout cas, dans mon vocabulaire. Baies vitrées, petits bureaux, longues coursives, c'est un monde absolument nouveau, absolument à part pour quelqu'un qui n'a connu, comme moi, en matière scolaire, que des bâtiments chargés d'histoire (à l'exception de l'École elle-même qui, malgré ses pelouses et ses beaux arbres, ressemble plutôt à une cité d'urgence). C'est au bout du monde, hors Paris, avant l'édification du quartier de la Défense, et pour s'y rendre, si on y va en voiture, c'est par une route ordinaire qui grimpe la colline, et le monument à la Défense y est encore, jusqu'à la fin de 64.

La Défense de Paris
Groupe sculpté de Louis-Ernest Barrias inauguré le 12 août 1883

L'université de Paris-Ouest (son nom aujourd'hui) a mis en ligne un historique de sa fondation, qui résume la grande mutation des années 60. La construction d'une nouvelle université s'est imposée du fait de « la massification de l'enseignement universitaire [qui] atteint son apogée au milieu des années 1960 », comme l'indiquent les chiffres. En quinze ans le nombre des étudiants a triplé, passant à plus de 300 000 sur l'ensemble du territoire — en 2023, ils sont près de trois millions. La faculté d'Orsay ouvre en 58. L'urbanisme au Quartier latin et le prix de l'immobilier interdisent tout agrandissement de la Sorbonne. Le décret 64-1073 du 20 octobre 1964 prévoit la création de deux nouvelles facultés : Lettres et Sciences humaines à Nanterre (université de Paris) et à Nantes. Le 2 novembre 1964, la faculté des lettres et de sciences humaines de Nanterre est officiellement ouverte. La première pierre de Nanterre - La Folie, son premier nom, est posée le 5 novembre 1963 par Christian Fouchet, ministre de l'Éducation nationale.

Nanterre est une commune d'Île-de-France, la première à avoir été reliée à Paris par le chemin de fer sous la monarchie de Juillet. Mélange de terres agricoles et d'établissements religieux, dont fait partie le mont Valérien, assurant la défense de Paris, elle est exposée aux combats durant la guerre de 1870. Devenue une banlieue rouge vers le milieu du XXe siècle, elle accueille un grand nombre de bidonvilles : jusqu'à neuf, et j'en aurai un sous les yeux lors de mes premiers cours en 67. Le plus important est celui de La Folie, qui « abrite » 10 000 habitants. Dans son livre *Nanterre en guerre d'Algérie* (Actes Sud), Monique Hervo raconte ce qu'elle a vu dans les cabanes au lendemain de la grande rafle du 17 octobre 1961 : « Chaque porte entrouverte fait apparaître des hommes aux têtes esquintées, sans dents, doigts et membres brisés[47]. »

La Folie : ne nous exaltons pas, « folie » vient du latin *folius*, « garni de feuilles », « feuillu », « champêtre », c'est le nom qu'on donne au XVIIe siècle à des maisons de plaisance situées en dehors de la grande ville, avec jardins et vergers, et d'une architecture souvent très libre. La Folie qui deviendra l'université de Nanterre est une « propriété aux champs » qu'achète pour ses pierres en 1638 le père Beurrier, confesseur de Pascal, pour y installer le Collège royal des chanoines réguliers de Sainte-Geneviève. Fondé en 1642, en présence d'Anne d'Autriche, il préparait des élèves à entrer dans le Corps royal du génie et de l'artillerie. Plus tard, durant la Première Guerre mondiale, un camp militaire américain de 33 hectares sera installé sur son emplacement sous le nom de « camp de La Folie ». D'où ce titre du *Journal du dimanche* lors de l'inauguration de la faculté des lettres en 63 : « Un campus à l'américaine entre un camp militaire et des bidonvilles ». Je me promène en esprit dans ces champs, dans ces jardins, dans ces couvents où un jour il y aura une université. C'est comme s'ils étaient porteurs de la promesse.

Puis ils ont vu pousser des ateliers, des usines, des logements sans confort et ensuite, dans les espaces entre d'anciens restes de cultures ou de fabriques, des bidonvilles qu'on a fini à leur tour par détruire. J'inscris le savoir, les écoles, une université dans une sorte têtue, tenace, de marche vers le progrès.

J'enseignerai à Nanterre pendant un peu plus de trente ans, je verrai l'université se transformer sans oublier jamais les toits de toile goudronnée des derniers bidonvilles, ni les bistrots arabes où nous allions déjeuner d'un couscous, derrière les bâtiments universitaires. Tout le long de l'avenue, le passage incessant des camions projetait de grandes giclées de boue jaune jusque sur la façade du restaurant. J'ai un souvenir intense de ces premières années d'enseignement, de leur chaleur, juste avant et juste après « les événements » de mai 68. Les étudiants sont à peine plus jeunes que moi et, après 68, l'enseignement est un des aspects et une des formes du militantisme. Je les rejoins dans les formes d'un compagnonnage politique bien de l'époque. Deux ou trois d'entre eux ont pris sous leur aile un jeune apprenti pâtissier qui a les dents de devant abîmées, malgré son jeune âge, pour avoir trop respiré les vapeurs montant des cuves de sucre bouillant... Une égalité véritable règne entre nous, j'y adhère sans réserve, tant nous sommes convaincus les uns (les unes) et les autres que l'université ne peut se passer d'une grande réforme, même si je demeure attachée à des goûts et des habitudes forgés dans l'ancien ordre des choses éducatives. Mais j'ai été touchée par la vision de la splendide promesse : l'ancien monde a vacillé sur ses bases, l'avenir est à nous.

Depuis la fin de mes années à Fénelon, j'ai gardé des liens assez étroits avec Dina Dreyfus. Je lui rends souvent visite dans son petit appartement de la rue de Seine, j'y croise dans l'escalier Marie-Hélène Lavallard ou Alain Badiou. Première femme à être nommée inspecteur général de philosophie — elle refusa toujours la féminisation du nom de sa fonction, comme plus tard Hélène Carrère d'Encausse, c'est l'époque qui le veut —, ayant quitté la classe de première supérieure de Fénelon, elle est chargée en 65 de mettre en place des émissions de philosophie à la télévision scolaire. La plupart des grands professeurs de philosophie l'accompagnent, dont Gaston Bachelard. Alain Badiou, Michel Serres, Michel Foucault. Et quelques-uns ou quelques-unes de ses anciens élèves ou étudiants. Je fis partie de ce groupe pendant quelques années.

La télévision scolaire : première tentative pour mettre de nouveaux moyens de communication et de diffusion au service de la démocratisation de l'enseignement. La radio-télévision scolaire s'installe (bureaux et studios) à Montrouge, rue de la Vanne, dans un ancien bâtiment de la Défense nationale, aujourd'hui démoli. Tournée au départ vers la formation des instituteurs, dont la plupart désormais ne sortent plus des Écoles normales, elle prend une extension particulière dans cette période de massification. En janvier 59, une ordonnance du président de la République porte à seize ans l'obligation scolaire. Le ministère de l'Éducation nationale se trouve dès lors confronté à un problème majeur : accueillir dans ses établissements un afflux important d'élèves. La diffusion à la radio et à la télévision de cours de substitution ne pourrait-elle pas être une solution à cette pénurie de professeurs formés ? Un demi-siècle plus tard, on en voit les limites : la généralisation du numérique risque d'entraîner une modification dans le rapport au savoir et à la transmission, un infléchissement de la relation entre l'élève et un maître devenu « le coach » d'un enseignement assisté. Au moment où Dina Dreyfus prend en charge la philosophie, presque toutes les disciplines scolaires sont concernées. Faisant appel au talent de jeunes réalisateurs, tels que Jean Douchet, Éric Rohmer, Néstor Almendros, la télévision scolaire produit en 60 quatre heures de programmes par semaine à destination des classes élémentaires, primaires et secondaires, jusqu'à atteindre une vingtaine d'heures à la fin de la décennie. On peut, grâce à Gallica, se faire une idée de la richesse surprenante et de la variété des sujets abordés. Le cinéma (postface à *L'Atalante*, Louis Lumière, postface à

Boudu sauvé des eaux, *L'Homme et les Images...*), la littérature (Victor Hugo, *Les Caractères* de La Bruyère, Edgar Poe, *Don Quichotte...*), l'architecture (*Entretien sur le béton...*), la linguistique (*L'Enfant apprend sa langue*), le monde industriel (*Métamorphoses du paysage*). Et, filmé par Éric Rohmer, un *Entretien sur Pascal*[48], « conversation philosophique entre Brice Parain et le père Dominique Dubarle », dont on retrouvera l'écho dans son film *Ma nuit chez Maud* (1969). Brice Parain avait été bouleversé en classe de philo par sa lecture de Pascal. Bien oublié aujourd'hui, Brice Parain, philosophe du langage, obsédé par le silence, tenté par le communisme. On se souvient peut-être de son dialogue avec Anna Karina dans *Vivre sa vie*, de Godard, en 62, où il donne une définition de « la vie avec la pensée ». « On balance, on va du silence à la parole. C'est le mouvement de la vie qui est que... on est dans la vie quotidienne... et puis on s'en élève vers une vie... appelons-la la vie supérieure, c'est pas bête de le dire parce que c'est la vie avec la pensée, quoi. Mais cette vie avec la pensée suppose qu'on a tué la vie trop quotidienne, la vie trop élémentaire. » Je le cite longuement, parce que j'adhère alors pleinement à cette vision des choses, ce dépassement, ce surpassement de l'expérience est inscrit dans la logique, protorépublicaine, de l'instruction et plus généralement de la culture. Je ne vois pas alors quels chemins se ferment, et comment se nourrit insidieusement un suprémacisme social dont le coût sera très lourd à payer.

J'accepte avec joie la proposition de Dina. Et je passe en quelques mois d'un projet universitaire classique, « la thèse », que je ne ferai jamais, à une manière d'envisager la philosophie et la littérature qui me convient bien davantage. Selon une définition que Dina Dreyfus, dans un article des *Temps modernes*, avait donnée d'un enseignement philosophique, bien distinct d'un enseignement de la philosophie, il s'agissait d'offrir au plus grand nombre comment rompre avec « les stéréotypes de l'idéologie commune, soutenir ses choix politiques et moraux pour les faire sortir du vague des opinions incontrôlées, arracher les passions du brouillard affectif pour essayer de les gouverner ». On partirait d'expériences directes, la vie d'une gare, d'une vendeuse de grand magasin, d'un laboratoire de physique, d'un jardin public[49]. En somme, la conversation de Socrate avec un jeune esclave mais dans les couloirs du métro. Nous étions ainsi invités à mettre en pratique des « techniques du direct », pour confronter dans cette perspective très socratique « l'homme de la rue » avec les grandes questions philosophiques. Ainsi, à la question : « Peut-on encore être stoïcien aujourd'hui ? », deux hommes citent en exemple le résistant qui accepte en pleine conscience de sacrifier sa vie. Je fus ainsi conviée un jour à réaliser un micro-trottoir au pied de la statue de Beaumarchais rue Saint-Antoine à Paris. J'ai oublié pour quelle raison : sans doute avions-nous le projet de montrer comment *Le Mariage de Figaro* mettait en lumière l'inconséquence de la noblesse, dans la période mouvementée qui se profilait. Dina était mécontente : Mais vous ne leur laissez pas le temps de parler ! J'avais quand même enregistré ce dialogue. Moi : Beaumarchais, ça vous dit quelque chose ? Réponse : Ben oui, c'est quand c'est pas cher.

J'ai retrouvé dans une numérisation de Gallica les trois films que, grâce au talent de l'équipe, je pus réaliser avec Sylvain Roumette sur Jean-Jacques Rousseau. « Trois films consacrés à Jean-Jacques Rousseau axés sur la personnalité de l'écrivain et sur le complot, réel ou délirant, dont il a été victime. Avec Pierre Burgelin, professeur de philosophie, Michel Launay, professeur, et Jean Starobinski. » Nous avions procédé à une reconstitution des *Dialogues* de Jean-Jacques Rousseau avec deux comédiens en costume dans un décor du XVIIIe siècle très stylisé (source : Média Scérén)[50]. Commentaire laconique de Rohmer : « Chienlit. » C'était un mot d'époque. De Gaulle, le 30 mai 1968 : « La réforme oui, la chienlit, non. » Qui le comprend aujourd'hui ? Chienlit était un personnage du Carnaval de Paris, la chemise barbouillée de moutarde au derrière. Les enfants le suivaient en criant : Chie-en-lit, chie-en-lit !

De cette période, de cette expérience, je ne retiendrai ni l'aspect « pédagogie par l'image », ni l'illusion qu'elle entretient d'une « démocratisation de l'enseignement ». Mais j'ai découvert auprès de quelques jeunes professeurs tentés par la réalisation cinématographique, des techniciens, et des équipes de tournage, une aisance, un bagage et un langage bien différents de celui des khâgnes et de la Sorbonne. Un monde plus proche du monde ouvrier et des grandes questions politiques. Surtout quand surviennent « les événements » de mai 68. Nor participe à quelques tournages, mais toujours de loin, en dilettante, retournant le soir à ses obscures débauches.

Été 67, je passe une partie du mois d'août à Rome, où je retrouve l'une de mes condisciples de l'École, Sylvie, la fille adoptive de Simone de Beauvoir. J'y découvre le plaisir des dîners prolongés dans la nuit, l'odeur des pierres chaudes, et le parfum du vin des collines. C'est le début d'un grand nombre de séjours ou de passages à Rome, et le cadre de mes futurs voyages amoureux. La passion de l'Antiquité ne m'a pas quittée, je passe des heures à errer dans les restes de la Villa Adriana, je me répète ces vers attribués à l'empereur Hadrien : « Animula vagula blandula / Hospes comesque corporis / Quae nunc abibis in loca / Pallidula rigida nudula / Nec ut soles dabis iocos », « Petite âme errante, accueillante visiteuse, compagne du corps, au pays pour lequel tu pars, toute transie, livide et nue, reprendras-tu tes anciens jeux ? » (traduction de Marguerite Yourcenar). Mais j'y associe désormais le goût de l'art baroque, et celui des quartiers populaires, de l'autre côté du Tibre. Fin août, sur la route qui me ramène de Tivoli à Rome, je suis par ma faute victime d'un grave accident de voiture. Simone de Beauvoir m'avance le prix de l'avion du retour.

J'aborde donc ma rentrée à Beauvais provisoirement brèchedent. Mais j'ai fini par séduire ces classes de robustes garçons du lycée Félix-Faure, l'un d'eux m'apporte au printemps des violettes cueillies sur son chemin, comme faisaient les petits élèves de ma mère, sans craindre les ricanements des autres. Je me fais à leurs manières, à leurs résistances, à leur humour. À Montaigne ou Diderot, il est clair que mes élèves préfèrent Antoine et sa chemise à fleurs : « Ma mère m'a dit : Antoine, fais-toi couper les ch'veux / J'lui ai dit, ma mère, dans vingt ans si tu veux », mais je tiens ma classe quand passe l'inspecteur général. On imagine mal quelle épreuve et quel événement c'était. L'une de mes anciennes condisciples est effondrée. Éperdue de timidité, elle a balbutié : Donnez une chèvre, pour « une chaise », à Monsieur l'Inspecteur général. Sans conséquence pour sa carrière qui fut brillante.

À Beauvais, quelques familles m'invitent à déjeuner. On m'accueille avec une courtoisie de bon ton, entre gens du même monde, on fait venir la bonne, qui a élevé « le petit », elle s'avance, s'essuyant les mains à son tablier, plus toute jeune, on me la présente, on lui tend un verre de porto, puis : C'est bien, ma fille, vous pouvez aller le boire dans votre cuisine. On ne s'étonnera pas que j'aie toujours aimé le commentaire de Flaubert dans *Madame Bovary* lorsqu'une médaille est remise à une vieille servante : « Et devant ces bourgeois épanouis se tenait un demi-siècle de servitude. »

II

LE SOLEIL SE LÈVE À L'EST

Mai 68 : la révolution ébauchée

« Mai 68, en France, fut une révolution culturelle : la remise en cause de la société des pères, la libération de la parole... On pourrait s'en tenir à cela. Ce serait manquer sa dimension politique, celle d'une "révolution ébauchée" », écrit Michel Winock[51].

Tout est dit. D'où la question, que je peux poser aujourd'hui : Est-ce que mai 68 était fait pour moi, est-ce que j'étais faite pour mai 68 ? Est-ce que j'étais en mesure de faire de ses formules des mots d'ordre ? Pour laquelle de ces deux révolutions étais-je prête ? La révolution culturelle, la révolution politique ? Je ne sais pas. C'est dans les débats à la télévision scolaire, avec les techniciens et les jeunes producteurs d'émissions, que se dessineront pour moi ses premiers enjeux, plus qu'avec les étudiants. Ce qui est sûr, en tout cas, c'est qu'il était trop tard pour une révolte adolescente. Je n'ai du reste jamais surestimé la jeunesse ; je l'ai toujours considérée comme une étape, certainement pas comme un état, encore moins comme une classe. La grande confusion où je me débattais cherchait d'autres voies. J'étais professeur à Beauvais, chargée de cours à Nanterre. Je griffonnais de petits textes sans leur trouver d'issue. Quand « les événements » se déclenchent, Nor est à Cuba, je me force à manifester un élan que je n'éprouve pas. Du reste, dans leurs commencements, les choses m'échappent, elles ne m'intéressent pas. Le mouvement du 22 mars à Nanterre a deux points de départ, la protestation des étudiants à qui on interdit l'accès au bâtiment des filles ; l'autre, c'est l'occupation d'un bâtiment administratif, dans la soirée du vendredi 22 mars 1968, pour obtenir la libération de militants en opposition à la guerre du Vietnam. Contrairement à bon nombre de mes amis et amies, de mes camarades d'études, tout en éprouvant une totale solidarité avec eux, je ne suis pas engagée dans ces comités Vietnam, créés fin 66 par Laurent Schwartz et soutenus par Sartre et *Les Temps modernes*. Je n'ai pas de vraie disposition pour l'engagement, la lutte politique, le militantisme. On aurait tort d'oublier ce moment mondial de la lutte anticoloniale, sa violence aux États-Unis, la place qu'il a tenue en France, notamment avec la création du tribunal Russell*. Depuis le dernier quart du XIXe siècle, « la question indochinoise » agite la France en profondeur. De Jules Ferry « le Tonkinois », pour son soutien en 1885 à une expédition militaire au Tonkin, jusqu'à cette année 54 où Diên Biên Phu reflue jusque dans ma classe de quatrième. En passant par ce délicat refrain de Georges Villard sur une musique de Vincent Scotto :

Pour qu'j'finisse mon service
Au Tonkin je suis parti
Ah ! quel beau pays mesdames
C'est l'Paradis des petites femmes
Elles sont belles et fidèles
Et je suis devenu l'chéri
D'une petite femme du pays
Qui s'appelle Mélaoli

* Le tribunal Russell, également connu sous le nom de Tribunal international des crimes de guerre et tribunal Russell-Sartre, était un tribunal d'opinion fondé, en 66, par Bertrand Russell et Jean-Paul Sartre pour dénoncer la politique des États-Unis dans le contexte de la guerre du Vietnam. (Notice Wikipédia.)

« L'Indochine » a laissé des traces innombrables dans les familles françaises : mon ami B. me racontait comment son arrière-grand-mère, lors des accords de Genève en 54, voyant la France quitter l'Indochine, se mit à pleurer : Dis-moi ! À quoi ça a servi que mon frère Déodat aille se faire tuer là-bas !

À Nanterre, la protestation s'est élargie aux conditions de la vie étudiante et, lorsque le mouvement gagne la province, mon lycée s'étant mis en grève, je décide de ne plus y remettre les pieds. Je passe plus de temps à Montrouge et, au début surtout, à Nanterre, même si je ne me souviens pas d'avoir suivi avec passion les premiers effets de la révolte : je ne suis pas vraiment préparée, sans y être franchement hostile, à ce qu'on appellera à l'époque « la contestation » des enseignements et des professeurs. Dans toute ma scolarité, qui a tout de même duré une bonne douzaine d'années, j'ai appartenu à cette espèce d'élèves, qu'on dit plutôt représentée chez les garçons, qui imite le langage des professeurs et leurs manières, façon classique de leur dire son respect, son attachement et sa dette. J'écris des parodies burlesques de leurs cours sur des airs de *La Belle Hélène* pour la fête de l'année boulevard Jourdan. Mais maltraiter des profs, ça ne me plaît pas trop. J'ai longtemps accepté une version dramatique de la vive interpellation d'un professeur, ancien résistant, suivie quelques mois après de sa mort. Vérification faite, je ne sais d'où c'était venu, mais c'était faux.

Cela dit, j'ai gardé de cette période des souvenirs extrêmement intenses. Je ne parle pas des soirs d'émeute et des barricades du Quartier latin. Ce que j'en retiens surtout, c'est la joie des rencontres, la libération de la parole, cette manière de s'adresser à des inconnus dans la nuit qui tarde à tomber. Je ne me couche jamais avant 2 ou 3 heures du matin. Une image me revient : un soir, tard, il fait tiède et les marronniers sont en fleur autour de Denfert-Rochereau, j'ai quitté le Quartier latin pour rejoindre à pied Montrouge, où se trouvaient les studios de la radio-télévision scolaire. Tout le long du chemin, je rencontre des hommes, des femmes, rentrant chez eux, ou vaguant, cherchant à parler avec tous ceux qu'ils rencontrent. On s'aborde, on se sépare, on est d'emblée des amis, on ne se reverra jamais. Je n'avais jamais vécu rien de tel. À un moment, je cesse aussi d'aller à l'université, j'ai plus à faire ici, à Montrouge, avec l'équipe qui réalise nos programmes de littérature et de philosophie. Par imitation des ouvriers qui occupent leurs usines, nous « occupons les locaux », nous nous relayons jour et nuit pour défendre notre petite entreprise contre une descente de police et la mettre « au service de la révolution ». La nécessité de cette occupation est assez douteuse : c'était surtout la mémoire des grandes grèves de 36. Le souvenir en est très fort, et très chargé de sympathie, malgré la grande différence des situations et même si en 68 la grève ouvrière a tardé à rejoindre « le mouvement étudiant ». En 36, soulevées par l'espoir né du Front populaire, les occupations d'usines par les ouvriers s'étaient multipliées. On faisait « la grève sur le tas » pour éviter toute tentative de « lock-out » de la part du patronat et maintenir la cohésion et l'unité des grévistes. Pour le patronat, ces occupations d'usines constituent une véritable atteinte au droit de propriété et une remise en cause de leur autorité. Lors de ces occupations, les travailleurs se montrent toutefois particulièrement respectueux du matériel et des locaux. On ne peut s'empêcher d'être ému en regardant les images de ce temps-là, les visages burinés des ouvriers, leurs grosses moustaches, le mégot qui pend sur la lèvre. Simone Weil le relève dans *La Condition ouvrière* : « Indépendamment des revendications, cette grève en elle-même est une joie. Une joie pure. » Des pique-niques prolongés sont improvisés dans les cours d'usines, des bals organisés au son de l'accordéon. Cette joie du Front popu, mes parents qui en ont été les témoins, et parfois les acteurs, ne l'ont jamais oubliée : son souvenir ajoute à la mélancolie qui les a marqués toute la suite de leur vie.

À Montrouge, nous dormons par terre dans des sacs de couchage, ce qui favorise de plus ou moins secrètes rencontres nocturnes, nous prenons des petits déjeuners interminables dans les salles de réunion. Nous discutons, nous allons d'AG en réunions informelles. Je passe aussi beaucoup de temps à faire les courses pour nourrir tout ce monde. Quand je rentre dans mon studio à la Bastille, c'est aussi pour garder le nouveau-né de mes amis M. qui sont requis par une AG, ou une manif. Parmi les débats, certains portent sur des questions que je découvre : en particulier sur l'autogestion yougoslave. C'est un point capital, à une époque où se cherche fiévreusement une voie vers le socialisme qui se sépare nettement de la version soviétique[52]. Il n'est peut-être pas inutile d'entrer dans le détail, qui demeure à l'ordre du jour, même en ce moment de désindustrialisation désastreuse pour la France. La Yougoslavie a été expulsée en 48 du Kominform*, c'est le point de départ de l'autogestion, « pivot principal, avec le fédéralisme, d'un marxisme adapté à sa propre réalité ». Cette découverte crée chez moi une attirance et une sympathie pour un pays que je visiterai beaucoup plus tard, lorsqu'il sera au bord de l'explosion et de la guerre : en 91. Mais je me suis longtemps délectée des anecdotes sur les relations entre Staline et Tito. Ayant échappé à plusieurs tentatives d'assassinat, Tito lui adresse un jour ce message : « Tes sbires ont essayé plusieurs fois de me tuer sans y parvenir, je te préviens, ceux que je t'enverrai ne te rateront pas. » Staline se le tint pour dit. La loi adoptée le 27 juin 1950 organise le système de la façon suivante : un conseil ouvrier, responsable de la gestion, est élu par la communauté des travailleurs. C'est lui qui décide de toutes les questions concernant les activités de l'entreprise. Le directeur est élu par voie de concours public. Il participe aux séances du conseil sans avoir droit de décision. Dans les années 80-90, pour l'un de mes cours à l'université de Nanterre, afin de réveiller tout cela, je choisis un film de Renoir, de 36, *Le Crime de monsieur Lange*, qui restitue l'atmosphère de ces années où la question de l'autogestion ouvrière se posait en France. Le scénario était

* Organisation centralisée du mouvement communiste international dans la période de 47 à 56. Il est en quelque sorte le successeur du Komintern. Le nom de Kominform vient de la contraction, en russe, de Bureau d'information des partis communistes et ouvriers.

de Castanier et Prévert, tous deux membres du groupe Octobre, nommé ainsi en hommage à la révolution russe. On a plaisir à faire revivre ce qui n'est qu'endormi, anesthésié par la course au profit et la financiarisation de l'économie. Et à l'arracher à un désintérêt choquant pour le voir renaître. La « résistance révolutionnaire à la fois anticapitaliste et antistalinienne de la révolution yougoslave » demeure un modèle ; le « potentiel progressiste du projet autogestionnaire » subsiste, et il faut le penser comme une « utopie concrète »[53].

En tout cas, rue de la Vanne, je ne sais pas si notre mode de production est autogéré, mais il fonctionne un peu à la chinoise : tout le monde doit être « associé à la production », à tous les postes et à tous les niveaux, même ceux qui ne sont pas compétents. Chacun doit à son tour faire cuire les spaghettis et préparer du café — les filles en prennent la plus grande part. Anecdote : une « petite chef » peu aimée est mise hors de circuit et son bureau réquisitionné déclaré « centre de reproduction de jeunes révolutionnaires ». Nous scandons — je donnerais beaucoup pour le retrouver, ou pour qu'on me le communique — un sonnet parodique de Du Bellay, œuvre du philosophe Olivier Revault d'Allonnes, qui commençait ainsi : « Heureux qui communiste… ». J'ai malheureusement oublié toute la suite, et ne me souviens que des deux derniers vers : « Plus mon petit pavé qu'un triste bulletin / Et plus que de Waldeck la leçon de Lénine ». On a sûrement oublié qui était Waldeck Rochet, alors secrétaire général du Parti communiste. Et il y a bien de la condescendance de classe dans le mépris où le tenaient les gauchistes de 68. C'est une figure type du militant communiste français, jusque dans son accent bourguignon. Né en 1905, fils d'une ménagère et d'un « sabotier aubergiste » républicain, admirateur de Jaurès, qui le prénomme Waldeck en hommage à Waldeck-Rousseau, auteur en 1884 d'une loi portant légalisation des syndicats. Waldeck Rochet passe le certificat d'études et devient ouvrier jardinier, il adhère au Parti communiste, et commence une carrière de dirigeant national paysan. Le journal qu'il fonde, *La Terre*, tente un rapprochement entre ouvriers d'usine et petits paysans. Au temps de la Commune, la courageuse journaliste André Léo avait publié et diffusé un tract pour appeler à l'union, déjà difficile à l'époque, entre « l'ouvrier citadin ouvert au sens de l'histoire » et « le lourd paysan dont l'attachement à la terre manifeste l'essence conservatrice ». On voit en tout cas de quelles tristes conséquences nous payons aujourd'hui d'avoir fait disparaître de la vie politique des hommes de ce type.

En mai 68, je souhaitais que la rébellion de « la jeunesse bourgeoise » se dissolve dans la révolte ouvrière. Ce qui se réalisera avec peine et pour peu de temps. Je n'ai jamais eu aucun penchant libertaire ou anarchiste ; j'accepte l'autorité, à condition qu'elle soit légitime, je ne refuse pas d'obéir au pouvoir, à condition qu'il soit juste. Ce n'est pas l'ordre que je déteste, mais l'injustice. Pour ma génération, l'idée dominante, c'était le contraste entre les droits formels et les droits réels : les principes dont m'avait abreuvée mon éducation républicaine, contredits par l'exploitation ouvrière et la pratique de la colonisation. En somme, je voulais que s'établisse un monde plus fidèle aux idéaux dont la république se disait porteuse. Je partageais donc ce que, le 9 mai 1968, Raymond Barrillon soulignait en première page du *Monde*, dans un article intitulé « Un grave malentendu » : les 25 000 étudiants qui sillonnaient Paris étaient passés indifférents le 6 mai devant l'Assemblée nationale sans même faire halte ! Élections, piège à cons ? Je n'en étais pas si sûre. Je souhaitais une gestion juste et ordonnée de la cité, non son autogestion. Je voulais la hiérarchie des savoirs et celle des talents, l'élitisme républicain, les armes de la compréhension, non de la contestation, je voulais ce que mes lointains aïeux n'avaient jamais eu, le droit de vote et les livres, qu'en 1870 enfin la république leur promettait.

Ce n'était pas « l'esprit de Mai » ? Non, pas vraiment. Malgré mon accord, assez abstrait, avec la critique de « l'impérialisme colonial et capitaliste », je ne me reconnais pas dans le « révolutionnarisme » de mes amis partis dans le milieu des années 60 voir si le régime cubain tiendrait les promesses que l'Union soviétique avait trahies. D'un premier voyage à Cuba, Nor m'avait rapporté deux posters, l'un de Guevara, l'autre de Fidel Castro : je choisis d'afficher le second. C'était un choix qui n'eut pas de suite, je l'ai retiré presque aussitôt. Gauchiste, donc, certainement pas. Le gauchisme est bien alors à mes yeux « la maladie infantile du communisme ». J'aurais plutôt été disposée à expérimenter une forme de socialisme à visage humain tel qu'il fut réclamé alors en Europe de l'Est. À Prague, où il sera finalement écrasé en août 68 ; à Budapest, où il survit avec « le socialisme du goulash » — la Hongrie est alors « la baraque la plus gaie du camp socialiste ». J'avais suivi avec passion les premières diffusions en France du cinéma tchèque, salué l'humour de Forman dans *Au feu, les pompiers*, cette scène hilarante où un gros garçon ne parvient pas à retirer son alliance avant d'inviter une fille à danser. J'étais trop jeune au moment de Budapest mais je pense en 68 que l'Europe va se débarrasser du stalinisme et que, en France, malgré le stalinisme invétéré du PCF, le temps est peut-être venu de donner naissance à un « eurocommunisme » à l'italienne. Illusion qui s'effondre quand je commence à voyager en Europe de l'Est...

Maintenant, un demi-siècle plus tard, je n'ai plus d'hésitation au moment de faire un bilan. Quelles qu'aient été les nouvelles libertés dont, moi la première, nous avons profité, il est clair que nous les avons puisées à une source dangereuse : mai 68 le libertaire n'a pas été le triomphe d'une émancipation comme on devrait la souhaiter, mais le résultat d'une évolution du capitalisme moderne, soucieux de faire sauter les dernières barrières mises à son développement. De faire exploser les rigidités qui en empêchent le libre jeu. La critique soixante-huitarde de l'État et des pouvoirs a rencontré la critique libérale de l'interventionnisme étatique. Le rejet d'un monde autoritaire, hiérarchisé, vertical, a livré « la jeunesse » au marché, et l'a enfermée dans son monde propre. D'où l'égarement où elle est, où nous sommes plongés.

Août 68. Abidjan, et les chars à Prague

On n'a peut-être pas oublié que Jules Lemaître, visitant l'exposition coloniale de 1887, avait été révulsé à la vue de « ces fils monstrueux de l'Afrique équatoriale », les Achantis ou Ashantis du Ghana, pays limitrophe de la Côte d'Ivoire. C'est précisément en Côte d'Ivoire que je vais me rendre en juillet 68 avec Dina Dreyfus et une équipe de la télévision scolaire. Suite des « événements de Mai », nous sommes missionnés par l'Éducation nationale pour mettre en place des programmes destinés à assurer une réussite convenable à la session de septembre du baccalauréat, désastreuse en juin. En somme je vais travailler pour la Françafrique...

Je ne sais rien, à l'époque, de la Côte d'Ivoire, et j'omets de me renseigner : est-ce l'empreinte de notre vieille arrogance coloniale ? AEF, AOF, anciennes taches rouges ou vertes sur nos atlas, ces pays ont-ils eu une existence avant nous ? Je m'aperçois aujourd'hui qu'elle a été découverte en 1637, sous le règne de Louis XIII (à peu près quand est fondée l'Académie française). Que des missionnaires catholiques français ont ensuite débarqué à Assinie, près de l'actuel Ghana ; que cinquante ans plus tard des marchands français s'y installent et y pratiquent le commerce des esclaves. La colonisation proprement dite de la Côte d'Ivoire commence en 1893, avec la république. Logique implacable. À l'époque, elle perd son nom de « terre d'Éburnie », qui désignait sa partie forestière, l'ivoire s'y faisant de plus en plus rare (*eburneum,* c'est « d'ivoire » en latin). En 1895, elle entre dans l'AOF récemment créée et la population est livrée à un double système d'association et d'assimilation. L'association acceptant le maintien des coutumes et du droit local, l'assimilation prônant ouvertement la supériorité de la culture française. Critiquée et même violemment rejetée au début du XXe siècle par le ministre des Colonies, Georges Leygues : « Il faut y renoncer pour toujours », écrit-il en première page du *Petit Parisien*[54]. Pour quelle raison ? Par respect pour les mœurs et les traditions locales ? On n'y est pas : l'assimilation est une erreur funeste parce que certaines populations, dont les musulmanes, sont par nature « inassimilables ». Il peut même « être dangereux de faire citoyen d'une nation un individu dont le cœur est ailleurs », écrit François Luchaire[55] (on est alors en 49). On n'est pas du tout sorti de ce débat, il est de retour dans notre époque postcoloniale : quand une certaine droite prône l'assimilation, ce n'est pas sans de forts relents suprémacistes.

Revenons à juillet 68. Le système régnant en 68 à Abidjan a été mis en place en septembre 58, à la suite du référendum qui crée la Communauté française. La Côte d'Ivoire est devenue une république autonome. La Françafrique, aux yeux de Félix Houphouët-Boigny, premier président de la République de Côte d'Ivoire, c'est « la complémentarité économique et politique entre la France et les peuples de son ancien empire colonial ». Sous sa présidence, les conseillers français occupent un rôle prééminent en Côte d'Ivoire. Les rapports de la Côte d'Ivoire avec la France sont excellents, comme ceux du président Houphouët-Boigny avec le général de Gaulle. En février 63, Jacques Raphaël-Leygues est nommé ambassadeur de France, il y restera seize ans. C'est lui qui nous reçoit : je n'ai pas oublié cette observation qu'il nous livre, destinée sans doute à favoriser nos échanges avec les fonctionnaires, les enseignants et les élèves, ainsi qu'avec la population locale : « Ce ne sont pas des esprits cartésiens. » L'époque alors n'est pas très woke mais tout de même ! Les bras m'en tombent. En mai, Houphouët-Boigny redoute la contagion de ce qui s'est passé au Sénégal : le mai sénégalais peut sur bien des points être comparé au Mai français. Grève étudiante (à l'origine pour un motif corporatiste : la réduction des bourses), grève générale, répression, manifestations et émeutes urbaines, négociations, etc. D'où le désir d'apaiser l'insatisfaction née des résultats du bac, par la mise en place d'une opération de six semaines, Radiotélébac[56], au lycée d'Abidjan. Nous retournerons en septembre pour les épreuves. Taux de réussite : 88 %.

Surprise que je n'oublierai jamais : à l'atterrissage, nous sommes saisis par l'intensité d'une chaleur comme épaissie par le parfum puissant de la végétation. Nous sommes logés à l'hôtel Ivoire, tout juste construit, sans sa tour, qui viendra quelques années plus tard. Mais est-ce que je prends la mesure de ce qu'est l'Afrique, de ce qu'est le tiers-monde, en quittant le « Plateau », le quartier européen, avec ses gratte-ciel, pour gagner les rues lointaines de quartiers misérables, chaleureux et surpeuplés ? Les femmes nous entourent, nous apostrophent joyeusement, savonnent vigoureusement les enfants sous les gouttières débordantes, et nous les collent ensuite dans les bras en riant. Au bout de quelques séances, nos visages sont connus. Mon amie G. D. aujourd'hui disparue et moi-même sommes suivies par des bandes piaillantes qui nous ont reconnues, « les speakerines ! les speakerines ! ». Chaque soir, et les jours où il n'y a pas de direct, nous filons en brousse, en compagnie de ces garçons de la rue de la Vanne, réalisateurs, techniciens, avec qui, les mois précédents, nous avons « occupé les locaux ». Virées dans les « maquis » — bars et dancings de villages — où Igor Gourine, réalisateur d'une série sur La Fontaine en 65, m'enseigne le tango — ce n'est pas du goût de Dina Dreyfus, mais nous n'y renonçons pas. Tout m'enchante, en particulier l'architecture des écoles, avec leurs claustras de brique, mais aussi les odeurs poivrées, la nourriture, les pistes de latérite, les dangereux rouleaux de l'Océan.

Je me suis embarquée dans cette expédition, et j'y ai participé avec enthousiasme, n'ayant à l'époque fait aucun voyage lointain. Mais je fais en même temps une expérience qui ne cessera jamais de me surprendre, de me secouer : comment soudain le vaste monde, avec ses enjeux, ses violences, se révèle et se rappelle à vous, venant ébranler l'insouciance et l'immédiateté dont on voudrait ne jamais sortir. On est à distance, on ne voit rien, on cherche seulement à comprendre, on a honte de sa légèreté, de sa futilité. C'est l'époque de la famine au Biafra. Des journalistes en débarquent, viennent déjeuner avec nous, beaux gosses agressivement baroudeurs, avec des barbes de trois jours et un chèche savamment noué autour du cou. Mais les faits sont là, les récits horrifiants : le Biafra, province sécessionniste du Nigeria coupée de la mer, est soumis au blocus impitoyable de l'armée nigériane. En 67, désireux de marquer l'influence française en Côte d'Ivoire, Houphouët a reconnu son indépendance au Biafra. Et pris fait et cause pour lui afin d'affaiblir un Nigeria trop soumis à l'influence musulmane. Houphouët-Boigny est persuadé, en ces temps de guerre froide, que l'islam fait le lit du communisme. Et à l'autre bout du monde, en Europe, un séisme se prépare, qui se produira seulement dans vingt ans, mais dont se joue indubitablement le prodrome, l'ébranlement, puis la chute du monde soviétique. Qui fait encore régner un ordre de fer : pour en finir avec la libéralisation du régime, les troupes du pacte de Varsovie font leur entrée à Prague dans la nuit du 20 au 21 août 1968. J'ai un souvenir extrêmement précis du moment où je l'ai appris, un milieu d'après-midi, par une chaleur écrasante, au bord de la piscine de l'hôtel Ivoire. Nous sommes rassemblés autour de Dina Dreyfus, dans des transats, ou allongés sur le caillebotis du bassin. Je ne dis rien, j'écoute. Les mines sont consternées, les commentaires rares, je me rappelle les débats de mai rue de la Vanne sur « le socialisme à visage humain », incarné par la figure un peu triste d'Alexander Dubček. Et alors, maintenant ? Tous se tournent vers Dina Dreyfus. « Ce n'est pas comme en 56 à Budapest, dit-elle. Les Hongrois, c'était des fascistes. » Tout se brouille dans ma tête. Initiée très brutalement en mai aux antagonismes français entre le Parti communiste et les gauchistes, qui voulaient être des « guêpes dans le slip du Parti communiste », j'éprouvais plutôt de la sympathie pour les communistes, à cause de leur ancrage populaire. Mais alors, ces chars à Prague ?

J'ai un peu regardé ce qui s'était alors passé en France. Le PC subit le choc. La veuve de Maurice Thorez, Jeannette Vermeersch, monte en première ligne. La Tchécoslovaquie avait-elle le droit de briser unilatéralement la force et la cohésion du pacte de Varsovie ? Allait-elle revenir au capitalisme ? Pour Jeannette, le chaos s'étant installé dans le pays par la faute du Parti communiste tchécoslovaque, l'intervention « des partis frères, membres du pacte de Varsovie », relève du devoir internationaliste. Au mois d'octobre 68, elle adresse à Waldeck Rochet sa lettre de démission du Bureau politique et du Comité central du Parti communiste français. Aragon, en revanche, déclare, non sans une grandiloquence dont il est coutumier, que si la direction du PCF, par la voix de Waldeck Rochet, n'avait pas condamné cette intervention, « il n'aurait pas survécu ». Avec l'aide de Pierre Daix, il avait appuyé l'œuvre du Printemps de Prague dans *Les Lettres françaises* ; il s'engagera à fond contre « la normalisation » en Tchécoslovaquie, préfaçant l'édition française de *La Plaisanterie* de Milan Kundera (« Je me refuse à croire qu'il va se faire là-bas un Biafra de l'esprit »), et stigmatise en 69 puis en 71, toujours dans *Les Lettres françaises*, l'instauration de la délation systématique en Tchécoslovaquie. Ce qui n'empêchera nullement les autorités soviétiques de lui décerner la médaille de la révolution d'Octobre pour son 75e anniversaire et de le décorer de l'ordre de l'Amitié des peuples pour ses quatre-vingts ans.

J'entendrai le récit, des années plus tard, de ce que subirent les vaincus de Prague, dont tous, tant s'en faut, n'étaient pas au départ des contre-révolutionnaires. Et j'ai longtemps gardé sur ma table une photo de Josef Koudelka : un petit soldat soviétique hébété regarde un jeune Tchèque qui porte à son oreille une radio faite d'une brique où on a ficelé un bout de bois en guise d'antenne. Ce sont mes amis tchèques qui me rendront sensible à la différence entre les deux mai 68 : celui de l'Ouest, qui veut amender le communisme, celui de Prague, qui veut s'en débarrasser. Mais, en cette fin d'été 68, de retour à Paris, j'écoute les récits fiévreux d'amis bien plus engagés que moi, qui me livrent d'un coup des versions contradictoires de la situation, où se mêlent d'anciennes histoires d'amour à Cuba, et de trahisons au sein du mouvement étudiant. Je retourne à Abidjan à l'automne pour faire passer les épreuves d'un baccalauréat que les jeunes Ivoiriens, on ne s'en étonnera pas, réussissent à plus de 80 %. En septembre, j'ai un poste d'assistante à Nanterre, je renonce à la télévision scolaire. (Notons ceci : à l'époque, s'il s'agit d'une femme, on dit « assistante », poste du premier degré, mais « maître assistant » au grade supérieur. La féminisation des noms de fonction respecte une stricte observance des prétendues hiérarchies sociales.)

La grande lueur venue de l'Est

La république a subi la tentation autoritaire, le glissement vers le bolchevisme ; bien des républicains y ont succombé, la manière dont elle l'a surmontée n'a jamais été vraiment élucidée. C'est sans doute pourquoi il lui est si difficile de se montrer à la hauteur des exigences de ce temps, et de trouver sa définition juste à travers les secousses de la modernité. En tout cas, la séduction du communisme sur ma génération est la redoutable question qu'il me faut maintenant aborder. Ayant lu depuis Soljenitsyne et Nicolas Werth, ayant fait d'innombrables voyages à Moscou, Prague, Budapest et Varsovie, ayant visité en Sibérie les goulags du Grand Nord, je dois faire effort pour ne pas me contenter d'une explication qui vaut excuse : en y cédant, j'aurais comme beaucoup d'autres, et de plus éminents, tout simplement cédé à l'esprit de l'époque. Mais pour aggraver mon cas, pas au meilleur moment : dans les années 70, après la virulente remise en question de mai 68, après l'écrasement de Budapest qui, en 56, avait entraîné la rupture de Sartre ou d'Edgar Morin… Hypothèse basse : le choix de la radicalité était une réaction à toute mon éducation. Élevée par un couple d'instituteurs socialistes, j'ai été très tôt décidée à ne pas en reprendre l'héritage, je vomissais la SFIO, son refus d'intervenir en Espagne avant la guerre, le vote des pleins pouvoirs pendant la guerre d'Algérie. Hypothèse qui me rend un peu plus justice : des souvenirs d'enfance, des expériences précoces et souvent renouvelées. Dans la petite communauté où nous vivions, il m'est apparu très vite qu'il existait deux mondes, et entre eux une séparation visible, indiscutable. La réalité du fossé de classe se dévoilait à moi sous sa forme primitive, et pour toujours, dans la paix apparente de cette petite communauté rurale, le long de ces rues qui sentaient le bois, le moût, la terre humide et l'ardoise mouillée. *D'un côté*, « le monde d'en bas », artisans, petits commerçants, garagistes, vignerons, cantonniers, qui avaient la charge de la vie quotidienne, de la vie matérielle, qui étaient engagés dans son entretien et sa conservation. Et *de l'autre*, « le monde d'en haut », des propriétaires, quelques grandes familles, le médecin, le maire ; je mesurais mal leur rôle, j'ignorais tout de leur fortune, et du pouvoir dont ils disposaient ; que nul ne songeait à nier. Ces temps n'étaient pas tendres. Il y avait des rancœurs sourdes, des haines inexpiables. Mais surtout, un partage du monde, visible dans les vêtements, les gestes, les façons, *dans les corps*. Il y avait, « en bas », les grosses mains rougies des laveuses, le dos cassé du père Jean, et ce vieux bonhomme, ancien vigneron dans les châteaux, dont j'ai parlé dans *L'Églantine et le Muguet*, qui me dit un jour : Mais ne m'appelle pas Monsieur ! Je ne suis pas un monsieur ! « En haut », à l'autre extrémité de l'échelle sociale, heureux, bronzés et rieurs, les fils du médecin, en pantalon blanc, rentrant les soirs d'été d'une partie de tennis. Une image le dit mieux que cent mots : lentement, le double portail d'une belle demeure, invisible derrière ses hauts murs, s'ouvre et une limousine en sort, en faisant crier sous ses pneus le sable des allées. Un visage sévère s'encadre dans la vitre arrière, s'efface, disparaît. Dans un beau récit de Maurice Genevoix, *Rroû*, l'histoire d'un chat, Clémence, la servante, a sa chambre « dans la région froide sous la basserelle », une toiture qui descend jusqu'au sol. Le soleil n'y vient jamais. Clémence ne juge pas, ne se révolte pas. C'est comme ça : il y a deux côtés dans le monde. Clémence n'est pas née du bon côté du monde, du côté ensoleillé du monde. Cette vision précoce, fugitive du monde social, et de la fracture qui le traverse, m'a d'abord laissé pour toujours une douleur sourde, et la certitude qu'appartenir au « monde d'en bas », c'était se voir refuser les moyens d'un accomplissement.

J'étais donc préparée à subir la grande tentation venue de l'Est. Prête à soutenir une version radicale du changement révolutionnaire imposé par l'état d'injustice et d'inégalité partout exposé. En poussant jusqu'à l'extrême l'application des principes mêmes de la révolution. Dans un article de janvier 1920, Albert Mathiez avait exposé et développé les points communs entre bolchevisme et jacobinisme, « Jacobinisme et bolchevisme sont au même titre deux dictatures, nées de la guerre civile et de la guerre étrangère, deux dictatures de classe, opérant par les mêmes moyens, la terreur, la réquisition et les taxes, et se proposant en dernier ressort un but semblable, la transformation de la société, et non pas seulement de la société russe ou de la société française, mais de la société universelle. » La radicalité communiste ne visera nullement à se couler dans l'ordre ancien, qui doit être aboli. Mais à cette occasion se créeront de nouveaux systèmes de domination, une minorité agissante prendra le pouvoir sur des masses qu'il faut libérer même à leur corps défendant. Les prolétaires tarderont à bénéficier de ce que Marx développait pourtant dès 1867 : l'émancipation des travailleurs par les travailleurs eux-mêmes.

En résumé, l'adhésion des républicains au bolchevisme prend acte et veut faire justice d'une trahison, la splendide promesse n'a pas été tenue, la république n'a pas répondu suffisamment à l'exigence de justice sociale que pourtant elle semblait soutenir ou annoncer. La déception est pointée dès le premier jour par Jules Vallès. *L'Insurgé* : « 4 septembre. Neuf heures du soir. Nous sommes en république depuis six heures (…) J'ai voulu la qualifier de sociale, je voulais lever mon chapeau, on me l'a renfoncé sur les yeux, on m'a cloué le bec. "Pas encore ! *La république tout court, pour commencer*". » La Sociale attendra. Jaurès, un peu plus tard, le souligne : pour lui la république est « incomplète », elle est « inachevée », « tant que la démocratie sociale ne vient pas accomplir la démocratie politique ». Et dans un article de 1898, il reprendra ce thème : « La révolution sociale, en brisant la bourgeoisie, agrandira et ennoblira son œuvre. » (Mais elle devra l'accomplir sans violence, c'est sa différence avec l'entreprise bolchevique.)

Pour faire advenir « le bonheur de tous, le bonheur du peuple, le bonheur des masses », il faut donc concevoir une refonte radicale des rapports de pouvoir, de domination, qui rende possible une égalité face au savoir, à la connaissance, un usage juste et réfléchi du monde. Pour cela « nous voulons, dit Robespierre, un ordre de choses où toutes les passions basses et cruelles soient enchaînées, toutes les passions bienfaisantes et généreuses éveillées par des lois (…), où le commerce [soit] la source de la richesse publique et non seulement de l'opulence monstrueuse de quelques maisons » (18 pluviôse an II). « Notre but, ajoute Saint-Just, est d'établir un gouvernement sincère tel que le peuple soit heureux » (8 ventôse an II)[57]. Un siècle et demi plus tard, c'est pour cette raison qu'un peu partout dans le monde la tentation du communisme s'exerce sur les plus pauvres et les plus déshérités. Et c'est en leur nom qu'on commettra les pires crimes, le pire étant peut-être d'avoir corrompu et trahi cette espérance. C'est encore à cause d'eux et pour leur cause que Nehru se rapprochera du bolchevisme en 1927 et se rendra à Moscou. (Où du reste il prend vite conscience de sa nature criminelle.) Lorsqu'en 2008, en publiant *Circonstances*, le philosophe Alain Badiou prend la parole pour s'affirmer favorable à l'épuration des appareils « capitalo-parlementaires » au nom du « communisme qui vient », n'est-ce pas toujours parce que « le bonheur des masses » suppose qu'on en finisse avec le règne des intérêts privés ? Thème fondateur de l'espérance communiste.

La racine du mal, en un mot, c'est la propriété. Dès 1795, Babeuf considérait que la république est condamnée à échouer parce qu'elle a placé le droit de propriété parmi les droits fondamentaux. C'est ce qui rend la démocratie sociale impossible : Robespierre, le 24 avril 1793, sur les correctifs nécessaires qui doivent accompagner le droit de propriété : « Âmes de boue ! qui n'estimez que l'or, je ne veux point toucher à vos trésors, quelque impure qu'en soit la source. Vous devez savoir que cette loi agraire, dont vous avez tant parlé, n'est qu'un fantôme créé par les fripons pour épouvanter les imbéciles ; il ne fallait pas une révolution sans doute pour apprendre à l'univers que l'extrême disproportion des fortunes est la source de bien des maux et de bien des crimes, mais nous n'en sommes pas moins convaincus que l'égalité des biens est une chimère. » Il dénonce les formes atroces que peut revêtir le droit de propriété : « Demandez à ce marchand de chair humaine ce que c'est que la propriété ; il vous dira, en vous montrant cette longue bière qu'il appelle un navire, où il a encaissé et serré des hommes qui paraissent vivants : Voilà mes propriétés, je les ai achetées tant par tête. » Robespierre propose alors quelques articles de loi qu'il estime nécessaires, en particulier celui-ci : « Le droit de propriété doit être borné (...) par l'obligation de respecter les droits d'autrui. » Ce sera l'article VIII de la Constitution de 1793, jamais appliquée, complété par l'article X : « Toute possession, tout trafic qui viole ce principe est essentiellement illicite et immoral. »

Aujourd'hui, l'une des principales propositions de l'économiste Thomas Piketty est de remplacer la propriété privée par la propriété sociale et temporaire.

En ce qui me concerne, les prestiges de la « grande tentation » n'ont pas résisté aux tout premiers voyages que j'ai faits dans les pays du « mensonge déconcertant[58] ». Comment peut-on être désillusionné en si peu de temps ; comment se fait-il que dès les premiers pas dans une rue soviétique, je me sois écriée comme Polyeucte : « Je vois, je sais, je suis désabusé(e) » ? La vérité d'un système se dit-elle aussi rapidement ? En un sens, oui. Sans doute la révélation est-elle précédée de longs doutes qu'on ne s'avouait pas. Mais dès qu'on cherche à comprendre, à interpréter ce qu'on voit, plusieurs hypothèses se présentent aussitôt : ce monde gris, froid, empêché, médiocre, visiblement soumis à la restriction, est-ce le quotidien promis par la révolution ? À l'évidence, non. Alors, est-ce le signe d'un échec ? Ou le sacrifice d'une génération, la suivante devant recueillir les bénéfices de l'accouchement laborieux d'un monde nouveau ? Et qu'advient-il alors du monde ancien ? Doit-on en faire « table rase », comme je l'avais de nombreuses fois chanté au cours de meetings ou de manifestations ? « Table rase », sans doute, des rapports d'oppression et de domination. Mais en lisant *Histoire de ma vie* de George Sand, j'avais ressenti un malaise au moment où elle évoque une promenade avec son amant, l'avocat républicain Michel de Bourges, près du jardin des Tuileries. Le palais, plus tard incendié sous la Commune, est illuminé pour une fête. Michel de Bourges serre les poings. Il faudra détruire tout ça ! Il faut des ruines, il faut en faire un champ où paîtront des moutons !

Une fois de plus, rien ne m'autorise à me donner en exemple, encore moins en modèle : je relève seulement que d'autres ont attendu beaucoup plus longtemps, et préféré continuer de ne pas voir ce qui pourtant sautait aux yeux. Que « le communisme réel » ait pu prendre en Russie la forme d'un totalitarisme criminel, qu'il y ait donc pu avoir un anticommunisme de gauche, cette vérité avérée dès les années 30 a mis beaucoup de temps pour être reconnue, admise, soutenue. L'aveuglement volontaire, la « Grande Magie » du dramaturge italien Eduardo De Filippo, c'est ce qui fait préférer l'illusion à la vérité ; elle frappe en 33 Édouard Herriot ne voyant que « des moissons magnifiques » dans l'Ukraine ravagée par la famine.

Reste un dernier point, sur lequel il faudrait aussi que je m'explique. Durant les événements de mai 68, j'éprouve de la distance à l'égard du gauchisme, pour moi l'expression d'une jeunesse dorée. Je partage son rejet du stalinisme, mais non celui du Parti communiste parce qu'il continue d'être à mes yeux profondément français, et le parti des forces populaires. Et comme beaucoup à la même époque, je vois un modèle dans les formes que Palmiro Togliatti a données depuis la Libération au Parti communiste italien, abandonnant la perspective révolutionnaire pour réaliser une démocratie où la classe ouvrière obtiendrait des avancées économiques et sociales significatives. Le PCI est un « parti de masse », doté d'un enracinement populaire exceptionnel et d'un immense rayonnement intellectuel et culturel (*Le Monde diplomatique*, janvier 2022, Antoine Schwartz). D'une manière assez paradoxale, dans le même temps, s'y mêle mon attirance pour la Russie, née d'une lecture précoce de sa grande littérature, qui trouve à s'exprimer et se réaliser dans les images héroïques et trompeuses de 1917 ! La séduction de l'Est rouge se mêle à l'amour de Pouchkine, de Dostoïevski et de Tolstoï. Je me suis même mise à l'étude de la langue russe, sans grands résultats. Grâce à la méthode Assimil, j'avais vite appris « samovar kipit », « le samovar bout », l'équivalent du « my tailor is rich » de l'Assimil d'anglais. N'ayez pas peur ! disait une note liminaire, c'est une langue que parlent des milliers d'illettrés ! Avec un bon dictionnaire et beaucoup de patience, j'arrive à peu près à lire « dans le texte » l'admirable *Requiem* d'Anna Akhmatova, ou quelques vers d'Ossip Mandelstam. Je m'y suis employée dans les longues journées à bord du Transsibérien, le dictionnaire en mains, tandis que défilaient au-dehors les étendues infinies de la taïga, avant qu'un joyeux compagnon de route vienne me proposer de saluer d'une vodka la traversée improbable d'un village, le premier en une demi-journée… Mais je suis rattrapée, comme presque à chaque page de ce livre, par la violence du présent. J'écris ceci début 2024, cinquantenaire de cette déflagration, la publication de *L'Archipel du Goulag*, au moment où la Russie s'est enfoncée dans une guerre injuste dont nous portons une grande part de responsabilité ; dire l'attachement qu'on peut continuer malgré tout de porter à la Russie est une nécessité, et une source quotidienne de douleur. Je ne peux couper tous les fils qui me rattachent à elle.

Revenons au temps de la Grande Illusion. Ai-je eu raison de voir, dans le Parti communiste, un parti profondément français, malgré sa dépendance à Moscou, et ses longues années staliniennes ? En un sens, oui. Le communisme français est le produit spécifique et original d'une greffe, la greffe du bolchevisme russe sur le corps du socialisme français à dominante jaurésienne (Annie Kriegel). Il n'aura cependant pas échappé à la griffe stalinienne. La figure d'Aragon l'incarne pleinement. « Les opposants à la ligne stalinienne sont écartés tandis qu'un appareil bureaucratique enserre la formation. À Moscou comme à Paris, "le centralisme démocratique" devient la règle. Jusqu'à son arrestation par la police en 1925, Abraham Gouralski est le vrai patron du PCF, et dans l'ombre il rend compte à Staline des réunions du comité central et du bureau politique. » (En 36 il est cependant arrêté par le NKVD et condamné à huit ans de travaux forcés en camp de travail, mais libéré en 38.) Sa notice dans le Maitron*, si souvent utilisé ici, est une remarquable évocation de ces figures de l'ombre, et du rôle qu'elles ont joué dans l'organisation clandestine du Parti communiste russe. C'est lui qui convertira Maurice Thorez au stalinisme. Devenu secrétaire du PCF en 1926, Thorez, « Maurice » pour les militants, applique à la lettre les consignes venues de Moscou. Le « fils du peuple » confie que « bien qu'il soit français, il a l'âme d'un citoyen soviétique ». Avec Thorez, le PCF s'emploie à défendre l'URSS « contre l'impérialisme américain et ses alliés en France, en particulier les socialistes qui ont accepté le plan Marshall »,

* Ensemble de dictionnaires biographiques du mouvement ouvrier dirigé par l'historien Jean Maitron jusqu'à sa mort en 1987, puis par son successeur, Claude Pennetier.

souligne l'historien Roger Martelli dans *Le Parti rouge* (Éditions Armand Colin, 2020). On trouvera sans mal sur l'internet le petit film tourné en 49 à l'occasion du 70e anniversaire de Staline sous le titre *L'Homme que nous aimons le plus*[59]. La musique est de Jean Wiéner, le texte, de Paul Éluard : « Car la vie et les hommes ont élu Staline / Pour figurer sur terre leurs espoirs sans bornes ». Staline, « le penseur à habit de soldat », toujours Éluard. Interdit par la censure, le film n'obtint pas de visa. Il reçut le prix du court-métrage au festival de Karlovy Vary en 50. Ornées de banderoles célébrant sa vie et son action, de robustes camionnettes sillonnent les routes de France, « Staline, l'homme de la paix », « Longue vie à Staline ». À chaque arrêt, elles se chargent de cadeaux qu'apportent des enfants, des femmes en tablier, des ouvriers et des paysans à pipe et casquette. Image à la fois touchante et révoltante, celle de tout un peuple laborieux, que l'on met cyniquement au service d'un mensonge. Jean Wiéner fut auteur d'innombrables musiques de films, dont *Le Crime de monsieur Lange* de Jean Renoir, et membre du Parti communiste jusqu'à sa mort. En 81, la municipalité d'Aubervilliers organise un banquet en son honneur. J'y ai accompagné Antoine Vitez. Wiéner était alors un petit vieillard tassé, à qui certains attribuaient d'avoir procédé à l'arrangement d'une œuvre mystérieuse du XVIIIe siècle : l'*Adagio* d'Albinoni.

Les effets désastreux de sa soumission au Komintern nous ont fait oublier ce qu'étaient ces Français, militants de base du Parti, parfois devenus responsables politiques. Il n'est pas honorable d'avoir, comme on le faisait souvent alors, tourné en dérision leur expression maladroite, ou leurs fautes de français. Ou leur accent, comme celui d'André Lajoinie, entré à vingt ans au Parti, député, candidat à la présidentielle de 88, né dans une famille « où la culture et la politique ont toujours eu une place de choix ». Son père agriculteur avait été reçu premier du canton au certificat d'études et il faisait bénéficier de son savoir les habitants de son village : « responsable du syndicat local des exploitants agricoles, il jouait un rôle d'écrivain public ».

Sa mère est très pieuse et le curé ferait bien un curé de son fils. André Lajoinie doit arrêter sa scolarité après l'obtention du « certificat », il en retire un profond sentiment d'injustice. Je conseille d'aller voir un document de l'INA tourné au moment de sa campagne pour la présidentielle[60]. « On n'a jamais vu un gouvernement de droite, s'appuyant sur des députés de droite, faire une politique de gauche. »

Antoine Vitez trouvait dans le Parti ce « sens national » dont je le crédite aussi. « On est attiré par le communisme de diverses manières. Je pense aujourd'hui que j'ai été attiré à cause du chauvinisme — c'est un peu difficile à avouer. Cela tient à mon enfance : j'ai été élevé dans la pensée anarchiste, dans la haine farouche du drapeau français et de la patrie. Alors je peux dire — parce que je l'ai dit — comme Aragon : mon parti m'a rendu les couleurs de la France. (...) J'ai donc éduqué en moi un sens national. »

C'est ce qui m'a probablement retenue de mettre un signe absolu d'égalité entre les deux grandes utopies criminelles du XXe siècle, le nazisme et le stalinisme. Profondément persuadée qu'elles ont toutes deux sombré dans l'horreur pour avoir voulu imposer à l'humanité un Bien obligatoire, absolu, je porte une estime fraternelle, une sympathie mêlée de compassion à ces militants ouvriers, ce peuple qui a cru au communisme et s'est retrouvé trahi, abandonné. C'est le plus profond de ce que je partage avec Pasolini : le regard qu'il porte sur une fête du Parti, dans les années 50, et « sa très humble solennité populaire[61] ». Une nostalgie pour un monde, il le sait, qu'on ne reverra plus. Et c'est ce qui « stringe il cuore », écrit-il. Qui « serre le cœur ». Le mien aussi.

Entre Pif le chien et Tel Quel, Littérature/Science/Idéologie

À Nanterre, les salles ont sûrement été repeintes, mais je n'ai pas oublié ces grosses lettres taguées sur le mur au-dessus du tableau, « De Pif le chien à *Tel Quel* ! ». (Pif le chien était depuis 48 un personnage de bande dessinée du journal *L'Humanité*.) Sans doute l'expression d'un vif rejet : depuis mai 68, la critique du PC est une constante de la contestation étudiante, aucun rapprochement avec lui ne peut avoir bonne presse. Une minorité d'étudiants cependant entretient le flambeau. Dans les années qui suivent « l'explosion de Mai », pour parler comme les journaux, je ne me suis pas approchée de la cellule des professeurs, mais je noue des contacts étroits avec ce petit groupe d'étudiants, ce qui me soulage aussi de situations privées où se multiplient les déconvenues.

Tous sont étonnés d'entendre un jeune écrivain qui les intrigue, Philippe Sollers, déclarer que « seul le Parti communiste peut avoir une politique culturelle »...

Plus tard, Sollers avouera avoir fait « un calcul un peu machiavélique » et, après un intermède maoïste, il pointera « l'interminable agonie du Parti communiste français » à travers « Mitterrand et Bousquet, Aragon et le Comité central ». Sans doute ce « calcul machiavélique » lui avait-il été suggéré par l'évolution (et peut-être par un appel du pied) de l'ancienne revue stalinienne *La Nouvelle Critique*, créée en 48 par le Parti communiste, et dont Jean Kanapa avait été le rédacteur en chef jusqu'en 59*. En 58, la publication d'*Une curieuse solitude*, son premier roman, de facture classique, avait valu à Sollers des éloges de François Mauriac et de Louis Aragon, « le Vatican et

* Le nom de Kanapa est resté célèbre à cause d'une apostrophe de Sartre, qui avait été son professeur au lycée Pasteur de Neuilly. En 54, une querelle les oppose sur la question de savoir si l'on peut être intellectuel quoique communiste ou communiste quoique intellectuel. À cette occasion, Sartre écrit dans *Les Temps modernes* : « Il faut plus d'une hirondelle pour ramener le printemps, plus d'un Kanapa pour déshonorer un parti. »

le Kremlin », disait-il plus tard. À partir de 60 il s'impose, avec la création de *Tel Quel*, comme le théoricien des avant-gardes littéraires. Il n'est pas étonnant, dès lors, qu'il ait observé et peut-être décidé de tourner à son profit la nouvelle orientation que *La Nouvelle Critique* prend à partir de 67 sous la direction du journaliste Francis Cohen. C'est l'un des résultats du Comité central d'Argenteuil en 66. Le PCF se décide à mener une politique culturelle essentiellement municipale, compte tenu de son implantation dans la banlieue rouge, pour entrer en concurrence avec le PS. Ayant succédé à Maurice Thorez en juillet 64, le nouveau secrétaire général, Waldeck Rochet, engage le Parti sur la voie de l'ouverture, face à l'hégémonie du gaullisme : il importait de rénover le programme du Parti pour retrouver la société dans son ensemble et « fixer durablement une partie des 1,5 million de membres des professions intellectuelles salariées[62] ». Cette stratégie électorale dominera jusqu'à la rupture du Programme commun en 77. *La Nouvelle Critique*, « revue du marxisme militant », ainsi que l'indique son sous-titre, devient un lieu pour les débats qui s'ouvrent parmi les intellectuels communistes et « les compagnons de route ».

Dans les mêmes temps, je fais la connaissance de Paule Thévenin qui fut pendant trente ans l'éditrice clandestine de l'œuvre d'Antonin Artaud, la famille de celui-ci lui ayant retiré tout droit à publication. Un jour, dans l'ascenseur, je croise une femme vêtue à la gitane, l'œil farouche, le cheveu poivre et sel. C'était Paule. Vous en êtes encore là ! me dit-elle en jetant un regard au livre que je tiens à la main (*Éloges* de Saint-John Perse). Ainsi commença une longue amitié, et mes premières rencontres avec le groupe *Tel Quel* dans l'appartement lumineux qu'elle occupait alors et où je lui ai succédé. Sur le mur en face de la table où je travaille en ce moment, je vois encore une série de portraits d'Artaud par lui-même ainsi que de ses amis, dont Paule.

L'ayant approché après ses années d'hôpital à Rodez, Paule, alors interne en psychiatrie à Charenton, avait pris soin de lui avec quelques amis. Un film de ses dernières années montre

Artaud place de la Concorde hélant un taxi pour retourner à Ivry, où il est interné : Où allez-vous ? demande le chauffeur. — À l'asile des fous ! répond Artaud d'une voix suraiguë. S'étant retrouvée à sa mort en possession de ses innombrables cahiers, Paule Thévenin entreprend de les déchiffrer et de les publier. Ayant appris que je la connaissais, et qu'elle détient des manuscrits inédits, deux étudiants, passablement allumés, persuadés que leur publication précipiterait la révolution mondiale, décident de la cambrioler. Je surprends leur conversation et j'en avertis Paule qui fait doubler sa porte de métal et renforcer les serrures : j'en profite encore aujourd'hui. Aucune tentative n'a lieu. Ils se contentent de déposer régulièrement sur son paillasson des cactus et quelques-uns de ces objets évocateurs qu'on trouve dans les magasins de farces et attrapes.

Paule avait pris l'habitude de réunir autour d'un immuable veau aux carottes des écrivains, des poètes, des philosophes, tous plus ou moins liés aux avant-gardes et à *Tel Quel*, Jacques Derrida, Jean Thibaudeau, Jean-Louis Baudry, Philippe Sollers, Marcelin Pleynet. Elle ne servait jamais d'alcool ni de vin : nous nous chargions tous d'y obvier. Je dois faire une figure étrange à ces dîners où je me contente de regarder et d'ouvrir grandes mes oreilles. Je me reconnais tout à fait dans ce que dit Antoine Vitez de lui-même à Émile Copfermann[63] : « J'étais lié au groupe des brechtiens (Bernard Dort, Jean Dumur, Roland Barthes, Jean Duvignaud), mais très timidement : à l'époque, je ne parlais pas. » Moi non plus je ne parlais pas, je me contentais d'écouter. Flottait sur tout cela un parfum de mondanité superficielle mais je le remarque à peine : à l'époque, j'admire la virtuosité des échanges, le brio intellectuel, l'humour des uns et des autres. Parmi eux, Pierre Guyotat occupe une place singulière. Il habitait alors avec sa compagne dans un camping-car stationné sur la place des Invalides, il arrivait en avance et s'installait pour lire dans la chambre-bureau de Paule. La dernière fois que je l'ai rencontré, c'était peu d'années avant sa mort, au rez-de-chaussée des Éditions Gallimard. En me voyant, il est pris d'une agitation émue, c'est vous ! me dit-il. Il descend quelques marches, glisse, tombe et se fracture l'épaule. C'était l'heure de la pause déjeuner, la maison était vide. J'ai attendu les secours en lui tenant la tête sur mes genoux et en lui caressant le front. Il n'a jamais su combien j'avais aimé la mise en scène, en 81, de *Tombeau pour cinq cent mille soldats* par Antoine Vitez à Chaillot. Et je ne savais pas qu'il se souvenait aussi amicalement de moi. Paule était restée l'amie de ceux qui avaient connu et aidé Antonin Artaud, et des comédiens qui avaient à l'époque lu ou interprété des textes de lui. Comme Roger Blin, ou Alain Cuny. J'avais été conviée à un dîner où Paule et son mari recevaient Alain Cuny et sa compagne japonaise. Il raconte, et à chaque mot sa compagne acquiesce en souriant, qu'en visite au Japon, quelques années plus tôt, il avait reçu un kimono de la mère de celle-ci. Pour la remercier, il lui fait porter un bouquet de roses. Et Alain Cuny ajoutait : Cela ne se fait pas, au Japon. — Alors, que s'est-il passé ? — Elle les a mangées.

Cette époque, ces rencontres dans l'appartement de Paule Thévenin ont occupé une grande place dans la mémoire de tous les participants. La dernière fois que je l'ai vu, c'était une fin d'après-midi à La Closerie des Lilas, Philippe Sollers m'en avait parlé avec émotion, et une vraie amitié : Nous y étions ! disait-il, nous y étions !

Mon petit groupe d'étudiants se passionne pour *Tel Quel*, pour *Change* fondé par des dissidents de *Tel Quel*… Une nouvelle avant-garde a entrepris de conjuguer structuralisme et psychanalyse avec une redécouverte non seulement du marxisme, mais du rôle du Parti communiste. J'évoque un continent disparu. *La Nouvelle Critique* avait organisé un premier colloque à Cluny en 68 sur le thème « Linguistique et littérature ». Je participe au second, en avril 70 : « Littérature et idéologie ». J'avais failli ne jamais arriver, ayant emprunté un col fermé où ma voiture s'était enlisée dans la neige… De ces rencontres, j'ai plutôt gardé le souvenir non pas des débats, et de leur importance, ou de leur intérêt, mais des jeux de pouvoir et de domination, parfois sexuelle, qui régnaient entre les participants (et participantes). Le raconter, c'est aussi une manière, peut-être pas la pire, de saisir l'esprit d'une époque.

Inspirés par ces aventures intellectuelles et politiques, des étudiants communistes, dont Jean Jachymiak et Anne Brunswic[64], me proposent de fonder une revue. Pour hâter la venue de la révolution ? Pour prolonger l'atmosphère unique de solidarité entre générations née en mai 68 ? Pour arracher l'enseignement littéraire à l'impressionnisme critique ? Ou pour s'essayer soi-même à l'écriture ? Tout cela à la fois, je pense. Ils ont besoin d'un responsable juridique, j'accepte avec enthousiasme et non sans légèreté ; plusieurs de mes collègues, vivement mis en cause, ne le prennent pas bien, et on ne peut pas leur donner tort. Son titre : *Littérature/Science/Idéologie*[65].

« Conciliation du structuralisme et du marxisme » : mot d'ordre de l'époque. Que cela paraît loin ! Il suffit pourtant de se détourner un instant du bourdonnement des médias et des réseaux sociaux pour que ressurgisse ce moment de grande richesse intellectuelle, philosophique, politique, dont l'Université n'est pas absente. Car l'enjeu est loin d'être indifférent. Tout semble les opposer. Le marxisme est une philosophie de l'histoire, politique, économique et sociale, qui entend participer à la naissance d'une société sans classes. Le structuralisme, l'étude et la description de faits humains, reposant sur l'analyse de leur structure, de la relation entre leurs composants. Le déclin du marxisme a bien sûr alimenté le succès du structuralisme, mais on le paie d'un oubli de l'histoire[66], et d'un refoulement des luttes sociales. D'autres, plus subtils, cherchent plutôt à redonner au marxisme un nouvel élan « grâce au structuralisme[67] ». C'est le cas de Louis Althusser, alors « caïman » à la rue d'Ulm, qui, « en appliquant méthodes et concepts structuraux à la lecture de Marx, a opéré un double déplacement du structuralisme vers la politique[68] ». Vu à un demi-siècle de distance, on se demande s'il ne s'agit pas de la dernière tentative désespérée de sauver un système condamné. Cette conciliation se fait au détriment de Sartre qui, dans *Critique de la raison dialectique* (1960), avait pourtant proposé une articulation possible du marxisme et de la liberté.

Rien de tout cela n'est mort, il me suffit de lire le sommaire de l'excellente revue *Contretemps* où revient un thème que nous abordions intrépidement dans *L/S/I*. Une étude récente due à un jeune maître de conférences, Vincent Berthelier, pourrait peut-être aider les jeunes professeurs entraînés à la défiance « sociologique », inspirée de Bourdieu, envers les grands textes. La littérature, dit-il, ne peut se réduire à des déterminations socio-économiques, et donc à de l'idéologie, quelque chose de neuf se crée dans une œuvre littéraire. La littérature n'est pas exclusivement un outil de domination de la classe dominante, le concept d'idéologie ne peut pas s'appliquer à toute la littérature, mais seulement à une partie. Le marxisme peut-il proposer une hiérarchie entre les œuvres selon ce critère[69] ? Ce disant, je prends des risques, entre autres, celui de vouloir ranimer, indirectement, les bases d'une idéologie criminelle.

Digraphe, *théorie et pratique de l'écriture*

Le temps passe. Parmi les nouveaux étudiants que chaque année apporte, on glisse vers le maoïsme. Mais je me sentirai vite assez éloignée de ces jeunes Occidentaux, si ignorants des réalités chinoises, plus éloignée encore de la violence des « spontex », réduisant les luttes sociales à l'enlèvement ou, pire, à l'assassinat d'un patron d'usine ou d'un directeur de banque. Et je regrette que les préoccupations politiques et sociales commencent à changer profondément de nature, et se voient petit à petit submergées, d'abord par le « sociétal » et ensuite par une logique de défense des minorités, importée des États-Unis. Dans les années qui suivent mai 68, je dois tout de même à quelques maos de m'avoir fait lire *Les Luttes de classes en URSS*[70], l'ouvrage que Charles Bettelheim a publié en 74. Et je comprends bien pourquoi sa figure nous retient. Le trajet de Bettelheim résume ce siècle terrible : né à Paris dans une famille juive qui s'exile en Égypte au début de la Première Guerre mondiale, revenu en France, il adhère aux Jeunesses communistes en 33, se rend à Moscou mais, de retour à Paris, se déclare choqué par le culte de la personnalité de Staline, les inégalités sociales et les procès politiques (notice du Maitron). Il est exclu du Parti. Économiste, dans les années 50 il rencontre les principaux dirigeants des non-alignés, Nasser, Nehru et, à partir de 66, se rend régulièrement en Chine. Se rapprochant d'Althusser, il développe une pensée marxiste dissidente ; il s'oppose à « l'économisme », au « primat des forces productives » du marxisme traditionnel : les rapports sociaux ne peuvent se transformer que par la lutte politique active. Après la révolution russe, les bolcheviques n'ont pas réussi à établir l'alliance des ouvriers et des paysans pauvres. Elle est remplacée par une alliance des élites ouvrières et de l'intelligence technique contre les paysans : « La mentalité du paysan ne sera transformée que lorsque celui-ci disposera de tracteurs. » Aujourd'hui, la gauche a-t-elle entièrement rompu avec son inconsidération pour « l'obscurantisme » du monde paysan ? Il est un autre thème, que pointe Bettelheim, et qui devrait avoir aujourd'hui un grand écho : son refus de faire « la révolution par en haut ». Telle était la thèse aberrante d'un État qui ne demandait à la masse qu'un « soutien à sa propre subordination ». Le groupe de mes étudiants est divisé, les jeunes communistes tiennent bon, font tantôt le coup de poing avec les maos, tantôt avec des survivants du trotskysme. D'autres apportent en classe le *Petit Livre rouge*. Surenchère typique de l'époque. Qu'en reste-t-il ? N'est-ce pas le drame de chaque génération et son angoisse, au fur et à mesure que le temps passe : avons-nous fait ce qu'il fallait ? Avons-nous été capables de maintenir ou de réveiller ce qui méritait de l'être ? L'engagement et l'action politiques sortent-ils fortifiés, ou découragés, d'une méditation active du passé ?... Je m'arrête, saisie par la brutalité des informations qui nous parviennent, au moment où j'écris ces lignes (février 2024). La percée violente des événements dans notre quotidien nous oblige à rassembler nos armes, nos forces. Plus que jamais je me sens animée d'une certitude, qui m'aide à tenir bon, à faire face : on ne peut comprendre ce qui se passe en oubliant ce qui s'est passé, nos erreurs et nos échecs. Face à la guerre d'Ukraine, à la guerre au Moyen-Orient, au désastre de Gaza. À la montée inexorable de l'extrême droite en Europe, en France.

Littérature/Science/Idéologie cesse bientôt de paraître. Début 74, j'ai terminé, sous la direction de Roland Barthes, une étude sur *Le Neveu de Rameau* afin d'obtenir ma titularisation à Nanterre. Et petit à petit, loin de nos rêveries collectives sur le Grand Soir, je me découvre à l'université la vocation de ces médecins du monde qui, dans leurs expéditions lointaines, doivent faire face à des situations d'urgence au contact de populations qui manquent de tout, et qu'il faut soigner pour de petites plaies ou de graves infections. L'urgence, à l'université, avant de renverser l'ordre établi, c'est pour ces jeunes gens se doter d'instruments solides. De la grammaire, de l'histoire, et de la grammaire encore. « Back to basics ! » me dit Nor quand je lui en parle. Je le prie de le dire en français, mais il a raison. Comme mon ami M., qui aime lui aussi avoir des étudiants de première année, je me veux institutrice des universités. (À l'heure où le mot a fait honte à la haute administration, qui a choisi de le remplacer par « professeur des écoles ».)

Mais l'époque est lourde, tourmentée, l'avenir incertain. Comme un an ou deux auparavant nous déjeunions chez elle, Paule Thévenin me regarde songeusement, c'était en 72 ou 73. Vous êtes en train de gâcher votre vie, me dit-elle. Je demeure coite. Elle continue : L'enseignement ? Vos histoires de revue avec des étudiants ? Ça ne vous mène nulle part. Tiens, ça ne vous plairait pas d'être attachée de presse ? Il y a un poste qui se libère chez Gallimard. (Je ne lui parle pas de la suite que je suis en train de donner à de courts textes commencés au lendemain de mon séjour à Abidjan.) Elle n'a pas tort, je suis assez désorientée (ma vie privée n'y est pas pour rien). J'ai une idée, conclut Paule ce jour-là. Puisque vous aimez tant les revues, vous devriez rencontrer quelqu'un avec qui vous pourriez très bien vous entendre, et en créer une. Ce quelqu'un, c'est Jean Ristat, à qui va me lier une amitié de quinze ans, avant que la fin des années 80 et d'autres engagements nous séparent, sans jamais nous brouiller. Il est mort le 2 décembre 2023. Pour fêter son 80e anniversaire, nous nous étions réunis en juin 2023 à l'École normale supérieure, mais devant les plus jeunes, des élèves de l'École, j'avais eu l'impression d'évoquer les souvenirs de la guerre de Cent Ans. Les anecdotes sur Aragon et Maïakovski les avaient laissés de marbre. Comment s'y prendre pour les convaincre que « sans passé, le présent n'a pas d'avenir », selon la formule de Braudel ? Quand Paule décide de nous présenter l'un à l'autre, Ristat est l'auteur du *Lit de Nicolas Boileau et Jules Verne*, publié en 65, salué par un article d'Aragon en une des *Lettres françaises*. J'ai oublié les détails de cette première rencontre. Le titre « Digraphe » nous est suggéré par Jacques Derrida, dont Ristat avait été l'élève, afin de faire ressortir l'alliance nouvelle de « la théorie » et de « la fiction » : un digraphe est « un texte écrit en deux écritures différentes ». Le mot est ignoré du dictionnaire de l'Académie.

Abritée sous ce prestigieux patronage derridien, cette nouvelle publication m'arrache au malaise où me plongent l'absence d'action politique et les hésitations de mes premiers essais d'écriture. L'essentiel tarde à se concrétiser. En 73, je n'ai pas poursuivi mon rapprochement avec le PC commencé juste après 68, ni non plus la fuite en avant à travers Bettelheim. Tout se résume dans une grande photo des années 30, que j'ai longtemps gardée en face de moi, posée contre des livres. Deux vieux paysans regardent avec stupeur une ampoule s'allumer au plafond enfumé de leur isba : « les soviets plus l'électricité », le slogan de Lénine en 1919 ! Certes. Mais c'est davantage, et un peu autre chose : c'est le vœu profond de mes ancêtres anonymes, bien éloignés de perspectives millénaristes, mais soucieux de s'arracher à une immémoriale domination par l'alliance du progrès technique et de la justice sociale*. L'action politique aura trop longtemps ignoré la puissance d'inspiration de ce vœu.

Nous passons beaucoup de temps, Ristat et moi, à rencontrer des poètes, comme Francis Ponge, des peintres, comme Valerio Adami, des dessinateurs, des historiens, des historiens d'art, dont Jurgis Baltrušaitis. Nous nous réunissons souvent dans la belle maison de Jean à Yerres, dotée d'un grand jardin, que borde la rivière du même nom. La famille de Jean est, comme la mienne, provinciale et modeste, sa grand-mère était laveuse, comme mon arrière-grand-mère ; à 5 heures, il buvait avec elle du café au lait sucré. « Charmeur et séduisant autant qu'imprévisible et déroutant », comme l'écrit Didier Cahen dans *Le Monde*[71], il m'a certainement beaucoup aidée, sans y réussir tout à fait, à éliminer un vieux fond de gaucherie provinciale aggravé par l'austérité des années universitaires.

La petite équipe de *Digraphe* s'était donné un projet assez immodeste, et qu'aujourd'hui on se représentera mal, mais tout à fait dans l'esprit de ce temps : mettre en œuvre des expressions artistiques sans jamais perdre de vue l'horizon de « changer la vie », de soutenir une mutation radicale, dans le domaine politique, économique et social. Excusez du peu. Je me suis efforcée d'y croire, ou plutôt cette croyance m'a soutenue sans même un début de réalisation. Tels nous étions, en fait : « somnambu-

* Premier numéro, janvier 74 aux Éditions Galilée qui publieront les quatre suivants. Le comité de rédaction était constitué de Jean-Joseph Groux, Luce Irigaray, Jean Ristat et moi-même. Puis nous passons chez Flammarion, avec l'aide d'Aragon qui renonce aux droits d'une publication pour nous financer et demande l'appui de quelques-uns de ses amis, comme Miró et André Masson, nous laissant la vente de quelques lithos.

Au numéro 9, de septembre 76, Antoine Compagnon, « Perpetuum mobile » et mon « Ode à la force des femmes », en hommage à Yánnis Rítsos.

liques légers bavards oublieux et vains[72] ». Car dans les mêmes temps, et cela me saute aux yeux un demi-siècle plus tard, nous ne voyons pas le retournement complet qu'est en train de subir notre monde. Le rapprochement de quelques dates est saisissant. En moins d'une dizaine d'années se jouent dans divers points du monde des événements dont le lien est évident et dont nous vivons aujourd'hui les effets interminables.

1973 :	11 septembre, mort de Salvador Allende
1973 :	6-25 octobre, guerre du Kippour
	Premier choc pétrolier
1973 :	décembre, publication en russe de *L'Archipel du Goulag*
1974 :	juin, sa publication en français
1978 :	octobre, élection du pape Jean-Paul II
1979 :	révolution iranienne
	4 mai, Margaret Thatcher, Premier ministre du Royaume-Uni
1981 :	20 janvier, Ronald Reagan est élu président des États-Unis
1981 :	10 mai, François Mitterrand président de la République française

Chili, 11 septembre 1973. Au petit matin l'armée a lancé un putsch. Réfugié dans son palais de la Moneda, Allende se tire une balle dans la tête. C'est la fin du « socialisme à la chilienne », tentative menée trois ans plus tôt par la coalition de partis de gauche, l'Unité populaire, pour mettre sur pied un État socialiste de façon non violente et légale. La première et la seule de tout le siècle dans le monde.

6 octobre 1973. Israël n'a pas vu venir l'attaque surprise, menée simultanément par les Égyptiens et les Syriens dans la péninsule du Sinaï et sur le plateau du Golan. Israël se ressaisit, triomphe, mais la guerre aura entre autres conséquences le premier choc pétrolier : les pays exportateurs de pétrole diminuent leur production. Forte inflation et hausse du chômage. Fin des

Trente Glorieuses. La France se lance dans l'aventure des centrales nucléaires, les Pays-Bas mettent en place partout des voies pour la circulation des vélos.

16 octobre 1978 : à la surprise générale, élection d'un pape polonais, Karol Wojtyła. Événement impensable pour le Kremlin... *La Stampa* du 17 : « Les Russes auraient préféré voir Soljenitsyne devenir Secrétaire Général de l'ONU plutôt qu'un Polonais devienne pape ! » Vienne, le cardinal König : « Un tremblement de terre psychologique pour tout l'Est ».

1979, 11 février, le shah a quitté l'Iran, l'ayatollah Khomeyni arrive à Téhéran, les États-Unis deviennent le Grand Satan.

Le 4 mai : Margaret Thatcher, Premier ministre du Royaume-Uni. Désormais : « there is no alternative » (TINA), il n'y a pas d'alternative au capitalisme et à la société de marché.

20 janvier 1981 : élection de Ronald Reagan. Contribution de poids, sur le plan économique comme sur le plan politique, à la croisade anticommuniste de Jean-Paul II. Dans « les pays de l'Est », on salue cette élection avec presque autant de satisfaction que celle du pape polonais. L'un de ses effets : l'état de siège mis en place par le régime communiste en Pologne, la même année, à partir du 13 décembre, face au rôle grandissant du syndicat Solidarność. Le pouvoir redoute une répétition de l'invasion en 68 de la Tchécoslovaquie par les troupes du pacte de Varsovie.

La signification de tout cela est claire, maintenant ; un piège se prépare, où nous risquons d'être pris : un glissement irrépressible vers la droite. La grande tentation s'efface, la déprise commence, elle sera complète, un nouvel ordre du monde et de la pensée est en gestation. De la Grande Illusion, il ne restera que ruines. Mais ce qui lui succède est aussi redoutable. Les intellectuels néoconservateurs abandonnent la tradition critique, le nouvel état de la société va s'édifier sous l'égide du néolibéralisme, où la logique du marché va tout déterminer.

Qu'on accepte un instant d'entendre cette question redoutable : est-on capable de subir un pareil choc géopolitique, de le comprendre, d'y répondre si on dispose uniquement des instruments dont on vous a pourvu, trente ans plus tôt ? Si en vous les transmettant, on vous a transmis une confiance inaltérable en eux ? C'est là le drame français, l'héritage et la survivance d'une longue imprégnation catholique : *la république peut tout, la république a réponse à tout.*

Eh bien, non, pas toujours.

Le piège se prépare.
Acte I : les années Soljenitsyne

Reprenons les choses dans leur déroulement chronologique. 1973 : publication de *L'Archipel du Goulag*, d'Alexandre Soljenitsyne, en russe (en français, 1974). Le temps a passé, et fait oublier, même en Russie, quel choc fut cette publication. Dans le voyage d'écrivains que j'ai fait en 2010 à bord du Transsibérien, il m'est arrivé souvent de poser la question aux jeunes Russes que nous rencontrions. Est-ce que vous lisez Soljenitsyne ? Non ! me répondaient-ils en chœur sur un ton joyeux. On préfère Beigbeder ! Il y a une génération déjà que l'URSS n'existe plus ; que savent ces jeunes gens de Staline, de ces terribles années entre 1929, date de son accession au pouvoir, et 1953, date de sa mort ?

Printemps 74. J'observe, incrédule, étourdie, égarée, impréparée, la vague qui se déchaîne à la suite de la publication de *L'Archipel du Goulag*. Celui avec qui je mène alors une vie clandestine appartient à une génération qui a vu la Deuxième Guerre, les affrontements idéologiques qui l'ont précédée et suivie. Il en est ressorti frappé d'une sorte de doute amer ; sa référence politique, c'est le roman d'Anatole France, *Les dieux ont soif*, et il aime à citer le bien oublié Ernest Picard : « Un pur trouve toujours un plus pur qui l'épure. » Sa religion est faite, la lecture de Soljenitsyne ne peut rien y ajouter. (C'est l'un de ses rares points communs avec Nor.) Pour moi, l'existence des camps soviétiques n'est pas une découverte, mais je n'en mesurais cependant pas l'ampleur, tant par le nombre de ses victimes que par la nature même du système. Mais dans ces années-là, et depuis la lecture de Jean-François Steiner, je suis infiniment plus attachée à méditer la leçon de ce qu'on n'appelle pas encore « la Shoah ». La parution de Soljenitsyne, dénonciation implacable des camps staliniens, ne va-t-elle pas faire disparaître la centralité d'Auschwitz ? C'est ce que défend, dans un débat entre amis, l'écrivaine et critique Lucette Finas. À cet argument s'en ajoute un autre : à l'époque, au fond, je me défie de Soljenitsyne. Quoique déjà lectrice des *Temps modernes*, je suis passée complètement à côté de la publication de *La Maison de Matriona* en mars 63[73]. Soljenitsyne incarne alors à mes yeux une Russie impérialiste, orthodoxe et conservatrice. Et j'y trouverai une confirmation lorsqu'il sera invité en septembre 93 en Vendée par Philippe de Villiers, pour l'inauguration du mémorial aux victimes de la Terreur en Vendée, aux Lucs-sur-Boulogne. Les Lucs-sur-Boulogne ont été le théâtre du massacre de 564 personnes par les colonnes infernales de Turreau commandées par le général Cordellier, entre le 28 février et le 1er mars 1794. À cause de quoi Soljenitsyne récuse dans son discours la devise de la Révolution française, « Liberté, Égalité et Fraternité », l'estimant « impossible et contradictoire en ses termes ». Aujourd'hui, j'ai traversé pour écrire *L'Églantine et le Muguet* l'épaisseur de la douleur vendéenne, puissante interrogation harcelant toute conscience républicaine. Mais en 93, comme en 73, j'ignore à peu près tout de la guerre de Vendée. Élevée dans le rejet des « chouans » qui continuent d'inspirer une réaction cléricale au sud de la Loire, j'ai été formée à penser avec Michelet qu'elle avait été un coup de poignard dans le dos de la Révolution. Et avec Clemenceau que la Révolution « forme un bloc » dont on ne peut rien distraire. J'ai aujourd'hui compris que la Vendée insurgée de 1793 faisait entendre ce droit imprescriptible : l'attachement à ses traditions, à son mode de vivre et de penser. Et c'est un acquis inestimable aujourd'hui, en un moment où la république vit un profond et double ébranlement : la protestation d'une partie de la population qui s'estime inconsidérée et incomprise, la résistance d'une autre partie de nos concitoyens venus d'ailleurs à qui l'on enjoint brutalement de se dépouiller de tous ses attachements pour se soumettre à nos lois. Le défi que doit affronter l'idée républicaine, c'est d'en prendre la mesure, d'en accepter la conséquence, et de maintenir sa visée universaliste sans en faire un motif d'exclusion. La solution ne peut se trouver que dans la mise en place d'une vraie démocratie sociale, égalitaire et juste.

Lorsque *L'Archipel* sort à Paris le 28 décembre 1973, l'agence TASS, l'une des principales agences de presse de Russie, réagit hardiment : « Le nouveau pamphlet politique antisoviétique de M. Soljenitsyne a été envoyé en Occident en cadeau de Nouvel An aux ennemis de sa patrie. » Il faut lire, en ligne, François Hourmant, professeur au centre Jean-Bodin de l'université d'Angers[74], qui cite Michel Winock : Soljenitsyne a « ouvert les vannes d'un torrent critique (et autocritique) antitotalitaire[75] ». Le 31 décembre 1973, soit trois jours après la parution, le PCF lance une vaste offensive pour tenter de neutraliser la portée de l'ouvrage. Serge Leyrac estime que celui-ci « semble traiter de certains faits passés de l'histoire de l'URSS : la violation de la légalité socialiste. (...) Il est remarquable qu'aucun des innombrables commentaires à lui consacrés ne rappelle que le PCUS a condamné publiquement, à son XXe Congrès, les violations dont la légalité socialiste avait souffert à une époque donnée. » Pierre Daix salue la publication, Georges Marchais affirme tranquillement que, si le PC était au pouvoir, Soljenitsyne serait publié en France — « à condition qu'il trouve un éditeur ». C'est toute la différence avec l'affaire Kravchenko, en 49. Le procès Kravchenko n'avait guère entamé les convictions de l'intelligentsia progressiste dans sa foi en la révolution*.

En 74, on va saisir l'occasion du livre de Soljenitsyne pour affirmer la centralité d'une problématique alors nouvelle, la problématique antitotalitaire. Son succès public profite de la faible diffusion en France d'une réflexion posée vingt ans plus tôt par Hannah Arendt dans ses *Origines du totalitarisme* (1951). *Totalitarianism* (*Le Totalitarisme*) va être publié en français en 72 sous le titre *Le Système totalitaire. Antisemitism* (*Sur l'antisémitisme*), en 73. *Imperialism* (*L'Impérialisme*), en 82. Le principal effet de ces publications, c'est qu'il va effacer la différence entre le nazisme et le stalinisme. Or si tous les deux, certes, sont responsables de crimes de masse, ils demeurent fondamentalement différents sur un point : le nazisme a tenu les (terribles) promesses de son fondateur ; le stalinisme a trahi la « splendide » promesse de la pensée révolutionnaire, justice et liberté pour « le tiers état ». À partir de 74, notent Pascal Ory et Jean-François Sirinelli, la métaphore du goulag rassemble « les maîtres à penser » des nouvelles générations intellectuelles, ceux qu'on nommera « les nouveaux philosophes ». Ou « filousophes », pour reprendre le génial néologisme de Victor Hugo ? C'est ce que semble dire Gilles Deleuze en mai 77 dans le supplément n° 24 de la revue *Minuit*. À la question « Que penses-tu des "nouveaux philosophes" ? », il répond : « Rien. Je crois que leur pensée est nulle. » « Ce qui me dégoûte, ajoute-t-il, est très simple : ils font une martyrologie, le Goulag et les victimes de l'histoire. »[76]

* En avril 44, Victor Kravchenko, ingénieur militaire soviétique en mission aux États-Unis, demande l'asile politique aux Américains. Il rédige quelques mois après un ouvrage où il décrit « la vie publique et privée d'un haut fonctionnaire soviétique » et explique pourquoi il a « choisi la liberté » (*I Chose Freedom*). L'ouvrage, paru outre-Atlantique en 46, rencontre un immense succès. Traduit et publié en français en 47, il est violemment attaqué par les communistes, notamment dans l'hebdomadaire culturel *Les Lettres françaises*, qui accusent Kravchenko de « mensonge et d'imposture ». Kravchenko porte plainte pour diffamation et obtient, après un procès très médiatisé, en avril 49, que Claude Morgan et André Wurmser, rédacteurs en chef des *Lettres françaises*, soient condamnés à verser 100 000 francs de dommages et intérêts.

https://enseignants.lumni.fr/fiche-media/0000000508/le-proces-kravchenko.html

La publication de *L'Archipel du Goulag* a été une sorte de « chute du Mur dans les têtes », la revue *Esprit* déclare que « l'imposture totalitaire a fini par éclater ». Les nouveaux philosophes rompent de manière radicale avec le marxisme, en position dominante au sein de la vie intellectuelle depuis 45. Pour eux, c'est une philosophie totalitaire qui découle des Lumières et de la notion de progrès, et qu'ils jugent responsable des crimes de l'URSS. La gauche n'en profitera pas. Détachée de ses justifications révolutionnaires, elle peine à trouver d'autres fondements. Ce qui l'emporte momentanément, c'est « la deuxième gauche » qui s'opposait frontalement à une gauche fondée sur le marxisme et sur l'héritage jacobin de la Révolution française. Retrouvant ce qu'avait proposé le PSU, une alliance allant des catholiques sociaux réformistes aux sociaux-démocrates. Je n'avais donc pas tout à fait tort une dizaine d'années plus tôt de trouver à *Tribune socialiste* un léger parfum de sacristie : la gauche officielle, la gauche de gouvernement, basculera tôt ou tard dans « le sociétal », faute de pouvoir (vouloir) prendre en main la question sociale.

Le grand triomphe, c'est celui de la pensée de droite, des néoconservateurs, « les néocons », aux États-Unis et en France. Et le glissement vers la droite des intellectuels juifs traditionnellement plutôt engagés à gauche : c'est la thèse que soutient Daniel Lindenberg dans son livre intitulé *Le Rappel à l'ordre* (2002), au chapitre « When Jews turn right ». D'où leur opposition ouverte à la gauche officielle (la gauche « somnambule ») : le Parti socialiste de François Mitterrand qui vient de s'allier avec le Parti communiste de Georges Marchais, proche de l'URSS. Ce sont les mêmes qui, avec la guerre des Six-Jours, avaient redécouvert leur identité à travers la défense de l'État d'Israël. Pour en finir avec le marxisme, il faut retrouver la pensée juive. Pour Bernard-Henri Lévy, la France réelle est pétainiste (fasciste, antisémite), la dénonciation de l'antisémitisme comme une tare française récurrente est le fond de son livre *L'Idéologie française* (1981). Viviane Forrester fera ressortir que, si la France avait été antisémite dans ses profondeurs, jamais le capitaine Dreyfus n'aurait été réhabilité.

Là est le piège. Comment résister ? Comment développer et maintenir une pensée et une action de gauche, résistant au terrible désenchantement, et aux discours qui prospèrent sur ces révélations bouleversantes ?

Paysage de ruines avec personnages. *Aragon*

En 75, Jean Ristat me propose de publier dans la collection « Digraphe » une première tentative que j'ai faite, sous le titre *Paysage de ruines avec personnages*, pour dégager ma route, trouver ma voie. Dans ce premier essai (je ne compte pas *Alger-la-Blanche*), c'était comme si je devais me frayer un chemin en me dégageant des « ruines » que je porte en moi. Constatant, comme Jacqueline Risset le dit si bien, que la page ne naît pas vide, mais encombrée : « horreur de la page blanche sentie non comme horreur du vide, mais de l'excès — excès des mots, excès du sujet, surpeuplement fantasmatique sous la surface hypocritement vierge[77] ». Mes études littéraires m'ont lassée d'une prose porteuse de valeurs académiques, il me faut casser la phrase, supprimer la ponctuation, c'est aussi dans la manière de l'époque. (Heureusement, à l'autre bout du monde et du temps, il y a la littérature russe et la littérature latino-américaine.) J'adhère sans conviction à ce modernisme artificiel, je l'abandonnerai sans regret. *Paysage de ruines* paraît en septembre. Le jour de la sortie du livre : Tu es invitée à déjeuner chez Louis, me dit Ristat.

Aragon habite depuis 1960 au 56 rue de Varenne, en face de l'hôtel de Matignon, deux étages d'un hôtel particulier, l'hôtel Gouffier de Thoix, construit entre 1719 et 1725. Il y a vécu avec Elsa Triolet jusqu'à la mort de cette dernière en 70, le couple partageant son temps entre ce domicile et le Moulin de Saint-Arnoult-en-Yvelines. Il y meurt en 82. C'est aujourd'hui une annexe aux services du Premier ministre. Aragon nous accueille avec cette affabilité qu'il montre à tous les jeunes écrivains, il me fait asseoir en face de lui. Ses cheveux sont longs, son sourire appuyé, ce n'est plus l'homme que nous avions accueilli lors de sa conférence boulevard Jourdan, l'air sévère, le cheveu court, le pull en V sous la veste — un fonctionnaire du Parti, un membre du Comité central. Le décor est saisissant. Jusqu'au plafond, dans le salon, dans la salle à manger, dans son bureau, des tableaux, des gravures, des estampes, signés de tous les grands noms de la première moitié du siècle. Une série de tirages de la fameuse colombe de Picasso, mais aussi des objets, russes pour beaucoup. Un petit escalier-fauteuil relie les deux étages, trace du temps où y vivait Elsa, malade du cœur. Ces déjeuners se reproduisent assez souvent rue de Varenne. Des jeunes gens sont là, beaux, moqueurs, bruyants. Louis verse du Mouton Cadet, Maria sert le foie gras. Un garçon : Oh non, Louis ! Pitié ! Encore du pâté ! Lors de ce premier déjeuner, il me dit ceci, que je n'ai jamais oublié : Ne croyez pas que vous avez besoin des éditeurs, ce sont eux qui ont besoin de nous. J'en ai surtout retenu le « nous », flatteur et prématuré, qui m'associait généreusement, et indûment, à la grande famille des auteurs.

Certains de mes amis n'aiment pas que je cite Aragon, ils n'aiment pas Aragon, pour tout dire, et ils ont souvent de bonnes raisons pour ça. Comme l'affaire Nizan. Paul Nizan avait rompu avec le Parti communiste après la signature du pacte germano-soviétique. Il fait alors l'objet d'une série de vives attaques de la part de ses dirigeants. Dans son roman *Les Communistes* (1949), Aragon le décrit comme un traître sous les traits du policier Orfila. Aragon a été un personnage central du Parti communiste français, à mille lieues du style prolétarien de Maurice Thorez — au demeurant grand lecteur, ainsi que le rapporte son fils Paul, et qui s'était mis au latin, vers cinquante ans, pour dissiper l'ennui durant la maladie (on est surpris aussi d'apprendre que Jeannette Vermeersch lisait Spinoza)[78]. Et un stalinien, sans état d'âme, malgré des moments de rupture ou d'éloignement. Un homme sur qui le Parti pouvait compter. « Qui étions-nous ? » écrit-il à Pablo Neruda, après le tremblement de terre au Chili.

Réponse : « Des enchanteurs désenchantés. » Cela suffit-il ? N'est-ce pas une dérobade de plus ?

Pablo mon ami le temps passe et déjà s'effacent nos voix
On n'entend plus même un cœur battre
Tout n'était-il que ce qu'il fut tout n'était-il que ce qu'on voit
Tout n'était-il que ce théâtre
Peut-on vraiment se contenter de la couleur de cruauté
Où vivre semble au mieux survivre
Où nous aurons au mieux été des enchanteurs désenchantés
D'avoir chanté pour or le cuivre.

C'est la rencontre d'Elsa Triolet en novembre 1928, après sa tentative de suicide à Venise, qui va ouvrir à Aragon les portes de l'URSS. Elsa était née Kagan à Moscou en 1896, sa sœur aînée Lili avait épousé Ossip Brik, l'un des théoriciens de l'école formaliste. Lorsqu'elles rencontrent Maïakovski, elles se coulent toutes les deux dans la figure de « la muse du poète » jusqu'au moment de son suicide en avril 1930. Lili est une figure des avant-gardes des débuts de la révolution russe. Sur cette affiche, le mot *Knigui*, « des livres ! », sort de sa bouche.

Affiche réalisée par Ilnur Kalimullin à partir d'une photo de Lili Brik par Rodtchenko pour les Éditions d'État de Leningrad (Lengiz)

Plus tard, Lili épousera le général Primakov, arrêté en août 36 et fusillé en 37 avec d'autres cadres de l'Armée rouge. Aragon ne croyait pas à sa culpabilité. Il est alors en URSS pour son troisième séjour et vient d'assister aux funérailles de Gorki. Les premiers voyages d'Aragon avec Elsa au cours des années 32-34 sont déterminants ; il s'emploie à faire connaître en France les théories littéraires soviétiques, qui ne sont pas encore réduites et étouffées par « le réalisme socialiste ». Et il publie *Hourrah l'Oural*, poèmes écrits pour la plupart en URSS en 32. « Front rouge » exalte avec violence la révolution bolchevique (« Descendez les flics, camarades ! »), et lui vaut une inculpation. Jugeant le texte « poétiquement régressif », Breton l'attaque dans un pamphlet, *Misère de la poésie* : bien que les poètes soient des révolutionnaires convaincus, la poésie ne saurait être pervertie dans l'usage du mot d'ordre et de la propagande. Il met Aragon dans une position impossible ; la rupture est consommée. Aragon travaille dans les instances littéraires du Komintern, participe au travail d'« amitié » en direction des intellectuels progressistes. Régénéré par sa conversion-adhésion, il reçoit de nouvelles responsabilités à son retour à Paris et devient un homme clef sur « le front culturel » et antifasciste en prenant en 37 la direction de *Ce soir*, le second quotidien du Parti. Au Congrès international des écrivains de Paris (25 juin 1935), il affirme dans le discours de clôture qu'« il est temps d'en finir avec le genre m'as-tu-vu de la douleur, les hallucinations à un ou plusieurs, le pas donné au subconscient sur la vue, l'ouïe, l'odorat, le goût et le toucher, la sexualité comme système et le délire comme représentation, il est temps d'en finir avec le baroque, le modern style et la foire aux puces, suprêmes ressources de l'ennui mondain et du pessimisme des loisirs ». Le temps est venu de se rallier aux principes du « réalisme socialiste »[79]. Il se tourne alors vers le roman (*Les Cloches de Bâle*, 1934), revenant, dit le Maitron, « à une inspiration plus directement politique ». Mais il va interpréter ce réalisme « à la française », et se retrouver alors en phase avec la revendication de l'héritage national par le PCF. D'où la reconnaissance du monde littéraire : *Les Beaux Quartiers* obtinrent le prix Renaudot en 1936. Manœuvre habile ? En tout cas, il est loin de toute rupture avec le Parti. Au moment du pacte germano-soviétique, en août 39, il sera l'un des très rares intellectuels à ne pas rompre. Voilà pour la carrière officielle.

Chaque été, je rejoins Ristat à Toulon, à l'hôtel du Cap Brun, où Aragon passe toute la belle saison, retrouvant la région natale de sa mère, dont la famille était de Solliès-Pont. J'y fais la connaissance de Gianni Burattoni, qui débutait une œuvre singulière dans l'alliance du néoclassicisme et de l'avant-garde. J'ai chez moi des papiers collés de lui, et des pastels, et ses notes précieuses en marge de la version italienne de *La Divine Mimesis*, que j'étais alors en train de traduire. Aragon m'englobe dans une hospitalité généreuse, mais je ne saurai jamais exactement ce qu'il pense de moi. Plus tard, parfois, il nous arrivera de dîner en tête à tête, à Paris ou à Toulon. Il me regarde avec une curiosité affectueuse, il semble espérer que j'aie un enfant, de tel ou tel. Ce qui lui plaît, c'est une atmosphère de complot, de secret, la complexité des relations, ce dont lui-même est le fruit. « Cela ne fit rire personne quand Guy appela M. Romanet Papa[80]. » « Je suis très ramifié », aimait-il à dire. Il clignait des paupières, l'air absent, puis me glissait : « On verra bien à qui il ressemble. » Allusion transparente aux conditions de sa propre naissance d'enfant illégitime d'une très jeune femme, Marguerite Toucas, et du préfet de police de l'époque, Louis Andrieux. C'est la raison de ma brouille avec André Breton, disait-il. — Que voulez-vous, ma petite fille, son père était gendarme, le mien préfet de police ! La révélation sur sa naissance lui est faite en 18 quand il est mobilisé.

Piscine, soirées, dîners face à la mer. Tout un monde entoure Aragon, qui se livre à (ou dans ?) des confidences devant un auditoire de garçons coiffeurs et de jeunes serveurs, jeunes gens beaux et un peu veules que j'avais vus la veille au soir dans une boîte avec des perruques et des talons de quinze centimètres de drag-queens. Il ne disait jamais Maïakovski, mais « mon beau-frère », sur un ton de familiarité populaire, lui qui était si peu peuple. Louis, encore tes vieilles histoires ! Ils s'en fichaient bien, de son beau-frère, les serveurs de bar du boulevard de la Liberté, venus piquer une tête à la piscine de l'hôtel et manger du homard aux frais de Louis. De sa mémoire fertile, travaillée d'obscurs remords peut-être, il faisait sortir une succession de récits qui faisaient passer d'étranges coups d'un vent froid sur la terrasse et sur les pins. Comme celui de l'assassinat de Kirov (1934), proche de Staline et son dauphin présumé. Affaire très obscure, jamais élucidée. Aragon racontait sa stupeur en voyant Staline sortir de derrière les rideaux qui encadraient la dépouille de Kirov, le visage ruisselant de larmes. Que prouvaient-elles, ces larmes ? Une ultime hypocrisie, ou un sincère chagrin ? Ce sera le début des premières grandes purges. Commence l'horrible comédie de l'aveu car tous se reconnaissent coupables, à laquelle se laissent prendre des démocrates occidentaux, comme la Ligue des droits de l'homme, qui s'était illustrée dans la défense de Dreyfus[81].

On se levait, on l'entourait. Bronzé, souriant, torse nu, protégé par sa surdité du ronflement puissant des hélicoptères en manœuvre au-dessus de la baie, il était heureux, d'une manière probablement nouvelle dans sa vie, et il le traduisait par des regards, un geste affectueux de la main sur le bras de l'un ou de l'autre. Lequel passerait la nuit avec lui ? Aucun peut-être. Tous, à peu près tous, sont morts du sida dans la décennie qui a suivi. « Ma petite fille, me disait-il (il appelait sans distinction tous les garçons « petit »), venez dîner avec moi ce soir, je suis seul. » J'allais le prendre dans sa chambre, il nouait une cravate blanche sur son costume blanc cassé, un soir il accroche à son revers une mince décoration d'un rouge sombre et brillant. Je me rapproche de lui pour mieux la voir, il surprend mon mouvement, oh, c'est l'ordre de Lénine, je suis un des derniers à l'avoir reçu, c'est pour éclairer un peu ce costume. Il l'avait reçu à Paris des mains de Stepan Tchervonenko, un Ukrainien qui fut ambassadeur à Paris à partir de 73. On ne lui avait visiblement pas tenu rigueur d'avoir parlé de « Biafra de l'esprit » à propos de la répression du Printemps de Prague.

Aragon à la rose, Toulon, 1976

Derrière les récits de « Louis », faits sur un ton bonhomme, entrecoupés de sourires et de clignements d'yeux, quels monstrueux secrets se dissimulaient-ils, quelles révélations d'un passé obscur ? *Théâtre/Roman* (1974) : « Mais, écoute, à côté, dans cette pièce où personne pourtant n'entre sans moi, quels sont ces pas, ce bruit de meubles bousculés, ce langage confus, même, il me semble, ces rires ? On cloue une caisse, on cloue une caisse et je n'en ai pas donné permission ! Qui êtes-vous, gens de derrière le mur, qui êtes-vous pour m'apprendre à vivre à grands coups de marteau sur ma gueule de fou, de traqué, d'agonisant ? Qui êtes-vous, invisibles, qui sentez le vin rouge et le sang noir, ô familiers monstrueux de la mort ? » Faut-il aller plus loin, évoquer des pistes ? Dans ses toutes dernières années, il semblait parfois effrayé par sa propre mémoire, envahi de souvenirs encombrants, travaillé par un désir intermittent de parler. Le Parti avait placé auprès de lui un homme « de confiance », qui « avait été à la fin le chauffeur de Jacques » (Duclos), me dit Antoine Vitez. C'est dire qu'on savait y faire, au Parti, pour garder les cadavres dans les placards.

L'avoir connu et fréquenté, cela m'a-t-il aidée à comprendre le communisme ? Et à m'en rapprocher ? Pas sûr. On a compris que ma sympathie allait plutôt à des figures venues du peuple, à des militants d'origine ouvrière ou paysanne. De ces années-là, le souvenir qui domine, c'est plutôt la joie d'avoir, en côtoyant cet homme double, au regard perçant, parfois cruel, touché de près l'histoire « avec sa grande hache ». Je n'ai jamais eu le désir de fréquenter de grands personnages, mais j'ai un appétit insatiable de ces situations romanesques où l'on voit des fragments de cette grande, de cette terrible histoire venir s'échouer à vos pieds. Comme à Toulon, quand entre les palmiers, face à la Méditerranée, Louis déployait les entrelacs de récits « ramifiés » que beaucoup ne lui demandaient pas, et qui ne les intéressaient pas.

Étés à Athènes...

La rencontre d'Antoine Vitez et les spectacles qu'il monte ces années-là m'assurent un retour vers une idée du théâtre que j'avais confusément devinée avec le TNP lors de mon arrivée à Paris. Et qui se précise autour d'une esthétique largement héritée du formalisme russe. En avril 76, je publie dans *Digraphe* un entretien avec lui sur *Catherine*. Vitez a repris à Nanterre sous ce titre la construction théâtrale qu'il avait tirée pour Avignon du roman d'Aragon *Les Cloches de Bâle*, à la chapelle des Pénitents blancs. « Miraculeux plaisir de l'intelligence », dit Colette Godard dans *Le Monde*. « Cucuteries », dit Pierre Marcabru, critique dramatique au *Figaro*. Il n'y a pas de scène. Seulement une table vide. Un repas de famille, où chacun à son tour s'empare des personnages du roman pour les faire entendre, jouant avec eux pour les faire revivre. Le passé est là, l'univers des anarchistes des années 1900, la brûlante tentative d'une femme, Catherine, pour construire sa liberté. Je mesure aujourd'hui combien il nous était nécessaire, à la fin des Trente Glorieuses, et dans la retombée de mai 68, de voir se recomposer, dans un geste artistique, les fragments d'un passé que nous avions vu (et voulu voir) voler en éclats. Je n'avais pas accompagné Ristat et Aragon pour cette première représentation à Avignon. Mais cela se produira bien d'autres fois, à Nanterre, à Ivry. Calé entre nous deux, il arrive à Aragon de s'endormir élégamment. Nous nous consultons du regard et d'un commun mouvement nous enfonçons délicatement notre coude dans ses côtes ; Aragon se réveille avec la même discrétion, cligne légèrement des yeux, nul autour de nous n'a rien remarqué. Avignon. Le théâtre dans les journées brûlantes de l'été... L'orage menace, compromettant le spectacle du soir, Vitez va et vient dans les rues d'Avignon, la tête levée, scrutant le ciel. Je me souviens aussi que l'été 76 est celui où les conversations tournent autour de Tel al-Zaatar, le massacre des Palestiniens par les milices chrétiennes du Liban. Et qu'à l'époque je ne m'y mêle pas, les enjeux m'échappent.

Antoine Vitez avait été le secrétaire d'Aragon pour l'histoire croisée URSS/USA. Parfois, rue de Varenne, il revêt le masque neutre qu'Aragon avait utilisé lors des entretiens avec Jean Ristat filmés par Raoul Sangla, parfois il se livre à l'imitation de Jean-Louis Barrault dans *Les Enfants du paradis*. Puis il reprend sa place à table, pâle, distrait. Il mange peu, ne boit jamais de vin. Elsa et Lili étaient très attachées au projet de faire connaître l'œuvre de Vladimir Maïakovski, elles comptaient beaucoup sur lui. Dès 36, en URSS, Lili a suivi la publication des œuvres du poète et l'ensemble des manifestations qui lui sont consacrées, tandis qu'en France, en 39, Elsa Triolet a publié un article sur Maïakovski à *La NRF* puis un premier ouvrage aux Éditions sociales internationales, et en devient peu à peu la traductrice. En juillet 60, Vitez est venu à Moscou préparer le livre d'Aragon, « aujourd'hui, le secrétaire d'Aragocha a déjeuné avec nous », raconte Lili Brik. Il entreprend de monter *Les Bains* en 67[82]. Vitez restera au Parti le plus longtemps possible. Non sans lui adresser d'acerbes critiques. « Ce qu'ils aiment dans le socialisme autoritaire, ce n'est pas le socialisme, c'est l'autorité. » J'ai dit plus haut comment sa « manière d'être communiste » ne se séparait pas d'un « républicanisme » où je me reconnais : il imposera que pour le 14 Juillet en Avignon la troupe chante *La Marseillaise*[83].

Par son intermédiaire, j'ai fait la connaissance ces années-là de quelques écrivains, poètes et dramaturges grecs qui se sont établis à Paris à la suite du coup d'État d'avril 67, et y sont restés. Est-ce qu'en France cette affaire a eu beaucoup d'échos ? Pourtant, elle en dit long sur la fragilité de la démocratie quand elle a été rétablie dans des pays secoués par l'affrontement du nazisme et du communisme. Une fois au pouvoir, la junte des colonels s'est employée à éliminer toute forme d'opposition et de contestation. Arrestations, résidences surveillées, déportations. Le Parti communiste est interdit. La résistance s'organise. Fin 73, les étudiants de Polytechnique se soulèvent contre le régime, appelant le peuple de Grèce au combat. Le 17 novembre 1973, les chars entourent l'école, l'un d'eux défonce la grille, les victimes sont nombreuses. *Le Figaro* du 20 novembre 1973 : selon des sources « officieuses mais très sérieuses, le chiffre dépasserait 100 morts ». Une semaine plus tard, un coup d'État renverse le colonel Papadópoulos. Le véritable homme fort du pouvoir est le chef de la police militaire Dimítrios Ioannídis. Durant huit mois, la répression est terrible : assassinats politiques, tortures. Le pouvoir à bout de souffle est de plus en plus isolé au niveau international ; suite à la crise de Chypre, le régime est balayé le 23 juillet 1974[84]. Après sept années de dictature, la Grèce redevient une démocratie parlementaire. Les élections de novembre 74 consacrent la victoire de Constantin Caramanlis et de son nouveau parti Nouvelle Démocratie. Un mois plus tard, un référendum approuve la république.

Pendant l'hiver 75-76, je rencontre à plusieurs reprises des traducteurs de poésie grecque contemporaine, dont Chrysa Prokopaki. En collaboration avec Antoine Vitez, elle a publié en français un poète aujourd'hui peut-être un peu oublié, Yánnis Rítsos. Né en 1909, Rítsos a traversé toutes les épreuves du siècle, rejoint le Parti communiste et la Résistance, connu la prison pendant la guerre civile de 46. En 56, quatre ans après son retour des « camps de rééducation » pour prisonniers politiques, il publie *La Sonate au clair de lune*, son recueil le plus célèbre, et il est emprisonné de nouveau sous la dictature des colonels. Ce travail de traduction à deux doit se poursuivre durant l'été à Athènes, elle me convie à lui rendre visite à cette occasion. J'y vais fin août. J'y retourne l'année suivante. Je ne suis pas allée en Grèce depuis mes voyages de fin d'études, et ce n'est pas la même Grèce. (Est-ce qu'elle y est toujours, la petite église byzantine sur la route de l'aéroport ?) Je ne suis plus celle que j'étais en 62, qui poursuivait sans le rejoindre son rêve de voir l'Antiquité s'incarner dans le monde d'aujourd'hui. En tant que monde sensible, le monde antique a disparu du nôtre (sauf à Rome ?) ; c'est au Maroc que j'avais cru le retrouver, non sans raison, et désormais je ne le cherchais plus, ni en Italie, ni en Grèce. Cette fois, mon bonheur est de découvrir la Grèce contemporaine, et sa langue. Je m'enfonce avec joie dans une histoire qui depuis n'a cessé de me passionner, l'histoire des langues, la présence et la survivance de l'ancien dans le récent. Le grec, désormais, c'est ce que nous appelions « le grec moderne », avec une espèce de condescendance envers le présent, et de révérence envers le passé, coupables toutes deux. La survivance du grec ancien cependant m'enchante : déjà, en 62, ce camion de « métaphores » et maintenant, cette place du « Syntagme », qui veut dire Constitution... Le grec qu'on parle autour de moi, dans les taxis, que parlent entre eux les amis chez qui nous habitons, c'est le « démotique », la langue du peuple, où survit le grec ancien. « Siga tis portis ! », « Doucement la porte ! » dit le chauffeur quand on risque d'ébranler son taxi vieillissant. Langue dite « vernaculaire », comme ce latin parlé d'où sortiront les différents français tardivement unifiés, — *verna*, c'est en latin l'esclave de naissance, et l'indigène. Notre chemin est différent du leur, mais nous avons aussi connu la tyrannie du monde d'en haut qui impose comme « bon usage » la langue que parle « le beau monde ». Lorsqu'en 1832, à l'issue de la guerre d'indépendance, le royaume de Grèce est proclamé, la langue officielle est la « katharévousa », littéralement la langue « purifiée », conçue artificiellement à partir du XVIIIe siècle pour « purger » la langue grecque moderne des influences étrangères, sans revenir au grec ancien. (Cette idée de purger, de purifier la langue est à l'origine de la création, par Richelieu, de l'Académie française.) Le peuple ne l'adopta jamais. La katharévousa sera encore utilisée dans les milieux conservateurs et ecclésiastiques (redondance ?). Pendant longtemps, la Grèce s'est refusée à enseigner à l'école « la langue du peuple », la langue des usages courants et quotidiens. Mais en 76, elle accède enfin au statut de langue officielle. Antoine Vitez et ses amis ont une fine connaissance de la Grèce, de son histoire, de ses écrivains, de sa vie politique. Grâce à eux, j'apprends aussi à voir ce qui est ottoman dans la Grèce actuelle, mais c'est au prix d'un rejet violent de la Turquie, ce qui ne s'arrangera pas au long de mes voyages en ex-Yougoslavie. Je suis nourrie du souvenir de « l'enfant grec aux yeux bleus » qui « veut de la poudre et des balles ». (Ce que des khâgneux facétieux corrigeaient en « je veux de la poudre au trou d'balle ».) Je ne dirai plus désormais un « café turc », mais un « café grec » : j'ignore alors que cette appellation est toute récente, qu'elle date de l'invasion turque de Chypre en 74. La Grèce a adopté définitivement ce terme comme le nom politiquement correct du café.

Je commence à entrer dans une vision « géopolitique »

du monde, où se déploient à travers l'espace et le temps des cultures, des langues, des populations, leurs conflits, leurs institutions et leurs bouleversements. Et en Grèce, je touche pour la première fois aux limites géographiques de l'Europe que l'histoire a remises en question, déplacées, menacées. (Parfois, d'une de ces failles du monde, s'échappent de brusques coulées rougeoyantes.) Trente ans plus tôt, en effet, la Grèce a connu une terrible guerre civile. Le Parti communiste grec, première force politique du pays à la Libération, a rejoint en décembre 47 l'Armée démocratique de la Grèce, conduite par d'anciens résistants. Une guerre civile l'oppose jusqu'en 49 aux forces royalistes soutenues par le Royaume-Uni et les États-Unis. « Soutenues », le mot est faible : le Royaume-Uni, et Churchill au premier chef, veut la reddition de la Grèce résistante, et garder le pays dans « le monde libre ». C'est « un exemple type de banditisme impérialiste », écrit Tariq Ali dans son livre à charge contre Churchill[85]. Vaincus, les communistes trouvent refuge dans « les pays de l'Est ». Certains d'entre eux en Tchécoslovaquie, comme l'historien Ilios Yannakakis, né au Caire, mort à Paris. Les communistes grecs n'ont pas été soutenus par l'URSS : ils ignorent que Staline en 44, à la conférence de Moscou, avait accepté l'influence britannique en Grèce à hauteur de 90 %, en échange d'un compromis 50-50 en Yougoslavie. On me parle longuement de Makrónissos, longue île désertique au large du cap Sounion, où avait été ouvert un camp de détention, pour les vaincus. Pas d'eau, pas d'ombre, un soleil brûlant l'été et un froid glaçant l'hiver. En moins de dix ans, ils seront des dizaines de milliers (dont des enfants) à passer par ce camp. Dans un article du *Monde* de juillet 72, Étiemble incrimine violemment Churchill dans le déclenchement de la guerre civile grecque : « Pour avoir résisté à Hitler, Churchill mérite à jamais la reconnaissance des hommes libres ; pourtant, lorsque je me promenais dans Athènes rue Winston-Churchill, je pensais aux camps de Makrónissos. Selon mon humeur, je hochais la tête ou je serrais les poings ; car, enfin, il n'avait obtenu cette rue, Churchill, que pour avoir écrasé la flotte et l'armée de la résistance grecque, pour avoir livré au fascisme un pays dont les combattants, victorieux de Mussolini, associés aux combats d'El Alamein, méritaient un peu mieux. » De Makrónissos aujourd'hui ne reste plus qu'un théâtre, sauvé en 87 par Melina Mercouri, alors ministre de la Culture. Des années après notre voyage.

La direction du Parti s'était installée à l'étranger (URSS, Roumanie, Bulgarie). Le mari de notre amie passera dix ans en Russie avant de parvenir à rentrer en Grèce dans les années 50. Le Parti communiste, clandestin, se fond dans des organisations de gauche. Après l'instauration de la dictature des colonels le 21 avril 1967, le KKE est interdit. Il se scinde en deux en 68, certains de ses membres, opposés à la répression du Printemps de Prague, souhaitent se rapprocher de la ligne eurocommuniste suivie notamment par le Parti communiste italien. Un article du *Monde diplomatique* de 75 nous éclaire sur l'existence de ces deux partis communistes, de l'extérieur et de l'intérieur. Cela fait évidemment aussi l'objet de blagues : comme celle des frais qui pèsent sur le premier. Quels frais ? Les frais de traduction ! Tout vient de Moscou. Mais le parti français a aussi reçu de l'argent de Moscou : dès sa création fin 1920, le PCF n'a certes pas croulé sous « l'or de Moscou », comme le dit la presse anticommuniste, mais il a reçu de manière constante, comme tous les partis frères, une aide non négligeable via l'Internationale communiste (Komintern), dont le PCF a été jusqu'en 43, date de sa dissolution par Staline, la section française. Pourtant en 87, en dépit des difficultés économiques de l'URSS, Gorbatchev, dans une note confidentielle du Comité central, publiée par la revue *Ogoniok*, valide l'octroi d'une aide d'un million de dollars pour la campagne d'André Lajoinie.

Grèce des années 70, exemple d'une époque de transition… Je n'aurai jamais connu que ça pendant toutes ces décennies, depuis les violents soubresauts de l'indépendance algérienne : innovations techniques, ruptures anthropologiques, environnementales... J'habite presque sereinement ce monde nouveau, sans nostalgie excessive pour le monde ancien, mais attachée à en préserver la leçon. Que faire, cependant, pour ceux qui subissent des changements qu'ils n'ont pas choisis ? Et pour cette jeunesse privée d'avenir et fermée au passé, qu'on livre pieds et poings liés aux marchands d'illusions avides de profit ? Est-il besoin de dire à quel point la petite républicaine en galoches tire leçon et profit de ces voyages, de ces rencontres, de ces découvertes ? J'en conçois aussi une vision de plus en plus sévère de notre éducation républicaine : si juste qu'en soient les principes, elle en est si fortement persuadée qu'elle ne se soucie pas assez des obstacles, de leur nature, de la manière de la surmonter. La république, en France, doit sortir de son pré carré. Faire l'expérience d'un monde où sa tranquille assurance (d'aucuns diront arrogance) est mise à l'épreuve ; et ne plus se croire l'élite et le guide des nations.

D'où l'importance qu'ont eue pour moi ces voyages aux alentours de ma trentième année. Et certaines rencontres comme justement, en Grèce, celle de Stratís Tsírkas et de son grand livre *Cités à la dérive*, qu'on compare souvent (à tort) au *Quatuor d'Alexandrie* de Lawrence Durrell. Né au Caire, en 1911, de son vrai nom Yánnis Chatziandréas, celui qu'Étiemble, dans le même article du *Monde*, qualifie de « Faulkner grec », n'est venu s'installer en Grèce qu'en 63. Très tôt, dans les années 30, il a fait partie du groupe qui tente d'instaurer un parti communiste en Égypte, lequel n'est pas reconnu par Moscou ni rattaché au Komintern. Les Grecs d'Égypte sont une communauté oubliée, la colonie étrangère la plus nombreuse en Égypte tout au long du XIXe siècle et jusqu'au milieu du XXe. Une entité composite quant au lieu d'installation en Égypte, aux convictions politiques, à l'activité professionnelle, à la situation économique. Tsírkas nous reçoit chez lui, puis nous emmène dîner, sans sa femme ni son fils, dans une taverne du Pirée. *Cités à la dérive*, paru en 65, suscite encore dans ces années-là d'intenses débats : drame de la Grèce, occupée par les nazis, mais surtout drame vécu par le peuple grec et les résistants issus de son sein, face aux intérêts des grandes puissances. Notamment la Grande-Bretagne, prête à les abandonner, soucieuse avant tout que la Grèce ne bascule pas dans le communisme. Tsírkas porte sur son visage sévère, buriné, les marques de cette douleur historique : engagé depuis longtemps dans ces luttes, très critique à l'égard du dogmatisme communiste, il est visiblement à la recherche d'une issue qu'il n'aura pas le temps d'explorer. Il meurt en 80.

... automne à Berlin

En octobre 76, c'est « la rentrée » (je ne me suis jamais arrachée à ce découpage de l'année), que je fais sans enthousiasme. À Nanterre, c'en est fini de l'illusion lyrique née en 68. L'arrivée d'Alice Saunier-Seïté au secrétariat d'État aux Universités a rompu décidément avec la politique réformatrice de ses prédécesseurs et fermé la parenthèse libérale qui s'était alors ouverte. C'est une femme de droite qui s'assume. Très tôt, elle dénonce « la dérive » d'un enseignement supérieur « dépourvu de perspectives et soumis au poids croissant du syndicalisme et du marxisme ». Son jugement sur mai 68 est sans appel : « En 1968, la saleté des bâtiments fut admise comme une expression des libertés universitaires et de l'intellectualité créatrice. » Pour elle, la politique d'autonomie, souhaitable au départ, n'a eu que des effets désastreux : « L'irresponsabilité. La désorganisation. La politisation. La destruction des relations maîtres-élèves. L'abandon des critères de valeur. La négation de l'effort. Un égalitarisme mortel pour la science. » Ses rapports avec René Rémond sont exécrables. Il va quitter la présidence de Nanterre. Selon une anecdote qui bruissait dans le Tout-Paris et qui nous a été rapportée à de nombreuses reprises, elle aurait dit à propos de Rémond : « Je lui mordrai les couilles[86]. » Les hommes politiques la trouvent « extraordinairement sexy ». Quand René

Rémond avait été élu, la fonction de doyen n'était guère attractive. Une caricature, publiée dans plusieurs journaux de province à la mi-mai 70, montre un prisonnier qui se réveille en sursaut et dit à son compagnon de cellule : « J'ai fait un cauchemar épouvantable, j'ai rêvé que j'étais doyen à Nanterre. » Il s'agit, selon la loi d'orientation du 12 novembre 1968, de mettre en œuvre la « pluridisciplinarité », coopération de disciplines, et donc d'enseignants. Avec le temps, l'expérience de la pluridisciplinarité ou de l'interdisciplinarité (« l'étude d'un même sujet par entrecroisement des disciplines ») ne s'avère pas vraiment satisfaisante, peut-être parce que les enseignants n'ont pas l'habitude de se côtoyer et de travailler ensemble. Dans le même temps, les propositions d'Alice Saunier-Seïté suscitent la protestation des étudiants, soutenus par la municipalité communiste : le redéploiement des formations en fonction des débouchés, c'est une « dérive droitière ». « Votre lutte est juste. Il n'est pas tolérable que dans la France de 1976, la jeunesse ne se voie proposer que des études tronquées, cloisonnées, contrôlées par les experts du grand capital. » René Rémond se montre sensible aux inquiétudes de la masse des étudiants « qui a le sentiment que le pays se désintéresse d'elle ». La grève n'est pas une solution, il faut s'y résoudre. « Acide » veut en finir avec l'autonomie des universités. De nouvelles grèves en 78 : elle tient bon. C'est « l'homme fort du Gouvernement », selon Michel Droit. On lui appliquerait sans mal, dit Pierre Mazeaud, ce mot attribué au général de Gaulle : « Les femmes seront bientôt les seuls hommes qui nous resteront. » Droite dans ses bottes, elle finira par obtenir une réforme substantielle de la loi Faure de 68 : entre autres, et signe d'une rupture avec « l'esprit de Mai », elle obtient une modification dans la composition des conseils d'université au profit des enseignants de rang magistral (loi Sauvage du 20 juillet 1980). Son bilan tient en ces mots qui en disent aussi l'esprit : « La transformation actuelle de l'université — orientation et formation de meilleure qualité, ouverture sociale, relations plus étroites avec le monde économique — répond à la volonté des étudiants de ne pas se laisser aller à l'agitation et de travailler. » Quels étudiants ? Ce ne sont plus tout à fait les mêmes : j'ai vu disparaître dans ces années-là ce qui faisait le cœur et le sens d'une entreprise commune d'émancipation. La leur, et la mienne.

J'ai fait partie quelque temps du conseil de l'université sous la présidence de René Rémond. Comme il se réunit dans une des belles salles à l'étage du bâtiment administratif, on a toute vue sur l'emplacement encore frais des bidonvilles récemment détruits. Olivier Guichard, ministre de l'Éducation nationale, avait insisté pour que disparaisse d'abord celui qui jouxte la faculté ; sa présence entretiendrait l'agitation gauchiste sur le campus. Et le recteur de l'université appuie cette demande : « des adolescents, nord-africains pour la plupart, constituent la troupe à tout faire des éléments perturbateurs… quand ils n'agissent pas pour leur propre compte ». On a relogé les habitants dans des cités de transit qui perdureront. Un tract de l'époque signale qu'ils y sont « traités comme des bêtes, parqués dans de véritables ghettos souvent loin des centres, des écoles, et gérés par des gardiens qui ont appris à contrôler l'indigène en Indochine ou en Algérie[87] ».

Ce sont des années où le théâtre prend de plus en plus de temps et de place dans ma vie. Surtout depuis que des metteurs en scène me convient à des répétitions, Antoine Vitez, Jacques Lassalle. Je les préfère bien souvent au spectacle achevé. Elles me donnent mieux le sens de ce qu'est le travail théâtral, de sa magie, ce moment où une chaise de cuisine devient un trône par la parole et le geste de l'acteur. Et ma joie décline devant le velours et les dorures du spectacle achevé. Je me sens très proche des projets artistiques du Théâtre des Quartiers d'Ivry. Vitez a conçu le projet de « faire théâtre de tout », d'offrir « le meilleur au plus grand nombre », d'être « élitaire pour tous ». Je reconnais dans ce projet d'éducation populaire ce que le TNP m'avait fait découvrir dans les premiers temps de ma venue à Paris. Le studio d'Ivry, ouvert en 72, relève de ce « communisme municipal » dont on a perdu aujourd'hui la pratique et jusqu'au souvenir. Ivry est un bastion historique du Parti communiste français, tous ses maires en sont issus depuis 1925. En 76, la ville d'Ivry reprend un ancien grenier à sel pour y installer un théâtre.

Durant ces mois d'automne, je me prépare donc à un court voyage qui aura beaucoup de conséquences : quelques jours à Berlin. Berlin-Ouest et Berlin-Est. C'est une initiation à la vie concrète du « communisme réel », c'est aussi pour moi l'occasion de sortir d'un malaise. Avant ce voyage en Grèce, je suis partie comme chaque année en Italie avec P. Quelque chose est en train de se produire, qui va affecter la nature de notre entente. Je continue grâce à lui de saisir un peu mieux les merveilles de l'art italien. Mais la vie d'aujourd'hui ? Les petites autos dans les ruelles, les marchés, la vie populaire, le temps présent ? Est-ce qu'on doit les considérer seulement comme un décor, le cadre d'une grandeur, d'une beauté, d'une histoire disparues ? L'art, les œuvres d'art, réfugiés dans de beaux bâtiments, qui les protègent, mais qui les soustraient à la vie ? « Toute cette beauté m'étouffe », dit un personnage de Thomas Mann, Tonio Kröger, dans le récit éponyme. Je ne peux ni ne veux vivre selon cette dichotomie : trouver dans l'art, quelques mois par an, ou quelques jours par semaine, de quoi oublier la médiocrité, l'ennui, la tristesse de la vie quotidienne. Bientôt, dans mes voyages à venir, il m'arrivera de préférer un détour par un marché aux puces, dans les lacis d'un quartier populaire, à travers les friches d'anciennes entreprises industrielles, ou le long d'un quai. Sur les traces d'une histoire récente. Ce sera le cas à Berlin.

En 76, Antoine Vitez a accepté une proposition du théâtre de la Satire à Moscou de monter au printemps de 77, en russe, le *Tartuffe* de Molière. Sa vision du personnage n'est pas encore arrêtée. Jouvet, Planchon l'ont monté avant lui. Comme en plusieurs autres occasions, il me charge de quelques recherches dramaturgiques et je vais consulter tout près de chez moi le fonds Jouvet à la bibliothèque de l'Arsenal. Charles Nodier en fut le conservateur, on y voit encore les salons où le jeune Balzac venait lire ses manuscrits. Bien longtemps auparavant, Sully y avait sa maison de campagne ; Gabrielle d'Estrées mourut après y avoir mangé des pêches. Ce trafic des temps, ces entrelacs de l'histoire, c'est sur ce fond, dans cette lumière, dans cet air vif, animé, que je ne me suis jamais lassée de vivre et de travailler à Paris.

Qu'est-ce qu'un imposteur ? Quand, où, pour quelles raisons cache-t-on son jeu ? En 1669, la création du *Tartuffe* fera l'objet d'une interdiction suscitée par la « Cabale des dévots », la Société secrète du Saint-Sacrement, qui juge la comédie blasphématoire. On imagine bien des correspondances entre le Moscou de l'époque, les conspirations lovées dans les couloirs du Kremlin, et cette organisation clandestine de catholiques intransigeants, obsédée par le secret, spécialisée en opérations d'espionnage, de délation. Ce n'est pourtant pas la voie que choisit Vitez. Dans la version de Planchon, Tartuffe y est un jeune libertin qui suscite l'amour éperdu d'Orgon. Dans celle de Jouvet, qui qualifiait la pièce de « provocation généreuse et bienfaisante », Tartuffe était un personnage d'une austérité parfois contredite par des regards acérés, luisant tantôt de convoitise, tantôt d'orgueil. Donnant au personnage une coloration très éloignée des versions où Tartuffe promenait sur la scène ses rondeurs et ses regards libidineux de curé saisi par la débauche. Tel était le Tartuffe que j'avais vu au théâtre d'Angers un peu avant 60 avec Fernand Ledoux dans le rôle-titre. L'un des moments saisissants dans la mise en scène de Jouvet est celui où Tartuffe s'empare d'un fruit sur une coupe en céramique de style italien, très à la mode au XVIIe siècle, le saisit et y mord à pleines dents. « C'est à vous d'en sortir, vous qui parlez en maître. La maison m'appartient, je le ferai connaître. » Mais, chez Vitez, l'imposteur, ce n'est pas Tartuffe, l'imposture, c'est la religion elle-même, et la question du salut. Et en 78, pour Avignon, un degré supplémentaire sera franchi : plus proche de Planchon — mais avec un acteur plus jeune, Richard Fontana — dans une interprétation pasolinienne, Tartuffe est ce « bel inconnu dévastateur » dont tout le monde s'éprend dans *Théorème*. Dès le *Tartuffe* de Moscou, Vitez avait partiellement retenu cette idée : Tartuffe, c'est « la destruction apportée dans une famille bourgeoise par le passage du Malin, par le passage de l'étranger non invité, ce personnage qui vient de nulle part et ne va nulle part, et qui s'est emparé de toute la maison[88] ».

Vitez a besoin de rencontrer son décorateur russe qui ne peut venir en France, il lui propose donc un rendez-vous à mi-chemin : à Berlin. Est, naturellement. Berlin, c'est la capitale de l'Allemagne de l'Est, « Hauptstadt der DDR ». Je l'accompagnerai. Quand je m'apprête à m'y rendre, le nom de « Berlin » est pour moi, comme pour tout le monde, celui du mur dont la construction a occupé les rédactions jour après jour pendant l'été de 61. « Mur de la honte » pour les Allemands de l'Ouest et « mur de protection antifasciste pour le gouvernement est-allemand », il a été érigé en plein Berlin dans la nuit du 12 au 13 août 1961. C'est une solution primaire, primitive pour répondre à des antagonismes politiques dangereux. Et contenir du côté de l'Est la fuite de la population. Ce n'est pas nouveau dans l'histoire : en témoignent la Grande Muraille de Chine et le mur d'Hadrien au sud de l'Écosse. Et, plus près de nous, le mur érigé entre Israël et les territoires occupés de Cisjordanie à partir de 2004, ou encore la barrière entre les États-Unis et le Mexique, celle que la Hongrie veut mettre en place contre les migrants, ou la Finlande contre la Russie de Vladimir Poutine. J'ai même vu à la fin des années 90 une clôture construite par les habitants d'une ville du nord de la Bohême pour entourer et isoler le quartier tsigane.

Ce sont des frontières symboliques et réelles à la fois : les franchir expose à la mort, les respecter c'est subir une relégation. Demeure cette question anxieuse : qui des deux est enfermé ? Qui est libre, qui ne l'est pas ? pense le petit soldat de l'Est chargé de monter la garde auprès du Mur.

Je suis très impatiente de voir Berlin, je ne suis pas allée en Allemagne depuis mon voyage de 54. Le vol Paris-Berlin atterrit dans la zone ouest. Mais il faut bien se figurer quelle était la situation étrange de Berlin-Ouest : un îlot encerclé de tous côtés par l'Allemagne de l'Est. Entièrement interdit d'accès. À Berlin-Ouest, chaque soir des jeunes gens se lancent à moto, pour freiner violemment avant la rencontre avec une frontière infranchissable. Après avoir emprunté un couloir aérien, on atterrissait alors sur l'aéroport de Tegel, aujourd'hui fermé. L'avion amorçait une descente au moment où il franchissait la frontière avec la DDR et poursuivait son vol à basse altitude et à vitesse réduite. J'avais le sentiment de revenir en arrière, dans le temps d'une guerre dont l'atmosphère m'avait inconsciemment nourrie. Mais surtout, j'allais faire ma première expérience du « communisme réel ». 76 est l'année où le musicien Wolf Biermann, après un concert à Cologne, déchu de sa citoyenneté est-allemande, n'est pas autorisé à rentrer en RDA. Il a certes perdu sa foi dans le socialisme, mais n'a que mépris pour la société ouest-allemande : « Je suis passé de la pluie au purin », déclare Biermann (« Jetzt bin ich vom Regen in die Jauche gekommen »). La même année, Moscou échange le dissident Vladimir Boukovski contre le dirigeant communiste chilien Luis Corvalán, détenu au Chili.

Vue du mur de Berlin tagué côté Ouest

J'ai du mal à décrire mon émotion en ce jour de décembre 76 à Berlin où je me suis approchée pour la première fois du mur. Qui n'est pas un mur, mais une zone, un fossé, une fosse, comme autrefois autour des châteaux forts. Un vaste espace dénudé, entre d'épaisses maçonneries hautes de quatre mètres, que sépare un chemin de ronde violemment éclairé. Cette large bande ultra-militarisée entoure intégralement le secteur ouest de la ville sur 155 kilomètres, inclut 302 miradors et dispositifs d'alarme, 14 000 gardes, 600 chiens et des barbelés. Parmi les blagues de l'époque soviétique, il en est une où l'on voit Brejnev se répandre en promesses pour séduire une jolie petite Allemande de l'Est. Elle dit non à tout. Puis : Bon, d'accord, mais tu démolis le mur de Berlin ! — Ah coquine, répond le premier secrétaire charmé, tu veux donc rester seule avec moi !

Côté Ouest, le mur se pare de couleurs inoffensives ; côté Est, c'est un vaste no man's land, comme j'aurai l'occasion d'en voir entre l'Allemagne et la Tchécoslovaquie au cours des années suivantes. Je monte sur l'un de ces belvédères de bois édifiés de place en place, d'où l'on peut voir la large zone interdite, coupée de barbelés et de couloirs qu'arpentent des hommes en armes tenant en laisse des chiens-loups. Par-delà cette morne et sinistre étendue, des rues s'ouvrent, désertes, bordées de bâtiments aux volets clos, aux fenêtres murées. Les tentatives pour le franchir furent innombrables ; la plupart se soldèrent par la mort. J'ai toujours chez moi, il me sert de presse-papiers, un fragment coloré du mur, tel qu'on en vendait à Berlin après 89. Pour passer d'Ouest en Est, on doit prendre un visa, mais il faut rentrer le soir même. On monte dans un wagon du U-Bahn, qui en quelques stations vous mène « à l'Est ». « Dernières stations à Berlin-Ouest », annonce un haut-parleur. Le train ralentit et s'enfonce entre des stations fantômes où il ne s'arrête pas. Des gardes armés sont postés de place en place. Après un court trajet, le métro s'arrête à la station Friedrichstraße du S-Bahn (réseau de l'Est), devenue poste de contrôle frontalier, et baptisé Tränenpalast (« Palais des larmes »). Unique poste de passage entre

Berlin-Est et Berlin-Ouest. Sous les voûtes d'un immense hall vitré, l'attente est interminable. Autour de nous, des femmes âgées, des couples venant de l'Ouest apporter à leur famille de quoi compenser la pénurie. La foule, l'attente, le bruit. Chacun tend l'oreille anxieusement vers les haut-parleurs grésillants qui donnent le signal du passage à l'appel de son numéro. On monte un escalier, on en descend un autre, on se retrouve à l'air libre : on a franchi trente ans et même davantage. On était en décembre, une brume froide se plaquait sur la ville. J'essayais de ne pas penser à tous ceux qui étaient morts en voulant franchir le mur.

Tout semble dans Berlin-Est appartenir à un monde parallèle, où se mêlent les traces des années d'avant-guerre et une effervescence architecturale. Les rues barrées, les maisons aux fenêtres aveugles laissent bientôt la place à de vastes perspectives rectilignes, on vient d'inaugurer le « palais de la République », emblème du régime communiste, qui assume le rôle de vitrine d'un communisme tourné vers le monde. Il sera démoli en 2008. Aujourd'hui, sur le même site, on a reconstruit à l'identique l'ancien château historique des rois de Prusse. Le Berlin historique est à l'est, qui rassemble tous ses grands monuments, le Pergamon et, sur l'île aux Musées, l'Altes Museum conçu par Schinkel ainsi que le musée Bode, tous trois témoins du XIXe siècle. Le symbole, sinistre celui-là, de la nouvelle Berlin, c'est la Karl Marx-Allee, rectiligne et longue de trois kilomètres. Reconstruite entre le 21 décembre 1949 et le 13 novembre 1961 après la guerre dans le style stalinien pour accueillir les membres dirigeants du Parti socialiste unifié, elle est baptisée Stalinallee. C'est là qu'eut lieu le 17 juin 1953 l'une des premières grandes manifestations dans le monde communiste, suite à la mort de Staline. Elle est fortement réprimée par le régime. Bertolt Brecht écrit :

Après l'insurrection du 17 juin,
Le secrétaire de l'Union des écrivains

Fit distribuer des tracts dans la Stalinallee.
Le peuple, y lisait-on, a par sa faute
Perdu la confiance du gouvernement
Et ce n'est qu'en redoublant d'efforts
Qu'il peut la regagner. Ne serait-il pas
Plus simple alors pour le gouvernement
De dissoudre le peuple
Et d'en élire un autre ?

J'ai ce poème en tête, qu'on citait souvent autour de mai 68, quand je fais quelques pas sur la Karl-Marx-Allee. On n'est pas seul pour ce genre de voyage. On est entouré de présences invisibles, d'images de guerre, d'ordres criés en allemand, d'échos, de douleurs. Je marche, j'ai tout à apprendre, et déjà je sais tout. Les morts frémissants m'entourent, on ne peut se dérober à leur appel.

Deux jours plus tard, le décorateur soviétique est reparti à Moscou, je reste à Berlin le reste de la semaine. Chaque matin, je franchis la frontière. Je passe ma journée dans les salles du Pergamonmuseum, j'erre non loin des ruines du bunker de Hitler.

Un soir, j'avais voulu assister à une représentation d'une pièce de Brecht dans son théâtre. Déçue et découragée par ce que j'avais vu (un *Cercle de craie caucasien* figé dans la tradition, aux antipodes de l'esprit brechtien), au lieu de repasser par où j'étais entrée comme il est stipulé sur le visa journalier, je veux essayer Checkpoint Charlie, réservé au passage des véhicules étrangers. La nuit est tombée depuis longtemps. Le passage brille d'un éclat sinistre. Projecteurs, miradors, aboiements des chiens, déploiement d'hommes en armes. On me barre la route. J'insiste. Finalement on me laisse passer, j'entends encore mes talons résonner sur le plancher de bois entre les guérites. Revenue à l'Ouest, je n'éprouve aucun sentiment de délivrance en retrouvant ses boulevards animés. Si Berlin-Ouest est la vitrine de l'Occident, quelle vitrine misérable dans toute sa brillance factice, ses boutiques de luxe, ses grandes publicités tournées vers l'autre côté du mur ! Ce premier voyage à l'Est m'aura fait saisir d'un regard, dans une totalité sans failles, la vérité du communisme réel. Quelques années plus tard, je n'aurai qu'à m'en inspirer pour publier *Les Portes de Gubbio*. La vérité s'impose si crûment, si cruellement, qu'on devient capable d'anticipation. J'ai imaginé dans ce récit qu'un violoncelliste venait chaque jour jouer au pied du mur qui coupe la ville en deux. C'est ce que fera Rostropovitch le 11 novembre 1989 pour fêter la chute du Mur. Il a entendu les nouvelles à la radio, sa décision est prise aussitôt. À peine débarqué de l'avion de Paris, il se rend directement à Checkpoint Charlie, il n'a même pas prévu un tabouret, on lui donne la chaise d'un garde. Il va jouer le Prélude de la *Suite pour violoncelle n° 1* de Bach. Mais rien n'est simple. Après la chute du Mur, on verra s'effacer définitivement ce que le régime avait produit de meilleur, malgré son autoritarisme et les restrictions en matière de culture et de libertés : des lois sociales, une vraie égalité des sexes, une législation en faveur des femmes. L'absorption dans l'Allemagne de l'Ouest fera naître chez les anciens habitants de la RDA une « ostalgie » où se mêlent l'attachement au monde d'avant et le refus de devoir subir le diktat de la modernité, divertissements et consommation, sur les ruines d'un système de production relativement favorable aux travailleurs.

Profitant des séjours réguliers qu'y fait mon amie Nicole Bary, introductrice en France de la littérature est-allemande qu'elle m'a fait connaître, je reviendrai plus d'une fois à Berlin. J'en ai découvert les lacs, l'immensité, le quartier turc. Mais autour de moi, à Berlin, des bouches invisibles crient silencieusement. Je crois que je ne serai jamais heureuse, apaisée, calme, ni à Berlin, ni nulle part ailleurs en Allemagne. C'est ma génération qui veut ça, c'est ce qui m'a été transmis au tout début de ma vie, par les femmes qui m'entouraient, mère, grand-mère, arrière-grand-mère, faisant flotter une aura sinistre sur ces mots : « les Allemands ». (Une de mes arrière-grands-mères, venue soutenir ma mère, seule avec des soldats allemands qui occupaient une partie de la maison pendant la captivité de mon père, disait « les Prussiens » en parlant d'eux.) Et aujourd'hui je continue d'entendre en moi résonner un bourdonnement diffus, menaçant, quand je pense à la guerre, celui des bombardiers volant à basse altitude au-dessus des ponts de la Loire.

Moscou, printemps 77

Au printemps de 77, puisque j'ai participé à la préparation de la dramaturgie, j'irai assister aux répétitions du *Tartuffe*. C'est mon premier voyage à Moscou, qui sera suivi de nombreux autres. Un double voyage : dans un pays, l'URSS, qui s'apprête à fêter le 60e anniversaire de la révolution d'Octobre, mais aussi dans la Russie du passé et de sa littérature, que j'ai l'impression de connaître et d'aimer intimement. Je mesure combien il est difficile d'en parler aujourd'hui (printemps 2024), et de dire les liens qui vous attachent à elle, à l'orée du deuxième anniversaire de l'invasion russe en Ukraine[89], quelques jours après l'annonce de la mort dans un camp disciplinaire de l'extrême Nord sibérien de l'opposant Alexeï Navalny. Il est clair aujourd'hui qu'une troisième Russie est née : issue du croisement autoritaire de la Russie éternelle et de l'URSS criminelle, la Russie de Vladimir Poutine, devenu le héraut sinistre de « la désoccidentalisation » du monde.

C'est une affaire, à l'époque, de se rendre à Moscou. Aucun voyage individuel, il faut passer par France-URSS, qui organise tout, les visas, le billet d'avion. France-URSS, qui sera dissoute en février 92, a succédé après la guerre à l'association Les Amis de l'Union soviétique, officiellement et symboliquement créée en novembre 1927 lors du Congrès de commémoration des fêtes du 10e anniversaire de la révolution bolchevique. En 1927, la stratégie « révolution en un seul pays » et la stalinisation imposaient à l'URSS de donner d'elle-même une image positive. Se met donc en place toute une série de voyages de propagande, depuis celui des personnalités, comme Édouard Herriot, jusqu'à celui des groupes de sympathisants. C'est l'époque où l'URSS reçoit dix à vingt mille étrangers par an. Le voyage de Gide en 36 fera partie des premiers, on sait qu'il en sortira un terrible réquisitoire, *Retour de l'URSS*, publié en novembre de la même année, suivi de *Retouches à mon « Retour de l'URSS »*, réponse aux critiques dont il a fait l'objet. Quel contraste, quel puissant rétablissement de la vérité après le voyage d'Édouard Herriot, ancien président du Conseil, en 33 ! Il avait revêtu alors une signification politique bien particulière. C'est sous son gouvernement qu'avait été signé le 29 novembre 1932 un traité de non-agression franco-soviétique. En 33, l'arrivée de Hitler au pouvoir en Allemagne pose de façon urgente la nécessité d'un rapprochement avec l'URSS. On passe d'un discours faisant de l'URSS la patrie du socialisme attaquée par les puissances capitalistes à un schéma où l'URSS est devenue une alliée de la France qui doit à tout prix défendre le pacte franco-soviétique. On comprend donc que le gouvernement soviétique ait eu à cœur de recevoir Herriot comme un véritable chef d'État. J'y ai fait allusion un peu plus tôt. Herriot débarque à Odessa le 26 août 1933, puis se rend en Ukraine où il passe cinq jours. Il y règne alors une famine dramatique, directement liée à la politique stalinienne à l'égard des campagnes. Elle fait l'objet d'articles de presse très documentés ; or Herriot n'en laisse rien voir dans la conférence de presse qu'il donne à son retour. Il rend un vif hommage aux efforts de construction de l'URSS, en particulier en matière scolaire. (Nous y voilà ! Les républicains et le mirage de l'école !) Quant à l'Ukraine, voici ce qu'il en dit, je cite intégralement : « J'ai traversé l'Ukraine. Eh bien ! Je vous affirme que je l'ai vue telle un jardin en plein rendement, un beau jardin aux terres noires et grasses que couvraient, sur des étendues considérables, des moissons magnifiques. On assure, me dites-vous, que cette contrée vit à cette heure une époque attristée. Je ne peux pas parler de ce que je n'ai pas vu. Pourtant, je me suis fait conduire dans les endroits qu'on disait éprouvés. Or je n'ai constaté que la prospérité[90]. »

Après la guerre, le prestige acquis par l'Union soviétique au cours de la Seconde Guerre mondiale permet à France-URSS de dépasser le cercle des « amis » traditionnels, communistes et sympathisants, et de lancer un appel « à tous les Français et à toutes les Françaises, quelles que soient leurs convictions politiques ou leurs croyances religieuses ». François Mauriac fait partie de la direction élue lors du premier congrès en janvier 45. Le groupe que je rejoins en 77 pour ce voyage est très composite. Que partagent-ils, ceux qui en font partie ? Ce sont quelques professeurs, des sympathisants et des membres du Parti (à l'époque on disait encore « le Parti » et chacun savait de quoi on parlait), des ouvriers communistes à la retraite, en visite révérencieuse dans « la patrie des travailleurs »... Je lie rapidement conversation avec un jeune mathématicien qui accompagne ses parents, ouvriers à la retraite. Une fois arrivés à Moscou, on nous demandera juste de nous présenter à l'heure voulue pour la deuxième partie du voyage, une semaine à Leningrad. Ce sera la même chose pour le retour.

L'année où je m'y rends, 77, l'URSS s'apprête à adopter une nouvelle Constitution, sur fond de contestation dissidente et de répression. Une répression menée par un Brejnev très empâté, accueilli en France par le président Giscard d'Estaing en juin : « Nous vous accueillons avec toute la considération due à l'éminente fonction que vous occupez à la tête de l'immense et puissante Union soviétique. » On raconte que, lorsqu'il regagne ses appartements au Kremlin, il ne se reconnaît pas dans le long défilé des miroirs et salue à chaque pas son reflet. Dans ces années-là, l'URSS a de nouveau plongé dans une atmosphère lugubre. Glaciation, stagnation. Leonid Brejnev a forcé Podgorny à lui céder la présidence du Soviet suprême. Tous deux étaient dans une rivalité féroce depuis qu'ils avaient évincé Khrouchtchev en 64. Une politique de restrictions pèse lourdement sur la population, elle marque chaque rue, chaque maison, chaque devanture à moitié vide ou remplie d'emballages factices. Les visages sont tirés, les expressions maussades, on vous bouscule sans ménagement sur les trottoirs et dans les couloirs somptueux du métro. À Moscou, mon hôtel est de l'autre côté de la Moskova, c'est un lourd bâtiment du XIXe siècle, avec de hauts plafonds et de longs couloirs à l'ancienne, parquetés de larges lames. Je partage une chambre avec deux filles, dont l'une cherche visiblement l'aventure. Je la vois peu à Moscou, mais dans la deuxième partie de notre voyage, à Leningrad, elle m'entraînera avec elle sur les quais de la Neva, attirée visiblement par les déambulations d'un équipage de marins, fraîchement descendus d'un bateau de guerre. Leur uniforme est splendide : une sorte de manteau long à taille haute, noir, très cintré, qu'ils portent fièrement. L'autre jeune femme, un peu plus âgée, est juive et vient aider son fiancé, un refuznik, à quitter la Russie. (En URSS et dans les pays de l'Est, on appelait ainsi ceux à qui certains droits étaient refusés, notamment celui d'émigrer, et notamment en Israël.) À l'angle des couloirs de chaque étage, une femme en uniforme assise derrière un bureau vous réclame votre *propiska*, le document qu'on vous a remis en échange de votre passeport.

J'ai raconté dans *Sibir* ce premier soir à Moscou où, après avoir traversé le fleuve, soudain, au bout d'une rue courte et étroite, j'ai vu s'ouvrir l'espace brillamment éclairé de la Place rouge, les murailles de brique crénelées du Kremlin et, sur les tours, les étoiles géantes en rubis rouge du Caucase qui avaient en 37 remplacé les aigles à deux têtes. Tout en haut de la place, la garde faisait les cent pas devant le mausolée de Lénine, ce bunker de marbre de style Art déco, dont le dessus formait tribune. Sur des photographies prises à la fin de la guerre, on voit les Allemands vaincus jeter en masse à son pied leurs sinistres drapeaux et leurs emblèmes. Aujourd'hui, le mausolée est la plupart du temps fermé. Qu'a-t-on fait de la momie cent fois rafistolée ? En ce soir de mars 77, je me sentais transie d'histoire, d'inquiétude et de froid. Tout ce que je voyais me semblait exaltant, lourd de sens et dangereux. Comme une autre fois à Rome, au centre de la place Saint-Pierre, où j'avais eu l'impression de m'approcher de gouffres béants, d'où sortait une lave qui bouillonne, l'histoire.

J'assiste à une répétition du *Tartuffe*, la barrière de la langue m'empêche d'en saisir la logique, finalement la grande affaire de ces jours-là, c'est la station de métro voisine, Maïakovskaïa, décorée de splendides mosaïques de Deïneka. La ville de Moscou est en effet entièrement doublée d'un réseau creusé à plusieurs dizaines de mètres de profondeur, chaque station est un chef-d'œuvre d'architecture et de décoration. Le 6 novembre 1941, la station Maïakovskaïa est utilisée comme abri, Moscou étant encerclé par les Allemands. Staline, entouré de tous les dirigeants de l'époque, Mikoyan, Kaganovitch, Beria, Molotov, Malenkov, y annonce « la défaite prochaine et imminente » des nazis. Il conclut par ces mots : « Notre action est juste — la victoire sera la nôtre ! »

Le conseil municipal de Moscou écoutant le discours de Staline

Dans chaque station du métro, de longues volées d'escalators montent et descendent continûment dans un silence oppressant, entre une double rangée de globes lumineux de style Art déco. En haut, en bas, un surveillant en uniforme, dans une espèce de guérite d'où il a vue sur la file interminable des voyageurs. Puis soudain, c'est la rue, la rue soviétique, dans sa beauté architecturale vieillie, mal entretenue, où les passants se hâtent sans un regard. Quand on lève les yeux, on aperçoit, se détachant sur un ciel gris de fer, et dominant le paysage urbain, l'une ou l'autre des « Sept Sœurs de Moscou », les sept gratte-ciel construits de 52 à 55, sur le modèle de l'Empire State Building à New York. La vieille Moscou tout en bois disparut en fumée quand en 1812 le père de la comtesse de Ségur, le comte Rostopchine, y mit le feu pour en chasser les troupes de Napoléon. Mais à l'époque où j'y suis allée, il subsistait encore de vieux quartiers, épargnés ou reconstruits, avec de petites maisons en rondins entourées d'un jardin. Comme celle où nous reçut le poète Guennadi Aïgui, une isba de conte populaire, avec son plafond bas, son poêle traditionnel auprès duquel un chat mangeait des restes sur un bout de journal. Dehors, quelques plates-bandes raidies de gel où un garçon ira arracher des oignons pour accompagner le pain et la vodka. « Autour des poteaux et des piquets / de notre portail et de la clôture — / partout — grandit — le silence... — / ô donne-nous cette force simple ! — / celle — de la branche heurtant la branche[91] ». Aïgui, « le Mallarmé de la Volga », « le Tchouvache dont le père aimait Victor Hugo », était né en 34 en Tchouvachie, une petite république turcophone créée en 1920 sur la rive droite de la Volga. On voit quelle place la France et sa littérature ont pu tenir pendant longtemps bien au-delà de nos frontières, et notamment en Russie. J'ai pu le constater en 2010 dans la lointaine Sibérie. Pour saluer l'arrivée de notre petit groupe d'écrivains, la plus grande bibliothèque de Novossibirsk avait exposé à l'entrée la première édition en russe des *Misérables*. Interdit de 1862 à 1880, le livre avait d'abord circulé en français. La France, les Français en conçoivent souvent un orgueil de mauvais aloi :

une confirmation de notre supériorité, au lieu d'y voir et d'y lire une obligation et une dette. Sommes-nous dignes de cet hommage, de cette admiration ? Et qu'en faisons-nous ?

Aïgui nous avait reçus dans une sombre fin d'après-midi, assis à sa table et fumant ; autour de lui, des livres, des papiers en désordre. J'ai égaré dans la masse des miens le dessin à la plume qu'il m'avait donné, sans avoir pu en déchiffrer la signature. Je l'ai revu une fois en France. Il est mort en 2006. Les photos que j'ai prises alors se sont décolorées. J'ai pensé à lui une nuit de juin 2010 en me réveillant à bord du Transsibérien. Nous allions franchir l'Oural, ayant traversé sa Tchouvachie natale.

Guennadi Aïgui

Partout, dans le centre de Moscou, les traces de la Russie d'hier, qu'on scrute, sur lesquelles on s'attarde parce qu'elles datent d'avant la révolution, et que ce monde-là ne reviendra jamais, et ce n'est pas forcément plus mal, mais c'est aussi le monde de Pouchkine et de Tolstoï, on ne peut pas rester calme devant tout ça, on a tout l'intérieur secoué de nostalgie, de regret, de colère, d'effroi. En face du théâtre Bolchoï, l'hôtel Metropol, ouvert en 1905, devait au départ être un « Palais des arts », avec une grande salle d'opéra, des galeries d'art, un grand hôtel, des restaurants et même une patinoire. Le projet a été finalement réduit. Mais la salle à manger impressionne par ses dimensions, et sa décoration. Les soirs où j'y ai dîné, elle était aux trois quarts vide, la plupart des tables sont réservées, personne en général ne s'y présente, c'est « au cas où » un dirigeant ou un membre de la nomenklatura aurait choisi d'y dîner au dernier moment. Au centre, comme dans tous les grands hôtels soviétiques, une piste de danse. À intervalles réguliers, la musique s'arrête, *pererif !*, « pause ! » ; puis elle reprend et quelques fortes dames à lourdes parures viennent y virer gaillardement au bras d'un apparatchik.

La nuit précédant mon départ pour Leningrad, je ne sais plus pourquoi, je dors chez l'acteur Derjavine sur un lit d'appoint, sans doute le dîner d'adieu avait-il duré trop longtemps pour que mon hôtel soit encore ouvert. J'ai retrouvé sa trace. Il est mort en 2018. Une photo de 66 le montre aux côtés du maréchal Boudienny, l'homme à la grosse moustache, qui ne croyait qu'en la cavalerie pour gagner la guerre.

Le groupe de France-URSS s'est reconstitué pour se rendre à Leningrad, aujourd'hui redevenu Saint-Pétersbourg. Le jour de notre arrivée, c'était un samedi, l'un d'entre nous, plus très jeune, disparaît. Il a été happé dans la rue par des jeunes gens pour participer à un « samedi socialiste » au service de la communauté. Les samedis socialistes étaient des jours de travail bénévole, les travailleurs ainsi réquisitionnés portaient le nom de *soubbotniki* (de *soubbota*, « samedi »). On lui avait collé une pelle dans les mains, et il avait toute la journée déblayé des feuilles mortes qui, en Russie, ne sont retirées qu'à la fonte des neiges. Il avait oublié le nom de notre hôtel, et n'avait pas sur lui sa *propiska*, ce passeport interne obligatoire ; ce fut la milice qui le ramena, épuisé, mais fier comme tout. Notre groupe est installé pour quelques jours à l'hôtel Astoria. J'en ai gardé deux porte-verres, qu'un membre de notre groupe m'avait offerts : il les avait échangés contre une cartouche de cigarettes. Je n'en suis pas très fière. En agrandissant l'image, on distingue sur la droite, dans un cartouche, une fusée qui s'élance à la conquête de l'espace, et tout en bas, sur le pied du porte-verre, le début d'un A majuscule, le A de « Astoria ». Le *podstakannik*, littéralement un « sous-verre », est toujours en usage dans les trains, parce qu'il stabilise le verre.

Podstakannik de l'hôtel Astoria

L'hôtel Astoria est célèbre parce que Hitler y avait fait préparer le banquet d'une « victoire » qu'il n'a jamais remportée. Entre le 8 septembre 1941 et le 27 janvier 1944, la Wehrmacht imposa à la ville un siège qui causa 1,8 million de victimes, dont près d'un million de civils. Le frère de l'écrivain Vassili Axionov y périt. C'est le siège le plus long de l'histoire moderne jusqu'à celui de Sarajevo au début des années 90. Et une épopée marquée par la grandeur, l'esprit de sacrifice et de solidarité des Léningradois. « Je n'avais jamais rien vu d'aussi immense, tragique et bouleversant, écrit Alexander Werth* dans son livre *Leningrad 1943*[92], « ni pendant la guerre d'Espagne, ni durant le bombardement de Londres. »

Mes souvenirs sont diffus, ils ne s'organisent pas, ils flottent sur un océan d'oubli. Heureusement, j'ai des photos, mais elles ont pâli. Sur les quais, séparés par de vrais bras d'une mer agitée, de couleur bleu sombre, des architectures basses, régulières. De place en place, une flèche aiguë, à la pointe dorée. Empire conquis sur la mer, édifié dans des marais insalubres où périrent des milliers d'hommes, telle est « la fenêtre ouverte » sur l'Occident voulue par le tsar Pierre le Grand, ce géant qui, visitant Paris sous un nom d'emprunt en 1717, reçut le Régent et fit sauter le petit Louis XV sur ses genoux. Depuis, j'y pense souvent en longeant, dans mon quartier, la façade du bel hôtel de Lesdiguières, où il logea. Qu'il ait été détruit en 1877 ne me gêne nullement, je ne distingue pas toujours le visible de l'invisible. Des photos, encore. Devant la gare de Finlande, celle d'une statue de Lénine, qui rappelle son retour d'exil en avril 1917. On le voit qui harangue la foule, le bras droit tendu, tenant son revers de l'autre main. Blague soviétique (en russe, on dit *anekdot*) : Qu'est-ce qu'il dit ? — De mon temps, le tissu était de meilleure qualité. Prendre des photos n'est pas sans risque. Près des anciennes usines Poutilov, un quartier ouvrier d'une grande pauvreté, soudain quelqu'un me prend le bras, je me retourne, la femme ne me lâche pas. Elle m'entraîne sous une porte cochère, me fait ouvrir mon appareil et me confisque la pellicule que, par bonheur, je venais de charger. C'est sûrement un flic, elle porte un manteau de gros tissu rêche et une casquette sans insigne. Je ne pourrai évidemment pas en prendre au musée

* Né à Saint-Pétersbourg, Alexander Werth (1901-1969) a fui la Russie après la révolution de 1917 pour le Royaume-Uni où il obtient la nationalité britannique. Pendant la Seconde Guerre mondiale, il est le correspondant à Moscou du *Sunday Times*, du *Guardian* et de la BBC. À ce titre, il sera l'un des premiers étrangers à être autorisé à pénétrer en URSS en plein conflit.

de l'Athéisme, et je le regrette bien. Il était installé alors dans une église, comme il se doit, l'église Notre-Dame-de-Kazan, un imposant édifice dont la colonnade rappelle celle de Saint-Pierre à Rome, dédié à l'icône de la Vierge de Kazan, l'icône la plus vénérée en Russie, et plus tard à la victoire des Russes sur Napoléon. J'ai le souvenir d'une alcôve où deux mannequins en cire de taille humaine, une nonne et un moine le teint allumé, se gobergent devant une table chargée de bouteilles et de mets... La question de l'athéisme mérite mieux que cela. Notons tout de même la phrase de Lénine dans son essai intitulé *Socialisme et religion* : « La religion est un des aspects de l'oppression spirituelle qui accable toujours et partout les masses populaires, écrasées par un travail perpétuel au profit d'autrui, par la misère et l'isolement. » Mais ce musée ! Mânes de Diderot, de d'Holbach, d'Helvétius ! Grands matérialistes des Lumières ! Qu'est devenue votre splendide promesse de liberté ? À propos de Diderot, étant allée voir en son nom la statue de Pierre le Grand par Falconet, j'ai pu vérifier que le cheval dressé sur ses jambes de derrière tenait en équilibre grâce à un petit serpent reliant sa queue au sol. Un autre jour, je veux voir la bibliothèque publique où se trouve celle de Diderot, que la grande Catherine lui avait achetée mais lui permit de conserver jusqu'à sa mort. Je suis perdue, la nuit tombe et, rassemblant mes pauvres notions de russe, je demande mon chemin à un passant. Il me l'indique et ajoute d'un air dubitatif : Vous lisez le russe ? — Non, dis-je. — Alors, qu'est-ce que vous allez faire dans une bibliothèque ?

Le dernier soir, je dîne sur la perspective Nevski avec mon ami mathématicien. Comme celle du Metropol à Moscou, la salle est à moitié vide. À une autre table, un homme ne cesse de lever son verre à notre santé, puis il nous fait porter un carafon de vodka, ces carafons de 100 grammes en usage à l'époque ; nous levons nos verres à notre tour. Puis il nous demande de s'asseoir à notre table. Il est arménien, il a compris que nous étions français, il veut remercier la France pour son soutien depuis la fin du XIXe siècle à la cause arménienne. C'est vrai. À la suite de Séverine, Jaurès et Anatole France, une majorité de dreyfusards se mobilisèrent contre les massacres à répétition d'Arméniens dans l'Empire ottoman. (J'éprouve parfois la nostalgie de cette France patrie des droits de l'homme et responsable universelle de leur application. De cette vision à la Victor Hugo, si cruellement démentie en de multiples occasions.) Nous nous attardons avec notre nouvel ami, la conversation piétine, on se répète, les libations aussi. Quand nous sortons du restaurant, passablement éméchés, la nuit est glaciale, lumineuse, et sur les grandes avenues relativement désertes deux ou trois poivrots, comme nous, tâchent de marcher droit, cramponnés l'un à l'autre. C'est la seule fois de ma vie où j'ai vu un homme (et même plusieurs) tituber, s'arrêter un moment, et soudain s'abattre dans la neige, la face en avant, et ne pas plus bouger qu'un mort.

Je n'ai revu Leningrad qu'une seule fois. Dans le début des années 90, invitée pour des conférences à l'Institut français d'Helsinki, le transfert par bateau étant immobilisé à cause du gel hivernal, j'avais pris un vol pour un week-end à Leningrad. Je ne savais pas qu'un trafic intense régnait entre les deux pays, la Finlande étant soumise à un contrôle strict de vente de l'alcool. Dans mon hôtel, et ensuite dans l'avion de retour, je n'étais entourée que de robustes gaillards qui tenaient à peine debout. Mais j'avais passé une journée inoubliable dans le quartier où Dostoïevski situe la maison de la vieille usurière que Raskolnikov assassine au nom de ses projets supérieurs. J'erre de rue en rue, indécise. À un moment, il me semble que c'est là : je franchis l'entrée, je m'engage dans l'escalier, je vois qu'à l'étage une porte est ouverte, c'est celle d'un appartement qu'on est en train de repeindre. Il me revient alors que Raskolnikov, le meurtre accompli, ayant entendu du bruit tandis qu'il redescend, se cache un moment dans un appartement en travaux de peur d'être surpris. Je ressors précipitamment. Dans les semaines qui suivent je me plonge dans le *Pétersbourg* d'Andreï Biély* magnifiquement traduit par Jacques Catteau et Georges Nivat, alors étudiants, roman dont la ville elle-même est le personnage principal : « Ô ville qui n'est que retombée de brouillard, tu m'as persécuté, moi aussi, de ton jeu cérébral ! Ô tourmenteur cruel ! Ô fantôme inquiet. » Je publie en 91 *Villes et villes* aux Éditions des Femmes, souvenir de mes déambulations dans « la Venise du Nord ».

L'été voit revenir mes séjours dans le Midi, d'abord avec P. près de Ramatuelle, puis, après un court passage par le festival d'Avignon, de nouveau à Toulon. Nous allons dîner, Ristat et moi, à Aix-en-Provence, chez Edmonde Charles-Roux et Gaston Defferre, dans leur belle maison d'où on voit la montagne Sainte-Victoire. Venu je ne sais d'où, avec qui, je ne me souviens pas, Aragon nous rejoint assez tard. Très impressionnant, un splendide portrait d'Edmonde en pied, en costume d'Arlésienne, fait face au visiteur dans le hall d'entrée de la maison. Dans la pièce où elle écrit, Edmonde a placé résolument son fauteuil le dos à la fenêtre, pour ne pas être distraite par la beauté du paysage. Il flotte autour d'elle une image vaguement inquiétante, celle d'un monde où la politique vient se greffer sur des images d'une enfance en Italie, de mode à New York, d'amours hautes en couleur. Retour à Toulon pour quelques jours. Presque chaque soir, notre petite bande va dîner dans un restaurant sur la route de Marseille auquel on parvient par une belle route de montagne. Quand nous redescendons, « nous coulons comme un vin dans une gorge », dit Aragon. Il ne boit que du beaumes-de-venise, en très petite quantité. Il dit « V'nise », comme Paul Morand.

À l'automne, une soirée au théâtre Récamier nous réunit pour entendre Vitez lire Aragon et Maïakovski. Sont présents Lili Brik et son troisième mari Vassili Katanian, auteur d'un très beau

* Pseudonyme de Boris Nikolaïevitch Bougaïev, né en 1880, mort en 1924, déçu par la révolution : Biély signifie blanc.

livre, *Brève chronique de la vie et de l'œuvre de V. V. Maïakovski.* À sa mort, en 80, Nicole Zand écrit dans *Le Monde* : « On ne peut être qu'infiniment triste en songeant à cet appartement de Kutuzovsky Prospekt, désert désormais, où il vécut avec Lili Brik jusqu'à la mort de cette dernière en 1978 : c'est un havre de liberté, d'intelligence et de connaissance qui va fermer à jamais… » Je ne peux me rappeler sans émotion cette vision que j'ai eue, en me retournant, de la silhouette de Lili Brik, assise un peu plus haut dans le théâtre, à côté d'un petit vieillard tassé aux cheveux blancs. Et en pensant à l'immense distance qu'elle avait franchie, dans l'espace et dans le temps, pour faire ressurgir un instant, au cœur d'une paisible impasse du VIIe arrondissement, les moments intenses et violents de la révolution russe. Dans cette dernière année de sa vie, Lili ressemble plus que jamais à une actrice du cinéma muet, avec sa petite bouche, ses grands yeux maquillés au regard un peu trop fixe, surmontés de l'arc de ses sourcils épilés, finement redessinés au crayon orange. L'année d'après son court passage à Paris, elle se suicide, devenue invalide après une chute. Mais qu'est-ce que cela dit, aujourd'hui, ces ruines, ces restes, venus échouer sur les rives de notre temps ? Je les salue une dernière fois pour leur grandeur et plus encore pour le feu secret qui couve dans leurs cendres.

C'est Antoine Bourseiller qui dirige le théâtre Récamier durant ces quelques courtes années, de 72 jusqu'à sa fermeture en 78. Ce beau théâtre, d'abord salle de la Ligue de l'enseignement, étrangement conçu mais bien situé en face de l'hôtel Lutetia, avait été construit sur l'emplacement de la chapelle du couvent de l'Abbaye-aux-Bois. Ce sont des lieux peuplés de grandes ombres. Celle de Juliette Récamier, qui s'y installe avec sa nièce en 1820 « dans un petit appartement au troisième étage, carrelé, incommode, dont l'escalier était rude, et la distribution fabuleuse[93] ». Celle des metteurs en scène et des auteurs qui y furent accueillis. Jean-Louis Barrault, avec les pièces de Dubillard, dont *Naïves hirondelles* en 72 : « Naïves hironde-e-elles / Portez mes vœux vers ze-e-elle ! / Et vous les vers luisants /

Portez lui-z-en ! » Et, l'année d'avant, Roger Blin, qui y avait repris *En attendant Godot.* (Je le rencontrais souvent chez Paule Thévenin. À la création de *Godot*, un ami, venu le saluer après la représentation : Et à part ça, comment ça va ?). J'ai vu au théâtre Récamier ce qu'on ne voit pas souvent : durant une représentation de la *Phèdre* de Bourseiller, un spectateur était monté sur la scène, avait saisi un acteur dans ses bras, et avait presque réussi à l'emporter avant qu'on ait pu réagir. Brigitte Jaques y donnera en 76 une lecture-spectacle de mon livre *Paysage de ruines avec personnages.*

Ce même automne, un ami de Ristat, Jean-Louis Rabeux, rassemble une série de photographies d'Aragon pour une publication que Jean me demande de préfacer. Cela me vaut une première rencontre avec Antoine Gallimard, dont nous avons, lui comme moi, gardé un souvenir ému. Nous étions, il faut le dire, assez intimidés l'un et l'autre, moi plus que lui. Ce sont ses débuts dans l'édition, et on imagine combien il pouvait être pesant de sentir autour de soi l'aura de la NRF, de ses prestigieux auteurs. Paule Thévenin, très introduite dans la maison, était venue me présenter. Elle accompagnait Jean Genet quand il venait toucher ses droits d'auteur, toujours en liquide. Dans la rue, il s'attardait, divisant la liasse en deux parts qu'il répartissait également dans ses poches revolver. Elle s'impatientait : Mais qu'est-ce que vous faites, Jean ! Qu'est-ce que c'est que cette manie ! — Ma chère, répondait Genet, apprenez qu'un voleur n'a jamais le temps de vous faire les deux poches.

Les années 80. Comment rester de gauche

Comment être de gauche, rester de gauche, dans ces années qui voient le triomphe du néolibéralisme économique et une mise en cause radicale non seulement du communisme réel, mais de l'espérance communiste ? Que va devenir la promesse républicaine tandis qu'une ombre se lève à l'horizon, avec la révolution iranienne, un islam dont on ne sait pas quelle va être sa place politique et géopolitique ? Veufs de l'idée de révolution, nous le sommes tous à un degré ou un autre, quel que soit le sens qu'on ait donné à ce mot. Nous ne sommes plus à la veille du Grand Soir. La Grande Illusion s'est dissipée. Une autre grande révolution, dont nous ne mesurons pas l'ampleur, la révolution numérique, s'apprête à tout balayer, dans la violence et la séduction du progrès technologique. Téléphonie mobile, vidéo, informatique, le tout bénéficiant de la miniaturisation des circuits électroniques. Comment la pensée de gauche va-t-elle accueillir ces mutations radicales ? Vont-elles contribuer à lutter contre les inégalités sociales ? Ou les exacerber, selon un schéma dessiné par Huxley en 1932 dans *Le Meilleur des mondes* : le fossé se creusant entre les Alphas, qui possèdent les clefs, et les Gammas, dépossédés de toute prise sur le monde ? Lorsque je me retourne sur cette époque, je suis frappée d'une vraie douleur. Il me semble que l'idéal républicain est pris d'une stupeur qui le glace, le raidit, le paralyse. Pourquoi ? Que lui manque-t-il pour affronter ce monde nouveau ? Que manque-t-il à ses héritiers ? La lucidité ? Le courage ?

En tout cas, ce ne sont pas les événements d'Iran qui vont me faire croire à une nouvelle incarnation de la révolution. En janvier 79, le shah d'Iran a quitté le pays, malgré le soutien réaffirmé des Américains. Le 1er février 1979, l'ayatollah Khomeyni arrive à Téhéran, le 11 février 1979, il prend le pouvoir avec Mehdi Bazargan comme Premier ministre. Fin de l'empire d'Iran, début d'un long affrontement avec l'Occident. À l'époque, je n'ai pas le moindre doute : si hostile qu'on puisse être au régime autoritaire imposé en Iran par le shah Reza Pahlavi appuyé sur sa redoutable police politique, la Savak, je n'ai que défiance pour l'inspiration religieuse de cette révolution. Lorsque Khomeyni était exilé à Neauphle-le-Château, non loin de Paris, pour échapper à la répression orchestrée par le shah d'Iran, de nombreux intellectuels français avaient fait partie de son comité de soutien, dont Michel Foucault. Ce qui ne valait pas approbation de l'islam fondamentaliste. Foucault franchit le pas, lorsqu'il écrit, au lendemain du 11 février 1979 : « L'histoire vient de poser au bas de la page le sceau rouge qui authentifie la révolution. » « La révolution sous le voile », ce n'est pas pour moi. Un mois à peine après l'arrivée triomphale de l'ayatollah Khomeyni en Iran, Simone de Beauvoir a pris position aux côtés des femmes iraniennes qui, lors du 8 mars 1979, criaient dans les rues de Téhéran leur révolte contre l'ordre islamiste naissant.

Dix ans plus tard, au moment de l'affaire du foulard de Creil (octobre 89), je n'aurai pas varié d'un iota. J'obéis sans état d'âme à une forme de rigueur universaliste dont l'exercice brutal me paraît aujourd'hui risqué.

En 80, je suis revenue habiter le quartier de l'Arsenal, près de la Bastille, dans un appartement que je connais bien puisque c'est celui qu'occupait Paule Thévenin, et j'y suis toujours. J'en avais été chassée par les travaux du RER que je prends désormais pour aller à Nanterre. J'y ai rejoint la section des Arts du spectacle, où des professionnels se mêlent aux enseignants. Dix ans et plus après « Mai », devenue Paris X, mon université a beaucoup changé. Une nouvelle gare la dessert, une bibliothèque a été inaugurée, des espaces verts aménagés. Reste d'un passé vite oublié, pendant quelque temps un cirque et une petite ménagerie occuperont l'espace d'un ancien restaurant universitaire, qui avait remplacé un bidonville. Des enfants y viennent avec leur école, je les croise au retour dans le RER, bavards, émerveillés de ce qu'ils ont vu. Un plus petit se tait, je me penche vers lui : Et toi, tu ne dis rien ? Qu'est-ce que tu as vu ? Et d'une voix lente, grave, hésitante, un peu essoufflée, la voix d'un enfant timide mais résolu : Moi, j'ai vu un lapin. Il y a tout un monde dans cette réponse-là, il faut nous y habituer. Du fond de mon enfance rurale, je dois faire un immense effort pour saisir comment on peut se construire si loin de la nature et du monde vivant.

Dans mes cours, petit à petit, je le vois bien maintenant, j'opère une sorte de retour aux sources, de retour à l'essentiel. À l'exigence première que m'a dictée la formation reçue dès la toute petite enfance : faire entrer les plus jeunes, ces nouveaux venus, dans une claire compréhension d'un monde qu'ils découvrent. Leur apprendre à déchiffrer, dans tous les sens du terme, puis à organiser ce qu'on voit, ce qu'on entend, ce qu'on lit. Et à l'exposer rigoureusement. Au fond, Boileau, le bien oublié Boileau qu'on n'étudie sans doute plus en classe de seconde, n'a pas de disciple plus fidèle que moi. Nul ne peut répéter avec plus de conviction que moi « Ce que l'on conçoit bien s'énonce clairement / Et les mots pour le dire arrivent aisément » (*Art poétique*, chant I). En matière d'enseignement, c'est une morale, et une politique, et même une politique sociale. Il s'agit de donner des armes à ceux qui en ont le plus besoin. Boileau, dans le RER ! Avec sa perruque, et son infirmité secrète, tandis que le train souffle et gronde avant de s'engouffrer dans un tunnel. Ce rapprochement me comble*. L'enseignement supérieur a fait un prodigieux bond en avant : de 310 000 en 60, on est passé à 1,2 million en 80. Mais désormais, il ne s'adresse plus seulement aux rejetons de la classe favorisée ; un vrai changement se manifeste ; un nombre de plus en plus grand d'étudiants sont contraints de travailler pour subvenir à leurs besoins. Cela signifie qu'ils ne viennent plus désormais de familles aisées, capables de les entretenir pendant de longues années d'études et, pour parler comme l'école de Bourdieu, familières des codes et des matières d'enseignement. Notre université est un bon terrain d'observation : elle accueille à la fois des enfants de l'Ouest bourgeois et résidentiel de Paris, et ceux de l'Ouest populaire, comme la ville de Nanterre elle-même, ou certains quartiers de

* « Il avait été taillé de la pierre à l'âge de quatre ans, et fort mal taillé. Il en souffrit toute sa vie. Les biographes ont tiré mille contes de son infirmité, et y ont joint pour surcroît la ridicule histoire d'un duel avec un dindon, qui guérit Boileau pour le reste de ses jours de tout penchant et de tout besoin amoureux. » Notice sur Nicolas Boileau, *Œuvres complètes*, Publications de l'Imprimerie nationale, 1872. La taille était l'opération consistant à extraire un calcul par incision de la vessie.

Puteaux. Sommes-nous vraiment armés pour saisir leurs références, leurs projets, leurs attentes ? Je ne peux me souvenir sans émotion de Jonathan qui, pour faire sa rentrée en première année, avait revêtu un survêtement et des baskets neufs. Mais justement, en première année, c'est là que se multiplient les abandons dès novembre : le bac remplit-il les conditions d'un accès réussi à l'enseignement supérieur ? Ces questions qu'on agite aujourd'hui ont plus de trente ans. Petit à petit, l'université va perdre son caractère de laboratoire pour des expérimentations tout droit venues de mai 68. Une grande salle où se réunissait le corps enseignant chaque trimestre avait été annexée par les étudiants pour en faire une cafétéria animée par eux, où je déjeunais régulièrement, et de façon peu diététique, d'un hot dog et d'un flan trop sucré. Un jour, elle est fermée, on la débarrasse de ses fauteuils, salis, dégradés, déchirés, elle redevient un lieu administratif, fonctionnel. Le « souk » disparaît : c'était une espèce de marché hétéroclite, sur toute la longueur de l'allée centrale, où l'on vendait de tout, y compris des keffiehs palestiniens pour soutenir une cause dont, alors, je me méfiais.

La question montante est celle de la démocratisation de l'enseignement. L'obligation scolaire a été prolongée jusqu'à seize ans, l'accès à l'éducation ne suffit pas, si l'on ne procède, dans le même temps, à une réforme pédagogique d'ampleur. Car l'institution scolaire non seulement ne réduit pas les inégalités, mais elle les consacre. Je reprends ici un discours sociologique dont je partage les analyses, mais non les conclusions. À la domination par le capital économique s'ajoute la domination par le capital culturel. L'école n'est plus l'école « libératrice », elle participe à légitimer la domination à travers la « violence symbolique ». Le « dominé » subit la contrainte économique, mais ses effets en sont encore accentués par une relégation sociale très tôt installée par l'école. Un moment ébranlée par la justesse de ce constat, je me refuse à en appliquer les conséquences : une défiance appuyée envers certaines disciplines accusées de servir aux classes dominantes pour légitimer leur domination. Je suis trop attachée à une logique de l'émancipation par l'instruction et le savoir, dont j'ai moi-même bénéficié. C'est un débat, un combat, qui est loin d'être clos. Dans le début des années 80, c'est autour d'un ouvrage de Pierre Bourdieu qu'il se cristallise, *La Distinction.*

Est-ce que ce sont de nouvelles perspectives pour la gauche ? Pas pour moi, en tout cas. Mon « républicanisme primaire » (je mesure ce que ce mot contient d'archaïsme et de naïveté provinciale) résiste à l'émergence d'une critique radicale d'un des piliers de la république, l'école. Je commence à entrevoir ce qui est le drame de l'enseignant, en tout cas le mien : concilier des positions politiques de gauche et le nécessaire attachement conservateur au passé, des œuvres, de l'histoire, de la pensée. Pendant ce temps monte une « gauche de gouvernement », laquelle triomphera en 81. Alors, que faire ? Je n'ai encore rien trouvé qui réponde à l'insatisfaction que je ressens depuis l'effondrement de l'après-68. Comment se passionner pour le programme commun ? Un programme qui aurait pour but de faire élire un candidat unique de la gauche, comme l'avait été François Mitterrand en 65 ? Depuis mai 68, les relations PS/PC ne sont pas bonnes. Après d'âpres discussions, un programme commun a été adopté le 27 juin 1972. Les socialistes parviennent à imposer leurs vues en matière de nationalisations : purement économiques, sans ouverture sur une définition politique du rôle des nouvelles entreprises nationalisées. En mars 77, dans la perspective des nouveaux rendez-vous électoraux, municipales le mois même, législatives en 78, puis présidentielle en 81, le PC juge nécessaire de remettre à jour le Programme commun. Cette stratégie est en partie dictée par le déclin du PC. Raz-de-marée pour la gauche, qui recueille, avec une participation élevée, plus de 50 % des suffrages aux élections municipales. De replâtrage en replâtrage, les négociations en vue des municipales sont rompues dans la nuit du 22 au 23 septembre 1977. Liliane, fais les valises, on rentre ! dit Georges Marchais à sa femme. La phrase est restée célèbre. J'éprouve un sentiment bizarre, vaguement nauséeux, celui de retrouver les débats qui passionnaient ma famille quand j'étais enfant, un retour à la IVe République. L'éventuel succès de la gauche me laisse indifférente.

À l'époque, je ne tiens pas régulièrement de carnet. Je n'ai d'autres traces de ces années-là que quelques anciennes fiches d'étudiants, un programme de licence. Mais finalement, si une date devait rester dans les mémoires, ce serait 77 : l'année de la dernière exécution d'un condamné à mort en France et en Europe de l'Ouest. L'ombre de la guillotine plane sur tout ce livre ; c'est pour moi le trait dominant de l'ancien monde. Rien ne m'a davantage fait impression, dans mes premières lectures, que le court roman de Victor Hugo *Le Dernier Jour d'un condamné* : un républicain, une républicaine, en France, a été élevé(e) par Victor Hugo. La presse régionale de mon enfance abondait en récits d'exécutions capitales, pour un public avide de châtiments « mérités ». Comme celui-ci, qui dit la cruelle tonalité de cette époque, sa dureté, son appétit pour les crimes et leur juste punition. Le 21 avril 1949, on a guillotiné Germaine Leloy-Godefroy, marchande de charbon à Baugé, ancienne sous-préfecture de notre département, le Maine-et-Loire, condamnée à mort pour avoir tué son mari à coups de hache afin d'épouser son amant. Elle a été exécutée dans la cour de la prison d'Angers par le bourreau Desfourneaux, « l'homme aux 350 exécutions ». Son assistant écrit dans ses mémoires : « Une femme très digne, elle nous parlait d'une voix douce, on était tous émus. Je lui ai coupé sa chevelure, puis, quand j'ai donné des coups de ciseaux dans son corsage pour dégager ses épaules, mais pas trop bas pour qu'on ne voie pas sa poitrine, j'ai vu qu'elle avait dissimulé des images pieuses. Malgré le règlement, on les lui a laissées. Elle est morte en murmurant des prières. » Le bourreau Desfourneaux avait été très actif sous Vichy, exécutant des Juifs et des résistants, ainsi que Marie-Louise Giraud, « la faiseuse d'anges », en 43 à la prison de la Roquette. On s'étonne qu'il soit resté en place après la Libération.

De cette dernière exécution capitale, en 77, *Le Monde* a rapporté le témoignage de Monique Mabelly (1924-2012), la doyenne des juges d'instruction, commise d'office pour y assister. Il sera transmis beaucoup plus tard à Robert Badinter, bien après l'abolition de la peine de mort. Le 9 septembre 1977, Hamida Djandoubi, manutentionnaire tunisien coupable du meurtre de sa compagne, Élisabeth Bousquet, est guillotiné à la prison des Baumettes de Marseille. Juste après l'exécution, Monique Mabelly consigne par écrit ce qu'elle a vu et ressenti. Je résume. Arrivée à la prison des Baumettes. Une vingtaine (ou une trentaine ?) de gardiens, « les personnalités ». Tout le long du parcours, des couvertures brunes sont étalées sur le sol pour étouffer le bruit des pas. Le condamné se réveille, on l'emmène les mains liées dans le dos. Une cigarette, puis une autre, il en demande encore une autre, comme un enfant qui cherche tous les prétextes pour ne pas aller se coucher. « Maintenant il faut en finir », dit le bourreau. L'homme est debout, la porte s'ouvre, on voit la guillotine. « Tout va très vite. Le corps est presque jeté à plat ventre mais, à ce moment-là, je me tourne, non par crainte de "flancher", mais par une sorte de pudeur (je ne trouve pas d'autre mot) instinctive, viscérale. J'entends un bruit sourd. Je me retourne — du sang, beaucoup de sang, du sang très rouge —, le corps a basculé dans le panier. » « Je ressens une révolte froide. »

Acte II. Le piège s'ouvre. Les années Prague

En d'autres termes, comment vais-je subir et traverser l'épreuve qui m'attend, la déprise de la Grande Illusion ? Dans le développement du séisme Soljenitsyne, sur fond de néolibéralisme conquérant ? Mes « années Prague » dureront trente ans, elles s'achèveront avec une dernière visite à mon ami le dramaturge Karel Kraus pour son « jubilé » (janvier 2010).

Dans le milieu des années 70, habitant encore mon studio d'étudiante à la Bastille, je rencontre régulièrement chez Paule

Thévenin le vendeur de *L'Huma Dimanche*. Il reste un moment à bavarder, regarde les livres autour de lui, tombe un jour sur un recueil de photographies de Karel Plicka*, en noir et blanc. Il s'extasie sur une église baroque de Prague : Hein ! Vous voyez ça, tout de même ! Les réalisations du socialisme ! Le mot circule, nous sommes assez bêtes pour en faire des gorges chaudes. Trait de l'époque : s'abonner à *L'Huma Dimanche*, mieux, rapporter le journal du marché le dimanche matin avec les légumes de saison fait partie d'une tradition de la bourgeoisie intellectuelle « de gauche », même non communiste, une espèce que l'on se représente mal aujourd'hui. À l'époque dont je parle, André Carrel en est le rédacteur en chef. Vieux communiste qui ne reniera jamais ses engagements, à la fin de sa vie, il condamne le goulag, la brutalité de certains limogeages et l'écrasement du Printemps de Prague. C'était une de ces figures typiques du communisme d'alors : fils d'un bourgeois et d'une ouvrière, élevé par celle-ci, profondément français et internationaliste.

J'y pense encore, quelques années plus tard, quand je conçois le projet de me rendre à Prague, je le communique à Philippe Petit qui décide de m'accompagner en septembre 81. Depuis le Printemps de Prague, et après sa conclusion dramatique, mes nombreux amis dans le monde du théâtre sont restés mobilisés autour de l'aventure et des mésaventures du théâtre tchèque. En 68, le metteur en scène Otomar Krejča était venu à Paris avec le théâtre Za Branou (« Derrière la porte ») de Prague présenter au théâtre des Nations sa mise en scène des *Trois Sœurs*. On mesure mal aujourd'hui quelle nouveauté il apportait. Et qu'avait alors soulignée un article de Nicole Zand : « Le misérabilisme et le sentimentalisme, alliés à un déferlement de mélancolisme russe, ont disparu. Ces *Trois Sœurs*-là n'ont pas l'âme slave, comme on l'entend souvent chez nous. »[94]

En 70, Otomar Krejča revient à Paris avec Tchekhov (*Ivanov*) et Musset (*Lorenzaccio*). Malgré ses difficultés avec les autorités

* Photographe et réalisateur tchèque (1894-1987).

tchèques : il avait été l'un des premiers à protester ouvertement contre l'occupation soviétique. Plusieurs de ses amis sont déjà partis à l'étranger. Krejča a choisi de rester, mais il est régulièrement harcelé, avant d'être limogé, en avril 71. « Ainsi disparaît l'une des plus prestigieuses troupes du théâtre mondial », écrit Émile Copfermann dans *Le Monde* du 22 juin 1972. Quand nous partirons pour Prague, ce n'est pas son adresse qu'on me donne, car il en est la plupart du temps absent, mais celle de son dramaturge, le traducteur et critique Karel Kraus. À qui me liera une amitié de trente ans.

En octobre 80, je publie *Les Portes de Gubbio*, livre sorti tout droit de ce dont mon unique voyage à Berlin m'avait donné l'idée : comment vivre dans une ville soumise à l'oppression quotidienne d'un régime autoritaire ? Comment l'art peut-il y résister ? En somme, en allant à Prague, j'aurai l'occasion de vérifier ce que j'avais pressenti à Berlin, et dont on avait un exemple chaque jour depuis l'entrée des chars soviétiques venus en finir avec « le socialisme à visage humain ». Lorsque je me serai fait là-bas des amis très proches, ils refuseront de le lire : merci, on connaît tout ça très bien ! On se souvient qu'en 68, la nouvelle de l'entrée à Prague des chars soviétiques m'était parvenue au bord de la piscine de l'hôtel Ivoire à Abidjan, où je travaillais sans le savoir pour la Françafrique. Depuis, les choses se sont aggravées à Prague, la répression s'est abattue sur les citoyens rebelles à « la normalisation ». Des intellectuels, des journalistes, des écrivains, de simples citoyens ont pris l'habitude depuis 75 de se réunir pour exiger du gouvernement qu'il respecte les engagements pris lors de la Conférence sur la sécurité et la coopération en Europe. Concernant, notamment, le respect des droits de l'homme et la libre circulation des personnes tels qu'ils figurent dans l'Acte final signé à Helsinki en 75. En janvier 77, 242 intellectuels tchécoslovaques signent un manifeste qui sera connu sous le nom de Charte 77. Dont le philosophe Jan Patočka, et le dramaturge Václav Havel, futur président de la République tchécoslovaque. Jan Patočka meurt d'une crise cardiaque après quelques jours d'interrogatoires brutaux. Lors de son enterrement, on envoie des hélicoptères survoler le cimetière, afin de couvrir les prises de parole. Le gouvernement suscitera une Anticharte, que beaucoup furent plus ou moins contraints de signer, dont Bohumil Hrabal qui n'était plus publié. (L'indifférence et l'ignorance de certains journalistes occidentaux sont telles qu'on parle parfois des « 77 dissidents » qui ont signé la Charte.)

Quand je le leur annonce que je pars pour Prague, ce choix étonne mes amis, dont Nor, et le trajet Paris-Prague effraie la plupart d'entre eux, plutôt voyageurs, et même assez aventureux, mais leurs destinations sont plutôt le Chili du temps d'Allende ou, plus tôt encore, Cuba. En fait, on traverse une grande partie de l'Europe en moins d'une journée, malgré les lenteurs des passages de frontière : Paris-Prague, c'est 1 000 kilomètres, à peine plus que Paris-Menton. Petit avant-goût, l'obtention du visa à la section consulaire de l'ambassade tchécoslovaque de la rue Bonaparte. Dans la cour, une ou deux Škoda du même type miteux que les Trabant est-allemandes. Départ vers l'est au petit matin, le soleil dans l'œil, entrée en Allemagne par le pont de Kehl, encore 400 kilomètres et c'est la frontière avec la Tchécoslovaquie. Auparavant, nous avons fait une courte halte à Nuremberg, afin de voir le stade conçu en grande partie par l'architecte Albert Speer, et la tribune Zeppelin inspirée du temple hellénique de Pergame. Hitler y avait de 33 à 38 prononcé ses discours face à un demi-million de membres du parti réunis une fois par an en septembre. Elle était surmontée d'une immense croix gammée en pierre. La courte séquence de son dynamitage par l'armée américaine, le 25 avril 1945, ouvrait dans les années 80 la série d'émissions de Marc Ferro, *Histoire parallèle*.

Cette frontière que je vais franchir, ce n'est pas n'importe laquelle, c'est « le rideau de fer » — qu'on s'imagine généralement beaucoup plus à l'est. On doit l'expression à Winston Churchill dans son discours du 5 mars 1946 à Fulton

(Missouri, États-Unis) : « De Stettin sur la Baltique à Trieste sur l'Adriatique, un rideau de fer s'est abattu à travers le continent. » Zone large de quelques kilomètres, on y accède et on en sort après de longs contrôles, vérifications et fouilles approfondies menées sans agressivité. On repart. De place en place, des fermes abandonnées — j'apprendrai plus tard qu'elles abritaient des dépôts d'armes chimiques. Des miradors, des barbelés, des chiens, des hommes en armes. Nouvelles chicanes, nouveaux barbelés, encore des chiens et des hommes en armes. Nouvelles fouilles. Maintenant nous roulons en direction de Pilsen. La route serpente dans un paysage de champs et de forêts. Dans les virages un peu serrés, les troncs des arbres sont peints en blanc à mi-hauteur comme on le faisait dans mon enfance. Les villages sont d'une tristesse écrasante ; façades en mauvais état, peintures défraîchies, dans les jardins, presque rien, quelques fleurs aux sinistres couleurs vives, dahlias ou chrysanthèmes. Mais la route s'allonge, et il est plus de 8 heures du soir quand nous arrivons à Prague. Que faire ? Où aller ?

Après un arrêt dans Malá Strana (« le petit côté »), sur la rive gauche de la Vltava, juste au pied de Saint-Nicolas, nous repartons au hasard. (Encore une preuve de notre ignorance et de notre indifférence. Le nom allemand du fleuve qui traverse Prague est plus connu, c'est « Moldau ». Quand il tombe sur son nom tchèque, plus d'un journaliste d'alors le traduit par Vistule, nom du fleuve qui traverse Varsovie à 700 kilomètres de là.) Lumières incertaines sur les façades ornées, statues noircies, brinquebalement d'un tram hors d'usage, nous traversons le fleuve, mourant de fatigue et de faim. Je me gare tant bien que mal devant la façade Art nouveau d'un bâtiment qui me semble abriter un restaurant : c'est la « Maison municipale » (« Obecní dům »). Nous sommes hantés par des images de la dernière guerre, ayant fait une pause à Nuremberg le matin. Et par celles du printemps 68, de ces chars soviétiques dont l'un s'était coincé dans une rue de la vieille ville, c'était un char amphibie, on se demande pourquoi. Et nous voici soudain devant une merveille de l'Art nouveau, un peu dégradée, comme ternie. C'était alors une brasserie populaire, aujourd'hui c'est un endroit élégant et coûteux qui s'est appelé quelque temps « Restaurant français ». De même à l'est de Berlin l'Opern Café, sur Unter den Linden, est redevenu l'établissement chic qu'il était, après la parenthèse « socialiste » où il accueillait sous ses décorations rococo un club de vieux travailleurs. La grande salle est d'une beauté impressionnante, par ses proportions, par sa décoration à laquelle ont participé les principaux artistes du mouvement Sécession, dont Alfons Mucha. Son luminaire est exceptionnel, mais il règne dans la grande salle une espèce de silence, d'abandon, dans l'odeur de la bière et du mauvais tabac. Les serveurs et serveuses circulent sans un bruit, portant sur leurs plateaux des chopes d'un demi-litre ou d'un litre, une vieille femme vide la sienne à grandes goulées, chaque fois qu'elle rejette la tête en arrière, sa perruque lui glisse jusqu'au nez, des hommes se lèvent à intervalles réguliers et filent aux toilettes du sous-sol d'un pas incertain... Ce sont des personnages sortis tout droit des romans de Bohumil Hrabal. — Un mot s'impose ici, en l'honneur de Hrabal, l'écrivain « des exclus, des marginaux, des solitaires », pour saluer notre entrée à Prague et placer notre découverte de ce monde disparu sous le signe d'une œuvre qu'on ne lit plus guère, aujourd'hui. Quand il était venu en France, en 93, il portait toujours la casquette du sous-chef de gare qu'il avait été à une époque. Homme des faubourgs et des quartiers populaires, il avait fait des tavernes son observatoire privilégié. On raconte qu'il aimait qu'un rayon de lumière traverse sa chope selon un certain angle et qu'il se déplaçait au cours de l'après-midi de brasserie en brasserie pour suivre la marche du soleil. L'humour, dans ses romans, un humour populaire, sombre et joyeux, l'emporte toujours sur un trait que les Français lui préfèrent : l'ironie, plus intellectuelle, plus savante, mais parfois non dépourvue d'une acerbe malignité. L'ironie vise à confondre l'adversaire et à faire rire à ses dépens : Hrabal en était incapable. C'est ce qui le distingue de l'autre grand écrivain tchèque de cette époque, Milan Kundera, maître absolu d'une vision décapante des mœurs et humeurs, qui les réduit à une gesticulation ridicule. Ce n'était pas le propos de Hrabal, observateur empathique de la grande danse du monde. « Je suis un peu le Don Quichotte de l'infini et de l'éternité, et l'infini et l'éternité ont sans doute un faible pour les gens comme moi. » Il est mort en tombant (ou en se jetant ?) d'une fenêtre[95].

Ce premier soir on nous accepte dans un hôtel, ce qui est exceptionnel. Dès le lendemain, nous trouvons une chambre chez l'habitant, dans un appartement collectif. La douche est commune, souvent envahie de linge qui sèche, nous la partageons avec quelques vieux bonshommes et une femme qui, voyant que je ne comprends pas, parle de plus en plus fort, puis, l'air fâché, hausse les épaules et s'éloigne. Quand nous rentrons le soir, les énormes poubelles n'ont donc pas été vidées ? Il règne dans la cour et jusque dans l'escalier une terrible odeur de chat crevé. En même temps, quelle sensation étrange de remonter dans le temps ! Partout, c'est l'ancien monde, faute de développement, un monde enfermé dans sa gangue parce que « le communisme réel » est dans l'impasse — économique, et sociale. Pénuries dans tous les domaines. Exemple : Il faudrait que j'achète une chaise. — Quel genre de chaise ? — Ça, je ne sais pas ! Je prendrai ce qu'il y aura. C'est une caricature de la belle frugalité républicaine, qui nous ramène aussi aux temps du rationnement d'après-guerre, des tickets, et du rutabaga. Et, malgré tout, on s'émeut de voir un monde épargné par les dégradations du nôtre, que le progrès technique et les vraies améliorations de la vie quotidienne ont fait basculer dans l'hystérie de consommation. Clef de la croissance et du profit.

Dès le lendemain, j'appelle Karel Kraus d'une de ces petites cabines de rue au téléphone rouge dont j'ai longtemps conservé les jetons. Il nous invite aussitôt à venir déjeuner chez lui. Il habite alors dans le quartier de Vinohrady sur la place Jiří z Poděbrad (plus tard il déménagera dans un autre quartier avec sa nouvelle compagne), un bel appartement rempli de meubles anciens, de verreries, de tableaux.

L'échange est aisé. Karel parle un français parfait. Né en 1921, fils du correspondant à Paris de la presse tchèque, Karel y a passé avant la guerre plusieurs années de son enfance, justement avenue Félix-Faure. J'y ai habité moi aussi. Il s'amuse de cette coïncidence qui nous rapproche. À la guerre, il avait à peine vingt ans et, contrairement à beaucoup de ceux que je connaîtrai dans ces années-là, n'a jamais partagé l'élan suscité par le communisme. Il refusera toujours, cependant, de s'en dire victime.

Même s'il est facile de découvrir par soi-même ce mélange typique des démocraties populaires, absurdité, pénurie, autoritarisme, c'est avec Karel et grâce à lui que nous voyons se déployer la réalité d'un univers sordide et fantasmagorique, celui de la Tchécoslovaquie socialiste. Un exemple. Juste avant 68, on avait mis enfin en route la construction d'un métro, et creusé un réseau souterrain aussi profondément qu'à Moscou, pour les mêmes raisons de sécurité. Les Tchèques sont contraints d'acheter les wagons aux Russes : ils sont trop lourds, un pont sur la Vltava manque de s'effondrer, il faut tout reprendre. D'absurdité en absurdité, Karel veut nous montrer ce qui reste du monument à Staline, encore inachevé à sa mort : juste un gigantesque socle. Occasion d'une mise au point par Léon Robel au sujet du couple Aragon-Elsa, et de leur stalinisme. Robel rappelle les « tirades furieuses d'Elsa contre la politique des Soviétiques notamment dans le domaine culturel, et sur le plan public il y a eu *Le Monument*, tout de même, qui est de 1957 ». Publié en feuilleton dans *Les Lettres françaises* à partir du 4 avril 1957, puis à *La NRF* dès le même mois. Elsa y raconte le suicide d'un sculpteur inconnu, désespéré d'avoir sacrifié son art à une monstrueuse œuvre de commande.

Monument à Staline. Œuvre du sculpteur Otakar Švec

15,5 mètres de haut et 22 mètres de longueur : il fallut des explosifs anglais pour en venir à bout en 62. D'après les photos, l'ensemble avait un aspect monstrueux, effrayant. J'ai vu l'équivalent en Sibérie orientale : une tête de Lénine de 8 mètres de hauteur à Oulan-Oude, capitale de la Mongolie intérieure.

Karel est un patriote tchèque, selon les traits d'un patriotisme différent du nôtre, en admettant que celui-ci ait encore une réalité aujourd'hui. Le nôtre est ou était appuyé sur une idée de la nation héritée de 1789, « une et indivisible », « collectivité volontairement construite, vecteur moderne de la mise en œuvre politique d'un bien commun lui-même voulu et librement défini[96] ». Karel est l'héritier d'une autre tradition : celle des « petits peuples » d'Europe centrale, dont la première expression remonte au « printemps des peuples » de 1848, qui a ébranlé l'Empire austro-hongrois dont Prague et la Bohême faisaient partie. Leur existence et leur unité reposent sur leur langue. Est tchèque celui qui parle tchèque, non celui qui est de sang tchèque. Le signe du renouveau national tchèque, c'est un dictionnaire de la langue tchèque en cinq volumes, publié entre 1834 et 1839 par Josef Jungmann. En allemand, il est vrai. Mais la langue tchèque avait été marginalisée, stigmatisée comme une « langue de paysans analphabètes » après la répression du mouvement hussite par les Habsbourg au XVe siècle, éliminée de l'administration, de la littérature, des écoles. Après la bataille de la Montagne Blanche, les livres écrits en tchèque sont brûlés et toute publication en tchèque est considérée comme hérétique par les Jésuites. (Le deuxième moment de la Renaissance tchèque est l'ouverture du Théâtre national, voulue dès 1844 mais qui n'aura lieu qu'en 1881.)

Cette alliance entre une nation, un peuple, sa langue est assez différente de la nôtre ; ce n'est pas le Grand Siècle, Molière, Racine et Corneille, l'Académie et sa mission de défense et d'illustration de la langue, ce n'est pas à la Libération le TNP de Jean Vilar, ce n'est pas non plus l'école de la république et son attachement à la transmission de la langue. C'est celle du philosophe allemand Herder qui « conçoit la langue nationale à l'image de la langue familiale. Les particularités familiales s'y trouvent dépassées et généralisées : l'homme est destiné à être une "créature de la horde, de la société, développer une langue lui est donc naturel, essentiel, nécessaire". »[97] Le projet français, de la monarchie absolue à la république, est un projet politique, celui d'unifier la nation. Celui des Tchèques est de la faire naître.

D'où cette promenade à laquelle Karel nous convie sur le site de la bataille de la Montagne Blanche, triomphe en 1620 des armées catholiques sur les États protestants de Bohême révoltés contre le Saint-Empire. Le catholique qu'il est s'efface devant le patriote tchèque. J'avais un peu oublié ce qui fut le début de la guerre de Trente Ans et, à l'époque où on me l'avait enseignée, en classe de troisième ou de seconde, j'en avais sans doute mal perçu les enjeux. On peut se rendre en quelques stations de tram jusqu'au site, un parc où fut construit au XVIe siècle un curieux pavillon en forme d'étoile, symbolisant la géométrie du cosmos. Descartes, grand voyageur dans sa jeunesse, y participa (ou y assista). En 1619, ayant traversé l'Europe des Pays-Bas à la Bohême, en passant par le Danemark, il avait effleuré la Pologne et la Hongrie[98]. En fait, à sa manière discrète, élégante, non dépourvue d'humour, Karel accomplissait une mission : celle de nous faire connaître et comprendre son pays, que la France avait abandonné en 38. Une autre fois, il nous emmène au cimetière de Vyšehrad, cimetière des gloires nationales, le Panthéon tchèque, en somme, mais dans un sens bien particulier, et bien différent du nôtre. On ne comprend bien qu'en comparant. Situé sur un rocher au-dessus de la Vltava, offrant une vue spectaculaire sur la ville, il rassemble les tombeaux de tous ceux qui ont travaillé à la renaissance de la culture nationale. Tous ceux et toutes celles : car on y voit aussi la tombe de Božena Němcová, pour son roman *Babička* (*Grand-mère*). Celle de Jaroslav Hašek, l'inoubliable auteur du *Brave soldat Chvéïk*, ne s'y trouve pas ; elle est dans un petit village du sud de la Bohême, non loin de celui où naquit Gustav Mahler. Mais les Tchèques, dont Karel, n'aiment pas beaucoup « le brave soldat Chvéïk » ; il est pour eux le symbole d'une veulerie et d'une lâcheté populaires qui à plusieurs reprises ont coûté son indépendance au peuple tchèque.

Confirmation quelques années plus tard. En 88, Karel et Ludmila avaient décidé de m'offrir un cadeau bien particulier pour le 28 octobre, date de mon anniversaire et de la fête nationale tchèque. Personne ne pouvait imaginer qu'un an plus tard, le monde communiste s'écroulerait. Leur idée, c'était de me montrer, entre Bohême et Moravie, le village de Kaliště, où les parents de Gustav Mahler avaient été aubergistes. Un petit village abandonné des dieux : trois rues en pente, des maisons tassées sur elles-mêmes et, au centre, une mare où glissaient tranquillement des canards. L'auberge des parents de Gustav Mahler avait à peine été modernisée depuis cent ans. Une vieille femme très gaie la faisait visiter, je n'ai pas oublié son nom, elle s'appelait Aloysia Krachtovilova. Une ou deux générations d'aubergistes dont celle de ses parents la séparaient seulement de Gustav Mahler dont elle parlait comme d'un frère insuffisamment aimé, plongeant les mains dans les boîtes de chaussures où elle conservait les cartes postales reçues de tous les grands noms de la musique après leur passage à Kaliště. Aloysia non plus n'aimait pas ce poivrot anarchiste de Hašek et montrait de la main, avec un air de réprobation, la direction de Lipnice, où il mourut à moins de quarante ans.

Nous avions ensuite déjeuné dans le village natal d'Otomar Krejča, Pelhřimov, à peu de distance de là. Le restaurant était décoré dans le style typique du monde communiste, avec de grands bouillonnés de rayonne jaune devant les fenêtres. Des familles y étaient attablées, et ne nous jetèrent pas un œil. Mais tout changea quand entrèrent deux jeunes Noirs, étudiants à Prague, sans doute, ou à Brno, dans le cadre des échanges entre « pays frères ». Toutes les fourchettes restèrent en l'air : le silence, l'air éberlué des enfants et de longs regards muets les suivirent jusqu'à leur table. Puis nous avons continué à travers cette partie de la Moravie qui dans une petite surface comme la Toscane, et dans une même concentration d'artistes, avait vu naître Krejča, Mahler et Hašek, Husserl, Masaryk, Freud, Gödel et Janáček...

Ce que comprend la petite républicaine en galoches, et ce qu'il lui reste à comprendre

Non seulement, avec Karel, j'accède à une nouvelle vision de l'Europe, mais aussi je vois se déplacer un certain nombre de notions qui me sont familières, et chères, dans un sens et selon des alliances qui me sont inconnus. Par exemple, le mot de « république » n'a pas exactement le même sens qu'en France, ni pour Karel, ni pour le régime. À l'époque de mes voyages, la Tchécoslovaquie est depuis 60 une « république socialiste ». Elle était auparavant une « démocratie populaire », laquelle avait éliminé avec le coup de Prague en 48 — prise de pouvoir par les communistes — la République tchécoslovaque fondée par Masaryk après la Première Guerre mondiale. Telles sont les étapes dans l'édification du communisme que distinguent les théoriciens du marxisme-léninisme : je m'inspire de l'excellent article de Bernard Féron dans *Le Monde* du 5 septembre 1960. Ces étapes sont au nombre de trois. Il y a d'abord la révolution prolétarienne, prise du pouvoir par le Parti communiste, qui met fin à la démocratie bourgeoise ou à un régime autocratique. C'est l'époque de la démocratie populaire. La lutte des classes se poursuit, on tolère l'existence de plusieurs partis politiques, mais « le parti des travailleurs » dispose d'un pouvoir indiscuté. Dans la deuxième étape — le socialisme —, il y a encore des classes (ouvriers, paysans, intellectuels), mais elles ne sont plus antagonistes. Sous le communisme, il n'y aura plus du tout de classes (personne n'est jamais arrivé jusque-là). En 60, la Tchécoslovaquie a atteint le stade numéro 2, elle n'est plus une « démocratie populaire », elle est devenue une « république socialiste » et elle s'est dotée d'une nouvelle Constitution. Toutes ces arguties dissimulent mal la réalité d'un pouvoir oppressif d'où toute démocratie est absente. Et, de fait, cette admirable progression n'a pas de répercussions sensibles dans la vie quotidienne, qui demeure toujours aussi terne et difficile. Humour tchèque : Vous voyez ce vieux paquebot ? On a changé ses machines, on l'a doté de nouvelles hélices, repeint, il peut reprendre la mer. C'est ça, le socialisme ! — Ah bon ! Magnifique ! Et les passagers ? — Oh, les passagers ! Ils vomissent.

Aucun de mes amis, du reste, n'en faisait le sujet de discussions théoriques. Tous, même ceux qui au début y avaient cru, espéraient simplement qu'on en sortirait un jour. Je ne pouvais pas leur donner tort. Quant à mon idée de « république sociale », à la française, elle les faisait tiquer, ils y entendaient un vocable honni : l'épreuve du socialisme à la soviétique en avait fait détester jusqu'au nom. Pas une seule fois non plus, dans mes rencontres avec des dissidents, je n'ai fait approuver, ou même comprendre, ce qu'était mon idée de la république. Liberté, égalité, fraternité ? Pour quelques-uns, c'était juste préparer la guillotine. Ils étaient cependant nombreux encore à garder le souvenir, l'image et la nostalgie de ce qu'avait été la République tchécoslovaque, avant l'occupation nazie et, après la guerre, avant le coup de Prague. Elle était née aux États-Unis, sur les ruines de l'Empire austro-hongrois, lorsque Masaryk avait déclaré le 18 octobre 1918 à Philadelphie l'indépendance de la Tchécoslovaquie. En visite officielle à Paris en 23, il est accueilli par ces mots d'Alexandre Millerand, alors président de la République : « M. Masaryk incarne au plus haut degré les vertus républicaines » (*Journal des débats politiques et littéraires*)*. Masaryk avait réussi le pari de fédérer un pays marqué par la présence de fortes minorités allemandes et hongroises, avec des différences religieuses et de grandes inégalités socio-économiques entre les Tchèques et les Slovaques. La République tchèque ne résista pas aux assauts de Hitler. Et de longtemps les Tchèques ne nous pardonneront pas de les avoir trahis à Munich en septembre 38. Karel n'était pas, on s'en doute, un grand admirateur de la République française, trop jacobine et anticléricale aux yeux du catholique tchèque qu'il était, mais il admirait Masaryk et il m'offrit un jour, tiré de sa bibliothèque, un de ses ouvrages qui avait appartenu à son père. Je fus surprise de voir après 89, dans les moments de « la révolution de velours », la ville se couvrir d'affichettes à son nom, avec une citation de lui. L'affichette a disparu depuis longtemps dans mes papiers, il me semble qu'elle portait ces mots, « La vérité vaincra », « Pravda vítězí ».

Après la guerre, un sentiment de gratitude s'était répandu envers l'URSS, largement partagé partout et même chez les non-communistes. Mais les grandes purges des années 50 feront

* Millerand, socialiste, avait tardé à rejoindre le camp des dreyfusards pour ne pas trahir la cause du peuple et entrer dans une « guerre bourgeoise »... En 1898, 33 députés socialistes avaient signé un manifeste pour la neutralité. « Si le prolétariat, disait le manifeste, n'est pas insensible à l'injustice, il refuse d'être dupe : ceux qui invoquent maintenant les droits de l'homme et la dignité humaine sont les mêmes qui ont volé aux travailleurs les garanties qu'ils réclament pour Dreyfus. »

des ravages dans la population. Les condamnés étaient envoyés dans les mines de radium, comme à Jáchymov, en Bohême du Nord[99]. Le film *L'Aveu* de Costa-Gavras fit connaître au monde entier le sort du dirigeant Artur London et sa condamnation lors des procès de 52. Dans les mêmes temps, comme dans d'autres pays où régnait un athéisme d'État, la religion catholique dominante depuis la Montagne Blanche était l'objet d'une persécution constante. Au bout du compte : un pays où on se dit athée à 70 %. Peut-être aussi l'effet lointain des conversions forcées d'après la Montagne Blanche, se traduisant par une hostilité vivace envers une religion catholique imposée ?

J'ai évoqué dans *L'Églantine* comment mes séjours dans la capitale tchécoslovaque m'avaient conduite à adopter face à la question religieuse une position nouvelle, eu égard à l'héritage que j'avais reçu : une incroyance affirmée, une défiance envers les religions, une vigilance inquiète face à leur intervention toujours possible dans la vie sociale et politique. Je n'oublie jamais d'où je viens, et mes précoces expériences d'enfant. Dans les années d'après-guerre, sur cette vieille terre chouanne et contre-révolutionnaire, marquée par l'alliance de l'Église et des châteaux, l'école est en terre de mission. Je ne parle pas aux filles qui vont à « l'école libre ». Je reste derrière les rideaux de ma fenêtre à regarder passer les processions entre les murs tendus de draps où sont piquées des roses. Mon père cependant est l'ami du vieux curé, l'abbé G., un ancien combattant de la guerre de 14-18, l'ypérite lui a brûlé les poumons, un seul verre suffit à lui faire tourner la tête, les vignerons sont sur le pas du cellier, Allez, Monsieur le curé, ça ne peut pas faire de mal ! Un jour, il est tombé dans un fossé ; ses paroissiens l'ont dénoncé à l'évêque, il a dû faire amende honorable en chaire. Pour les besoins d'un office, d'un enterrement, il toque à la fenêtre de sa classe, mon père lui ouvre : J'ai un enterrement demain, j'ai besoin d'un enfant de chœur !

Affiche de 1951 (Comité national d'action laïque)

On mesure donc ce que peut signifier pour moi cette expérience inouïe, une amitié durable avec un représentant affirmé du catholicisme tchèque. Dans nos controverses sans fin, Karel et moi avons tenté, bien des fois, de faire comprendre chacun à l'autre la réalité de son expérience. Sans succès. Ce sont deux univers et chacun peine à se représenter celui de l'autre. À ses interrogations, je répondais comme Laplace à Napoléon : « Sire, je n'ai pas eu besoin de cette hypothèse. » Karel était plus combatif, je le sentais proche des thèses d'Henri de Lubac sur « le drame de l'humanisme athée » — titre de son célèbre ouvrage. Persuadé, comme le théologien, que « les totalitarismes », dont les camps nazis et le goulag, en sont la sinistre expression, il était surtout inquiet pour moi, inquiet que je puisse vivre dans un pareil vide, tout en donnant les apparences de n'être pas désespérée.

Mais pour finir, à Prague, j'avais découvert et repris à mon compte l'adresse de Clemenceau aux catholiques : « Le jour où votre religion serait atteinte dans sa liberté légitime, vous me trouveriez à côté de vous pour vous défendre, au point de vue politique, bien entendu, car au point de vue philosophique, je ne cesserai d'user de ma liberté pour vous attaquer. » Je n'ai pas hésité à accompagner Karel à la messe de Pâques dans Saint-Nicolas de la Vieille Ville, parce que c'était un acte de dissidence. J'en ai retiré une leçon qui m'est aujourd'hui bien utile face à l'hypocrite injonction faite aux musulmans français de respecter notre laïcité. Un regret me demeure donc, au moment où je conclus ce paragraphe : celui d'avoir traité la question religieuse en la limitant à l'incroyance qu'on m'a transmise, et que je n'ai jamais remise en doute, et à une laïcité combative. Notre façon — je veux dire, celle de ma famille, héritée tout droit de la IIIe République — devait plus que je l'ai pendant longtemps imaginé au positivisme d'Auguste Comte, et plus encore à « la religion de l'avenir » de Renan. Quand j'ai tenté de reconstituer l'univers mental de ma modeste aïeule, sur les bords de la Loire, j'ai placé en héros et protecteurs les figures tutélaires de Pasteur (le progrès) et Victor Hugo (la justice et l'instruction). Elle était née en 1863, avec les *Misérables* et la *Vie de Jésus* : j'aurais donc pu y ajouter une troisième icône, celle de Renan. Le monde qui est en train de se façonner comme républicain doit à Renan d'en avoir fini avec le christianisme, d'avoir séparé l'État des religions, mais aussi de s'être figuré l'avenir dans une perspective idéaliste, où « l'humanité devient Dieu par l'infinité de la connaissance ». Ainsi parle Péguy, cité par François Hartog dans son beau livre *La Nation, la Religion, l'Avenir*. Mais Hartog a raison : au bout du compte, ce n'était peut-être rien d'autre qu'une manière de proposer une morale du devoir, « poussant au bien, au sacrifice, à la vertu, sans espoir de récompense ». Tel est en tout cas le monde où j'ai été élevée. Dans son irénisme, son idéalisme impénitent, autre tare du républicanisme primaire. Il est donc probable que, au temps où j'espérais un changement politique radical, le temps de la splendide illusion, j'aie eu beaucoup de mal à faire mien le matérialisme fondateur du retournement marxiste, remettant « sur ses pieds » une pensée inopérante, celle de Hegel, qui « marche sur la tête ».

C'est la deuxième fois que je cite Renan, ce n'est pas la dernière.

Acte III. « L'Occident kidnappé ». Le piège se referme

J'ai gardé de mes années Prague, de nos conversations un souvenir nostalgique et ému. L'une des dernières découvertes que j'ai faites de la Bohême avec Karel et Ludmila, c'est tout au nord, la ville de Louny, avec sa statue de Jan Hus au centre et, dans le parc du château, des paons et des statues baroques.

Parc de Louny

Mais j'ai aussi tiré de ces séjours à Prague une conséquence paradoxale. Tout y respirait la contrainte et le délabrement, l'absence d'horizon. Un quotidien étriqué par la pénurie, un avenir étouffé par l'absence de droits élémentaires — celui de circuler et d'exposer librement ses convictions. Or, de ce monde étouffant, où justement ne circulaient librement ni les hommes ni les idées, où des intellectuels, des poètes, des écrivains subsistaient péniblement comme chauffagistes ou veilleurs de nuit, je revenais à chaque fois rassérénée. Dans le métro, l'autobus, j'avais vu une série de têtes penchées sur des livres, on me racontait que la file s'étendait chaque mois sur le trottoir d'un éditeur qui publiait volume après volume une traduction de la *Recherche du temps perdu* ! J'avais trouvé là une illustration de la force de la culture, de la littérature, de la pensée. Force de résistance à l'insidieuse ou violente domination de pouvoirs autoritaires. Force de résistance, aussi, à la séduction du monde moderne, et de la consommation. Mais je n'en voyais pas une possible dérive : une surestimation de « l'Europe », le glissement vers un « européocentrisme » confondant notre destin d'Européens avec celui de « la civilisation ». (Le « Polynésien téléphonant » !) C'était une tentation de l'époque. Je ne prétends pas en donner une analyse nouvelle, ni surtout plus juste que toutes celles qu'on en a faites, mon propos est tout autre : je veux seulement reconstituer les ressorts du piège où j'ai failli être prise.

1983 : Milan Kundera publie dans la revue *Le Débat* un article intitulé « Un Occident kidnappé, ou la tragédie de l'Europe centrale ». Parler d'Europe centrale, c'est refuser le terme d'Europe de l'Est, qui rattacherait cette partie de l'Europe au monde slave. « L'Europe centrale est culturellement à l'Ouest, politiquement à l'Est et géographiquement au centre », écrit-il. Mais qu'est-ce qu'être « culturellement à l'Ouest » ? Comment définir, culturellement, « l'Occident » ? Suffit-il d'une majuscule pour le faire comprendre ? L'Occident qui se retrouve captif de l'ogre soviétique, dans le contexte de l'époque, c'est « le monde libre ». Cette thèse va réjouir ceux qui depuis 45 ont choisi leur camp dans la guerre froide. Je suis loin d'y adhérer, mais comment se tenir sur cette ligne de crête ? Après plusieurs séjours à Prague, j'avais noué avec « l'Europe centrale » un lien extrêmement étroit. C'est là que j'avais complété mon adieu à « la grande tentation », commencé dès les premières heures de mon voyage à Berlin quelques années plus tôt. Et qui s'est achevé dans le bain corrosif de l'humour tchèque. Exemple, à Prague, le jour de la mort de Staline, un homme ivre braillait dans le tramway, « Ça en fait un de moins ! »

« L'Occident kidnappé » est bien l'expression d'un intellectuel d'Europe centrale pour qui l'Autriche-Hongrie n'est pas morte, même si les peuples qui avaient secoué son joug en 1848 ont voulu son effondrement en 1918. On racontait cette blague à Budapest dans les années 90 : Je me dépêche de rentrer, dit quelqu'un à un ami qu'il rencontre dans la rue, il y a un match ce soir, Autriche-Hongrie. — Contre qui ? dit l'autre. Et ce n'est pas Nor, à qui je fais lire l'article, qui me sera d'un grand secours. Je le vois régulièrement. Il a commencé une carrière d'éditeur qui s'arrêtera très vite tout en écrivant de courts récits libertins, qui ne trouveront pas leur public. Il est justement un grand lecteur des écrivains d'Europe centrale des années 30, parfois morts assez tôt pour ne pas finir dans les camps nazis. Pour lui, et pour les esthètes dans son genre qui ont fait depuis longtemps leur adieu à la révolution, l'Europe centrale, ou plutôt l'Autriche-Hongrie, va devenir une mode. Cette petite bourgeoisie intellectuelle libérale-cultivée s'abreuve de sensibilité « mitteleuropéenne », d'art baroque, de musique de chambre et de tableaux de Mucha.

Je suis sensible à cette nostalgie du monde d'avant, et à son éloge, tandis que se multiplient les signes avant-coureurs des grands bouleversements à venir, chocs migratoires, reflux des modèles traditionnels en tous domaines, menaces géopolitiques. Ma fascination pour l'Europe centrale se nourrit aussi d'une croissante inquiétude devant l'évolution de l'école, la crise de la transmission, le soupçon porté sur la culture, le règne du consumérisme. Je n'ai donc aucun mal à articuler cette orientation esthétique, culturelle, artistique avec le rejet du monde soviétisé dont Prague offre un triste exemple, en même temps qu'elle y résiste par la voix de ses dissidents. Dans les visites que nous leur rendons, à Prague, Budapest, des écrivains, poètes ou philosophes, tous interdits de publication, nous font découvrir ce qui était nié dans sa réalité spécifique par l'occupation soviétique : la distance, la dérision, l'ironie, l'humour, la liberté de parole, le droit à l'expression singulière, et je veux rendre ici hommage à leur courage, et à leur détermination. La culture de l'Europe centrale est un réservoir inépuisable d'armes de guerre face à un « bloc soviétique » dont on espère sans l'imaginer concrètement l'effondrement même lorsqu'un affrontement s'ouvre à l'intérieur, en Pologne. Mais je ne mesure pas bien qu'elle apporte une caution à une idée tout sauf pacifique du « monde libre », telle qu'elle se déploie dans le reste du monde, et notamment dans le soutien, en Amérique latine, à des régimes autoritaires. À partir d'une vision légitime de la culture européenne, de sa spécificité, de sa puissance, on a tôt fait de basculer dans l'éloge d'une supériorité. Y céder, c'est oublier l'autre face de l'Europe, l'histoire de la colonisation et celle des guerres d'indépendance coloniale, les lectures de notre jeunesse, et la conclusion des *Damnés de la terre* : « Quittons cette Europe qui n'en finit pas de parler de l'homme tout en le massacrant partout où elle le rencontre, à tous les coins de ses propres rues, à tous les coins du monde. » (Frantz Fanon, 1961.)

Dans mes échanges avec les intellectuels, écrivains, artistes de la dissidence, je releverai plus d'une fois leur indifférence aux peuples d'ailleurs. On comprend pourquoi : les dissidents avaient trop à faire avec « l'impérialisme soviétique » pour se montrer préoccupés par « l'impérialisme colonial » de l'Europe. Leur indifférence au tiers-monde était de surcroît favorisée par leur grande homogénéité ethnique. Cette indifférence, cette méconnaissance, disons le mot, ce suprémacisme, ne datent pas d'hier. J'ai plusieurs fois cité ailleurs, mais je n'hésite pas à la reprendre, une phrase de Husserl qui date de 35 : « Il y a dans l'Europe quelque chose d'un genre unique, que tous les autres groupes humains eux-mêmes ressentent chez nous, et qui est pour eux, indépendamment de toute question d'utilité, et même si leur volonté de conserver leur esprit propre reste inentamée, une incitation à s'européaniser toujours davantage, alors que nous (si nous avons une bonne compréhension de nous-mêmes) nous ne nous indianiserons (par exemple) jamais[100]. » On dirait que Karel l'a en tête lorsque je lui parle en 89 de mon voyage en Inde. Mais qu'est-ce que tu es allée faire là-bas ? Et il ajoute : Moi, si je devais faire un voyage aujourd'hui, ce serait à Vienne.

Il faut absolument prolonger la réflexion sur ce thème, « la défense de l'Occident », qui avait repris des couleurs avec la guerre froide et la division du monde en deux « blocs », et qui fait retour aujourd'hui. Car on en trouve l'expression bien avant, notamment en France, au début du XXe siècle, puis dans l'entre-deux-guerres, chez nombre d'écrivains ultraconservateurs qui se portent aux avant-postes d'un combat pour « la civilisation ». La défense de la civilisation, de l'Occident, de l'homme blanc, ce sont des thèmes, dit Sylvain Venayre, qui sont nés au XIXe siècle, à partir de représentations liées à l'impérialisme extra-européen dans les XVIIe et XVIIIe siècles[101]. En 1912, l'académicien Paul Bourget, qui veut contribuer au réarmement moral de la France, suggère de se référer à une « Europe de la civilisation » reposant sur quatre piliers : « le haut commandement prussien, la Chambre des lords, l'Académie française et le Vatican ». En 35, c'est l'invasion italienne de l'Éthiopie. Un certain nombre de membres de l'Académie signent un appel à la soutenir dans un Manifeste des intellectuels français pour la défense de l'Occident et la paix en Europe : « Lorsque les actes des hommes, à qui le destin des nations est confié, risquent de mettre en péril l'avenir de la civilisation, ceux qui consacrent leurs travaux aux choses de l'intelligence se doivent de faire entendre avec vigueur la réclamation de l'esprit. » Osons pousser un peu plus loin. Lucien

Rebatet, rallié après la défaite de 40 au maréchal Pétain, écrit dans *Le Bolchevisme contre la civilisation* (1941) : « En tolérant ce cancer sur le flanc de l'Europe, les démocraties ont trahi la cause de la civilisation. » Il faut donc remercier l'Allemagne pour « le magnifique service qu'elle rend à l'Occident chrétien ».

« La cause de la civilisation » : tout est dit ? Non, car des renversements radicaux sont toujours possibles. Quelques années après la parution de ce manifeste, la France a perdu la guerre, elle capitule, la république s'effondre, un nouveau régime est proclamé. La France officielle, la France de Vichy, du maréchal Pétain et de la Révolution nationale, la voilà qui fait cause commune avec l'Allemagne nazie : n'a-t-elle pas trahi « la cause de la civilisation » ? De toute évidence, oui. Du reste, on le voit tout de suite : lorsqu'un mouvement de résistance se crée sous le nom Défense de la France, et qu'il décide de fonder un journal clandestin, c'est pour « contrer la propagande allemande et, *au nom de la défense de la civilisation, dénoncer la barbarie nazie* »... Ce qui nous donne aussitôt le tournis. Peut-on refuser le mot de « barbares » pour qualifier les exactions et les crimes commis par le nazisme ? Quel autre nom donner à des actes dont la seule imagination révolte ? Pourtant, qui ne le voit ? Le mot de « barbarie » ne dit rien : il n'a pas de contenu concret, « le barbare » est l'opposé du « civilisé », lequel est l'opposé de « barbare »... Même chose pour le mot de « civilisation » : sauf dans le sens où il désigne les traits spécifiques d'un groupe humain, d'une culture, le mot est creux. Ou suspect, car il finit par désigner un degré supposé supérieur dans le développement d'un homme ou d'une société.

Pourtant, on n'y renonce pas. Et ce sera le point de départ d'une nouvelle équivoque. Pendant la Seconde Guerre mondiale, dans le film de propagande *Prélude à la guerre*, Frank Capra mettra en scène « la lutte de la liberté contre l'esclavage, *de la civilisation contre la barbarie* ». C'est le premier d'une série de films commandée par le Bureau d'information de guerre américain sous le titre « Pourquoi nous combattons » (*Why We Fight*). Après la guerre, « le monde libre » se dressera face au « bloc soviétique ». Présenter les États-Unis comme « le monde libre », champion de la civilisation, c'est faire peu de cas de leur histoire, depuis l'élimination des Amérindiens jusqu'à la ségrégation des Noirs, et créer une association douteuse entre la liberté politique et le libéralisme économique.

En conclusion, on ne dira jamais assez le mal que peuvent causer l'usage et l'abus de ces mots de « civilisation » et « barbarie », signifiants trompeurs, labiles et glissants, aux multiples renversements. Et de l'expression « monde libre ». Lorsqu'ils reviennent, et ils reviennent toujours, il convient de se méfier. Le modèle d'une Europe de la civilisation, une Europe blanche et suprémaciste, peut toujours se réactiver, cette fois contre les populations venues d'ailleurs. Comme aujourd'hui lorsqu'il fait retour dans l'ancienne Europe de l'Est. C'est ce modèle qui inspire la politique de Viktor Orbán en Hongrie.

De la même façon, la notion de « monde libre » n'est pas morte. Elle a ressurgi avec la guerre d'Ukraine, dans le discours prononcé en Pologne en mars 2023 par Joe Biden. Et, depuis que l'affrontement a repris au Moyen-Orient entre Israël et les Palestiniens, c'est au nom d'une défense de l'Occident et du monde libre que la droite israélienne réclame le soutien inconditionnel de l'Europe et des États-Unis.

Conclusion provisoire (encore une) : le piège s'est refermé, quand le rejet du communisme a pour résultat, en Europe, de donner une nouvelle justification au suprémacisme occidental. Et quand la fin de ce système donne une nouvelle légitimité à un modèle économique et social (le néolibéralisme) dont ne voulaient pas forcément tous ceux qui, à l'est, imaginaient les lendemains du Grand Soir. Plus rien ne vient alors freiner l'adhésion enthousiaste à une nouvelle incarnation de l'empire du Bien.

Au moment où la conscience occidentale prend un net virage à droite, la France connaît un fait politique majeur : le retour de la gauche au pouvoir, gros de promesses qui ne seront pas tenues. « Années 1980 : cette décennie où la gauche a déçu son peuple », titrait un récent article de *L'Humanité*[102]. Du reste, et contrairement à beaucoup de mes amis, sans me targuer d'être plus lucide qu'eux, je n'y puise aucun élan, aucun encouragement. Je me souviens encore de ce petit matin en mai 81 où j'ai traversé sans joie la place de la Bastille jonchée des restes de la grande fête qui avait suivi l'élection de François Mitterrand. Non seulement je n'y avais pas participé, mais je ne partageais pas les espoirs que celle-ci avait fait naître. Ni non plus, évidemment, les inquiétudes de la droite, qui exilait ses avoirs en Suisse en prévoyant de devoir sous peu s'exiler elle-même : pensez donc, il y avait quatre ministres communistes au gouvernement ! (D'où la blague de droite : Combien coûtera une baguette de pain dans six mois ? — Un rouble.) Très vite, il n'est plus question de « changer la vie » ; se met en place une politique néolibérale qui favorise très clairement les entreprises, la rentabilité du capital, le besoin de compétitivité. En somme, ici comme dans l'Angleterre de Margaret Thatcher, « there is no alternative », il n'y a plus d'autre monde possible, il faut se contenter de celui-ci.

Petit à petit, une nouvelle gauche se met en place, glissant des revendications sociales vers les revendications sociétales. Je mesure aujourd'hui de quel prix nous avons payé et payons plus que jamais ce renoncement. Se concentrer sur le sociétal, c'est s'affaiblir. Mais je m'interroge aussi sur ma propre attitude : en ne partageant pas les désillusions qui se sont très vite emparées de la gauche, je révélais la gravité du mal dont j'étais atteinte. Qu'est-ce que je fais, moi ? Ne me suis-je pas alors éloignée de la vocation première de la république : œuvrer pour que la démocratie sociale vienne « accomplir », selon le mot de Jaurès, la démocratie politique ? Des découragements privés s'ajoutent, se mêlent, au découragement public, sans aucun doute. Et la meilleure preuve en est le titre du recueil de nouvelles que je publie en 83 : *Un printemps froid*. Le relisant aujourd'hui, je suis frappée de leur unité. Tous les personnages de ces onze récits affrontent, chacun à sa manière, une vérité désespérante : on ne peut continuer à vivre qu'en renonçant à l'espoir et à la promesse.

L'apaisement ne vient et ne peut venir que du monde sensible. Mais sous certaines conditions. C'est la leçon de Georges Navel, dont je fais la connaissance dans ces années-là, quelque temps après avoir lu son livre, *Travaux*, que Nor m'avait offert. Je découvre un auteur et un être singulier, pour qui les espérances politiques n'ont de sens que si elles ouvrent sur une autre façon de travailler et de vivre, que si nous refusons d'être, dans le travail, « des bêtes qui s'ennuient ». Navel était né en 1904 en Lorraine, dans une famille d'ouvriers, son père sera toute sa vie manœuvre dans les hauts-fourneaux, réduit à pousser le charreton à l'âge de la retraite. Très jeune, Georges Navel rêve d'une société communiste libertaire, se forme dans les cours du soir de l'Université syndicale. Lorsqu'il entre pour la première fois dans le hall de l'usine Citroën de Saint-Ouen, Mon pauvre vieux, se dit-il, est-ce que tu pourras vivre là, est ce que tu seras aussi fort que les autres ? Insoumis, il file en Espagne, devient manœuvre, terrassier, correcteur d'imprimerie. Pendant quelque temps, il est terrassier puis jardinier sur la Côte d'Azur, chez Paul Géraldy. Plus tard, apiculteur à Seillons-Source-d'Argens, il découvre un accord supérieur entre le travail manuel et le rayonnement du paysage méditerranéen. Un monde se révèle à lui dans une série d'épiphanies : « La création était l'œuvre d'un dieu en étincelles dans chaque être », écrit-il. En 45, il fait avec *Travaux* le récit de cette expérience, aussitôt salué par Albert Béguin et Jean Paulhan. Sa vie avait trouvé très tôt son sens : écrire le travail, et décrire ces moments de réconciliation entre soi-même et le monde sensible. « Ma mère était souvent heureuse en cherchant des pissenlits. Elle aimait les champs, les bois, elle aimait ce qu'elle était là », voilà ce pour quoi nous sommes faits. Chez Navel, le miracle vient des mains. Il l'a découvert en étant typographe, jardinier ou terrassier. « Et tout le boulot de nos mains, quand on a fait de nous des bêtes qui s'ennuient, qui ne savent plus songer, pour lesquels il n'y a plus de beauté dans la vie, ces petits automates affairés et insensibles, le boulot des mains s'en va en feu d'artifice. » Ce choix, cette découverte débouchent tout naturellement sur l'engagement politique et syndical mais aussi sur une soif de livres. Quand le désir de lecture s'empare de lui, il se jette sur les livres librement, sans aide. Jamais en autodidacte : « L'autodidacte apprend ce qui s'enseigne, ce que j'ai appris, moi, ne s'enseigne nulle part. » Son plus beau livre est sans doute *Sable et limon*, correspondance adressée au philosophe Bernard Groethuysen, chef-d'œuvre unique de liberté.

C'est par l'entremise de quelques jeunes gens qu'attirait cet anarchiste ombrageux et amical, dont Philippe Petit, Gérard Meudal, Daniel Rondeau, que je rencontre Navel[103]. Il est à ce moment-là entré dans un monde qui le reconnaît mais dans lequel il ne se reconnaît pas, auquel il ne s'adaptera jamais : le cercle des écrivains et des livres, lui qui appartient, comme il dit, « au monde qui n'a rien dit ». Dans son grand âge, Georges Navel frappait par une apparence physique en accord avec sa vie et ses livres : une haute stature, un regard sans faiblesse, la grande santé, disait-il, citant Nietzsche. Il vivait en partie à Meudon, en partie près de Dieulefit où je suis allée en 82 passer quelques jours. Je me souviens d'une déambulation dans les rues de Valence, écrasées par les publicités tonitruantes d'une foire commerciale ; il s'arrête, les mâchoires serrées, et lève le poing en direction des haut-parleurs, dans un geste de colère et de menace. Puis il continue son chemin.

Je ne sais pas si j'ai fait tout l'usage que j'aurais pu de cette rencontre. Plus que je ne crois, assurément. Ce que je cherchais, et cherche peut-être toujours, son exemple m'a montré que c'était possible, qu'on pouvait abolir la tragique séparation entre l'homme ordinaire et l'homme qui lit, le travailleur et l'intellectuel, celui qui sait et celui qui cherche. Georges Navel pousse les contradictions au point et au lieu où elles ne font qu'un. Il pouvait affronter d'égal à égal les philosophes, les écrivains, les intellectuels de son temps sans ce pesant mélange de ressentiment et de servilité qui marque plus d'un « poète ouvrier ». Il avait compris que si les livres apprennent à vivre, c'est la vie qui apprend à lire. Il l'avait appris quelque part en Provence, en posant ses outils, un livre dans sa poche, et regardant la mer qui scintille entre les pins, dans ces purs moments où se dévoile l'envers métaphysique de l'univers matériel et concret. Qu'aujourd'hui personne ne le lise, que son œuvre soit tombée dans l'oubli, malgré l'effort de quelques courageux amis, cela n'est pas bon signe. On dirait qu'un profond découragement nous tient, dont rien ne peut nous faire sortir, tant il est lassant de toujours renoncer.

Maïakovski à New York, et après ?

Je prolonge donc cette grande question politique et morale : la promesse, l'espoir et le renoncement, l'une des plus douloureuses. Et cela me mène à New York et à Maïakovski. Je l'ai dit, malgré la rencontre de Navel, je ne sais plus très bien au début des années 80 comment continuer sur cette lancée républicaine de gauche qu'on m'a imprimée. La déprise de la Grande Illusion m'a engagée plus loin qu'il ne faudrait sans doute dans la voie d'une adhésion intellectuelle, affective aux valeurs occidentales défendues par une courageuse est-dissidence. C'est alors que je reçois une invitation à enseigner quelques mois à New York. Est-ce encore un nouvel entracte ?

Pour introduire à ce voyage et à ce séjour, je ne trouve rien de mieux que de faire appel à un nom qu'on associe rarement à celui de New York, celui de Maïakovski. Il s'y est rendu en 1925, il en a tiré un récit : *Ma découverte de l'Amérique*. Je ne l'avais pas lu alors, il a été publié en français et vite oublié, réédité seulement en 2015. Colum McCann, dans sa préface, présente ainsi ce petit livre : « bref instant de bonheur » « entre ce qui fut et ce qui aurait pu être, entre ce qui est et qui aurait dû être »[104]. Il définit ainsi, avec une exactitude parfaite, la situation du poète dans les années 1920 à Moscou et ce qui le conduisit au suicide en 1930. Engagé convaincu aux côtés de la jeune révolution russe, Maïakovski aussi a fini par renoncer. « L'incident est clos », écrit-il le matin du jour où il se donne la mort. L'un de ses derniers poèmes tire un trait : « La barque de l'amour s'est brisée sur la vie courante. » Un communiqué officiel, probablement de Staline, s'empresse d'informer que ce suicide « n'a aucun rapport avec les activités sociales et littéraires du poète ». Le poète a vu petit à petit la littérature contrainte de se ranger sous les directives officielles. « Maïakovski voulut sincèrement être un révolutionnaire, avant même que d'être un poète. En réalité, il était avant tout un poète, un artiste, qui s'éloigna du vieux monde sans rompre avec lui », écrit Trotski en mai 1930. La haute direction des belles-lettres se trouve entre les mains de Molotov, « vivante négation de tout esprit créateur dans la nature humaine ». Maïakovski « le plus courageux combattant du verbe » (Trotski) n'a plus le choix. Maïakovski avait voulu créer des liens entre l'ancienne littérature russe et la révolution. Entre deux mondes. On le comprend quand on lit ce livre étonnant, sur son court séjour en Amérique du Nord. La beauté moderne de l'architecture le saisit et le rend d'autant plus sensible à l'intense injustice qui règne dans les rapports sociaux. Mais debout sur le pont de Brooklyn, face au grand vent du large, il entend « le hurlement de l'Amérique, affamé, interminable ».

Chez des amis à Paris et dans le Luberon, j'avais rencontré à plusieurs reprises Tom Bishop, le directeur du Centre de civilisation et de culture françaises de New York University. Mes amis sont un peu fatigants dans leurs allusions et leur connivence à propos de « Enne-Oua-You », mais j'accepte avec joie l'invitation de Tom à venir y enseigner l'automne de 84. Je ne parle pas bien l'anglais, je me suis mise seulement depuis quelques années à en lire assidûment, mais tant pis. Là-bas, je nouerai avec Tom une amitié véritable. Proche de Beckett, de Duras, de Robbe-Grillet, il représente tout à fait New York et « la côte Est », cette face très particulière, très européenne des États-Unis. Il était né à Vienne dans une famille de la bourgeoisie juive qui avait quitté l'Autriche au moment de l'Anschluss. De Paris, ils fuient en mai 40 vers les États-Unis par le dernier bateau. Tom gardera toute sa vie un amour profond pour la France et la langue française. Il y avait chez lui une forme de snobisme sympathique, doublé d'une vraie admiration pour la littérature. Nous faisions un jour une promenade sur une plage de Long Island, voisine de sa maison de campagne des Hamptons. Il me raconte combien Beckett aimait courir le long de la mer. La chose me paraît surprenante. Il me semblait qu'il n'était jamais venu aux États-Unis ? dis-je prudemment. — En effet, me répond Tom, c'était le nom de mon chien, pas celui-ci, le précédent, que je regrette tous les jours. Quand j'ai demandé au grand Sam si cela ne le dérangeait pas : Du moment que ça ne le gêne pas, lui, m'avait-il répondu. La femme de Tom, Helen, était d'un féminisme exigeant, un peu lassant. Toute créature femelle ou supposée telle avait droit à son attention. Une fois où nous avions trouvé une mouette blessée, elle avait essayé de la nourrir d'une palourde, en l'ouvrant d'un coup sec, accompagné d'un : Sorry, darling ! Nous avons passé ensemble plusieurs week-ends dans leur maison de Long Island, zone chic des vacances new-yorkaises, à découvrir le marché campagnard, à déguster de somptueux homards avant de reprendre la route pour Manhattan.

Je fais partie d'une génération partagée entre l'admiration pour une certaine forme de la modernité qu'incarnent les États-Unis, et le rejet de l'impérialisme yankee, sur qui pèse une trop lourde mémoire historique, et trop d'images contradictoires ; l'admiration pour La Fayette et les Insurgents de 1787, la conquête de l'Ouest, le western et le massacre des Indiens, le débarquement sur les côtes normandes en 44 ; la ségrégation et Malcolm X, la longue épopée de la guerre froide où les États-Unis incarnent le monde libre honni des jeunes révolutionnaires que nous voulons être. Avec tous ses détails : l'affaire des pigeons, Ridgway la Peste, la guerre de Corée — on voulut croire longtemps que les États-Unis l'avaient déclenchée alors que c'était Staline. Je n'ai jamais oublié non plus l'étonnant dialogue, dans le film de John Ford *Le Massacre de Fort Apache*, entre Thursday et Kirby. Kirby : Mon colonel, j'ai donné ma parole à Cochise et personne ne fera de moi un menteur. Thursday : Votre parole à un sauvage ! Un assassin analphabète et un violeur de traités ! Il ne peut être question d'honneur, Monsieur, entre un officier américain et Cochise. Kirby : — Pour moi si, mon colonel ! Un concentré de ce suprémacisme colonial qui marque la plupart des interventions occidentales dans « le Sud global »... Pour une fois dénoncé. (Étrangement, Victor Hugo, si attentif au sort des esclaves noirs, n'évoque jamais l'extermination des Amérindiens[105].)

Mais en acceptant la proposition de Tom, j'allais mettre de côté l'antiaméricanisme qui régnait encore dans une certaine gauche en ce temps où la guerre froide n'était pas encore terminée. J'y suis sûrement aidée par ma déprise de la Grande Illusion... Je me souviens de mon arrivée, fin septembre 84. Le temps est très doux. Silence, il est tard. J'ouvre une fenêtre. Soudain le claquement paisible et régulier des sabots d'un cheval se rapproche. Je me penche sur la rambarde : c'est un policier de la garde montée qui fait sa maraude. Il y a des décennies que je n'ai entendu ce bruit dans la nuit, depuis le temps où le long de notre maison, la maison d'école, les voitures montaient la côte en direction des vignes. L'appartement était au deuxième étage, j'étais réveillée toutes les nuits par le ronronnement étouffé des moteurs ; mais cela ne me gênait pas, je me sentais associée à la grande ville jusque dans son sommeil agité. Le lendemain, après une courte visite à mon département, mes cours ne commencent qu'à la fin de la semaine, je me jette dans les rues de Manhattan. Et l'enchantement opère, dès le premier instant, un enchantement si souvent décrit par les voyageurs découvrant la ville. Ce que j'aime, d'emblée, c'est un type de ville comme je n'en avais pas connu dans les cités harmonieuses d'Europe et n'en connaîtrai pas dans les métropoles déglinguées du tiers-monde, un mélange de modernisme et de vétusté, un paysage urbain traversé d'un vent marin, comme une forêt, comme un pan de nature. Les descendants de ceux auxquels Manhattan doit son nom, « Manahatta » en langue lenape, n'ont pas oublié qu'ils ont la charge des anciennes collines, des bois, des grands mouvements du ciel au-dessus de l'île. Il me semble les avoir entendus, j'étais et je suis encore alors profondément faite de ce monde ancien, prétechnologique, malgré mon attirance constante pour les grandes villes.

À New York, dans les dîners et les conversations avec des professeurs, des élèves, je découvrirai aussi une forme de démocratie assez différente de la nôtre, comment depuis la fin de la ségrégation on a réussi à faire vivre ensemble des cultures et des origines différentes, tout en étant travaillé par différentes formes de séparatisme et d'exclusion. Située au sud de Manhattan, l'université ne ressemble pas du tout à la mienne, son campus est la ville elle-même, ni pelouses ni jardins, en fait d'arbres, juste ceux de Washington Square. Elle a été fondée en 1831 pour « accueillir de jeunes hommes sur la seule base du mérite et non sur le droit d'aînesse ou la classe sociale ». Quoique publique, elle est payante, et les frais sont très élevés, beaucoup d'étudiants profitent d'un système de bourses. J'y ferai mes premières expériences de la *political correctness* qui, depuis, a largement franchi l'Océan. À quel point à l'époque elle me choquait, je ne puis le dire. La surveillance des professeurs hommes, tenus de garder la porte ouverte quand ils recevaient une étudiante dans leur bureau, la surveillance du langage, l'atténuation du vocabulaire, *fireman*, trop sexiste, devenu *firefi-*

ghter et le *chairman*, *chairperson*. Et ainsi de suite. De même « chercheur d'emploi » pour « chômeur », « déficient auditif » pour « sourd » ! Ou « technicienne spécialisée » pour « dame pipi » ! Je ricanais, je haussais les épaules. C'est plus facile que d'augmenter son salaire ! Mais je négligeais la déconsidération, si évidente pourtant, qui s'attache à la qualification de certains emplois prétendument subalternes. C'était en moi l'universalisme républicain, dans sa version première, qui se rebellait.

Je ne me lasse pas d'en revenir à ces débuts de mon séjour. Je ne pouvais rester en place, mes cours ayant lieu en fin d'après-midi, je me jetais chaque matin dans les rues de Manhattan, je me sentais emportée par la vie orgiaque qui se déploie dans ces longues coulées comme des canyons entre les gratte-ciel, battues par un vent vif, je prenais un bateau pour faire le tour de l'île ou pour traverser l'Hudson. Et les parcs, et les musées, et les quais étaient autant de continents qui s'ajoutaient à d'autres continents pour former un univers. Mon petit appartement banal me convient, avec au mur de grandes photos des empaquetages de Christo, j'ai trouvé une bicyclette dans un des placards, j'ai accès à un sous-sol pourvu de machines à laver et à sécher le linge. Le très petit groupe d'étudiants dont j'ai la charge parle très bien français. Je me mets plus ou moins sérieusement à l'anglais. Les clochards de Washington Park m'abordent sans agressivité : Hi, movie star ! Les écureuils ici ne sont pas rouges mais gris, et trois fois plus gros que les nôtres, je recule quand ils se précipitent sur mon sandwich. Jan Kott, quand je le lui raconte, s'en réjouit : les Rouges n'ont pas leur chance ici !

Antoine Vitez m'avait souvent parlé de lui et de son livre *Shakespeare notre contemporain*, où il fait de l'œuvre de Shakespeare un instrument pour comprendre « le cauchemar totalitaire » du XXe siècle, le monde de la guerre, des camps, de la mort. Il a quitté définitivement la Pologne après les événements de 81. J'ai pris un jour le train pour aller lui rendre visite à Stony Brook, à une heure de New York, où il résidait et enseignait à l'université. Dans les années 50, Jan Kott s'était retrouvé, comme beaucoup, très engagé dans la construction de la nouvelle Pologne, avant de prendre de plus en plus ses distances. Il aimait raconter de savoureuses anecdotes sur le communisme. Un soir, lors d'une fête du Parti au Palais de la culture de Varsovie, il s'ennuie et vient s'asseoir un peu à l'écart. Les fenêtres sont masquées de grands rideaux, il fait basculer machinalement sa chaise, et soudain elle part en arrière. Deux robustes mains alors le rattrapent, des types de la police sont partout derrière les rideaux. Ses *Mémoires* sont un régal de vivacité et d'anecdotes. Je n'ai jamais trouvé de confirmation à l'hypothèse qu'il fait : après la mort de Staline, Beria, son successeur possible, aurait été étouffé d'une prise de l'ours par Khrouchtchev. Zigzags typiques de ce temps : né dans une famille juive émancipée, passé par le communisme des années d'après-guerre, Jan Kott avait à Stony Brook punaisé une photo de Jean-Paul II au-dessus de son bureau.

À la fin de mon séjour universitaire, je quitte la ville dans un profond déchirement, dont je mesure mal, alors, le sens et la portée ; je n'aurai de cesse que d'autres invitations ne m'y ramènent. Lors d'un nouveau séjour, en 88, il n'était question que de Gorbatchev, on pouvait se faire photographier avec sa silhouette découpée dans du carton, on lisait dans tous les journaux l'éloge de la *perestroïka*, la « reconstruction ». J'ai alors pensé qu'à Prague, on parlait plutôt de la *glasnost*, « la transparence », parce qu'on y avait trop souffert du « mensonge déconcertant » et parce qu'on ne souhaitait nullement que le système s'améliore et se perpétue. Un autre voyage me mènera en Californie, pour des conférences à San Diego, vers le Pacifique et ses plages démesurées, ses rochers où les phoques viennent dormir. J'ai juste le temps de passer une journée près de la frontière du Mexique, « au milieu de nulle part ». Pour le retour à New York, j'avais envisagé de traverser le continent d'ouest en est par le train, saisie par l'aperçu que j'en avais eu à l'aller, et la vue sous nos ailes du Grand Lac Salé. Mais le train est annulé faute de réservations suffisantes. Je passe une nuit à Los Angeles, dont tous les trottoirs sont hérissés de fragiles constructions en carton, logeant les sans-abri jusqu'au matin où tout doit disparaître. De là, un train me mène à La Nouvelle-Orléans, où je reste cinq jours, le temps d'aller manger des beignets d'alligator dans un bayou, et de passer une soirée seule autour d'un po'boy au bœuf dans un restaurant du Quartier français. Dans le train qui me ramène à New York en deux jours et deux nuits, je suis la seule étrangère. Les deux couchettes de ma cabine sont garnies d'un filet qui les complète en s'accrochant à la paroi d'en face, je comprends vite pourquoi : les deux tiers de mes compagnons de voyage sont, comme on dit aujourd'hui, en « surcharge pondérale ». On s'en doute, en voyant figurer, au petit déjeuner, avec des œufs frits, des tranches de bacon trop gras, et des crêpes trop sucrées. C'est une plongée dans l'Amérique profonde, très différente de la côte Est, on ne me prête guère attention, on se contente d'un rapide échange des sourires, sans essayer de converser. Mais des moments de bonheur pur m'attendent quand je regagne ma cabine, comme à chacun de mes voyages par le train. Des années plus tard en Sibérie, ou, un peu auparavant, entre Prague et Budapest, dans un train d'un charme vétuste, où un goulash succulent m'est servi avec quelque cérémonie tandis que défile dehors un paysage de montagnes, de torrents que bordent de noirs sapins. Dans mon train vers New York, qui suit la côte atlantique, je vois les villes par leur revers ; cabanes dans des jardins, voitures abandonnées, usines vétustes, inscriptions à demi effacées, publicités rouillées, dont ce slogan datant de quand ? « Si vous ne le trouvez pas chez nous, c'est que ça n'existe pas. » Comme toujours, j'ai mon petit carnet, un petit appareil photo, pas de téléphone, à l'époque. Les appels des trains qui se croisent ou qui entrent en gare résonnent longuement, décroissent et se perdent en un mugissement douloureux.

Quelle promesse font-ils entendre ? Je ne le sais toujours pas. Et je suis toujours, devant les formes de la démocratie américaine, et ses avatars politiques, comme devant une grande énigme, à jamais irrésolue.

Sous une lumière incertaine.
Et « Baille la main ! ». Haïti, mars 87

Toute la période qui suit mon retour à Paris, fin 84, se dessine sous un jour incertain. New York m'était devenu cher, avec ses brusques coups de vent, sa lumière marine, son modernisme et sa vétusté. Une fois à Paris, j'ai peine à reprendre pied, je vais mettre beaucoup de temps à retrouver ma vie habituelle. Le lendemain de mon retour, je suis arrivée en retard à l'Odéon pour voir *L'Illusion comique* mise en scène par Strehler, j'avais oublié le changement d'heure hivernal. J'admire mais sans vraie adhésion intérieure la virtuosité opératique d'un spectacle qui ne me touche pas. Dans les jours qui suivent, je reprends mes cours ; à Chaillot, je retrouve l'équipe réunie autour d'Antoine Vitez, qui en est le directeur depuis 81. J'assiste à des répétitions de spectacles, ou aux réunions de travail du Journal qui en accompagne la démarche. Assister est bien le mot, c'est comme si j'étais toujours à côté de quelque chose, jamais dedans, j'aurais dû rester à New York. On ne s'étonnera donc pas que je ne fasse dans ce récit aucune place aux grandes manifestations de 84 contre le projet de loi Savary visant à intégrer en France les écoles privées dans un « grand service public », culminant avec le rassemblement géant du 24 juin. J'aurais pu reconnaître dans cette loi le retour du serment de Vincennes, du 19 juin 1960, Fonds publics à l'école publique ! Fonds privés à l'école privée !, prononcé par les laïques en réponse à la loi Debré de 59. Laquelle avait si fort agité mes parents et leurs amis en instaurant un système de contrats permettant aux écoles privées de recevoir une aide de l'État. Mais je crois pouvoir dire aujourd'hui pourquoi je me suis sentie étrangère à ce grand mouvement. Je ne souhaitais nullement qu'on renonce à la neutralité religieuse de l'instruction. Je ne comprenais même pas la position de Clemenceau, pour qui le monopole de l'État en matière d'enseignement ne ferait que reproduire une conception autoritaire et hiérarchique de l'exercice du pouvoir. « La supériorité de notre cause, dit-il au parti clérical, c'est qu'elle fera par la liberté faillible, ce que vous n'avez pas pu faire par l'autorité infaillible[106]. »

La cause de mon abstention est plus grave : un profond découragement, face au nouveau monde qui s'installe, dans l'effondrement et sur les ruines des grandes espérances historiques. Une société du vide compensé par la consommation. Mon université s'enfonce, fin 86, dans une longue grève contre la réforme Devaquet qui veut introduire une sélection à l'entrée de l'université. Jusqu'au jour où une intervention musclée de la police cause la mort d'un étudiant, Malik Oussekine. La réforme est abandonnée. Alain Devaquet présente sa démission, sa carrière est ruinée. L'écart se creuse définitivement entre les deux systèmes de notre enseignement supérieur : les classes préparatoires et les grandes écoles assureront la reproduction de haut niveau, les universités se chargeant du reste et des grandes masses. Triste dérive du grand vœu d'instruction. À partir de là, de moins en moins d'enfants des classes populaires se retrouveront dans les grandes écoles.

Deuil. Marasme. Secrètement, je m'interroge : est-ce que je ne suis pas en train de gâcher ma vie, me perdant au fil de relations privées sans avenir, puisque leur clandestinité n'autorise aucun projet commun ? « La vraie vie est absente. » Au début de 86, j'ai publié *La Vie fantôme*. L'amour fait souffrir, au lieu de combler, comme le membre fantôme rappelle dans la douleur l'existence du membre absent. Je le vois de plus en plus clairement : dans la fin des années 80, ma grande déprise du bolchevisme fait de moi une proie toute désignée pour succomber aux formes insidieuses d'un conservatisme culturel et politique. C'est au cœur de cette dangereuse passe que je rejoindrai la rédaction du *Messager européen*. Mais auparavant, j'ai reçu de France Culture la proposition d'accompagner à Haïti une petite équipe de journalistes et d'écrivains. Après les péripéties de l'ère Duvalier, père et fils, sur laquelle se sont accumulés des témoignages accablants, Haïti vient d'adopter au printemps de 87 une nouvelle Constitution. J'accueille cette perspective avec joie, espérant surmonter ainsi le morne sentiment d'impasse et de répétitions où je m'enfonce régulièrement. J'y pars en compagnie de Tahar Ben Jelloun et de Jean-Marie Le Clézio. C'est ma première expérience d'un monde nouveau : le tiers-monde. Et le début insensible d'un grand décentrement. Dont je ne soupçonne pas à quel point il est devenu nécessaire à la petite républicaine europécentrée…

Mais s'échappe-t-on de son monde, à la faveur d'un voyage ? Échappe-t-on à soi-même, à ce qu'on porte avec soi, le plus souvent à son insu ? Est-ce qu'on ne porte pas avec soi toute l'histoire dont on est pétri ? En l'occurrence, je ne m'éloigne même pas de mon village natal ! Le premier à organiser la colonisation à Saint-Domingue, c'est un compatriote, un voisin, Bertrand d'Ogeron, né en 1613 dans le village de Rochefort-sur-Loire, à quelques kilomètres de mon village, dans une belle et grande ferme qui existe toujours. En 1697, l'Espagne concède à la France la partie occidentale de l'île d'Hispaniola, appelée Saint-Domingue par les flibustiers français. Au moment de son indépendance, en 1804, ce territoire prendra le nom de Haïti. Dès 1665, Ogeron, gouverneur « de l'isle de la Tortue et Coste Saint Domingue », a fait venir de France des colons et des « filles à marier ». C'est le thème de la *Manon Lescaut* de l'abbé Prévost, sur laquelle j'ai produit mon premier travail universitaire. Histoire tragique et désespérée. Le trafic des femmes doublant le trafic des esclaves. L'envers des Lumières. La vérité de ce temps ? Je suis en train de me rapprocher, en ce mois de mars 87, d'une réalité dont toute ma culture m'a donné une vue biaisée. Haïti, nous disent les encyclopédies, est une « île de l'archipel caribéen », autrement dit des Caraïbes. Le peuple caraïbe, peuple des Antilles et du nord de l'Amérique du Sud, a été exterminé en moins de dix ans après l'arrivée de Christophe Colomb. Le mot veut dire « fort », « sage ». Voyons donc ce stupéfiant passage de Rousseau, dans son *Discours sur l'origine de l'inégalité.* Je ne l'ai jamais oublié, depuis la première fois que je l'ai lu. Dans ma jeunesse pourtant formée à une certaine révérence pour les grands auteurs, j'en avais senti le caractère extravagant. Rousseau entreprend de faire comprendre ce qu'est l'homme éloigné de toute la corruption civilisée. « Son âme, que rien n'agite, se livre au seul sentiment de son existence actuelle, sans aucune idée de l'avenir, quelque prochain qu'il puisse être, et ses projets, bornés comme ses vues, s'étendent à peine jusqu'à la fin de la journée. Tel est encore aujourd'hui le degré de prévoyance du Caraïbe : *il vend le matin son lit de coton, et vient pleurer le soir pour le racheter, faute d'avoir prévu qu'il en aurait besoin pour la nuit prochaine* » (souligné par nous). Où Jean-Jacques a-t-il trouvé un témoignage de ce comportement improbable ? Il est vrai qu'il a dit en commençant : « Écartons tous les faits. » Cette étrange anecdote sera reprise en 1798 comme exemple d'imprévoyance par Kant dans son *Anthropologie du point de vue pragmatique.* Cela ne gêne personne de parler d'un peuple qui a existé (« le Caraïbe ») en lui donnant des traits que l'expérience sait absolument invraisemblables. L'imprévoyance du « nègre » devient une thèse récurrente dans le discours politique : « le nègre » ne sait pas résister « à ses instincts de vie facile »... Après l'émancipation de 1848, tous les anciens esclaves ne sont pas restés sur les plantations. Le 13 février 1852, un décret va réglementer « les obligations respectives des travailleurs et des propriétaires », qualifiant de « vagabond » toute personne de plus de seize ans n'ayant pas d'employeur habituel. La police rurale est chargée de la répression. Victor Schœlcher s'oppose à ce qu'on en fasse un délit, car ce serait « le rétablissement de l'esclavage sous une autre forme ». Mais ses opposants rappellent que chez « le nègre » « la tentation [de la vie facile] sera toujours présente ».

Telle je suis, telle j'ai été nourrie, lorsque je débarque, un matin de mars 87, sur une terre où se sont portés nos rêves de conquête, et nos élucubrations fantasmagoriques. Où nous avons établi de cruelles pratiques, et d'où nous avons été chassés. Une terre lointaine, exotique, peuplée d'hommes que nous pensons différents de nous à jamais. C'est cette façon d'être que nous promenons partout dans le monde. Un rationalisme dominateur, un appétit de conquête, une extravagance, et puis, parfois, de purs mouvements de justice, de liberté, de reconnaissance des droits. De là ces questions, qui me hantent. Quel pays est le nôtre ? Que faut-il retenir ? Que la France pratiqua l'esclavage dans ses colonies d'Amérique ? Ou qu'elle fut capable de l'abolir en 1848 avec Victor Schœlcher ? Que nous avons pratiqué l'ethnocide ou que nous avons inventé l'ethnologie ? Nul d'entre nous ne peut espérer y échapper. Est-ce que l'un de mes ancêtres béarnais aurait eu des esclaves là-bas, la coutume étant de leur donner son nom ? Tandis que j'écris ces lignes, j'ai en effet sous les yeux un bel objet en carton-pâte, signé d'un artiste qui s'appelle Salenave, comme moi, mais avec un seul « l ». Je l'ai rapporté de Haïti en 87. Gascons et Béarnais étaient le principal groupe de Français dans l'ancienne colonie antillaise.

Avançons encore un peu. J'étais allée sur des terres d'anciens servages, comme la Russie, sur des terres que la France a colonisées, comme la Côte d'Ivoire, ou sur lesquelles elle avait établi son protectorat, comme le Maroc. Mais jamais sur des terres d'esclavage. Comme toute ma génération, je suis acquise depuis ma jeunesse au grand mouvement de décolonisation de notre temps. En mars 87, débarquant à Port-au-Prince, j'ai oublié Manon Lescaut et ses sœurs, je pense plutôt au châtiment des esclaves révoltés, et surtout à leur victoire. Haïti est la première république noire et le premier État noir des temps modernes, son indépendance a été acquise très tôt, en 1804, et elle l'a maintenue malgré les efforts de Napoléon. Mais le malheur de cette terre, c'est justement cette indépendance, conquise de haute lutte, qui place la nouvelle République de Haïti au ban de la communauté internationale. Charles X accepte en effet de reconnaître la souveraineté de Haïti en 1825, mais en échange du versement de 90 millions de francs-or, en guise de dédommagement. Il faudra plus de cent ans à Haïti pour rembourser cette somme énorme, un des premiers exemples de dette injustement réclamée à un pays du tiers-monde par un pays industrialisé. En 2003, à la veille du bicentenaire de l'indépendance, voici ce que dit Magalie Marcelin, porte-parole d'une organisation féministe : « Nous souffrons encore aujourd'hui d'avoir été jadis réduits en esclavage. Nous avons perdu nos traditions africaines, sans pour autant avoir adopté les systèmes de gouvernements européens. » Deux cents ans de misère, de pillage et de vol. Aujourd'hui, après avoir été « la plus profitable des Antilles esclavagistes au XVIIIe siècle[107] », c'est le pays le plus pauvre de la région Amérique latine et Caraïbes, et l'un des pays les plus pauvres du monde.

Ce malheur est flagrant, je le vois dès mon arrivée. En contraste avec sa beauté et l'évidence de ses ressources. Pourtant, en 87, nous avons la chance de saisir le pays et ses habitants dans un de leurs rares moments de bonheur. Quand nous arrivons à Port-au-Prince, toute la ville est encore dans l'effervescence du vote, les banderoles sont encore tendues en travers des rues pour réclamer « la Konstytition ! ». On nous montre le tampon sur le poignet prouvant qu'on a voté. Notre hôtel est une merveille d'architecture coloniale, avec ses ouvertures, ses terrasses, ses larges balcons où sont alignées des « dodines », gracieux fauteuils à bascule, pour des siestes réparatrices. Mais je ne peux évoquer les détails de ce séjour, la beauté du Palais national détruit par le tremblement de terre de 2012, sans éprouver une vive douleur en pensant à l'affreuse situation où se trouve l'île aujourd'hui. Dans ma mémoire, de vives images font retour, la curiosité des enfants, les cimetières décorés, le train chargé de cannes à sucre feulant dans la nuit, la beauté des montagnes, ravagées par des coupes excessives de bois. Et les infusions de menthe, « le ti'baume », qui guérit de tout, des maux de tête, des maux de ventre, de l'insolation.

Je reviendrai cependant de Haïti sur une question qui alors me tourmente. Celle de sa langue. Le peuple de Haïti que je rencontre sur les chemins de montagne aura pour toujours à mes yeux le port royal et le visage grave d'une femme d'un certain âge précédée d'un enfant. Elle nous salue, et sermonne l'enfant : « Baille la main ! » Ce que j'entends, je l'écris à la française. Comme « l'ot bô », l'autre bord, l'étranger, « potomitan », la femme, la mère, pilier qui soutient la maison, je reconnais les traces, l'origine. Mais désormais il faut user de l'alphabet phonétique international : « konbyen tan ? », combien de temps ?... Le créole est devenu langue officielle, je comprends et approuve pleinement cette reconnaissance. Le français demeure l'autre langue officielle, et seules le parlent « les élites scolarisées ». En le consacrant comme langue nationale, le pays rend hommage à son histoire, renforçant ainsi son attachement à ses racines culturelles. Mais que Haïti ait adopté un système international de transcription écrite, c'est une chose qu'à l'époque je comprends mal. Du reste, ç'a été longtemps une question houleuse, et délicate. Le public antillais craignait qu'on en retire une image négative du créole. Charles Fernand Pressoir, éminent poète et intellectuel haïtien, s'était montré dès 47 l'un des ardents défenseurs de la valorisation du créole et de son intégration au sein du système éducatif haïtien en publiant un ouvrage intitulé *Débat sur le créole et le folklore*. Lui-même et les élites haïtiennes francophones résistaient pourtant à l'orthographe basée sur l'API que proposait le pasteur irlandais Ormonde McConnell. Pour une raison qu'au fond je partage et reprends à mon tour : l'API éloigne le créole de ses racines françaises, devenues méconnaissables. Le passage d'une langue à l'autre aurait-il été favorisé par la graphie étymologique ? Choisir le français et conserver un rattachement visible du créole au français, ç'aurait été, je me dis aussi, maintenir un lien plus étroit entre Haïti et la France, au cœur d'un espace géopolitique dominé par l'anglais et la superpuissance des États-Unis. En y associant une part importante de la population, celle dont le créole est la seule langue. Mais je vois bien ce que traduisait ma résistance : mon attachement à la langue française, une susceptibilité extrême à tout ce qui y touche, une identification complète entre le pays et sa langue. Figure majeure de l'idéal républicain, héritage monarchique revu et adopté par la IIIe République.

... Avant de quitter Haïti, jetons un dernier regard à ce visage étrange, rapporté de ce voyage, avec ses traits venus d'Afrique et d'un détour énigmatique par une île lointaine. De longues tresses s'enlacent à ses bras, il me regarde bien que ses yeux soient fermés.

Dessin de Prospère Pierre-Louis

Mai 87 : Le Messager européen

La leçon de Haïti : positive, en ce que le tiers-monde avec ses couleurs et ses malheurs est entré dans ma vie et ne la quittera plus ; incomplète encore, je le vois bien dans ma peur que le créole haïtien ne se coupe de ses racines françaises. Le franco-centrisme ingénu de mon enfance républicaine ne m'a toujours pas quittée, il s'est seulement élargi à un européo-centrisme : conséquence de mes nombreux voyages au pays du « mensonge déconcertant ».

Dans ces conditions, j'étais bien préparée à répondre positivement, quand au printemps de 87, pour les besoins de la revue qu'il vient de créer, *Le Messager européen*, Alain Finkielkraut me demande de traduire quelques courts textes de Fellini. C'est le début d'une collaboration étroite, et d'une amitié qui volera en éclats avec la guerre de Yougoslavie. Et ce ne sont pas les événements du Moyen-Orient qui nous réconcilieront.

J'ai accepté aussitôt, non sans quelque imprudence, au seul nom de Fellini ; je voue à celui-ci une admiration sans bornes, encore renforcée par l'étude de ses films dans mes cours à Nanterre. Cela me vaudra une lettre de remerciement, tapée à la machine sur une vieille Olivetti dont quelques caractères ont sauté, parsemée de savoureux italianismes dans son français au demeurant excellent. L'Europe centrale et Prague n'y sont pas non plus pour rien. Peu de temps après, je fais à un dîner chez Alain Finkielkraut la rencontre de Milan Kundera, qui m'invite à suivre son cours aux Hautes Études rue de la Pompe, où se croisent nombre d'écrivains d'Europe centrale. Je lui confie mon goût pour la musique de Janáček, il me fait écouter un des tout premiers enregistrements d'une de ses œuvres pour piano par Ludvík Kundera, son père. Mes amis tchèques semblent gênés quand je leur parle de lui, je sens qu'il y a entre eux de vieux contentieux, des querelles dont je saisis mal la signification, ils me disent seulement qu'ils n'aiment pas ceux qui ont choisi l'exil. Une année je ferai de Prague un court excursus à Brno pour aller saluer de sa part l'écrivain Jan Trefulka, l'auteur d'*Hommage aux fous*, qui avait été l'un des signataires de la Charte 77, et vit difficilement dans une modeste HLM de banlieue. Quand ils étaient au lycée, Kundera et lui faisaient de la musique ensemble, et Kundera lui jouait des tours en sautant exprès quelques mesures. Aujourd'hui cela le fait sourire. Étudiant, il avait été chassé de l'université à cause d'une plaisanterie qui avait mal tourné. C'est ce qui inspira à Milan Kundera *La Plaisanterie*. L'un des moments forts de ma présence au *Messager européen*, ce sera un court séjour d'Alain Finkielkraut à Prague tandis que j'y suis. Il souhaite rencontrer des philosophes dissidents, dont Karel Kosík. Nous lui rendons visite dans son petit appartement au pied du château. Le grand livre de Kosík, *La Dialectique du concret*, paru en 63, en français chez Maspero en 70, se proposait « de redonner vie à la pensée de Marx, de mettre au jour les possibilités de la praxis humaine pour transformer la société existante en une société correspondant effectivement au communisme défendu par Marx ». En mai 75, Karel Kosík avait écrit à Sartre à la suite de la confiscation par la police d'une partie de ses manuscrits. C'est une lettre admirable ; pourtant Kosík et son combat sont bien oubliés. « Mon existence a pris deux formes, je suis et je ne suis rien. Je suis mort et, en même temps, je vis », écrit-il. Et il ajoute : « Parce que je considère l'exercice de la pensée comme un droit humain, inaliénable, et que j'exerce ce droit, suis-je coupable ? » Réponse de Sartre : « Si Karel Kosík était coupable, alors tout homme (non seulement les intellectuels, mais les paysans, les ouvriers), tout homme qui pense à ce qu'il fait est également coupable. » Rappeler cet échange, c'est se mettre au service de quelque chose de plus grand que soi : la survie d'un monde oublié, d'une Europe oubliée, un peu différente de la « Mitteleuropa » chère aux esthètes occidentaux[108]. Je tiens à compléter la visite d'Alain Finkielkraut à Prague en lui montrant ce que j'ai découvert en Bohême du Nord, près du château de Kuks : « Betlem » (« Bethléem »), les restes d'un ensemble monumental de statues du grand sculpteur baroque Matyáš Braun, taillé directement dans la roche, en pleine nature sauvage. (On vient enfin de l'inscrire sur la liste indicative du patrimoine culturel de l'Unesco.) Il y a là, confusément, tout un ensemble hautement symbolique de ce qu'est l'Europe : au sein d'une forêt primitive, des restes monumentaux d'une emprise religieuse sapée par le temps.

Le Messager européen est placé sous le signe d'une équivoque qui en dit long sur l'époque (fin des années 80). Et sur mes propres incertitudes et mes propres errements. Son nom était celui d'une revue russe du début du XIXe siècle, *Le Messager de l'Europe* (en russe *Vestnik Evropi, Вестник Европы*) diffusée jusque dans les années 1880, Tourgueniev y contribua. La Russie était déchirée, depuis Pierre le Grand, entre occidentalistes et slavophiles. Le choix de ce titre renvoie nettement au désir profond de Tourgueniev que la Russie s'inspire davantage des idées libérales de l'Europe, lui-même étant farouchement opposé au servage et à la peine de mort. Progressivement la revue prend un tour plus conservateur et elle s'opposera vivement au marxisme à partir de 1880. Le nouveau « messager de l'Europe » qu'est « le Messager européen » soutient aussi une certaine idée de l'Europe mais dans un sens bien différent, dû au changement des temps. Tourgueniev s'adressait à la Russie, pour lui donner une leçon ; c'est à l'Europe que *Le Messager européen* s'adresse, se voulant un donneur d'alerte, un lanceur d'alarme. Il est temps que « l'Occident » se réveille, face à la menace que fait peser sur lui « le bloc soviétique », ce dont témoigne « la confiscation » de l'Europe centrale. Dans le même temps il doit se réveiller face à un autre danger qui plane sur la société moderne, et risque de l'affaiblir : sa soumission à la tyrannie du loisir, du divertissement et de la consommation[109]. Pour les penseurs les plus aigus de la dissidence, l'Est et l'Ouest du reste se rejoignent sur un point : la pénurie et l'excès sont deux formes de captation où se perd le sens de « la vie selon la vérité » (Jan Patočka). (Est-il besoin de dire qu'on a balayé tout ça après la chute du Mur ? De peur qu'on puisse mettre en doute la supériorité, enfin attestée, du « modèle occidental » ?) Mais c'est là que je mesure aujourd'hui les insuffisances et les limites de cette inquiétude pour « la culture ». *Le Messager européen* évite une question fondamentale, que la dissidence ne pouvait pas se poser, mais qu'il aurait peut-être fallu l'aider à poser : pourquoi « l'Occident » et « le monde moderne » ont-ils basculé dans cette dérive consumériste ? Le « consumérisme » moderne est-il autre chose que la conséquence et l'effet d'un choix économique et politique : celui du néolibéralisme dont le ressort est le profit, l'initiative individuelle et le *greed*, la cupidité ? En 87, dans le film *Wall Street* d'Oliver Stone, le trader Gekko (Michael Douglas) s'adresse à une assemblée générale d'actionnaires en ces termes : « Greed is good, l'avidité est juste, l'avidité pour la vie, l'argent, l'amour, la science a nourri l'élévation de l'espèce humaine. » On en voit aujourd'hui plus que jamais les conséquences infinies sur la vie individuelle : les dérives d'une adolescence livrée à des influenceurs, la frustration de tous ceux qui ne tirent aucun bénéfice de la croissance. Dans son rejet « antitotalitaire » d'une pensée politique qui le rapprocherait d'un socialisme suspect de néomarxisme, *Le Messager européen* évite la mise en cause radicale de ce modèle économique et politique. S'alignant sur les thèses défendues par Allan Bloom dans son livre *L'Âme désarmée*, il reprend à la lettre les thèses du néoconservatisme à l'américaine, et se concentre sur la culture « de masse », qui entraîne, sous-titre du livre, « le déclin de la culture générale », « la fin des préoccupations libres et généreuses pour les grands sujets et les grands moments de la vie humaine, mort, amour, destin, sacrifice ». Ces analyses catastrophistes, soigneusement apolitiques, propagent une vision nostalgique d'un « monde occidental » en déclin, saisi dans sa marche sans recours à l'abîme. Discours au sens propre réactionnaire, et non pas simplement conservateur. Cette déploration sans espoir nous détourne de la grande marche vers l'émancipation dont j'avais reçu l'appel et la promesse dans mon obscure enfance provinciale, au fond de la petite école de ma mère.

Dans la continuité de la guerre froide, et de la division du monde en deux blocs, *Le Messager européen* articule cette déploration sur un appel à la résistance face à la menace soviétique.

Un bref rappel : le 8 décembre 1987 le traité FNI (sur les forces nucléaires à portée intermédiaire) est signé entre les États-Unis et l'URSS. Il entre en vigueur le 1er juin 1988. Il impose aux deux pays d'éliminer leurs missiles balistiques et de croisière à lanceur terrestre d'une portée comprise entre 500 et 5 500 kilomètres. Ce traité met fin à ce qu'on a appelé « la crise des euromissiles » née avec les premiers déploiements de missiles soviétiques en 77. Période de retour à la guerre froide, fin de la détente Est-Ouest en Europe notamment : la conviction s'établit « en Occident » que l'installation des fusées soviétiques a permis à l'Union soviétique d'acquérir une supériorité militaire sur les forces de l'Otan, du fait que ces dernières ne possèdent pas d'armes aussi modernes et efficaces pour y faire face. Et que l'Europe est à la merci de Moscou. La France appuie alors la décision de l'Otan de 79 se donnant comme objectif de rétablir l'équilibre militaire dans le continent. Une vague de manifestations pacifistes se déclenche en République fédérale allemande, notamment le 10 mai 1981 dans la capitale, Bonn : Mitterrand dira « Les missiles sont à l'est, les pacifistes sont à l'ouest ». *Le Messager européen* entre dans ce débat en fustigeant ces jeunes Allemands inconscients qui proclament « besser rot als tot » (« plutôt rouge que mort »), renversement du slogan nazi, inventé par Goebbels pour encourager la population à combattre l'Armée rouge.

Je vois aujourd'hui la fragilité de ma position, mon inconséquence, mon manque de vigilance, et j'ai le sentiment d'avoir, de justesse, échappé à un grand danger. Mes repères se brouillent. Je suis à découvert. Après mon séjour à NYU, et au fil des débats suscités par la revue, la radicale mise en cause dans les universités américaines de programmes centrés sur des « old, white, male authors » ne me semble pas œuvrer à l'émancipation mais plutôt en compromettre la possibilité, et peut-être même le statut et l'avenir de la culture littéraire et philosophique. J'accueille alors dans la collection que j'anime — j'en frémis aujourd'hui — un livre du néoconservateur américain Dinesh D'Souza, *L'Éducation contre les libertés*. Aurais-je cédé aux habiles invites d'un monde qui n'est pas le mien, qui s'est autodéfini comme « le monde libre » ? M'aurait-il alors échappé que sa définition masquait les intérêts dont il est porteur ? Et que, sous couvert de défendre les libertés démocratiques, il déploie un impérialisme conquérant au service du marché ? Je fais aujourd'hui une hypothèse. Si j'ai trouvé un moment d'accord avec les perspectives du *Messager européen*, c'est parce que nous nous rencontrons dans une tâche urgente, mais d'une autre nature que ce retour à la guerre froide : la nécessité, pour lui rendre sa prise sur le monde, d'arracher la littérature au formalisme où elle s'est enfoncée. Depuis et avec « le nouveau roman ». Cela dit, là encore, il aurait fallu une analyse politique rigoureuse : l'émergence et le succès de celui-ci ne sont rien d'autre que le triomphe d'une pensée économique et politique qui, sur les décombres du socialisme autoritaire, entendait proposer des modèles de substitution aux constructions culturelles du marxisme (et à l'engagement sartrien). En choisissant « l'aventure du récit » contre « le récit d'une aventure », dans les années 60, le récit romanesque traditionnel avait connu une crise spectaculaire[110]. Le nouveau roman mettait en place des formes qui accompagnaient l'essor du structuralisme, de ses méthodes et de sa philosophie, fermant ainsi à la fiction toute perspective éthique et critique de subversion politique. Mais, à la fin des années 70, quand le nouveau roman entre en déclin, ce n'est pas pour le retrouver : un nouveau genre se prépare à le remplacer, auquel Serge Doubrovsky donnera le nom d'« autofiction » dans la préface de son roman *Fils*. Ni roman ni autobiographie, l'autofiction mêle les deux, intégrant des éléments fictifs aux faits empruntés à la réalité. Mais comme l'auteur est à la fois narrateur et protagoniste, ce qui se perd, c'est la narration « à la troisième personne », qui fait agir les personnages dans une distance critique, sous les yeux du lecteur, et sur la scène du monde.

La résistance au formalisme, le souci de la perspective éthique, c'est donc chez les philosophes et penseurs de la dissidence que je les trouverai. Les écrivains et les philosophes dissidents d'Europe centrale ont continué obstinément à les maintenir, dans leur isolement géopolitique. Ce qui n'impose nullement de réactiver une utopie conservatrice faisant fond sur la grandeur et la supériorité de « l'Europe » et de ses valeurs ! Mais nous fournit les moyens de penser « le monde de la vie » — le monde tel qu'il se donne par opposition au monde exact construit par les sciences modernes de la nature — et de comprendre la place que nous y tenons. Par le jeu de l'expression littéraire, la fiction narrative retrouve sa mission et sa finalité éthiques. Autrement dit, c'est à travers ces différentes représentations « des actions et des passions des hommes », pour parler comme le vieil Aristote, que nous pouvons prendre avec nous-mêmes une distance réflexive et « donner un sens humain au temps » (Paul Ricœur). Thème de Jan Patočka, dans son essai *L'Écrivain, son « objet »* : l'écrivain est « l'administrateur du sens[111] ». Dans ces douze essais, échelonnés de 42 à 73, au fil de ses lectures qui vont d'Homère et Sophocle à Goethe, Tchekhov et Thomas Mann, le philosophe interroge les rapports de l'art avec le temps, la vérité, et finit par conclure que « l'objet » de la littérature, c'est l'incertitude de la condition humaine, l'ébranlement qui en résulte, et l'ouverture à la compréhension du monde de la vie. Une autre idée de la littérature est possible. J'y suis particulièrement sensible au moment où je m'essaie moi-même à la fiction littéraire.

À *L'Âme désarmée* d'Allan Bloom, je choisis alors de préférer *L'Âme ouverte* de Comenius, le grand pédagogue du XVIIe siècle tchèque, chemin de l'errance vers la vérité.

Je n'étais donc pas « chez moi » au *Messager européen* ? Non, sans aucun doute. Politiquement, idéologiquement, ce n'est pas ma meilleure période. Je me suis objectivement rapprochée de la pensée libérale, où l'idée des libertés l'emporte sur celle de liberté, et qui manifeste sa défiance envers la notion d'égalité, déviée par les promesses trompeuses de l'Orient rouge. Pourtant, je le découvrirai, de Benjamin Constant à Tocqueville, cette tradition n'est pas la mienne, ce n'est pas « ma famille », la gauche — pour parler comme on parle à droite. Mais qu'est-ce que la gauche dans ces années-là ? La première cohabitation, en 86, m'a éloignée encore un peu plus de la gauche Mitterrand, j'ai été exaspérée par l'intervention de Marguerite Duras dans l'affaire du « petit Grégory » : « sublime, forcément sublime », le 17 juillet 1985, dans *Libération*. Je n'avais pas tout à fait tort, Denis Robert révélera plus tard (2006) que Duras, persuadée médiumniquement de la culpabilité de la mère de l'enfant, aurait d'abord écrit « qu'une mère qui donne la vie a le droit de la retirer ». Je ne peux continuer d'être de gauche avec ces gens-là, c'est eux ou moi. Le problème est : mais moi, je suis où ?

Au fond, il était normal que la petite républicaine en galoches passe par ces deux états : la tentation communiste, le rejet antitotalitaire. Avec tous les dangers de l'un, puis de l'autre.

Janvier 88. Mort de mon père. Puis, de Prague à Cracovie, et de Cracovie à Auschwitz

Mon père meurt subitement au début de 88. L'une des dernières conversations que j'ai eues avec lui portait sur le film *Stalker* de Tarkovski, quelques semaines plus tôt. Résumons l'intrigue. Dans un pays et une époque indéterminés, il existe une zone interdite, fermée et gardée militairement. On dit qu'elle est née de la chute d'une météorite, il y a bien longtemps, et qu'elle abrite une chambre exauçant les vœux secrets des hommes. Les autorités ont aussitôt isolé le lieu, mais certains, au péril de leur vie, bravent l'interdiction. La Zone est un lieu dangereux, incompris, une chambre réalisant tous nos désirs : métaphore outrée de l'illusion communiste ? À la fin du film, le Stalker traverse une crise ; l'humanité est en train de perdre sa foi en la Chambre et en l'espoir d'une vie meilleure. Nous étions allés voir le film sur les Champs-Élysées, mes parents, à Paris pour un court séjour, doivent rentrer à Angers le lendemain. Nous dînons rapidement dans la petite cuisine de mon appartement, mon père est tendu, visiblement dérangé par ce qu'il a vu. Par sa génération, son enfance rurale, sa formation, sa vie concentrée autour de son école et de sa famille, mon père n'est pas un cinéphile. Ma mère regarde un film de temps en temps, à la télévision, qui n'est jamais entrée dans la vie de mon père. Les livres tenaient dans leur vie à tous les deux une place considérable, mais naturelle. Les livres qu'ils lisaient et se partageaient complétaient leur manière d'organiser le temps. La lecture dessinait dans chacune de leurs journées un espace singulier, répété avec rigueur et régularité comme les offices du moine ou les cinq prières du croyant : une pause pour faire entrer dans la vie une transcendance, mais résolument coupée du surnaturel. Parmi les livres de mon père se trouvaient les *Souvenirs de jeunesse* de Renan, les *Mémoires de guerre* du général de Gaulle, les récits de Pierre Hamp* et *Voyage au bout de la nuit*, acheté à sa parution, quand il était encore à l'École normale. Ma mère préférait les romans, et avait une considération toute particulière pour ceux de Philippe Hériat. La transmission entre les générations, chez moi, s'est faite dans les deux sens. Un jour, j'ai apporté *La Colonie pénitentiaire* à la maison, c'était le début des années 80, le moment de ma grande découverte de Kafka. Comme tous ceux de leur milieu, et de leur génération, mes parents lisaient peu d'auteurs étrangers. Ma mère fut désorientée, mon père sortit très impressionné, très ébranlé de sa lecture. C'est bien, me dit-il, nous t'avons fait lire quand tu étais enfant, maintenant, c'est l'inverse. Cette forme d'égalité m'est plus précieuse que tout. Ma mère m'a souvent redit combien l'avait aidée, à la mort de mon père, la phrase finale de *La Cérémonie des adieux* que

* Notice du Maitron : « Fils d'un cuisinier et d'une lingère, né Bourrillon Henri en 1876 à Nice (Alpes-Maritimes), mort en 1962 au Vésinet (Seine-et-Oise) ; cheminot ; syndicaliste CGT et socialiste SFIO de Paris ; écrivain ; inspecteur du travail indépendant, ingénieur au ministère de l'Armement et des Munitions, journaliste ; expulsé de la SFIO en 1927. »

Son œuvre complète représente plus de 40 ouvrages dont la plupart sont regroupés sous le titre *La Peine des hommes*.

je lui avais fait lire. « Sa mort nous sépare. Ma mort ne nous réunira pas. »

Nous n'avions jamais parlé comme nous l'avons fait le soir de *Stalker*, et il est mort une semaine plus tard. J'ai toujours été très préoccupée de ce que pensaient mes parents, non seulement parce que je sais ce que je leur dois, mais parce qu'ils représentent à mes yeux ce qu'une solide instruction de base peut offrir au peuple, sans le dépouiller de sa mémoire et de son authenticité. Rien ne l'a préparé à cette interrogation austère, allusive et parfois pesante sur le sens de la vie. Il y a là une spiritualité agressive qui le dérange. Il aurait fallu qu'il voie *L'Enfance d'Ivan*, cette vision d'une enfance perdue dans l'univers déshumanisé de la guerre. Car la guerre avait été sa grande douleur. C'est à l'époque un homme âgé qui n'a pas oublié l'effondrement de 39 et ses désillusions de l'après-guerre. Il est demeuré attaché à une idée de l'école venue de la IIIe République, à une vision combative de la laïcité, héritée de ses origines dans l'Anjou conservateur, de son passage par l'École normale des années 30 et de la guerre scolaire des années 50. Donner des leçons à ses parents, cela n'est pas pour moi. Cette soirée de fin janvier 88 est donc restée dans ma mémoire, et je regrette d'avoir argumenté avec un acharnement excessif comme au temps de mon adolescence conflictuelle, d'une manière anxieuse, confuse, chargée de silences et de non-dits. Je comprends mieux aujourd'hui, et j'approuve au fond, ce qui en lui s'opposait de toutes ses forces à la vision du monde qui imprègne l'univers de Tarkovski, ce mysticisme, ce rapport religieux à la terre et aux éléments naturels, ce refus du monde moderne, égaré, selon lui, dans le progrès technique et son besoin d'assouvir les besoins matériels. Mon père était d'un autre monde, il appartenait à cette France rurale pénétrée d'un rationalisme sage, accordé à ses paysages et adapté à des hommes prudents, attentifs, tenaces et moins naïfs qu'on ne croit.

Doté d'un caractère fragile, d'un jugement sûr, d'une mémoire sans faille, d'une grande habileté manuelle et d'une belle écriture, c'était un instituteur modeste, mais dans sa modestie, il était bien plus que cela. Il était le représentant de l'alliance particulière qui s'était nouée en France entre le peuple et un régime politique, la république, autour de deux notions, la justice sociale et l'instruction, qui est bien plus que l'apprentissage de l'orthographe et du calcul mental : la connaissance de l'histoire et de la géographie de la France, une manière de se former en apprenant à habiter l'espace et le temps, à s'en servir en les servant. D'où la grandeur, aujourd'hui oubliée, de cette époque de l'école républicaine. Si frustes qu'ils aient été au sortir de leur famille et de leur environnement quotidien, les enfants y apprenaient une morale pratique et plus encore : une socialité première. Voilà pourquoi pour mon père le moment le plus heureux et le plus efficace de sa carrière fut celui où on lui confia un travail de conseiller pédagogique, fonction alors récemment créée pour aider de jeunes instituteurs et institutrices jetés dans une classe sans préparation (loi du 31 décembre 1959). L'école qui l'avait formé, à laquelle il a consacré sa vie, était sans doute une école inégalitaire, qui réservait ses degrés supérieurs, dès le secondaire, à une élite sociale. Croyant le combattre en instaurant le collège unique, on a finalement privé l'ensemble de chaque génération de la formation rigoureuse et modeste que lui donnait l'école primaire ; mais la prolongation à tous de l'obligation scolaire n'a pas fait accéder les jeunes à une instruction plus complète et rigoureuse. Elle les a fait entrer dans une compétition générale dont ne peuvent profiter que les milieux favorisés. Pire : elle a créé une hiérarchisation plus cruelle encore, fondée prétendument sur le savoir, et les diplômes. Reproduisant, en réalité, et les justifiant, les supériorités sociales. Les enfants « du peuple » ne sont pas devenus plus instruits en passant par le collège unique ; l'école ne les a rendus ni meilleurs ni plus justes ; elle les a initiés au combat sans pitié que notre société impose si on veut profiter de ses avantages et de ses bienfaits. Il n'y a pas de place pour tout le monde, dans ce monde-là.

Face aux règles élémentaires de la grammaire, du calcul, de la connaissance historique, si. L'école primaire était une morale et une politique.

Mon père l'incarnait ; dans son attachement au peuple sans la tentation populiste, dans sa frugalité sans ostentation, dans un rapport à la nature respectueux de ses ressources, dans sa défiance envers les extrêmes, dans une distance absolue mais non dépourvue de respect envers les grandeurs établies. Et c'était cela que promettait et permettait le type d'instruction à laquelle il avait consacré sa vie : rendre chacun capable à chaque moment de comprendre le monde qui l'entoure, et de le corriger dans les plus petites choses pour le rendre habitable. Modifier, réparer, aménager. Mon père dans sa fidélité protorépublicaine accordait une légitimité relative aux puissances transmises ou à l'argent, mais en revanche sa confiance pleine et entière allait à celle qu'autorisent le savoir et la dextérité manuelle. De sa jeunesse militante, il avait gardé une admiration toute particulière pour les ouvriers syndiqués et leur volonté de s'instruire et de progresser. Il pratiquait une égalité absolue entre les sexes, y ajoutant une considération appuyée à l'endroit des femmes, et une vision chaste de la vie d'adulte. La paix était son souci majeur, pour lui le maître mot et la fin de toute politique, de tout gouvernement. Il fut jeté dans la guerre et ne s'en remit pas. Un pacifisme déterminé fut, comme pour toute sa génération, son idéal et son remords ; son tort, c'est d'avoir accepté l'opprobre et d'avoir pensé qu'ils étaient responsables de la dégradation et de la défaite de leurs idéaux. Quant à l'école, à laquelle il avait voué sa vie, le monde moderne l'a traitée sans égard et sans pitié. On s'est détourné du type de républicain rural qu'il était, « les hussards noirs de la république » ont disparu avec lui. (On abuse du reste actuellement de cette formule, qu'on doit à Péguy dans les *Cahiers de la quinzaine*, 16 février 1913. Il ne parle pas des instituteurs mais des « élèves-maîtres », astreints de son temps au port d'un uniforme, qui leur conférait une austérité et une rigueur quasi militaire, mises au service de l'instruction.)

Les instituteurs d'aujourd'hui ne sont plus ces « médecins aux pieds nus » chargés de rendre à la république ce qu'elle leur avait donné, en le transmettant à leur tour. Représentants de cette petite classe moyenne par son sens de la mesure et de la modération décrié par les élites, de gauche comme de droite, mes parents aimaient la France, mais se défiaient des « patriotes » bruyants, en qui ils voyaient des gens de droite et des bellicistes. Ils avaient un goût et un sens de la culture nationale dépourvus de tout chauvinisme, et leur manière d'être de gauche le résume. Ils n'auraient ni compris ni aimé la dérive postnationale de l'Europe, l'effondrement de la transmission, l'échec de l'école, la soumission de la jeunesse aux influenceurs et aux réseaux sociaux, la condescendance affichée par les élites, la déréliction d'un peuple soumis à des rêves de consommation qu'il ne peut assouvir.

Peu de temps après la mort de mon père, je publie un court roman, *Adieu*, que j'avais commencé lors de celle d'un grand-oncle, un peintre en bâtiment à la retraite. Nous lui avions rendu visite dans sa petite ville de Segré, au moment où je venais de prendre un nouvel appartement. Si tu n'habitais pas si loin, m'avait-il dit, je serais venu te le repeindre. Un livre peut sortir d'une phrase. Il en est sorti ces quelques conversations paisibles, empreintes d'une affection maladroite, entre un jeune homme anxieux de trouver un sens à sa vie et un vieil homme qui n'a pas connu les livres et les voyages mais n'éprouve ni inquiétude ni regrets, seulement un muet assentiment au grand ordre des choses. Ce livre est, sans que je le sache encore, un pas décisif de retour vers le monde d'où je viens, de journaliers, de vignerons, d'artisans. Je m'étais quelque temps, par la force des choses, éloignée d'eux, de leur mode de vie, de leurs préoccupations. Ils l'avaient admis, c'est ce qu'on souhaitait pour ses enfants dans leur génération. Je leur envoyais des cartes postales. Dis donc ! tu voyages ! Mais ce que tu écris mal, on n'arrive pas à te lire. Et puis tu parles trop vite.

Vers Pâques 88, j'emmène quelques jours ma mère à Dieppe

dans le petit appartement près de l'église Saint-Jacques que j'ai acheté quelques années plus tôt. Nous restons de longues heures silencieuses et calmes à contempler l'horizon derrière les grandes baies d'un café du front de mer. Elle lit, je dessine, puis nous rentrons. Et, toujours secouée par le deuil, je prends la route pour Prague. De là, je dois continuer vers la Pologne et rejoindre à Cracovie mes amis de l'Institut français.

Avril 88. J'ai quitté Prague et mes amis, je descends maintenant vers la Moravie pour passer la frontière en direction de Cracovie. La nouvelle autoroute est absolument déserte, en ce petit matin chaque tour de roue m'emplit de joie, me ramenant toujours à cet éveil de l'aube, si fortement ressenti, si plein de promesses quand on est enfant. En traversant la région minière de Moravie, et la ville d'Ostrava, où il est mort, j'écoute Janáček, ses *Chœurs pour voix d'homme*, dont le saisissant « Soixante-dix mille », « Sedmdesát tisíc ». Composé en 1909 pour le Chœur des instituteurs moraves, d'après une œuvre du poète Petr Bezruč, c'est un appel aux armes contre les oppresseurs polonais et allemands. Les sombres forêts, la route déserte, les faubourgs noircis d'Ostrava donnent une figure singulièrement juste de l'œuvre de Janáček, qui a tenu une place considérable dans ma vie. C'était une musique entièrement nouvelle pour moi. On entre avec lui comme dans l'atelier d'un artisan rigoureux et fantasque, on y rencontre des éléments hétérogènes, des instruments rarement associés, cuivres et cordes, des sonorités très anciennes, des rythmes populaires, des développements savants, dans tous les genres musicaux, opéras, quatuors, piano solo, chœurs d'hommes. Guy Erismann, qui fut à la demande de Jean Vilar directeur musical du festival d'Avignon et qui a beaucoup écrit sur la musique tchèque, Antonín Dvořák, Leoš Janáček, Bohuslav Martinů, Bedřich Smetana, disait de Janáček qu'il avait « la passion de la vérité ». Il se fait ethnologue, philosophe et sociologue, pour rendre justice à ce peuple de Moravie, à sa langue, à sa musique, à ses traditions — hors de toute perspective religieuse. Fils d'un instituteur, il est confié à la mort de son père à une fondation d'Augustins, à Brno, il en retire une hantise pour tout ce qui est religieux — il ne supportait pas de mettre le pied dans une église.

Autant j'ai aimé le voyage à deux comme j'en ai connu en Italie, autant j'ai aimé les longues heures solitaires sur des routes inconnues, comme cette fois-là vers la frontière polonaise, calculant les kilomètres jusqu'à une éventuelle station d'essence, tout en écoutant les chœurs de Jaňaček, ou une autre fois, le premier quatuor de Smetana, « Z mého života », « De ma vie ». Mes amis s'inquiétaient pour moi, je balayais leurs objections, et je m'embarquais chaque année pour des traversées improbables de l'Europe. Délaissant les grandes villes pour des bourgades, des villages, avec leurs fermes, leurs champs, leurs forêts, voyant s'aligner le long des routes de bizarres treillis de bois destinés à retenir la neige, déchiffrant difficilement sur les panneaux routiers le nom des localités dans des langues que j'ignorais, je mettais à l'épreuve ce dont je me suis fait une règle de vie : confronter ce qu'on sait à ce qu'on voit. Je m'arrêtais dans une petite ville, cherchant une auberge pour dîner et passer la nuit, je rangeais la voiture sur une place ornée d'une fontaine, il y avait une mairie, une halle, quelques boutiques, une école. La nuit tombait, la salle de l'auberge sentait les épices, la saucisse grillée et le feu de bois. J'étais chez moi.

À Cracovie, l'Institut français m'a logée dans un hôtel de construction relativement moderne, mais éloigné du centre et de son admirable place, le Rynek. La ventilation grillagée de la salle de bains fait entendre un bruit d'enfer que je ne parviens pas à arrêter. Envoyé par la réception, un jeune gars en salopette entre sans hâte excessive dans ma chambre. Il pose sa sacoche, monte sur un tabouret, dévisse la grille, secoue la tête d'un air consterné. Il prend alors une serviette puis une autre sur la pile, les enfonce dans le trou, et il bourre le tout avec un tournevis. Le silence est revenu. Il me sourit, lève les bras en l'air et s'en va. J'ai compris ce que mes amis appelaient « le travail socialiste » :

un incommensurable gâchis à tous niveaux. Un peu plus tard, le *room service* me monte le plat unique proposé ce soir-là : des sardines à l'huile, tout juste sorties de leur boîte.

88, toujours. Est-ce cette année-là qu'Ewa m'a emmenée à Auschwitz ? Peut-être pas, dans mon souvenir, c'est par un jour d'hiver. Je ne sais plus, tant pis, je ne cherche pas. Je me souviens qu'après notre longue et silencieuse visite, nous avons regagné le centre de la petite ville d'Óswięcim, si proche du camp. La clientèle du restaurant était composée d'ouvriers qui mangeaient sans rien dire, aucun n'a levé les yeux à notre entrée. Nous avons déjeuné de ce plat traditionnel, le bigos, qu'on prépare pour plusieurs jours et qui s'améliore en le laissant geler dehors toutes les nuits. Nous suivait partout, jusqu'à l'intérieur, le froid typique, humide, glaçant des pays continentaux, et sa « douloureuse odeur de gel » (Pasolini). Lors du même séjour à Cracovie, j'ai parcouru avec un jeune rabbin les rues de Kazimierz, l'ancien quartier juif. En mars 41, il fut vidé de ses habitants par les nazis lors de la création du ghetto de Podgórze. Les synagogues furent pillées et dévastées, les biens et les propriétés spoliées et la grande majorité de la population juive de Kazimierz disparut dans les camps. Le jeune rabbin, brusque, mais disert, ressemblait à un moujik dans un roman russe du XIXe avec sa barbe fournie, son pantalon dans les bottes et sa chemise ceinturée de cuir. Le quartier n'avait pas encore été restauré, on circulait dans des rues mortes, entre des alignements de portes barrées, de fenêtres aux volets clos, à la peinture délavée. Maintenant, c'est le quartier de Cracovie qui compte le plus de bars et de boîtes de nuit.

III

L'ANNÉE 89 ET SES SUITES

De l'Inde à la chute du Mur, la machine de ce livre tourne à plein régime

Une petite républicaine de base, formée dans la France rurale de l'après-guerre, comprend progressivement que ce précieux bagage est aussi une charge un peu lourde, parfois incommode, et surtout peu adaptée au changement des temps. Les pères fondateurs de la IIIe République ont fait preuve d'une tranquille arrogance, que leurs successeurs n'ont pas atténuée. La France a réponse à tout, elle est la patrie des droits de l'homme et de l'universalisme républicain. Sans doute. Mais, en 89, le vaste monde lui tient tête avec insolence, nous précipitant dans une série de chocs qui nous mettent rudement à la question. Pour mon propos, cette année est exemplaire. Elle rassemble un nombre considérable d'événements qui tous, directement ou indirectement, me permettent de développer la grande question des heurs et malheurs de l'idéal républicain — tel du moins que j'ai entrepris de l'examiner, non sans témérité.

La machine de ce livre va pouvoir tourner à plein régime.

3 février : début de l'année de la France en Inde. Centenaire de Jawaharlal Nehru

Mars : organisation en Pologne d'élections législatives partiellement libres

4 juin : Solidarność remporte le premier tour des législatives

Juin : Budapest, les protagonistes de l'insurrection de 56 sont réhabilités

10 juillet : loi d'orientation sur l'éducation. Les ENI sont remplacées par les IUFM

14 juillet : Paris, fêtes du bicentenaire de 1789

Octobre : Creil, affaire du foulard

9 novembre : chute du mur de Berlin

16 novembre-29 décembre : Prague, la révolution de velours

14 décembre : Moscou, mort de Sakharov

16 décembre : début de la révolution roumaine à Timişoara

25 décembre : exécution du couple Ceauşescu

Garder l'ordre chronologique est indispensable. C'est la seule façon de restituer l'incertitude de la vie vécue, où aucune succession d'événements, aucun événement en lui-même ne prend immédiatement un sens clair. Il y faut du temps, de la réflexion, un retour sur soi.

L'Inde, donc, février 89, pour commencer.

J'ai raconté comment, venue assister aux manifestations de la révolution de velours fin novembre 89 et retrouvant Karel à Prague, j'avais suscité son étonnement au cours du dîner en lui parlant de mon voyage en Inde au printemps. On se souvient qu'il m'avait répondu qu'il choisirait plutôt d'aller à Vienne. Le centenaire de Nehru et de la Révolution française, les foules misérables, les ghats de Bénarès et leurs bûchers, bon ! Mais l'Europe ne nous suffit-elle pas ? N'y a-t-il pas beaucoup mieux à faire, en ce moment où craque la machine soviétique ? Cette fois-là, il me montre une carte imagée de l'Europe, datant du XVIIe siècle, sous les apparences d'une femme dont le cœur est la ville de Prague.

En 89 la France et l'Inde vont fêter chacune un événement majeur de leur histoire : le bicentenaire de la Révolution française et le centenaire de la naissance de Jawaharlal Nehru, le premier dirigeant de l'Inde indépendante.

François Mitterrand s'est rendu à Bombay le 4 février « pour donner, avec le Premier ministre indien, M. Rajiv Gandhi, le coup d'envoi d'un festival qui durera neuf mois » (*Le Monde*). Un certain nombre d'écrivains, de cinéastes, de journalistes français sont invités à y participer. Je me joins à leur groupe un peu par hasard, à la suite d'une rencontre fortuite de Michel Deguy : Pourquoi ne viendrais-tu pas ? La liste n'est pas close. J'acquiesce avec enthousiasme, la chose se fait. J'y retournerai l'année suivante.

Il y a quelque chose de hasardeux et d'artificiel dans cette cocélébration. Il n'est pas sûr que Nehru ait puisé l'essentiel de son inspiration dans notre « grande révolution », il a plusieurs fois fait entendre que le nationalisme à la française n'était pas son modèle, qu'il pouvait être « l'instrument de l'expansionnisme et de l'impérialisme ». La célébration conjointe prendra du reste un tour typique des années de la mitterrandie, une façon exaspérante d'évacuer les contenus politiques gênants. Le haut-commissaire François-Xavier Ortoli va donner la priorité aux manifestations culturelles et à « l'esprit de la fête » : une kermesse géante, « Vive la fête ! » ouvrira le ban sur les plages de Bombay avec de grands moyens technologiques, vidéo, laser, écrans d'eau, projection d'images de fantaisie sur la mer...

En 89, l'Inde, vue du monde occidental et de France, c'est l'affaire Rushdie. Salman Rushdie, musulman indien vivant à Londres, avait publié, à la fin de 88, un roman intitulé *Les Versets sataniques*. Roman qui avait déclenché la colère des musulmans intégristes, et avait été interdit dans de nombreux pays. En Iran, l'ayatollah Khomeyni avait lancé une fatwa contre Rushdie, appelant à le tuer n'importe où dans le monde. Rushdie était désormais protégé par Scotland Yard. À l'époque, j'ai adopté la vision européenne de l'affaire : il s'agit d'une énième manifestation de « l'obscurantisme religieux ». Faisons un saut d'un an. Quand je reviens en Inde, l'année suivante, on me fait rencontrer à Dehli un historien et romancier très écouté, aujourd'hui disparu, Khushwant Singh, lequel avait joué un rôle déterminant dans cette affaire. Lorsque les éditeurs londoniens de Rushdie avaient demandé à leur filiale indienne de publier *Les Versets sataniques*, Khushwant Singh, alors conseiller littéraire pour Penguin India, avait émis des réserves sur certains passages de l'ouvrage. Et voici ce qu'il écrivait alors dans l'*Hindustan Times*. « J'ai été consulté en tant que conseiller. Bien que j'aie un mépris non dissimulé pour les personnes qui interdisent les livres et les œuvres d'art, j'ai conseillé à Penguin India de ne pas risquer de publier une édition indienne des *Versets sataniques*. » L'interdiction est prononcée. Lors de notre entretien, dans mon anglais médiocre, je posai la question à Khushwant Singh : Fallait-il vraiment suspendre la publication du livre ? Oui, me répondit-il. C'était notre responsabilité. À l'époque, intrépide à peu de frais autant qu'ignorante des enjeux, j'avais tenté d'exprimer courtoisement mon désaccord : quoi, céder sur la liberté d'expression ! Je n'avais même pas encore lu le roman que Khushwant Singh avait publié en 58, *Train pour le Pakistan*, sur les horreurs de la partition de 47 dans l'État du Pendjab, où musulmans, sikhs et hindous avaient vécu en paix pendant des siècles. Ces jours d'enfer étaient restés vivants dans toutes les mémoires. Khushwant Singh avait compris, pour avoir vécu ces épisodes de l'indépendance, ce que l'Inde risquait en sombrant dans des affrontements communautaires. Aujourd'hui, l'affaire est loin d'être terminée. En Inde, d'abord. Et pour Rushdie aussi qui a subi en août 2022 une grave agression. Même s'il va de soi que nous devons soutenir Rushdie, je vois bien aujourd'hui que cette « affaire » a été aussi l'occasion de célébrer encore une fois de plus l'Europe et ses « valeurs ». Répondant en 97 aux questions du *Monde*, Salman Rushdie laissait entendre que l'Europe n'est plus ou pas encore ce qu'elle devrait être : « L'Europe que j'ai choisie, ce n'est pas ce qu'on appelle aujourd'hui l'Europe. Les valeurs de l'Europe, dans lesquelles je me reconnaissais, dans lesquelles nous pouvons nous reconnaître et nous rassembler, *sont des valeurs de civilisation* » (souligné par moi). Mais sommes-nous (nous, l'Occident) habilités à donner des leçons de civilisation ? Lorsque l'Inde était sous domination anglaise, de quel côté était « la civilisation » ? Par exemple, lors du massacre d'Amritsar ? Le 13 avril 1919, « une manifestation pacifique, quoique interdite, se tient dans les jardins Jallianwala. Dix mille hommes, femmes et enfants sont réunis. Le général britannique Dyer avec 50 soldats (des Gurkhas originaires de l'Himalaya) force l'unique entrée des jardins puis ordonne à ses hommes de tirer sans se donner la peine de faire les sommations. On relèvera 379 morts et 1 200 blessés environ. Le général Dyer sera suspendu de son commandement mais, à son retour en Angleterre, il n'en sera pas moins reçu en héros par une partie de la population[112] ».

Comme pour chacun de mes voyages, j'essaie d'arriver à ma destination en étant nourrie le plus possible de mémoire historique mais en essayant, dans le même temps, de me rendre disponible aux toutes premières impressions. Ce qui me frappe immédiatement, en ce début de février 89, c'est l'extrême densité de la population, qu'on ne peut se figurer même si on le sait. (L'Inde, à l'époque, compte 852 millions d'habitants, elle est passée depuis à 1,5 milliard.) Chacun se voit réduit à n'occuper qu'un espace très restreint, entre deux rideaux, sur une natte, sous une remorque à bras, protection que contestent des chiens, des singes ou une vache. D'où l'impression d'un équilibre instable, d'une confrontation toujours possible. Dans le bruit, les odeurs de nourriture, de fleurs écrasées et d'excréments, il règne une espèce de frénésie violente, une « vitalité désespérée », pour reprendre un mot de Pasolini. On est mal à l'aise devant un tel spectacle, on voudrait le fuir, et finalement, le contraire se produit : on est pris d'une sollicitude anxieuse pour ces hommes, ces femmes, et d'une admiration véritable pour leur courage, leur acharnement. Souvent, à mon retour, j'entends d'autres avis, d'autres commentaires, on se fait une espèce de gloire à révéler qu'on ne supporterait pas un tel spectacle. Ou alors, on se montre impatient devant ce qui semble un fatalisme, une acceptation résignée. Je relis ce qu'écrit Simone de Beauvoir dans *Tout compte fait* (1972) : « Il y a un pays, pourtant des plus importants, que je n'ai aucune envie d'aller voir de mes yeux : l'Inde. À travers les analyses et les reportages que j'ai lus, la misère qui s'y étale me paraît intolérable. » Il est possible que, pour Simone de Beauvoir et pour Sartre, l'Inde soit une énigme dans la mesure où elle échappe à la logique révolutionnaire dont ils traquent l'émergence à travers le monde. *La Force des choses* : « Mon espèce est constituée, aux deux tiers, par des larves trop faibles pour la révolte, qui traînent de la naissance à la mort un désespoir crépusculaire. » Dans l'Antiquité romaine, « les larves » sont des fantômes, les esprits des morts qui viennent hanter et tourmenter les vivants ; le tiers-monde est un enfer terrestre, où des damnés tendent vers les pays riches des bras décharnés. Sans espoir[113]. Seuls les pays pris dans une dynamique révolutionnaire font l'objet de l'attention des marxistes, même non staliniens, ou dissidents. Les pays non alignés sont une sorte de « troisième voie » suspecte, qui suscite la défiance. La figure de Nehru, son rôle ne retiennent donc pas l'attention des intellectuels européens amis de la révolution. (Mais lorsque Indira Gandhi, devenue à son tour Premier ministre, se rendra en France, Simone de Beauvoir sera une des personnes qu'elle souhaite rencontrer.) Pourtant, avec le temps, on découvre qu'il y avait plus de justesse et de sens politique qu'on ne pensait dans la logique des « non-alignés » comme Nasser, Tito ou Nehru. Les effets de la conférence de Bandoeng (1955) qui avait lancé un processus mondial de décolonisation seront torpillés, en pleine guerre froide, par les deux blocs, qui vont exercer d'énormes pressions économiques et parfois militaires pour rassembler autour d'eux les pays qui accèdent à l'indépendance.

Voici un portrait de Nehru, le père de l'indépendance indienne. C'est la reproduction d'un timbre soviétique de 89. (Il était temps, il n'y aura bientôt plus d'Union soviétique.)

Timbre-poste imprimé en Union soviétique pour le centenaire de la naissance de Jawaharlal Nehru

Quel beau visage ! Aujourd'hui, où l'Inde s'enfonce dans le nationalisme étriqué, populiste, antimusulman et xénophobe de Narendra Modi, il faut rappeler qui fut son opposé en tout point, le « Pandit » Nehru, père de l'État indien moderne et laïque. Grande figure moderne et athée — chose rarissime en Inde ; pour en atténuer la radicalité, on préfère souvent le dire « agnostique » —, Nehru déclarait : « La religion est un fardeau terrible. » Promoteur de la Constitution de l'Inde*, il est l'auteur de vastes réformes industrielles et agraires inspirées par les plans quinquennaux soviétiques, avant qu'il soit déçu par Moscou. Choisissant de mener la lutte pour l'indépendance de l'Inde sans recourir à la violence, il tentera d'échapper à la dialectique mortifère du marxisme appliqué en Union soviétique et dans les pays satellites. Avec Gandhi, dont tout le rapproche et tout le sépare. Il adopte ainsi son calot blanc, il en fait le symbole du Congrès national indien.

* La Constitution déclare que l'Inde est une « république souveraine, socialiste, laïque, démocratique ». Les mots « socialiste » et « laïque » ont été ajoutés par le 42e amendement en 76. Au moment de son entrée en vigueur, la Constitution de l'Inde a remplacé le Government of India Act de 1935 comme loi fondamentale. Inspirée par celle des États-Unis, rédigée par un intouchable (Ambedkar, un « dalit »).

Notre petite délégation d'écrivains français est logée à la résidence de l'ambassadeur de France à Dehli. C'est à l'époque André Lewin, le compagnon de mon amie Catherine Clément. L'ambassade est un beau bâtiment récent, construit par Paul Chemetov, terminé quelques années plus tôt. Larges espaces, vastes jardins, où sévit un âne qui a ses têtes, il lui est arrivé de poursuivre un hôte jusqu'à un bassin et de l'y pousser. De retour en France, je suis vivement attaquée : Mais tu n'as rien vu ! Il fallait habiter dans une guest house, manger aux étals des trottoirs. Peut-être, mais je n'étais pas partie pour rejoindre une communauté, ni pour faire une expérience mystique, mais pour essayer de comprendre « la plus grande démocratie du monde ». À travers de longues marches dans les rues, des rencontres, des discussions, des spectacles de danse, je n'aurai de cesse, au cœur de ce premier voyage comme au cours du second, que je n'aie mis au jour la réalité et les ressorts de ce monde inconnu. Mes insuffisances en anglais parlé s'atténuent légèrement, je me jette dans la lecture des journaux, je me mêle aux échanges des hôtes de l'ambassade et parfois une espèce d'illumination me saisit. C'est ainsi que je reste longtemps en conversation avec Edmund Hillary, le premier vainqueur de l'Everest en 53. Ai-je réussi à lui dire l'effet de cette victoire sur l'enfant habituée aux « petits coteaux modérés » (Jules Lemaître) de la Loire ? Parfois, des aperçus se dévoilent d'une société encore travaillée par le système des castes. Ainsi je ferai un peu plus tard la connaissance d'un étudiant de l'université de Bénarès, qui m'adopte. Né au Bihar, l'un des États les plus pauvres de l'Inde, c'est un fils de brahmane, mais sans fortune. Gulab a donc été marié par sa famille à la fille d'un riche marchand qui s'assure ainsi une place plus considérée dans la société indienne. La hiérarchie se dit dans la couleur de la peau : plus on monte, plus elle est claire. D'où ces petites annonces du *Times of India* : « Est recherché pour mariage un jeune homme clair de peau » ; « Est demandée une jeune femme au teint clair » ; « Jeune brahmane recherche végétarienne à la peau claire ».

Avant de se rendre à Bénarès, notre petite délégation part pour

Calcutta, où nous resterons quelques jours. La vue du pont de Howrah, sur le Hooghly, un affluent du Gange, nous introduit tout de suite dans la démesure de l'Inde : par sa prouesse technique — il franchit 700 mètres sans support intermédiaire —, mais aussi par la vitalité, l'intensité et la bigarrure du trafic qu'il supporte. Mais la lecture du *Daily Times* offre une vision plus sombre de Calcutta, au fil de révélations atroces sur le trafic sexuel dans les gares. Tous les matins, dit l'article, on mène à l'hôpital des enfants à l'anus déchiré.

Fossés culturels, et temporels. Le lendemain de notre arrivée, nous sommes reçus dans un appartement meublé dans le style victorien où vit une dame très âgée, que ses faibles yeux obligent à rester dans la pénombre. C'est, dit-on, la dernière maîtresse de Rabindranath Tagore, mort en 41. Je lis à mon retour *L'Offrande lyrique* que Gide a traduit de l'anglais en 1912. Sa grande proximité avec Anna de Noailles m'empêche de le prendre tout à fait au sérieux. J'ai tort.

Anna de Noailles et Rabindranath Tagore à Paris

L'année suivante, je passe une soirée et une nuit à Shantiniketan. Rabindranath Tagore y avait établi en 1901 une école de plein air, en conformité avec les méthodes pédagogiques de Maria Montessori, très en vogue à ce moment-là. La nuit tombe, des lampions s'allument aux branches des arbres, une petite foule circule, apaisée, devisant, on entend de la musique sortir d'un des pavillons. Je ne résiste pas à l'atmosphère de paix qui y règne (Shantiniketan signifie « demeure de la paix »), repos bienvenu après le tourbillon de bruits, de sons, d'odeurs des agglomérations urbaines. Mais je m'avance avec méfiance sur le terrain où l'on retrouve Maria Montessori, qui déclarait : « Tout enfant est un roi en marche vers l'aurore. » Je n'ai peut-être pas tout à fait tort. Quelques mois plus tard, le 10 juillet 1989, la loi d'orientation sur l'éducation, dite « loi Jospin », s'en inspire en voulant « mettre l'élève au centre du système éducatif ». Une série d'équivoques va en découler. On oublie que, au départ, la formule lancée en Allemagne en 1836 et reprise en France en 1892 par Octave Gréard, collaborateur de Jules Ferry, relevait d'un souci humaniste d'amélioration du service public d'enseignement. Aucun rapport avec notre culte de l'enfant-roi, rebelle à toute discipline, idole d'une société de consommation, tyran des familles[114].

Je voudrais arracher Tagore à ce débat qui, en France, n'est pas clos. Et faire émerger, autour de lui, des interrogations nécessaires, et bien vivantes. Sa famille s'est mise au service du régime musulman, elle est rejetée hors caste, « Tagore » correspondant à un titre musulman, son véritable nom était Bannerji. Dans sa biographie de Tagore, Romain Rolland note qu'après les événements d'Amritsar, il resta plusieurs semaines paralysé par la souffrance[115]. Il faut lire cette biographie, et tenter d'examiner calmement les voies qu'ils suggèrent tous les deux. Nous sommes tellement perdus, accablés par le tour que prend le monde, ses iniquités, ses inégalités, ses dangers ! Personne n'y a été plus sensible que Romain Rolland autour de la Première Guerre mondiale. Pour Romain Rolland et Tagore, il faut retrouver ce qu'ils nomment « l'âme du monde » : « Le mensonge, dit Tagore, c'est de se croire séparé, et de ne pas reconnaître notre unité avec le monde entier. » Il y a là de quoi hérisser ou faire sourire ceux qui ont reçu la même formation que moi. S'ouvre cependant une réponse à la mesure des défis du temps, vers un anticapitalisme culturel, écologique, éthique et politique. Marxiste, le philosophe Michael Löwy s'y est intéressé dans son article « Le concept d'affinité élective en sciences sociales[116] ». Il note tout de suite que Max Weber l'utilise comme instrument d'analyse sociologique, qu'elle va l'aider à « dépasser l'approche traditionnelle en termes de causalité et contourner ainsi le débat sur la primauté du "matériel" ou du "spirituel" ». L'éthique puritaine du protestantisme s'est en effet articulée sur l'esprit étroitement positif du capitalisme. Quand l'Amérique latine, avec la théologie de la libération, fait le lien entre religion et imaginaire social, christianisme et utopie, de proche en proche se fait jour une critique radicale du capitalisme et des doctrines du libéralisme économique, « au nom d'un bien commun considéré comme plus important que les intérêts des propriétaires individuels ». Pierre Hadot relèvera même, en 68, que « la référence à l'Âme du monde » pouvait être « la clef de voûte d'une résistance spirituelle et philosophique à la réification capitaliste, et de son appareillage économique et technicien, résistance qui réunira, avec leur propre espace sémantique, Romain Rolland et Rabindranath Tagore »[117].

L'ironie, le ton protecteur, la dérision imprègnent souvent la vision que nous avons en France de ces perspectives, ouvertes par Romain Rolland lecteur de Tagore. Ce qui en dit long sur la doctrine républicaine et son positivisme à courte vue. Les remettre en question, ce n'est pas donner son adhésion à de ténébreuses philosophies orientales ou à un bouddhisme de pacotille, digne d'un cabinet de sophrologue : c'est chercher pour notre temps une issue concrète à ses impasses.

L'année suivante, je reviens à Dehli. Catherine Clément a organisé pour elle et moi une série de conférences dans des universités, au rythme d'une tournée d'André Lewin dans plusieurs États. Nous traverserons ainsi de grandes régions du sous-continent, d'abord vers le nord puis sur la côte Est. Nous sommes partis de Dehli avec deux voitures, par précaution : après un incident technique, l'une d'entre elles devra être abandonnée pour une réparation aux délais imprévisibles. Nous dormons souvent dans les anciens relais des gouverneurs britanniques, vastes, décatis, sans confort. Un soir, la nuit est tombée, du fond de mon lit, sous une moustiquaire géante, j'entends un feulement régulier, puissant, c'est l'heure tranquille où les fauves vont boire. Réveil matinal, départ dans une brume où le soleil se lève à peine. Nous traversons les confins des villes, où tout un peuple se prépare pour la journée de travail. On se lave, on se brosse les dents au-dessus de rigoles fangeuses entre des cabanes, des tentes, de frêles constructions en carton. L'Inde d'alors manque considérablement de sanitaires, ce que déplorait déjà Gandhi. On se disperse plus ou moins discrètement, un pot d'eau à la main, pour obéir à ce qu'on nomme « l'appel de la nature ».

Chaussées défoncées, trouées de nids-de-poule. Des camions en panne s'alignent sur un bas-côté, gardés par un gamin tandis que le chauffeur est allé chercher une pièce de rechange. Dans certains villages, le grain est répandu sur la route, le va-et-vient des autos sert au battage. Arrêts interminables aux passages à niveau. Une foule hétéroclite se presse à la barrière, au milieu des charrettes à bras, des vélos, et des vaches qui poussent leur mufle par l'ouverture de la vitre. Nous déjeunons de bananes, de biscottes et de fromage fondu sous un arbre, près des voitures. Un jour, dans un village aride, écrasé de soleil, André Lewin découvre une bouteille de champagne oubliée dans le coffre. Une antenne jetée sur une haute branche, et voici que nous captons France Inter. C'est un dimanche, il est 5 heures du soir en France, encombrements des retours de week-end. Le monde se dilate puis se resserre par à-coups. Herbe sèche, arbres torturés, au loin des maisons, des silhouettes, nous repartons. Un jour où je m'étais assise à l'écart, des femmes se sont approchées silencieusement, sans un mot, juste pour me regarder. Lors de nos arrêts dans des villages ou des petites villes, il m'arrive de rester un long moment immobile, mon carnet sur les genoux, tandis que Catherine cherche de l'eau pour laver ses pinceaux et préparer ses aquarelles. Un groupe m'a repérée, des garçons pour l'essentiel, les filles à la sortie de l'école filent tout de suite à la maison. Ils ont des yeux brillants, de belles petites chemisettes et une cravate, des cheveux très noirs et un air de curiosité et de joie qui me saisit. (Mais où sont les enfants très pauvres ? Les fils et filles des intouchables ?) Je leur tends mon carnet, mon stylo, l'un d'eux se risque, commence un dessin, puis tous s'enfuient comme des moineaux apeurés. Un autre jour, ailleurs, je m'approche d'une classe en plein air, à l'ombre d'un pipal géant. Les enfants sont assis sur les marches d'un profond bassin à éléphant, aujourd'hui abandonné. Le mur du fond sert de tableau, il est couvert d'inscriptions et de chiffres à la craie. Le jeune instituteur me tourne le dos, j'essaie de ne pas distraire la classe. Dans les mois les plus chauds, ma mère nous rassemblait ainsi dans la cour, sous le tilleul, pour une leçon ou une lecture. C'est le même monde, les mêmes espoirs, inchangés. J'y pense souvent. Je pense à ma chance d'avoir eu pour maison un espace où chaque matin de petits enfants venaient s'enfermer jusqu'au soir pour s'instruire.

Mais cela ne me fait oublier aucun des revers sombres de l'Inde, les corps entassés, le visage rongé du lépreux qui tend un moignon par la vitre ouverte de la voiture (La lèpre n'est pas contagieuse ! répète Catherine. Elle ne s'attrape que par contact sexuel !), les bûchers rougeoyant jusque tard dans la nuit sur les ghats de Bénarès, et le geste du fils, fracassant le crâne du père pour que son âme puisse s'échapper. Ni cette région de mines à ciel ouvert où tout est noir, à l'infini, le ciel, le sol, et le feuillage des arbres. Ni, dans un orphelinat, la curiosité inquiète des enfants qui nous entourent silencieusement. Une petite fille s'est accrochée à ma tunique, elle me suit partout, et je dois le cœur déchiré détacher un à un ses petits doigts au moment du départ.

La deuxième année, j'ai retrouvé Gulab, je vais le voir dans la pièce unique, sans fenêtre, qu'il partage avec sa femme et leur petite fille. Le beau-père, le riche marchand qui voulait un gendre brahmane, me prend sans cérémonie le parfum que je veux offrir à sa fille, écarte sa chemise sur un torse d'homme bien nourri, et s'asperge copieusement. Je dois beaucoup à Gulab, à sa rigueur. Il refusait d'entrer avec moi ou de m'attendre dans les hôtels forcément trop luxueux à son goût. Il m'avait conduite en face de Bénarès sur la rive déserte d'où on a une vue saisissante sur toute l'architecture de la ville. Puis il me dit : On va revenir en bateau. Il avait loué une barque et nous avons retraversé le Gange, dans un silence seulement troué par le clapotement de l'eau à chaque coup de rame. Parfois, cependant, une étrange violence s'empare de moi, j'ai envie de rejeter tout ça, d'éloigner de moi l'intensité des odeurs, des couleurs, des bruits. Le spectacle de tant de misère m'accable, me domine, me suffoque. Pendant quelques jours, je n'ai rien pu manger, comme si mon corps tout entier se refusait à une emprise, à une invasion intolérables.

Un moment, avant de quitter l'Inde. Dans le fond, qu'ai-je vu ? Ai-je mieux compris ce que pouvaient signifier là-bas les mots « démocratie », « république » ? J'ai lu et relu, sur un quai de gare, ces mots de Gandhi : « We are not muslims, hindus, parsis or jews, but Indian first », « Nous ne sommes pas musulmans, hindous, parsis ou juifs, mais indiens d'abord ». C'est la Déclaration des droits de l'homme de 1789 posant que « nul ne doit être inquiété pour ses opinions, même religieuses ». C'est l'article 1er de notre Constitution, définissant l'égalité devant la loi « de tous les citoyens sans distinction de sexe, d'origine ou de religion ». Mais que reste-t-il de Gandhi en Inde ? Je n'ai pas hésité, dans le récit que je publie après ces deux voyages, à exposer clairement la douleur et le découragement qui m'ont souvent assaillie. Ai-je eu raison de faire entendre aussi ma crainte de voir en Inde l'idée de progrès remplacée par celle de cycle, où domine le principe de ruine ?

Sur un mur de ma chambre, à Paris, une tapisserie rapportée de mon voyage raconte l'histoire de Krishna et des jeunes vachères. J'ai choisi, sans illusion, cette vision de l'Inde sortie d'une des rares scènes de paix du *Mahabharata*, livre sacré de l'Inde, grand poème épique datant des derniers siècles avant J.-C.

Juin, Budapest. Les tombes d'Imre Nagy et des pendus de 58

Ça chauffe à l'est de l'Europe depuis quelque temps, notamment en DDR (Deutsche Demokratische Republik). À l'automne de 89, Antoine Vitez qui a déjeuné avec Jack Ralite me rapporte que celui-ci est inquiet, et va répétant : C'est le désarroi, là-bas ! avec son accent caverneux de la Marne. Le désarroi, c'est au départ un dérangement, un désordre dans une organisation, avec pour conséquence une angoisse, une perte de repères. Ce qui résume la situation en Allemagne de l'Est. C'est Ralite qui a raison : mais jusqu'où ira ce désarroi ?

Le « désarroi », ce n'est pas l'impression que Budapest m'avait donnée, en juin, quand je m'y suis rendue pour une rencontre d'écrivains européens des deux moitiés de l'Europe. J'arrivais à glisser ces voyages entre deux sessions d'examen, ou entre l'écrit et l'oral, je me déciderai un peu plus tard à suspendre pour un ou deux ans les tâches d'enseignement en prenant un congé de « convenance personnelle ». Au printemps de 89, le rideau de fer s'est soulevé à la frontière avec l'Autriche. À Budapest les dépouilles d'Imre Nagy et de ses camarades exécutés en 58 ont été découvertes dans une partie abandonnée du cimetière municipal où on enterrait aussi les animaux du zoo. Une foule immense défile devant ces emplacements dégagés des arbres et des broussailles qui les dissimulaient. Le 16 juin 1989, on expose leurs cercueils sur les marches du musée des Beaux-Arts de Budapest, dans un océan de fleurs. Les drapeaux rouge, blanc et vert ont été percés d'un trou circulaire pour en retirer les symboles du communisme. (À Prague on remplacera la faucille et le marteau par une poignée de cerises.) La même année, inspirés par Mikhaïl Gorbatchev, les réformateurs du Parti poussent János Kádár vers la sortie. Kádár était au pouvoir depuis 56. Après guerre il est successivement chef de la police, premier secrétaire et membre du praesidium de 56 à 85, secrétaire général à partir de 85. Très actif dans la politique de répression et d'épuration stalinienne menée par Rákosi, il était resté muet au moment de l'élimination de son camarade László Rajk, exécuté pour des crimes inventés de toutes pièces. Suspect de déviationnisme, il fait un temps de la prison. Il est libéré en 54 par Imre Nagy, Premier ministre réformateur. Le même Nagy qui sera sommairement exécuté après l'insurrection de 56, dont Kádár sortira chef du gouvernement. Prenant bientôt la décision de mener des réformes qui libéralisent le régime ; bientôt la Hongrie sera « la baraque la plus confortable du camp socialiste ». Mais en juin 89, au moment où Imre Nagy et ses amis reçoivent des obsèques populaires et nationales, il n'y aura bientôt plus de camp socialiste du tout.

Il faut entrer dans le détail d'une histoire qu'ils ont en tête, ceux qui ont évincé Kádár, ceux qui en 89 assistent aux obsèques d'Imre Nagy et de ses camarades. Sans y mettre de sympathie particulière. Mais la vie, le rôle de Kádár, c'est aussi notre histoire. Il s'appelait Giovanni Czermanek, il était né en 1912 à Fiume, terre italienne sous suzeraineté de la Hongrie dont elle était le seul port maritime. Fils d'un soldat et d'une femme de chambre, élevé par sa mère et ses parents adoptifs, il devient technicien de machines à écrire, rejoint un syndicat, lit Marx, et entre dans un groupe communiste interdit. Lorsque les nazis occupent son pays pendant la Seconde Guerre mondiale, Kádár rejoint la Résistance, et après la guerre, gravit tous les échelons du Parti communiste hongrois, et devient secrétaire général adjoint en 46. Il est nourri de tout ce qui a constitué notre histoire depuis des siècles : l'émergence de l'idée révolutionnaire, comment elle est reprise par des enfants du peuple comme lui, et corrompue dans une déviation de la grande promesse en grande oppression. Nous avons été complices de cette forfaiture, pour avoir imaginé ou soutenu un prétendu internationalisme prolétarien qui était en fait une prise de pouvoir sur le peuple et ses aspirations, édifié par la terreur, et prolongé par la pénurie. János Kádár meurt en juillet 89, en 2007 sa tombe est profanée, ses restes dispersés. Sur le monument voisin à la gloire des travailleurs communistes, on a trouvé l'inscription « Un assassin et un traître n'a pas le droit de reposer dans une terre sacrée ».

Les rencontres internationales ont lieu dans la partie supérieure de la ville, l'ancienne Buda. Déçue de voir les Européens de l'Est abandonner pour l'anglais leurs langues déjà si fragiles et menacées, suivis du reste par les Italiens, j'essaie tous les jours d'y échapper pour retrouver les foules au cimetière municipal. Les monceaux de fleurs accumulées forment de véritables murailles. Malgré un ou deux séjours précédents, la ville ne m'est toujours pas familière, j'en admire certaines beautés, le fleuve, le long bâtiment du Parlement, le pont des Chaînes, reconstruit à l'identique après sa destruction par les Allemands durant la Seconde Guerre mondiale. Mais je n'aurai jamais avec elle cette espèce d'intime familiarité que j'ai nouée avec Prague, sauf peut-être lors de mon dernier court séjour, il y a une douzaine d'années. Je n'y reviendrai pas avant 2008, où je présente mon livre sur Simone de Beauvoir. Au moment du départ, je retrouve une de mes vieilles habitudes : je laisse de côté le musée des Beaux-Arts au profit du grand marché, l'une des belles réalisations de Gustave Eiffel avec Nyugati pályaudvar, la gare de l'Ouest. J'ai choisi les étalages de produits régionaux, salamis gigantesques et gâteaux au pavot, aux dépens de Bellini, de Vélasquez et de la grande peinture européenne. Comme si je voulais, pour avoir une idée de cette Hongrie qui m'échappe toujours, me rapprocher de son peuple, de ces foules qui en 89 se massaient autour des tombes des pendus de 58.

Juin 89, de retour à Paris, j'essaie de décrire à Nor, dont je suis toujours très proche, ces journées bouleversantes. Il me révèle alors la profondeur de son anticommunisme, en se montrant tout à fait indifférent à mon récit sur l'effondrement visible du système. Il l'a souhaité, prévu, anticipé depuis si longtemps que ses victimes ont cessé de l'intéresser. Dans les semaines qui suivent, je me plonge dans le roman de György Konrád, *Le Visiteur*, ce livre terrible sur les lendemains qui ont failli chanter. Il se termine sur ces mots désabusés : « Que viennent tous, tous ceux qui voudront venir, l'un de nous parlera, l'autre se taira, au moins nous serons ensemble. » Quand je lui avais rendu visite, il avait eu sur la société de consommation ce jugement définitif : est-ce qu'on a besoin de tant de variétés de saucisson ? Ce qui me fait penser à une blague de l'époque dissidente. Pour désigner un livre interdit, qu'on fait circuler en douce, on avait décidé par prudence d'employer le mot de « saucisson ». D'où l'échange suivant : Alors, le saucisson que je t'ai donné ? — Excellent, je l'ai dévoré ! — Bien, mais n'oublie pas maintenant de le passer à János.

Juillet, le bicentenaire de la Révolution française. La grande gouderie

Comme la grande affaire en France est, en 89, celle du bicentenaire de la Révolution française, mon sujet aurait peut-être exigé que j'en parle en premier. Mais nous ne sommes pas au centre du monde et cette célébration de la Grande Révolution est tout de même un très petit événement dans l'histoire mondiale. Dans notre histoire nationale, c'est autre chose : la manière dont est conçue cette fête commémorative est un puissant révélateur de l'oubli où est en train de sombrer la grande promesse de 1789. Quels sont les enjeux, en 1989 ? Qu'ont-ils fait de leur héritage et de leur mission, les enfants du 14 juillet et de la nuit du 4 août ? Que va-t-on choisir ? La célébration ou le bilan ? Ou les deux ? Ce pouvait être l'occasion de se demander si et à quoi on a été fidèle. De rassembler ceux qu'animent les mêmes espérances. De voir ce qui ne va pas, et de mettre en place des réformes. Est-ce que tout républicain (et toute républicaine) n'a pas pour mission « de remettre les choses droit », comme le dit Hamlet lorsqu'il a reçu la visite de son père défunt, parce que « the time is out of joint », « le temps est hors de ses gonds » ?

1889, 1939, 1989. Pascal Ory souligne que ces trois célébrations se situèrent dans des temps de crises qui interdirent d'en faire de grands moments d'unité nationale pourtant visés par les commémorateurs[118]. En 1889, la république, troisième de ce nom, a longtemps hésité à se déterminer, après plusieurs monarchies et une puissante entreprise de reconquête catholique. On inaugure une Exposition universelle, la tour Eiffel, et la statue monumentale de Jules Dalou, *Le Triomphe de la République* ; l'œuvre est loin d'être terminée, c'est une maquette de plâtre coloré. On met en avant « les immortels principes de 1789 », « Liberté, Égalité, Fraternité ». En 39, c'est un échec relatif, la marche vers la Seconde Guerre mondiale a pour conséquence l'annulation de trois des six grandes festivités prévues. En 89, il faut bien voir qu'on s'apprête à célébrer la Révolution de 1789 dans une période dominée par l'effondrement du communisme. L'Église catholique est plus que gênée par le bicentenaire. Face au souvenir obsédant de la Terreur, elle penche pour une « remémoration » plutôt que pour une « commémoration ». L'embarras des partis politiques est encore plus évident : le socialiste Pierre Mauroy joue la défensive (« La Révolution n'est pas finie ») face à l'historien François Furet qui répète sur tous les tons que « la Révolution est terminée ». Membre critique du Parti communiste, Michel Vovelle a été choisi dès 82 par Jean-Pierre Chevènement, alors ministre de la Recherche, pour coordonner la commémoration scientifique. En face, François Furet, représentant de l'école libérale, qui conteste la tradition jacobine. On va donc faire le tri dans les événements révolutionnaires, au profit d'une attention quasi exclusive pour l'année 1789, et se livrer à une réécriture de la Révolution[119], au risque de « fêter sa mort » (Denis Langlois). D'où la centralité des « droits de l'homme » (qu'en 1889 on avait gardés un peu en retrait), pas tout à fait au complet : les droits « de l'homme » oui, mais les devoirs du citoyen passent à l'as. Maurice Agulhon a été choisi pour appeler à la formation d'un consensus maximal autour de leur définition.

Une immense parade intitulée *La Marseillaise*, d'une durée de trois heures, sera organisée sur les Champs-Élysées pour la soirée du 14-Juillet. Jack Lang en a confié la chorégraphie à Jean-Paul Goude (direction musicale de Wally Badarou). Un défilé nocturne ira de la pyramide du Louvre à la Grande Arche de la Défense. Avec l'aide d'Azzedine Alaïa, Goude va s'employer à « magnifier le corps, le sublimer, le glorifier ». (Jean-Paul Goude, interviewé sur A2, la casquette sur la tête, visière derrière.) Six mille artistes et figurants mettent en scène douze tableaux vivants représentant chaque « tribu planétaire », avec ses stéréotypes. Sur la place de la Concorde, Jessye Norman, vêtue d'une robe aux couleurs du drapeau français, chantera *La Marseillaise* devant 10 000 spectateurs. Un million de spectateurs massés le long de l'avenue, plus que lors de la Libération de Paris le 27 juillet 1944. Et 800 millions de téléspectateurs à travers le monde… Imaginée par des publicistes de choc, « la grande parade des tribus planétaires » — fanfares françaises, pyramides humaines venues de Guinée, révolutionnaires russes sous la neige, locomotive Pacific 231 — aura une dimension festive, colorée. Pour faire pièce à un nationalisme et à un souverainisme qu'abhorrent les goudistes, on se jette dans un multiculturalisme superficiel, un cosmopolitisme de bazar… « United Colors of Benetton »… Je me souviens d'un autobus circulant dans les rues de Prague juste après la révolution de velours, portant à l'arrière ce slogan illustré par une galerie de personnages d'ethnies et de couleurs variées. Rien de tel n'existait alors dans les pays d'Europe centrale, frappants par leur uniformité ethnique. Cette grande et nécessaire évolution n'avait aucun substrat véritable, et n'eut aucune expression politique « à l'Est » : elle prouvait seulement que l'Occident avait importé à Prague ses valeurs (marchandes).

Finalement, commémorer la Révolution française... ou s'en débarrasser ? Ces journées m'ont laissé un arrière-goût nauséeux. Érik Neveu écrit dans *Réseaux* (2008) : « La grande "gouderie" est en quelque sorte le point d'orgue d'une grande réévaluation, entamée depuis 1981, d'une révolution sur quoi plane l'ombre du goulag. L'universel républicain en prend un coup[120]. »

Octobre, Creil, l'affaire du foulard[121]

L'universalisme : un des héritages majeurs de la Grande Révolution... Je n'ai pas été capable pendant longtemps de mesurer de quelles dérives suprémacistes était secrètement porteur l'universalisme qu'on m'avait enseigné. Je fais mienne désormais la formule d'Enzo Traverso : « Un universalisme qui nie les particularités est pernicieux, et un particularisme qui ne s'inscrit pas dans une perspective universelle est également néfaste. L'universalisme est une totalité faite de particularités et de diversité[122]. » Mais il m'a fallu du temps pour la comprendre et la pratiquer. De même, je suis longtemps demeurée captive d'une conception réductrice de la laïcité, confondant sa dimension politique avec une version religieuse. En un sens, je ne la séparais pas de l'idée protorépublicaine d'instruction, synonyme d'arrachement. S'instruire, c'est rompre. C'est, pour devenir soi-même, d'abord *devenir autre*. J'en restais là. Entre les traditions et l'obscurantisme, notamment religieux, je ne voyais pas de différence. La dialectique de l'arrachement et de l'attachement, ce n'était pas encore pour moi.

On ne peut donc pas être plus mal placé pour avoir une opinion éclairée lorsqu'en octobre 89 éclate à Creil « l'affaire du foulard ».

Au collège Gabriel-Havez, trois élèves musulmanes, Leïla, Fatima et Samira, refusent de retirer leur foulard. (Gabriel Havez, qui a donné son nom au collège, est un ancien maire de Creil, militant SFIO et résistant.) Dans ce collège, le port du « foulard », relativement rare, ne posait aucun problème jusqu'au jour où le principal décide d'exclure les trois adolescentes pour « une atteinte grave à la laïcité », arguant des lois Ferry et des circulaires Jean Zay de 36 et 37, qui interdisent « tout prosélytisme religieux ou politique dans l'enceinte de l'école publique »[123]. Ce principal est Ernest Chénière, né le 26 avril 1945 à Rivière-Salée (Martinique), franc-maçon déclaré, ancien député, à la retraite aujourd'hui à Saumur. Après l'affaire, il quitte l'enseignement, est élu député RPR aux législatives de 93, sur le siège détenu alors par le maire PS de Creil, Jean Anciant. À l'Assemblée, il appellera à « la résistance » contre « le chantage au sida » que pratiquent, selon lui, les consommateurs et les trafiquants de drogue, regrettant qu'« une minorité de marginaux homosexuels et toxicomanes, remarquablement organisés, [aient] lancé une puissante campagne pour faire passer dans le droit non écrit, sous la pression, la légalisation objective de leurs perversions et de leurs déviances ». S'opposant ainsi à la politique de prévention menée par le ministre délégué à la Santé, Philippe Douste-Blazy, et la ministre des Affaires sociales, Simone Veil. Une autre fois, il propose de « mettre en prison les fumeurs de cannabis ».

Il sera candidat pour Debout la France ! aux municipales de 2021.

Sollicité par Lionel Jospin, ministre de l'Éducation, le Conseil d'État laisse aux chefs d'établissement le soin de décider au cas par cas. Le principal maintient sa décision ; l'extrême droite le soutient : « C'est la civilisation islamique qui arrive. Après son installation sur le sol français, elle s'implante maintenant de façon symbolique par le port du tchador à l'école », écrit un de ses dirigeants. Mais les principaux partis politiques, de droite comme de gauche, hésitent à s'exprimer, incapables d'arrêter une position. Pour ma part, et comme dix ans plus tôt lors de la révolution en Iran, ou lorsque s'est déclenchée l'affaire Rushdie, je n'éprouve aucune hésitation. La question dépasse celle de la laïcité. « Foulard » ou « voile », c'est le symbole de la soumission imposée par l'islam aux femmes et, sans me préoccuper de nuances, j'attribue globalement à toutes les femmes qui le portent un statut de victimes. Je ne peux donc qu'être solidaire de son interdiction. J'ai encore des progrès à faire : s'ils me l'avaient demandé, j'aurais même pu alors rejoindre ceux et celles qui signent dans *Le Nouvel Observateur* un article donnant la mesure de la dramatisation de l'événement. La position du gouvernement y est assimilée à la démission des puissances occidentales devant Hitler, en 38, au lendemain de l'invasion des Sudètes : « L'avenir dira si l'année du bicentenaire aura vu le Munich de l'école républicaine[124]... » (2-8 novembre 1989). On aurait pu se contenter d'appliquer la circulaire Jean Zay de 36 sur l'interdiction des signes confessionnels et politiques dans les établissements scolaires. (Et commerciaux : au lieu de suggérer le port de l'uniforme, on pourrait par exemple s'opposer au port de T-shirts publicitaires à l'école.) Du temps où j'enseignais au lycée Félix-Faure à Beauvais, nous l'avions évoquée lorsque des élèves arboraient le badge « Occident » sur leur revers. On va plus loin en 94 : François Bayrou adresse une circulaire aux chefs d'établissement dans laquelle il souhaite l'interdiction des « signes ostentatoires » à l'école publique. Pour la première fois dans un texte officiel, le voile est considéré comme une atteinte à la laïcité scolaire.

Dans une interview à *Marianne* d'août 2019[125], Ernest Chénière persiste et signe, il se présente comme un lanceur d'alerte et un valeureux combattant : « J'ai eu affaire à la première brèche dans la laïcité par un islamisme conquérant. » Le collège Gabriel-Havez est « une poubelle sociale », soumis à un « parcage ethnique » qui ne donne aux élèves aucune chance d'en sortir, explique-t-il. Pour lui, la chose est claire : tout est venu de l'affaire Rushdie. « Quand l'imam Khomeyni a lancé sa fatwa sur Salman Rushdie et *Les Versets sataniques*, début 1989, il y a eu une petite scène d'hystérie dans la cour. J'avais perçu cela comme du cinéma. Puis un peu plus tard, en avril, les trois jeunes filles arrivent voilées. » Il raconte qu'il avait convoqué les parents, mais s'était heurté à un mur et à l'incompréhension de la mairie. « J'avais été militant dans ma jeunesse, mais pour des causes humanistes ou contre le colonialisme et la guerre du Vietnam. Pourtant, pour la mairie de Creil, j'avais la réputation d'être "un homme de droite". » On lui fait ensuite, dit-il, une réputation d'antisémite parce qu'il ne veut plus que les élèves juifs manquent des cours pour cause de shabbat. Puis l'affaire se termine. Ce qu'on ignore, dit-il, c'est que le roi du Maroc l'avait décidé. « On l'a su après, mais l'ambassadeur du Maroc en France avait été convoqué par le ministre de l'Intérieur. »

Novembre, Berlin, la chute du Mur. Prague, la révolution de velours

Fin 89, la succession politique des événements est aussi implacable que dans une épopée antique ou un film d'action. Chute du Mur à Berlin, à Prague la révolution de velours, à Moscou l'hommage d'une foule à Sakharov, et enfin, en Roumanie, la mort ignominieuse du couple Ceauşescu.

La tentative de perestroïka ne tient pas, le « bloc » soviétique se fissure, le bâtiment est vermoulu. Tout l'été, par la Hongrie, les Allemands de l'Est se sont échappés en foule. Suite directe, le soir du 11 novembre, sur tous les écrans de télévision : une brèche s'est ouverte dans le mur, des files de petites voitures s'y engouffrent. Quand Hélène Carrère d'Encausse écrit que « la chute du mur de Berlin, c'est l'émotion ; l'Histoire, c'est la chute du système soviétique », elle a raison, mais ce que nous partageons, ce soir du 11 novembre, et que toutes les télévisions du monde relaient, c'est un moment d'émotion, une émotion paradoxale, douteuse. Tout de suite, le malentendu : la voix excitée d'une journaliste scande ce défilé, Regardez ! Voyez comme leurs yeux brillent ! Ils voient des Mercedes !

(Dans le début des années 2000, Bernard Kouchner, ministre de la Santé, était en visite dans une banlieue un peu chaude : Ils étaient tous autour de moi, pensez donc, ils n'avaient jamais vu une Safrane blanche !) J'ai suffisamment écouté la dissidence pour avoir prévu l'explosion de cet enthousiasme douteux. Le « triomphe de la démocratie », ce sera le triomphe du mode de vie consumériste et marchand, symétrique de la pénurie imposée par le système soviétique. Adieu définitif à la belle frugalité républicaine de jadis, que seul peut-être rendra nécessaire un jour le désastre écologique.

Le soir, on peut entendre Rostropovitch tout juste débarqué de l'avion de Paris, avec son stradivarius et l'homme d'affaires Antoine Riboud. Il joue du Bach « pour remercier Dieu ». Défenseur d'Alexandre Soljenitsyne et plus largement soutien aux opposants au régime de Brejnev, il avait peu à peu été mis à l'écart de la vie musicale à Moscou. Quittant alors l'URSS avec sa famille, il s'était installé aux États-Unis. En 78, il avait été déchu de sa nationalité soviétique. Mais dans ce « pour remercier Dieu », je pressens le retour à la Russie éternelle. L'un des moteurs de l'invasion de l'Ukraine. Ce que ne comprennent pas toujours nos amis du tiers-monde, qui choisissent le camp de Poutine par haine, hélas historiquement justifiée, de « l'Occident » impérialiste et colonisateur.

À Prague, dès l'annonce de l'ouverture du mur de Berlin, des centaines de milliers de personnes manifestent soir après soir, sur la place Venceslas, là où en 69 l'étudiant Jan Palach s'était immolé par le feu, le 16 janvier, après avoir essayé sans succès d'organiser l'occupation de l'édifice principal de la radiodiffusion tchécoslovaque et de diffuser un appel à la grève générale. Tout le mois de novembre voit les choses s'accélérer. Le 16, c'est une manifestation pacifique d'étudiants à Bratislava. Le lendemain, une autre manifestation pacifique à Prague est réprimée par la police, entraînant une série de manifestations populaires du 19 au 27 novembre. Le 28, le Parti unique annonce qu'il abandonne le pouvoir. Le 10 décembre, le président Gustáv

Husák démissionne, Alexander Dubček est élu président de l'Assemblée fédérale ; Václav Havel président de la République le 29 décembre 1989.

J'arrive à Prague le soir du 29 novembre. Et je me retrouve aussitôt plongée dans une effervescence que je n'avais jamais connue, même en 68. En mai, Paris était nerveux, parcouru de secousses électriques, comme le corps d'un dormeur qui se retourne dans un sommeil agité. À Prague, c'est une espèce de joie incrédule, ça a dû être pareil à la Libération, mais au milieu des combats et avec des tireurs embusqués sur les toits. Là, rien d'autre que des foules joyeuses, des petites lumières et le cliquetis des trousseaux de clefs. Nulle violence, pas un coup de feu. Et partout des affichettes avec la formule « La vérité vaincra » et le portrait de Masaryk. Petite leçon pour les mémorialistes : pour suppléer aux défaillances de ma mémoire, je rouvre pour la première fois depuis ces années-là le carnet que j'avais tenu lors de la révolution de velours. Dans l'avion, j'ai comme voisin un homme qui part en Bohême pour la chasse au sanglier, sa passion. J'essaie de repousser des images de mufles sanglants, de poil souillé, de crânes éclatés. Il reprend : De toute façon, je tire tellement mal ! La suite est décevante, imprécise, souvent griffonnée, mes notes ne complètent pas mes souvenirs, ne les rectifient pas, ne colmatent pas les brèches. Puisque c'est ainsi, j'arrête. Je referme ce carnet. Seul le chasseur de sangliers survivra au naufrage. Se confirme ce que je sais depuis le début : mon matériau est fragile, mes erreurs innombrables, je dois l'accepter. Je ne parviendrai jamais à retrouver dans son exactitude factuelle chaque moment du passé. Mais ce n'est pas mon but. Pour comprendre comment s'est comporté mon lourd héritage républicain face aux événements successifs de mon histoire, de l'Histoire, je ne cherche pas à restituer le passé, mais à le reconstituer, dans la lumière qu'y projette le présent, mon présent.

Et voici ce que je saisis : un glissement significatif est en train de s'opérer. Marchant de rue en rue, de place en place, au milieu de la foule joyeuse, dans une ville que je ne reconnais pas, ce n'est plus la révolution, ses prodromes, sa réussite, son échec qui me préoccupent. Mais l'attitude, les réactions, les sentiments de la foule, de la foule anonyme, ceux que j'appelle faute de mieux « le peuple* ». Prague, une fois encore, a tant à m'apprendre. Cette foule pour le moment joyeuse, parce qu'elle se sent libérée, accepte-t-elle, approuve-t-elle que le monde, *son monde*, soit en train de basculer ? Comprend-elle qu'il va falloir entrer dans la malédiction moderne, souillant par de nouvelles inégalités la victoire sur l'injustice et la pénurie ? Partout des publicités pour des voitures allemandes. Et ce slogan : « No need to be good when you look good », proclame une marque de vêtements : « Pas besoin d'être bon si tu as bon air. » Me reviennent alors les mots de Patočka sur la différence entre « la bonne vie » et « une vie bonne » — une vie bien fondée, une vie selon la vérité.

Otomar Krejča dira dans une interview : « Les façades ont pris le dessus sur les intérieurs. Les hommes courent après de nouvelles voitures et de nouvelles épouses. »

Moscou, décembre : Prosti nas ! *Pardonne-nous !*

À Nanterre, l'université croule sous les dysfonctionnements : les étudiants « se plaignent des sureffectifs, de ces amphis où l'on étouffe et de ces bibliothèques où des centaines d'entre eux cherchent le même document » (*Le Monde*, 9 décembre 1989). Mais ils se montrent relativement indifférents à la grève du « personnel non enseignant », les ATOS (« personnels ingénieurs, administratifs, techniques, sociaux, de santé et des bibliothèques »), débordés, mal payés. Et on ne parle jamais, durant

* « Oi polloi », « les nombreux », comme disaient les Grecs, en qui Périclès voit la source et le fondement de la démocratie. Et qu'il convie à participer au service de la cité, selon la règle de l'isonomie, l'égalité par et devant la loi. « Nul ne doit être empêché de participer au service de la cité par l'obscurité de son rang. » Voir mon « Tract », *Parole en haut silence en bas*, Éditions Gallimard, 2022.

les intercours, de la situation déplorable des « cités de transit » toutes proches, dont celle des Marguerites, érigée à la fin des années 50, et dégradée sans remède. Échec scolaire, chômage, délinquance. Et relogement toujours remis. Pourtant cela pèse nécessairement sur le sens des études qu'on poursuit à l'université. Ne serait-ce que par la force du déni, entretenu chaque jour. Que suis-je, que puis-je, quand j'évoque au cœur de ce paysage secoué la *Poétique* d'Aristote, le dialogue fondateur entre le plaisir et la frayeur, qui assure la réussite de la catharsis ? Est-ce mieux, quand autour des bâtiments solennels d'une université comme la Sorbonne une ville s'étend avec ses quartiers historiques prospères, ses traditions, son architecture, son fleuve, ses jardins ? Donnant l'illusion réconfortante que la culture et les études en sont le prolongement naturel ?

C'est pour cela que j'accueille avec joie l'invitation de France Culture qui veut réunir à Moscou début décembre quelques journalistes et écrivains. Je ne suis pas retournée à Moscou depuis 77. Coup d'œil sur l'époque. Le 10 décembre, François Mitterrand répond à Jean-Pierre Elkabbach, Alain Duhamel, Serge July et Christine Ockrent sur Europe 1 et Antenne 2. Thèmes : « La nécessité de renforcer la construction européenne face aux mouvements de réforme dans les pays de l'Est, la réunification de l'Allemagne, le conflit du Liban et l'immigration clandestine. » J'en conseille la relecture[126] : on verra que tout est déjà là, notamment l'allusion à « la peur » que suscite « un Islam qui serait intégriste et conquérant, avec en plus ses conséquences pour les immigrés dans notre pays, et un Front national qui profite des hésitations des gouvernements ». Le monde communiste est sur le point de s'effondrer, mais cela ne satisfait visiblement pas les journalistes présents : il y avait là un équilibre, est-il bon qu'il disparaisse ? « Si l'Est est plus libre, il ne faut pas pour autant que l'Ouest soit plus menacé et moins sûr. » Trouver un équilibre, donc, mais aux dépens de qui ? Pour conclure, on revient à l'islam et à la question de l'immigration, dans des termes d'une actualité brûlante, que résume cette question posée par l'un des trois journalistes, le verbatim ne dit pas lequel : « On va vivre longtemps avec ce problème empoisonné devant nous ? » Le président : « Je n'en sais rien. »

11 décembre. Rien ne me semble avoir changé à Moscou. Notre petite équipe est logée dans l'hôtel Ukrainia, l'un des gratte-ciel moscovites dits « les Sept Sœurs » construits sur le modèle du Manhattan Municipal Building de New York. Malgré son apparence moderne, presque luxueuse, il y a toujours dans l'entrée de bonnes vieilles serpillières pour éponger la neige boueuse et fondue. En m'installant dans ma chambre le soir de mon arrivée, je reconnais ce mobilier que je retrouverai, du reste, à tous les voyages suivants. Meubles lourds, en faux ébène de couleur marron, un unique robinet au-dessus du lavabo qu'on peut orienter pour remplir la baignoire. Et surtout un chauffage d'enfer, intolérable ; on ouvre aussitôt un pan de la fenêtre, dehors la température est si basse qu'un manchon de glace s'y forme en quelques heures. Un dîner est prévu chez Ulysse Gosset, alors envoyé spécial pour TF1 et Radio France. J'y fais la connaissance de Claude Lanzmann, très enrhumé et de très mauvaise humeur, venu à Moscou pour la projection de *Shoah*. Antoine Vitez n'est pas là, il est pourtant lui aussi à Moscou, où il prépare une mise en scène de *Phèdre* pour le printemps. Il nous rejoint le lendemain à un débat organisé par France Culture. Le jour suivant, il m'appelle à mon hôtel, il doit partir le soir, il est hors de lui, fatigué, il n'a pas dormi : Il fait 90 degrés dans ma chambre ! dit-il. Je reporte à notre retour à Paris ce rendez-vous que je ne peux honorer à cause d'engagements aujourd'hui oubliés. Je ne le reverrai pas, il meurt le 1er mai 1990. Je me souviens du matin du 2 mai. Le comité de lecture du Français, dont je faisais partie à l'époque, était convoqué pour admettre au répertoire une nouvelle adaptation du *Révizor* de Gogol. Nous sommes restés longtemps debout, muets et glacés, puis la doyenne des sociétaires, défaite, en larmes, nous a invités à nous asseoir.

Décembre 89. Grand froid. Après quelques entretiens, je marche vers le Kremlin à travers les rues de Moscou, je me demande comment s'est transformé le quartier d'Aïgui, détruit peu après ma visite de 77, avec ses isbas bancales et ses jardins raidis sous le gel. Puis je file dans le quartier de l'Arbat, aujourd'hui de plus en plus touristique. J'y achète un tableau dans des conditions surprenantes : le garçon qui me le vend m'emmène dans sa voiture le payer à un tiers, dans un quartier excentré. J'ai conservé ce tableau sans l'encadrer, et je le garde non loin de moi. Son atmosphère à la Tarkovski, son évident mysticisme me semblent excessifs, folklorisés. Mais j'aime son fond doré, dans le style des icônes, l'attitude des personnages qui semblent égarés, comme me paraît souvent la Russie. Je reviens par le métro vers mon hôtel, le tableau enveloppé dans un journal, j'ai de plus en plus froid, je sens mes oreilles geler, je me procure une chapka qui ne me va pas du tout mais me protège bien. Elle me sera bien utile dans quelques jours. Le froid descend d'heure en heure, atteint – 15 degrés la nuit. Un soir, sortant du restaurant, nous restons longtemps à regarder du haut d'un pont la Moskova gelée qui fume sous un ciel bleu sombre. Partout, dans les rues, de grosses bouffées de vapeur sortent du bas des immeubles, en brouillent les contours. Au matin, les hautes silhouettes des « Sœurs » découpent dans l'air froid et pur leurs formes pyramidales, leurs flèches, leurs lourds ornements sculptés. Sur ce modèle, la Pologne a reçu en cadeau de Staline un Palais de la culture, ce qui a suscité une blague polonaise : D'où a-t-on la plus belle vue sur Varsovie ? Du Palais de la culture, car on ne le voit pas.

Le 14 décembre, notre petit groupe a rendez-vous au théâtre de la Taganka avec le metteur en scène Iouri Lioubimov, revenu d'exil depuis un an, pour assister à une répétition de Dostoïevski. Lioubimov n'est pas un dissident à proprement parler, mais il a toujours refusé d'obéir aux principes et aux préceptes du réalisme socialiste. Dans la ligne du « dégel » khrouchtchévien, il était devenu en 64 directeur du théâtre de la Taganka. Mais le durcissement continu du régime donne un statut équivoque à la Taganka bien qu'autorisée et même subventionnée, certains spectacles sont modifiés par la censure, voire interdits. En 84, Lioubimov est démis de ses fonctions, exclu du Parti communiste, destitué de ses droits civiques et contraint à l'exil[127]. Il en revient en 89.

Lorsque nous entrons dans le hall du théâtre, une inscription sur un tableau noir retient mon attention. Mon russe très insuffisant me permet tout de même de reconnaître le nom de Sakharov et le verbe « mourir ». Oui, Sakharov est mort. Notre séjour va prendre un tour nouveau. Physicien, prix Nobel de la paix en 75, académicien, défenseur des droits de l'homme, il avait été arrêté à Moscou en 80, assigné à résidence à Gorki (anciennement Nijni Novgorod) ainsi que sa femme, Elena Bonner. L'URSS est alors engagée dans la guerre d'Afghanistan. La nouvelle politique de glasnost amène le pouvoir soviétique à décider de sa libération. Le 23 décembre 1986, sur ordre de Gorbatchev, Andreï Sakharov et Elena rentrent à Moscou et militent dans l'opposition. En mars 89, il est élu à la nouvelle Chambre de l'Union soviétique, le Congrès des députés du peuple, et déclare : « Gorbatchev doit choisir entre la direction de la perestroïka et celle de la nomenklatura. » Au mois de décembre, il demande au Parlement l'abrogation de l'article 6 de la Constitution de l'URSS, base du régime de parti unique. Gorbatchev menace de lui couper le micro. Quelques jours plus tard, Sakharov meurt chez lui d'une crise cardiaque. La petite équipe autour de France Culture doit rentrer à Paris ; Bertrand Poirot-Delpech et moi décidons de rester afin de suivre les préparatifs des obsèques qui auront lieu le 18. Nous dînons parfois seuls dans l'immense salle à manger de l'hôtel, la serveuse au visage fermé répond d'un signe négatif à chaque plat que nous désignons sur le menu. Ne restent souvent que des « côtelettes à la Kiev », une escalope de poulet roulée dans du beurre à l'ail, puis panée et frite. (Il faut éviter d'y enfoncer brutalement sa fourchette, un jet brûlant en jaillit à la verticale.) Et parfois du hareng mariné, qu'on dit aussi rollmops en russe, roulé sur un concombre et maintenu par une pique, parfois une deuxième s'y dissimule. J'ai trouvé un cure-dent ! Je l'isole sur le bord de mon assiette. — Et moi la dent, dit le facétieux Poirot-Delpech, que je guide dans le métro car il ne lit pas les caractères cyrilliques, et que j'ai convaincu de s'acheter une chapska.

Le corps de Sakharov est exposé au Palais de la jeunesse, nous nous mêlons à la foule qui s'allonge en un immense cortège pour venir lui rendre un dernier hommage. Le froid est toujours aussi vif, nous piétinons des heures dans la boue glacée, j'essaie de prendre des photos avec mes doigts gelés. Je pense alors à ce que raconte Alain Joxe qui avait assisté, adolescent, son père étant diplomate à Moscou, aux funérailles de Staline. La foule était si dense qu'il y eut de nombreux morts. Pour les évacuer rapidement, la police enfonçait les fenêtres au rez-de-chaussée des maisons et balançait les cadavres dans les appartements. Sur l'une de mes photos, on peut voir des pancartes avec ces mots : *Andreï Dmitrievitch, prostite !* ou *Prosti nas ! — Pardonne-nous !* Des femmes, des enfants, des délégations dont j'ignore l'origine, la fonction. Des vétérans de la « grande guerre patriotique » ont revêtu leur ancien uniforme. Beaucoup ont le visage sillonné de larmes. J'assisterai après cette date à d'autres émouvants hommages rendus à un disparu, homme politique, intellectuel, je me suis mêlée en 80 à l'immense cortège qui accompagne Sartre au cimetière Montparnasse. Mais il y avait quelque chose de singulier à Moscou dans ce piétinement interminable de la foule : elle était venue dire à Sakharov qu'elle avait été lâche, qu'elle ne l'avait pas soutenu. Le froid saisissait, raidissait les visages, suspendant les corps et les mots dans une espèce de transe tragique, sans espoir — ultime rassemblement précédant un effondrement, qu'on ne soupçonne pas, et qui aura lieu dans un an. Par une rencontre qui n'est pas une simple coïncidence, j'ai repris ce récit le jour même (1er mars 2024) où à Moscou une foule considérable suivait le convoi funèbre d'Alexeï Navalny, mort dans des circonstances qu'on n'a pas encore élucidées. Devant l'entrée du cimetière, des cris ont fusé : Alexeï, pardonne-nous ! Ceux qui alors n'étaient pas nés, et ceux qui y étaient peut-être, se sont-ils souvenus de la foule venue saluer le corps de Sakharov avec les mêmes mots ? La tristesse me gagne quand je vois qu'aucun commentateur n'y fait allusion.

Sakharov avait été à l'origine de la création de Memorial[128], que Poutine s'est empressé de faire disparaître.

25 décembre, la fin du Génie des Carpathes et de son acariâtre épouse

Une sorte de lassitude m'envahit tandis que j'évoque ces mois de la chute du Mur. Je n'en finis pas d'entendre retentir le glas lugubre de nos espérances. Et je me dis aujourd'hui que tout est encore à faire, que l'exigence de justice — sociale, politique, économique — est toujours là, intacte, inassouvie, inaccomplie. Je lis à l'instant que dès le 6 janvier 2024, en France, les plus gros industriels ont gagné autant qu'un smicard dans tout le reste de l'année.

« Génie des Carpathes », Ceauşescu se disait aussi « Firmament de l'Humanité », et « Danube de la pensée », sa femme se faisait passer pour une scientifique émérite... On se contente la plupart du temps d'accumuler les images grotesques de la période où Nicolae Ceauşescu fut un dictateur impitoyable et fantasque. Mais on devrait aussi se pencher sur une énigme typique du terrible XXe siècle, le destin d'un homme du peuple, issu d'une famille sans ressources, qui n'a jamais réussi à terminer ses études primaires et qui rêvait de devenir cordonnier... L'un de ses frères aînés s'appelait aussi Nicolae, le père, ivre mort, l'ayant oublié quand il alla déclarer le nouveau-né. Mais qui cela intéresse-t-il ? De création récente, victime après 40 d'un régime fasciste, la Roumanie, par sa situation en Europe, par son histoire, en est un des pays les moins connus, un de ces pays obscurs et mystérieux, en proie à des bouleversements qui n'agitent guère le monde. Et peut-être le régime de Ceauşescu, l'un des plus autoritaires de la période, ne laissera-t-il de souvenir qu'à cause de la fin dramatique des deux dictateurs. De toutes les images que nous gardons de la fin du communisme en Europe, la plus terrible sans doute est celle des deux corps désarticulés de Ceauşescu et de sa femme gisant au pied d'un mur.

Les scènes de leur arrestation, de leur procès, de leur exécution ont été précédées par les événements survenus à Timisoara du 17 au 25 décembre : 65 morts et 268 blessés pour une seule journée de manifestation. Les familles recherchent les disparus, on exhume des corps du charnier de la morgue de la rue de Lipova. Ils sont montrés aux journalistes occidentaux. L'imposture finira par éclater. Ignacio Ramonet la démonte dans un numéro du *Monde diplomatique* : « les images atroces du charnier de Timisoara, en Roumanie, étaient le résultat d'une mise en scène ; les cadavres alignés sur des draps blancs n'étaient pas les victimes des massacres du 17 décembre, mais des morts déterrés du cimetière des pauvres et offerts complaisamment à la nécrophilie de la télévision ». À l'époque, j'ai assisté comme tout le monde à l'exhibition de ces cadavres sur tous les écrans. Ma mère et moi étions là, figées, silencieuses, dans la maison familiale, où pèse la disparition de mon père. Ces corps gris et traversés de grandes cicatrices recousues à gros points, que signifiaient-ils ? L'absurdité du monde, de l'histoire ? Dans les jours qui suivent, l'errance, puis l'arrestation et enfin l'exécution du couple déclinent une séquence d'horreurs sans fin. Impuissante, bâillonnée, je ressens le vif contraste avec ce que, au mois de juin, j'ai vécu à Budapest au milieu des foules qui venaient charger de fleurs les tombes récemment redécouvertes des victimes du régime stalinien. Le procès a été filmé, l'INA en a conservé une vidéo de vingt-deux minutes. Trente ans plus tard et davantage, on ne peut la regarder sans un frisson. Visiblement, c'est un montage, avec des plans fixes, et une bande-son parfois inaudible. « Après dix minutes de délibération, la sentence est sans surprise : la mort et la confiscation de tous leurs biens. À la lecture de la peine, Nicolae Ceauşescu proteste véhémentement. Le couple est emmené pour être exécuté dans la cour de la caserne. Ils ne veulent pas avoir les mains entravées et se débattent. Des militaires leur ligotent tout de même les poignets et les traînent dehors. Quatre soldats sont choisis pour les fusiller. Ils vident les chargeurs de leurs armes automatiques. L'ancien président entonne le début de *L'Internationale* puis s'écroule[129]. »

Le tribunal est resté invisible pendant toute la séquence. On saura plus tard que le grand organisateur de ce procès expéditif n'était autre que le général Victor Stănculescu, responsable de la répression à Timisoara. Rejoint par Ion Iliescu, ancien cadre du Parti communiste, lequel sera président de la Roumanie de 89 à 96 — ainsi que par des militaires et des responsables de la police politique, la Securitate.

Une enquête réalisée en 2019 révèle que 52 % des Roumains estiment qu'on vivait mieux du temps du communisme.

À l'époque, je n'étais jamais allée encore en Roumanie, et je ne faisais pas entrer la Roumanie dans mon anxieuse méditation sur les formes du « communisme réel ». Pour s'être opposé fermement à Moscou, Ceauşescu convenait à un Occident indifférent à la situation véritable des Roumains — transferts de villages, pénuries, camps d'internement… Arrivé au pouvoir en 65, à la mort de Gheorghiu-Dej, il tient tête à Brejnev puis, recevant Alexander Dubček en 68, il lui manifeste publiquement son soutien absolu dans ses démêlés avec Moscou. Tout son peuple est derrière lui dans sa volonté d'indépendance[130]. Mais tout change avec l'arrivée de Gorbatchev au pouvoir. Quand il le reçoit à Bucarest, et que Gorbatchev lui demande si tout va bien, sa réponse est restée célèbre : « Pas vraiment ! » Entre-temps, il a accueilli Nixon et le général de Gaulle. Pour restituer toute l'ambiguïté de l'époque, et la complexité des relations entre l'Est et l'Ouest, on regardera en ligne avec profit une vidéo de l'INA montrant l'arrivée à Bucarest du Général. En pleine tourmente de Mai, il s'est rendu en visite officielle en Roumanie du 14 au 18, « laissant son Premier ministre Georges Pompidou gérer les convulsions intérieures », écrit l'historien Serge Berstein, commentant ce film d'archives. Temps splendide, musique militaire, foule agitant de petits drapeaux. Le Général, en uniforme, monte à une petite tribune et salue largement les quatre points cardinaux. Les propos de Ceauşescu soulèvent des hourras d'enthousiasme, puis le Général prend la parole. « Le peuple roumain est un ami très cher, et très estimé. » Il l'est depuis longtemps, et plus que jamais « maintenant que notre Europe commence à se rétablir dans l'indépendance de chacune de ses nations et dans la coopération de toutes pour la paix et pour le progrès ». Comme toujours, le Général termine par quelques mots dans la langue du pays. Puis les deux chefs d'État prennent place dans une limousine découverte. Un gros plan nous montre le drapeau français, je vois qu'une croix de Lorraine est brodée en son centre. Symbole de la France libre dans les défilés de la Libération, elle est aussi présente sur la Caravelle présidentielle. Je n'y avais jamais prêté attention. Comment le drapeau de la république s'est-il vu adjoindre cet emblème de la France libre et des Forces françaises de l'intérieur, devenu après la guerre le symbole du gaullisme ? La croix de Lorraine a été adoptée par la France libre en juillet 40, à l'issue d'une réunion entre le général de Gaulle, l'amiral (et prêtre) Georges Thierry d'Argenlieu et le vice-amiral Émile Muselier, qui cherchaient un emblème à opposer à la croix gammée des nazis. Suggérée par Muselier, dont le père était originaire de Lorraine ? Contrairement à ce qu'on dit parfois, c'est un symbole religieux puissant. La croix de Lorraine, d'abord croix d'Anjou, était vénérée sous les aspects d'un reliquaire conservant un morceau de la vraie Croix, rapporté en Anjou d'une croisade en 1241. (N'est-ce pas aussi l'année où est volée à Constantinople la colonne surmontée du Lion de saint Marc ?) Elle est aujourd'hui conservée à l'hospice de Baugé en Maine-et-Loire[131]. On la retrouve sur des étendards dans la tapisserie de l'Apocalypse. Le roi René hérita de cet emblème, qu'il emporte avec lui quand il épouse Isabelle de Lorraine. Elle figure toujours sur le clocheton central de la cathédrale Saint-Maurice d'Angers.

Devenu président de la République le 9 janvier 1959, le général de Gaulle gardera l'uniforme et les insignes de la France libre. Il inaugure le 18 juin 1960 le plus grand monument à croix de Lorraine en l'honneur de la Résistance au Mont-Valérien, ordonne alors qu'elle soit placée au cœur d'un drapeau tricolore sur la Caravelle et sur la DS présidentielles. La vraie Croix va devenir le symbole de la France. J'exagère ? À peine. Je suis comme Churchill, « ma croix la plus lourde, c'est la croix de Lorraine ». Sur la France pèse un héritage théologico-politique chrétien qu'on oublie trop souvent. Le muguet du 1er mai, choisi par Pétain pour sa fête du Travail, contre l'églantine rouge du 1er mai socialiste, est la fleur du mois de la Vierge, à qui le Maréchal voue une vénération particulière. Le 22 novembre 1940, il avertit le Saint-Siège qu'il a consacré la France au Cœur immaculé de Marie. Je rencontre à chaque pas, depuis que j'ai entrepris ce travail de mémoire, les traces de la durable imprégnation chrétienne de mon pays, et de ma petite patrie. Ces héritages secrets pèsent d'autant plus sur notre passé que nous les ignorons souvent, quels que soient nos propres choix. Pourtant nos racines expliquent la couleur de nos branches, de nos feuilles, peut-être même celle des rares fruits que nous portons.

Prague : suite et fin

Petite pause. Est-ce que ça ne devient pas lassant pour le lecteur, et même pour moi, cette énumération des occasions qui voient l'idéal républicain de ma jeunesse bousculé par l'épreuve du réel ? Ébranlé, incertain, hésitant sur les réponses à donner... Que faut-il en conclure ? Qu'il n'était pas adapté au vaste monde ? Ou que le vaste monde n'était pas prêt à l'accueillir, à l'imiter ? La France, souvent considérée dans le monde comme « la patrie des droits de l'homme », n'est pas devenue un modèle exportable de république, à cause de son héritage révolutionnaire, et de sa conception exigeante de la laïcité. À cause aussi de nos contradictions et de nos limites, dont la confrontation avec l'époque est la pierre de touche et le révélateur. Reste la plus redoutable des questions. Qu'ai-je fait, moi, pour le maintenir, le préserver, cet idéal républicain ? Au lieu de me perdre dans l'exploration de zones lointaines, est-ce que je n'aurais pas mieux fait de m'investir par exemple dans la plus humble et la plus essentielle des fonctions, la plus républicaine sans doute, celle de maire — d'une petite commune ou d'une grande ? C'est dans la commune que se rencontrent et se concentrent les vrais défis, les vrais enjeux, les vraies solutions. On devrait commémorer chaque année le décret du 14 décembre 1789 qui sur le territoire des anciennes « paroisses » crée 44 000 « municipalités » baptisées ensuite « communes ». Et institue en tant qu'organe exécutif un maire élu par les citoyens. La crise d'autorité que subit actuellement la fonction, assortie de multiples agressions physiques, est bien le signe d'un affaiblissement non de « la France » mais *de la république en France*. On le voit bien dans les villages : le sentiment, très anglo-saxon, d'appartenance à une « communauté » vient de plus en plus remplacer celui de l'appartenance à la « commune » : on se tutoie, on se réunit, on fait des fêtes de voisins, on est solidaire en temps de dérèglement climatique, on met des plantes vertes sur les trottoirs et on y prend « l'apéro ». On se retrouve pour une marche blanche « en hommage » à la petite victime d'un crime, d'un événement odieux. On est toujours républicain ? Se sent-on toujours républicain ? Je me le demande.

Je suis à mille lieues de ces préoccupations lorsqu'en janvier 90, je repars pour quelques jours à Prague, afin de m'associer encore une fois à la joie de mes amis face à ce changement irréversible que traduit dès l'aéroport la grande photo de Václav Havel, président en pull-over. J'avais pu lui rendre visite, avec Karel, lors de sa sortie de prison en 84. Il nous avait reçus dans l'appartement de sa famille, quai Rašín*, dans un immeuble construit par son grand-père, architecte de nombreuses maisons Art déco sur le même quai, face à la colline de Malá Strana et au château, qu'une ouverture dans le mur du salon, petite fenêtre en forme de cadre, laisse apparaître comme un tableau, signature élégante et hommage de l'architecte à sa ville et à son histoire. J'avais remarqué qu'il fumait sans interruption d'atroces cigarettes dont j'ai oublié le nom, habitude héritée de ses séjours en prison. J'assisterai le 27 octobre 1992 à son accueil comme membre associé à l'Académie des sciences morales et politiques. Mes amis pragois sont là, dont Jana, la fille aînée de Jan Patočka. Chrétien discret, il est inspiré par les thèses fondamentales de Patočka sur « la vie dans la vérité ». Mais il se tient à distance de notre vision française, républicaine, de la politique, toujours marquée, chez nous, par un volontarisme dont l'expérience communiste lui a donné la méfiance. Dans ce passage de son discours à l'Institut : « Se distinguant ainsi d'une machine, le monde se refuse au contrôle absolu. De même qu'on ne peut le reconstruire de fond en comble à partir d'un quelconque concept technique. Les utopistes qui pensent ainsi finissent par provoquer d'horribles souffrances. Ainsi, détachée de l'âme humaine qui est par essence unique, la raison, lorsqu'elle s'érige en moteur principal de toute action politique, ne peut conduire qu'à la violence. » Et, plus loin : « Je crois qu'il faut apprendre à attendre comme on apprend à créer. Il faut semer patiemment les graines, arroser avec assiduité la terre où elles sont semées et accorder aux plantes le temps qui leur est propre. On ne peut duper une plante, pas plus qu'on ne

* Ministre des Finances, en 1918, du nouvel État tchécoslovaque, assassiné par un anarchiste en 1923.

peut duper l'Histoire. » (Je médite souvent cette phrase, un peu inquiète tout de même de ses conséquences.)

En ce mois de janvier 90, l'effervescence n'a pas quitté les rues et les places de Prague. Karel m'a conviée à une soirée émouvante : sur une scène de théâtre, un grand nombre de ceux qui s'étaient exilés depuis des années, artistes, acteurs, écrivains, viennent tour à tour saluer le public et prendre la parole. Au milieu de ces dissidents, parfois anciens communistes des années d'après-guerre, une figure singulière, celle du prince Schwarzenberg, dont la famille avait quitté le pays en 48, et qui tentera vainement une carrière politique après 90. Il aura tout de même le temps de récupérer la fortune familiale. Son nom complet était Karl Johannes Nepomuk Josef Norbert Friedrich Antonius Wratislaw Mena Fuerst zu Schwarzenberg. ... Il est mort récemment. Telles sont les aventures politiques de l'Europe centrale, prise entre deux mondes.

Mes voyages réguliers à Prague retrouveront leur rythme annuel jusqu'à ce qu'ils s'interrompent en 2014 avec la mort de Karel. Mais déjà, dans une Tchécoslovaquie en proie à la confusion, ils n'avaient plus le même sens, Tu n'as plus besoin de Prague, me dit un jour Karel. Et il avait probablement raison : du moins de ce que Prague était devenue, et de ce qu'elle allait devenir. Qu'aurait-il pensé en voyant que, trente ans après la révolution de velours, sa ville était désormais la capitale européenne des « enterrements de vie de garçon », ponctués de dégradantes « tournées des bars », bruyantes et fortement alcoolisées ? Je ne peux lire cette information dans la presse internationale sans un profond sentiment de douleur et de regret, et le désir de rendre un dernier hommage aux grandes figures de la dissidence tchèque.

La fête donnée en 2010 pour ses quatre-vingt-dix ans ressemble à un adieu, vibrant, nostalgique, aux années d'avant le changement. Je ne connais pas ceux et celles qui sont présents, ce sont pour la plupart d'anciens acteurs ou dramaturges, victimes à des titres divers de l'oppression et de la répression, mais qui ne le portent pas en bandoulière. Quand on lui a demandé, dans le début des années 90, de signaler les abus dont il avait été la victime, Karel avait répondu : Mais aucun. Alors qu'il avait subi la fermeture de son théâtre, la fin de ses publications, de ses traductions, ainsi qu'une interdiction de quitter le territoire. Je reconnais là ce ton hérité d'une autre époque, cette totale inconsidération pour la revanche politique, idéologique, en quoi il voyait la poursuite d'un temps honni, avec lequel il fallait rompre. Toute compensation est impossible : pour effacer une injustice, il convient d'abord de mépriser ceux qui l'ont commise, avant de les oublier.

Jubilé de Karel Kraus, janvier 2010

« Dans cette marche du temps / On ne sort d'une église que pour aller dans l'autre »

À partir de décembre 89, une angoisse me gagne, pour ne plus me quitter : la grande leçon de la dissidence ne va-t-elle pas s'effacer ? Comment la maintenir et la faire vivre, maintenant qu'a disparu son repoussoir, « le socialisme réel » ? Que va-t-il advenir de ces pays libérés d'une tyrannie à bout de souffle, mais formés par elle, et mal préparés à de nouvelles libertés ? D'où une inquiétude, une fébrilité, qui marque dans mon souvenir tous les moments de ces années de transition.

La démocratie a gagné, c'est une satisfaction générale, qui s'exprime de façon bruyante, de chaque côté de l'Atlantique. Mais quelle démocratie, exactement ? Soumise au règne du marché ? Est-ce à dire que Ronald Reagan et Margaret Thatcher avaient raison, qu'il n'y avait pas d'alternative ? Comme dit Victor Hugo : « Dans cette marche du temps / On ne sort d'une église que pour aller dans l'autre. » Lors des rencontres de France Culture en 89 à Moscou, Antoine Vitez s'était irrité quand le débat avait tourné à une mise en cause radicale de la consommation, devenue l'horizon indépassable de notre temps. Je ne peux pas vous suivre, avait-il dit, c'est un tourment de riches ; trop de gens n'y ont pas encore accès. Il n'avait pas tort. Qui déplore les excès du consumérisme doit déplorer aussi la frustration qu'il fait naître. Et on pouvait lire, dans cette réserve et la gravité de son expression, le type d'homme, d'artiste et de communiste qu'il était. Nous l'avons ressenti à l'extrême lors de sa mort subite, quelques mois plus tard. J'ai dit plus haut ce moment de sidération et de deuil que j'avais partagé avec les comédiens du Français. C'était un basculement d'époque. Sa propre trajectoire, en se fermant, nous fermait le monde d'avant : une certaine idée de la culture, du théâtre, de la politique, incarnée dans un homme dont le nom lui-même était celui d'un enfant trouvé, son père. Une jeunesse où il refuse de faire des études, une adhésion précoce au Parti communiste, un goût de la langue et des langues, il aimait rappeler qu'il avait fait pour la radio la publicité de La vache qui rit en une dizaine de langues. Peu avant de mourir, il avait laissé cette note : « Le temps est venu du sarcasme et de la prophétie. » Dans les mois qui suivent sa mort, je rêve que je le rencontre : Et comment Louis a-t-il pris ça ? me demande-t-il.

Pourtant, les dissidents avaient raison : en sortant de la pénurie pour plonger dans l'abondance, qu'on prenne garde à ne pas oublier qu'il y a entre elles une « mortelle équivalence ». La seconde est plus flatteuse, mais nous sommes captifs des deux. Notre existence s'épuise dans un « asservissement au vital », où se perdent la conscience de notre condition, de sa fragilité, et la solidarité entre ceux qui en ont éprouvé l'ébranlement. C'est la thèse du dernier livre de Patočka, *Essais hérétiques sur la philosophie de l'histoire*, où il revient sur l'expérience du front, vécue par les combattants de la Première Guerre mondiale. Là s'édifie cette « solidarité des ébranlés », « silencieusement, sans réclame et sans éclat », capable de tenir tête à ce moment tragique où l'emportent les forces de la nuit. On ne regrettera jamais assez que depuis la chute du Mur l'édition des œuvres de Jan Patočka soit suspendue. Ses deux filles m'avaient montré les publications réalisées auparavant dans des conditions de semi-clandestinité. Jamais sa réflexion ne m'a paru plus juste et plus nécessaire qu'aujourd'hui, où le temps de la guerre est revenu.

Il n'est pas revenu encore, en Yougoslavie, lorsque je me prépare à m'y rendre en février 90, libérée par les vacances de printemps. La Maison des écrivains, installée alors rue de Verneuil dans l'hôtel d'Avejean, a prévu d'envoyer quelques écrivains voir ce que deviennent des pays anciennement « de l'Est ». Quels effets aura sur la Yougoslavie la lointaine chute du Mur ? Ils seront terribles, nous ne le savons pas encore. J'ai choisi la Yougoslavie parce qu'elle m'intrigue et que je n'y suis jamais allée. À vrai dire, depuis nos discussions sur l'autogestion en mai 68, je n'y ai plus beaucoup pensé. La préparation du voyage me pousse à des lectures plus générales, plus approfondies, de géopolitique, dans une version sans doute très personnelle et romanesque, qui ne cessera de me passionner : l'histoire des luttes pour la possession des territoires, et leur effet sur les sols, les villes, les paysages. L'histoire m'a toujours semblé un grand espace à visiter, et la géographie, le reste provisoirement figé d'anciennes éruptions historiques. Je le comprendrai encore mieux lors de voyages suivants, postérieurs à l'explosion de la Yougoslavie. En fait je suis surtout nourrie, au moment de partir, des images de juin 1914, l'assassinat, le 28 juin, par le Serbe Gavrilo Princip, de l'archiduc François-Ferdinand, héritier du trône d'Autriche-Hongrie, et de son épouse Sophie Chotek, duchesse de Hohenberg. Il avait eu lieu en Bosnie, à Sarajevo. Autrefois, les instituteurs disaient « Saraj'vo ». (Je ne suis toujours qu'une petite républicaine en galoches, avec toutes mes prétentions géopolitiques.)

Après une correspondance à Belgrade, animée par « l'espoir d'arriver tard dans un sauvage lieu », comme dit le poète*, je débarque à l'aéroport de Dubrovnik, sans doute moins fréquenté qu'aujourd'hui. Il est 9 heures du soir. J'ai retenu une voiture. À la lueur clignotante de quelques éclairages nocturnes, dans ma petite Zastava « Yugo », je prends une route sinueuse, difficile, pour gagner mon hôtel, situé un peu à l'écart de la ville. C'est l'hôtel Belvedere, énorme construction à flanc de rocher, qui sera détruit durant la guerre d'indépendance. Construit sur une falaise avec vue panoramique sur la ville, il était le symbole de ce luxe qu'aimaient les oligarques yougoslaves. Durant le siège de la ville en 91, des dizaines de réfugiés croates iront s'abriter dans ses ruines. C'est aujourd'hui une coquille de béton froide et morte qu'un milliardaire russe, grand collectionneur d'œufs Fabergé, a rachetée sans l'avoir encore reconstruite. Ce soir de février 90, dans un silence lumineux, presque total, je gagne ma chambre, saisie par la joie de la découverte. Mais aussi par une sensation d'irréalité et comme de danger. Il me semble, c'est probablement une illusion rétrospective, que tout ce voyage était placé sous le signe

* Vigny, « La Maison du berger » : « Adieu, voyages lents, bruits lointains qu'on écoute / Le rire du passant, les retards de l'essieu / Les détours imprévus des pentes variées / Un ami rencontré, les heures oubliées / L'espoir d'arriver tard dans un sauvage lieu. »

de la menace ; il planait comme une ombre sur lui. J'ai publié dans *Passages de l'Est* le récit de ce séjour dans un pays qui n'existe plus. Il me semble parfois entendre le bruit de grelot que font autour de moi des boîtes remplies de clefs inutiles qui n'ouvrent plus sur rien. Ni dans l'espace, ni dans le temps. La Russie soviétique, la Prague normalisée des années 80… L'un des moments les plus étranges et les plus beaux de ce voyage, c'est celui où, toujours dans ma petite Yugo, j'ai longé la mer jusqu'aux bouches de Kotor. Aujourd'hui ravagées par des projets touristiques hors normes. Sur un quai, la voix d'Édith Piaf jaillissait par la fenêtre ouverte d'un café.

Je suis retournée en ex-Yougoslavie une ou deux fois, après l'éclatement du pays, pour accompagner l'association Est Libertés créée en 90 par Yves Michalon. À aucun moment je n'ai cessé de déplorer que la volonté de séparation l'ait emporté sur celle de faire vivre ensemble Serbes et Croates, juifs et orthodoxes. C'était pourtant ce que souhaitaient conserver les habitants, la plupart issus eux-mêmes à travers le temps de croisements multiples. On oublie tout, et si vite. On est aussi tellement ignorant, ici, de ces Balkans étranges et inquiétants ! Le roi Alexandre assassiné à Marseille le 9 octobre 1934, avec le ministre des Affaires étrangères Louis Barthou, était le monarque d'un « royaume de Yougoslavie », d'abord « royaume des Serbes, Croates et Slovènes ». L'union est précaire, difficile à réaliser du fait de la grande diversité des religions, des langues, des nationalités. L'unité et le maintien de l'unité se font par la langue. Richelieu l'avait bien compris. De 1918 à 1929, le nom de « serbo-croato-slovène » avait été donné à la langue afin de coller au nom de l'État. Lorsque le pays est renommé Yougoslavie en 1929, la langue est renommée « le yougoslave ». Hitler envahit la Yougoslavie en 41. Tito et les partisans communistes, principaux acteurs de la libération du pays, veulent incarner une force transnationale qui rassemble les différents nationalismes croate, serbe, slovène[132]. Lui-même de père croate et de mère slovène, Tito fait adopter en 46 une constitution organisant l'État sur une base fédérale. Son autoritarisme et son goût d'une vie fastueuse ne feront pas oublier ce souci d'apaiser les questions de nationalités. Et comme il s'écarte du modèle soviétique, opte pour un système d'autogestion ouvrière (nos débats de mai 68 !) et rompt avec Staline en juin 48, on aura après l'éclatement de la fédération la nostalgie de cet âge d'or socialiste où les soins et l'éducation gratuits étaient accessibles à tous.

Jusqu'à sa mort en 80, le pays avait maintenu une unité traversée par des revendications nationalistes, culturelles, linguistiques. Mais après sa mort, la question se réveille. Comment être le pays de tous ceux qui y vivent, en respectant les nationalismes, en leur faisant droit ? Est-il une question plus brûlante que celle-ci ? (Voir les remous que suscite, en France, l'évocation d'une forme spécifique d'autonomie pour la Corse.) Une fois de plus, c'est un voyage qui m'a appris à la poser. Et j'en avais besoin. Les républicains français de souche et de tradition ne sont pas toujours bien préparés à y répondre. Je me le répète, au point de me fatiguer moi-même, il ne faut pas hésiter à revenir sur les dispositifs que nous avons inventés à travers le temps, et à les interroger. L'idée de nation avait su répondre aux défis de la France d'Ancien Régime, la république en a hérité en la disant « une et indivisible », mais rien n'est plus difficile à mettre en place et à faire durer à travers le temps.

De retour à Paris, après ce périple en voiture dans l'ex-Yougoslavie de février 90, je suis trop plongée dans des ruminations européocentrées pour être capable, dans ces mêmes temps, de saisir la nature et les enjeux de la première guerre du Golfe (août 90 - février 91). L'une des dernières guerres de caractère colonial. Encore moins d'imaginer les grands bouleversements qui s'annoncent, la naissance d'un islam radical du fait de l'alliance des Anglo-Saxons avec ce qu'il y avait de plus réactionnaire dans les pays arabes. Mes amis se déchirent. Nor est au bout du monde, je ne peux pas compter sur son scepticisme et son humour. Je comprends bien qu'il ne faudrait pas négliger l'un des rares dirigeants arabes « laïques » : Saddam Hussein. Pour le sociologue syrien Burhan Ghalioun, le succès du président irakien auprès des masses arabes est « un coup de boutoir dans le camp des nantis et l'espoir d'un nouvel ordre arabe[133] ». Mais je suis peu sensible à cet argument et, après l'annexion du Koweït par Saddam Hussein, la méfiance que m'inspire la connivence néoconservatrice entre Jean-Paul II et Ronald Reagan ne m'empêche pas de prendre parti pour l'intervention américaine. Quitte à me forcer un peu : mais on ne peut laisser impunément violer le droit international. (Et la préoccupation pour le sort de l'État d'Israël n'est pas pour rien dans cette adhésion.)

J'évoque des moments qui ne font guère honneur à mon discernement.

« La littérature est le don que nous font les morts pour nous aider à vivre »

1990. Un samedi de novembre ou décembre. Je descends du RER à la station Nanterre-Université vers 8 heures et demie dans le jour indistinct, je m'engage dans une petite allée couverte de feuilles mortes, l'air est frais, une bonne odeur d'humus remué monte des pelouses. J'entre dans le bâtiment G, celui du Droit, on m'y a donné une salle pour un séminaire de maîtrise. Depuis quelque temps, il m'a semblé revenir vingt ans en arrière, à ce moment où quelque chose pouvait être construit avec les étudiants eux-mêmes. Afin d'aider ceux (et celles) qui travaillent et préparent seuls l'examen, nous sommes quelques-uns à avoir proposé de placer certains cours le samedi matin et, pour alléger leur emploi du temps, de regrouper les séances hebdomadaires de deux heures en une grande journée mensuelle. Je regrette ces samedis d'exception, rapidement supprimés, ils m'avaient aidée à saisir les attentes de cette génération d'étudiants qui a un pied dans le monde du travail. Un nouveau rapport se tisse dans de longues discussions au déjeuner autour d'un hot dog. Sur le choix des filières qui engagent leur avenir. Sur leurs loisirs, la musique, le football — deux filles passionnées ont collé sur leur classeur des photos de Jean-Pierre Papin, titulaire du Ballon d'or en 91. Sur les livres qu'ils ou elles lisent en dehors du programme. J'ai été formée selon une autre voie, celle des classes préparatoires et des grandes écoles, et par un goût très précoce de la lecture venu de mon enfance rurale dans les années de l'après-guerre. Je peine à me détacher de ce modèle, c'est lui qui m'a construite, mais j'écoute avidement ces filles, ces garçons, on sent autour d'eux une banlieue tout à la fois protectrice et chaotique, constructions nouvelles, chantiers d'autoroute, HLM et pavillons. Ils se forment d'une manière fruste, sans soutien extérieur, sans être encombrés de ce respect, parfois pesant, qu'on m'a très tôt inculqué pour la bonne langue et les grands livres. Ils m'attirent, me fascinent, me désarçonnent. Je ne suis pas sûre de toujours les comprendre.

Une autre expérience de ces années-là me revient. On m'avait confié un groupe de première année, avec une mission très particulière : les aider à améliorer leur pratique de l'écriture. Ils (et elles) venaient de quitter le lycée, beaucoup étaient issus de l'immigration, et je m'évertuais à varier les exercices, en évitant de les soumettre à des modèles, avertie de leurs résistances aux programmes de lecture trop chargés. Une idée un jour me vient : par la fenêtre de la salle de cours, au quatrième étage, la vue donne sur de vastes perspectives urbaines, sans beaucoup de cohérence, quand j'ai commencé il y avait à nos pieds un bidonville. Depuis, il avait été rasé, et on avait continué de construire des HLM tout le long d'avenues où rugissaient des camions. Ce jour-là, pour varier l'exercice, et peut-être pour en savoir un peu plus sur eux, j'ai levé le bras en direction des fenêtres : vous allez me raconter comment tout cela sera dans cinquante ans ou bien, au choix, comment c'était, selon vous, il y a cinquante ans. La semaine suivante, j'avais une vingtaine de courts récits avec atterrissage de soucoupes volantes peuplées de petits hommes verts, et juste une belle histoire : celle d'un couple d'amoureux qui n'arrivaient pas à se rejoindre à travers le lacis inextricable des voies rapides.

Mais rien sur le passé.

Jamais nous n'avons aussi bien parlé que ce jour-là. Ils m'ont dit où ils habitaient, et la plupart du temps ce n'était pas depuis leur naissance, et leurs parents n'étaient pas nés là. Mais quelque part ailleurs, dans un autre pays parfois, ou dans une autre ville, une banlieue, exactement pareilles. Alors, avant, j'ai dit, il y avait quoi, avant ? Des champs, des fermes, des chemins, un village, des vaches et un chien qui aboie ? Ils ont ri, levé les bras, c'est fini tout ça, Madame ! Leur monde est à la fois clos et trop ouvert, sans contours, parce que les contours, c'est le passé, c'est la mémoire, c'est la transmission qui les dessinent. Des cités, des autoroutes, des lignes de chemin de fer ou d'autobus, les arbres d'une allée ou d'un parc, un terrain de sport, des supermarchés. Ils y vivent, ils n'en vivent pas, mais qui le pourrait ? C'est leur environnement familier, c'est un lieu auquel ils vont s'attacher plus ou moins, mais qu'ils n'ont reçu de personne, et qu'ils ne transmettront pas. Ils sont vifs, joyeux, parfois distraits, parfois concentrés, mais j'ai soudain le sentiment qu'il ne leur a pas été fait ce cadeau inestimable, *d'avoir un lieu*. Charles Robinson l'a bien montré dans ses livres, notamment dans *Fabrication de la guerre civile* : la cité, c'est un glissement de plaques tectoniques, une série de ruptures sur lesquelles de la vie croît et se déchire. Et qui demande à chacun, pour pouvoir survivre, une énergie où il risque de consumer toutes ses forces. Ce petit groupe d'étudiants, filles comme garçons, je ne pouvais les rattacher à rien ou, plutôt, pour les engager dans un projet, je n'avais pas de référence sensible. Ils flottaient. Je me souviens qu'alors j'avais brièvement pensé au petit garçon tout songeur et émerveillé d'avoir vu un lapin.

Ce fut une expérience fugitive, sans lendemain.

Mais j'étais parvenue au bord d'une question redoutable, ouverte à toutes les surenchères. Enracinement, déracinement. La droite réclame ces thèmes, s'en empare. C'est l'héritage de Barrès, le Lorrain nationaliste et antidreyfusard. Son roman *Les*

Déracinés raconte les déboires de jeunes gens arrachés à leur terre pour venir à Paris faire des études. Selon lui ce sont la terre et les morts qui nous définissent, les villages et leurs cimetières. Mais moi, je n'ai rien souhaité autant que de quitter ma province et ses sombres attachements. C'était ainsi que devait faire un vrai républicain, homme ou femme. C'était à ce prix qu'on accéderait à l'universalisme et au progrès. En fait, je ne me suis jamais déracinée ; on le verra plus loin : au fil des jours, des rencontres, des voyages, des expériences, j'ai fini par trouver entre arrachement et attachement un équilibre, une source d'inspiration et une forme de bonheur concret, quotidien. J'ai accepté d'être une républicaine porteuse de la mémoire contradictoire de ses origines.

Je reviens à ces samedis matin et à ces étudiants d'un nouveau type que je suis anxieuse de déchiffrer. Ils sont plus avancés dans leur parcours. Mais ce qu'ils savent, ce qu'ils ignorent, je ne le saisis pas. Ils mêlent tout cela avec une désinvolture qui parfois me désarçonne. Je voudrais ne renoncer à rien, je n'ai rien oublié des heures silencieuses entre mes chats et mes livres, je voudrais retrouver les austères et savantes façons de nos écoles, de nos lycées d'alors, pour les prolonger, m'en inspirer, être pour ces jeunes gens ce que nos maîtres ont été pour les frustes et rugueux petits ruraux que nous étions. En matière d'enseignement, je vois bien que je ne suis pas tout à fait de ce siècle, je creuse toujours le sillon ouvert avec les débuts de la IIIe République. Je suis toujours guidée par cette boussole, l'instruction et les livres, pour arracher le peuple à la vie ordinaire, à son enfermement, développer les qualités qui se forment dans le travail et sous le poids de la nécessité. Là puise sa force la république idéale dont nous avons besoin. C'est une utopie d'hier, sans doute, mais bonne pour demain, je voudrais la réveiller, dans ce monde embrouillé où les époques se mêlent. Moments de grandes incertitudes, de grandes oscillations. Parfois le découragement me prend, je voudrais tant leur faire partager le pastiche de Péguy ! Et celui de la tragédie classique : « Et dans son sein vingt fois ce fer a repassé[134]. »

Mais parfois une image lumineuse me vient, me tire vers l'avenir. Je ne veux pas vivre dans un monde séparé, derrière l'abri protecteur des livres, je veux la vie ordinaire, mais éclairée par eux. Dans le roman de Heimito von Doderer *Les Démons*, j'en trouve une illustration. L'un des personnages du livre est un jeune menuisier qui fréquente assidûment une librairie, ce qui ne manque pas d'étonner le libraire. « Vous voulez sans doute changer tôt ou tard de métier, monsieur Kakabsa ? » Léonard ne répond rien. « C'est qu'il y aurait des possibilités pour vous, disons au bureau municipal de la Culture. Ou alors, dans mon propre métier. Pour ce qui est de l'apprentissage, on pourrait toujours s'arranger. » Et voici la suite. Léonard se lance : « Je suis entièrement satisfait de mon métier et le crois nécessaire. — Bien sûr qu'il est nécessaire, répondit le libraire avec empressement. — Je veux dire pour moi. (...) Il faut démontrer qu'un ouvrier n'est pas un être malheureux, sans espoir, forcé d'attendre que les conditions s'améliorent dans le monde, et que jusque-là il n'y a pour lui que la famille, le cinéma et le cabaret... Il reste à démontrer que, dès maintenant, tout est ouvert à l'ouvrier, aussitôt, sur-le-champ. »

D'où en 91 *Le Don des morts*, point de départ d'un malentendu qui me poursuit encore. Je me souviens que ce titre avait étonné un éditeur, chez Gallimard. Mais enfin, c'est triste, ce titre, nous sommes des vivants ! — Provisoirement, avais-je répondu. Les livres sont le legs des générations disparues — le don que nous font les morts pour nous aider à vivre. Ce sont nos mots, c'est notre langage métamorphosé. Qu'est-ce que la vie sans les livres ? Une privation, un tourment qu'on ne peut comparer à rien. Ne pas avoir l'expérience des livres n'empêche ni de connaître, ni de savoir, ni même d'être « cultivé » : il manque seulement à la vie vécue d'être une vie examinée, de connaître, dans le colloque singulier avec le livre, une expérience élargie, et la possibilité d'être soi-même dans une communauté partagée. La pratique des livres n'est donc pas un luxe gratuit, un loisir supérieur ou une marque de distinction. Les intellectuels se trompent grandement lorsqu'ils s'emploient à en dénoncer l'élitisme au lieu de faire que s'ouvre au plus grand nombre le règne émancipateur de la pensée dans les livres.

Je ne mesure pas, en disant cela, combien je vais heurter des dispositifs de pensée mis en place par Pierre Bourdieu et ses épigones : mon inquiétude devant l'absence des livres est interprétée comme le signe d'un rejet, et d'un mépris de classe. Que j'ose parler de « douleur » pour peindre la vie sans les livres paraît d'une insupportable et incompréhensible arrogance. Mon compte est bon, la chose est entendue ; l'éloge de « la vie avec les livres » est un stéréotype de la classe dominante dissimulant derrière une compassion hypocrite sa volonté farouche de maintenir un entre-soi. L'illettrisme, décrété grande cause sociale par les pouvoirs, est une « invention » de la classe dominante, le résultat pervers d'un processus de stigmatisation appuyé sur la valorisation sociale de la culture lettrée. J'ai parlé d'un malentendu : c'est en fait bien plus. Je suis entrée en rupture avec une certaine gauche. J'accepte de la suivre lorsqu'elle dénonce les effets de distinction qu'on demande à la culture ; mais je refuse qu'on en retire une défiance appuyée envers des œuvres accusées de servir aux classes dominantes pour légitimer leur domination. Car, s'il est vrai qu'elles peuvent être confisquées pour cet usage illégitime, les œuvres de la pensée et de l'imagination n'en constituent pas moins une ressource et un recours face au règne de la raison instrumentale, et d'une politique asservie au profit. Désormais, la question du livre, de la lecture, et plus généralement celle de l'instruction, sera une ligne de crête où je suis condamnée à marcher. À droite, c'est l'imposture décliniste, les solutions identitaires et l'exaltation de la nation charnelle. À gauche, le déni, l'irénisme : la juste tentative de réduire des inégalités devant les apprentissages finit par se résumer et se réduire à la chute du niveau d'exigence. On comprendra qu'il m'arrive parfois de manifester quelque impatience quand je vois un dogmatisme « de gauche » s'aveugler devant des réalités incontestables plutôt que de renoncer à une thèse qui lui est chère ; par exemple qu'à l'école « le niveau monte ».

Mes voyages dans les pays du « communisme réel » m'ont abondamment munie d'arguments pour tenir bon contre ces sophismes : c'est dans le livre, parfois interdit, que les mouvements de dissidence se sont assurés de voir subsister un monde de justice et de vérité, loin du « mensonge déconcertant » où on les contraint de vivre. Rien n'y fait. Loin de le dissiper, je ne fais qu'aggraver le malentendu en 95 quand je publie *Lettres mortes*.

Octobre 91 : la Roumanie

Partout à l'Est, on travaille à favoriser la transition, à faire entrer les principes de l'État de droit. À Prague, l'Institut français est submergé de demandes. C'est un moment de grande liquidation, le monde de l'après-guerre va se dissiper définitivement avec la fin de la guerre froide. Les Instituts français de Bucarest, Cluj et Iassi ont été rénovés depuis la chute de Ceauşescu. Quand on me propose d'aller y faire des conférences, une fois de plus j'accepte avec joie. J'ai raconté en détail ce séjour dans un chapitre de *Passages de l'Est*.

Quand je lui avais annoncé mon voyage, Hélène Baltrušaitis m'avait dit : Vous le saviez ? C'est à mon beau-père qu'on doit l'Institut français. Le beau-père d'Hélène, c'était l'historien d'art Henri Focillon, qui l'inaugura à Bucarest en 1924. Ce livre n'est fait que de détours et de retours ; avant de décoller pour Bucarest, puisque j'ai parlé d'Hélène Baltrušaitis, je dois revenir sur le moment où j'ai fait sa connaissance, au milieu des années 70, et celle de Jurgis, son mari l'historien d'art, auteur en 55 d'un splendide essai sur les *Anamorphoses*. Le numéro d'avril 77 de *Digraphe* a publié un texte de lui, « Miroirs célestes ». Ils habitaient près de la porte d'Orléans un petit appartement donnant sur l'ancien chemin de fer de ceinture, où je suis allée de nombreuses fois leur rendre visite et où j'ai continué à venir après la mort de Jurgis en 88. Le père de Jurgis, poète, avait été ambassadeur de Lituanie à Moscou en 1920. Jurgis était très discret sur ses années de jeunesse, et même sur sa date de naissance. On racontait qu'il avait soigneusement arraché la page de garde dans chacun de ses livres à la Nationale pour qu'elle reste inconnue. C'est dans un récit autobiographique de Boris Pasternak qu'on apprend des détails de son enfance. Les familles étaient liées, il existe un beau portrait du père de Jurgis par le peintre Leonid Pasternak, le père de Boris. Lequel avait fait fonction de précepteur auprès de Jurgis alors âgé de onze ans.

J'ai presque tous ses livres et, l'ayant fréquenté, le sentiment d'avoir vécu et voyagé dans les pays baltes et la Russie des années 20 et 30. Un de ses ouvrages avait été censuré en URSS, parce qu'il y faisait allusion à l'art des « chinoiseries », c'était au moment de la grande rupture sino-soviétique des années 60. Son élégance des années d'avant-guerre, sa courtoisie et son humour faisaient de chacune de nos rencontres un moment d'exception, hors du temps. Le français était sa langue d'élection mais dans sa famille on faisait blanchir son linge à Londres. Toutes ces rencontres ne pouvaient que me conforter dans la vision d'une Europe à la Victor Hugo, où la France occuperait une place dominante, inspirant aux futurs « États-Unis d'Europe » sa vision de la paix, des lettres et du progrès. Je reviens à Hélène, la veille de mon départ pour Bucarest : Mon beau-père était l'ami de George Oprescu, j'imagine que vous ignorez son nom ? Hélas oui : je me renseigne, c'était une grande figure de l'amitié franco-roumaine, où l'histoire de l'art, l'échange des œuvres, le goût de les collectionner jouaient le premier rôle. J'avais avec lui appris à dire en roumain, me raconte Hélène, « quelle belle paire de gants ! » en voyant un chien. J'ignorais l'existence de cette spécialité, en vogue dans l'avant-guerre, et qui se poursuit en Chine, dans des conditions d'une rare cruauté.

Quand j'atterris à Bucarest, je n'ai évidemment pas oublié

les images de la fin pitoyable et grotesque du « Génie des Carpathes » et de son acariâtre épouse. Mais mon esprit est surtout occupé de toutes sortes d'anecdotes, cruelles ou dérisoires, qui circulent à Paris sur la Roumanie du temps des Ceauşescu. Invité par la France, le couple avait été logé dans un château : ils le quittent en emportant du linge et de la robinetterie. Le système des camps, en Roumanie, était particulièrement tordu ; les bourreaux et les victimes échangeaient leurs places, afin que tout le monde soit compromis. À la fin du règne du « Danube de la pensée », on n'arrivait plus à chauffer les appartements, les gens passaient leurs journées au lit. Non sans avoir conservé leur humour : Ferme donc la fenêtre ! Tu vas enrhumer les passants !

Dès les premiers pas, je suis saisie par l'aspect de ce Bucarest un peu décati, où ressort cruellement le modernisme des années 30. Au-dessus du portail d'un garage en bien mauvais état pend un peu de travers une publicité pour une Bugatti, un émail écaillé, aux belles couleurs tranchées. Sur les avenues que soulèvent des racines d'arbres trop poussées, des Tsiganes à l'air provocant circulent dans leurs carrioles tirées par de petits chevaux. Ils sont très mal vus, dans tous les pays d'Europe centrale et de l'Est, en Serbie, en Bohême et ici, en Roumanie. Déportés et assassinés sous le nazisme, « culturellement broyés pendant des décennies, les Tsiganes ne seraient plus à l'abri de pogroms ; un grand nombre parmi eux serait plongé dans une existence quotidienne extrêmement pénible », écrivait Alain Reyniers en 94. J'y ai été souvent témoin d'attitudes de rejet envers eux, assorties de propos choquants.

Plus loin, la ville porte les traces de l'ère Ceauşescu autour du gigantesque palais du Parlement, achevé en 84, qui a nécessité la destruction de tout un quartier. Mais aussi les résidus désordonnés d'une fin de régime : dans les caniveaux ont été jetées les œuvres complètes des dirigeants, j'ai dans ma bibliothèque un volume des *Œuvres complètes* du bien oublié Gheorghe Gheorghiu-Dej, ancien cheminot, stalinien enthousiaste, qui dirigea la Roumanie de 47 jusqu'à sa mort en 65. Il aurait été empoisonné lors d'un voyage à Moscou. (Très exactement irradié, mais rien n'est sûr.)

Villa d'Elena Lupescu

On m'avait dit à Paris qu'on me logerait à l'Uniter, l'Union des écrivains de théâtre. Je vais y passer une dizaine de jours, coupée par deux visites à Cluj et à Iassi. Le gardien m'accueille, me montre ma chambre, pose ma valise et en me quittant me dit : Vous êtes seule dans la maison, mais rassurez-vous, je suis là. Son français est parfait. Ma chambre donne sur un jardin. Je ne m'attarde pas, on vient me prendre pour dîner à l'Institut français. La belle villa de l'Uniter, imposante, de pur style Art déco, avait été construite en 1930 pour Elena Lupescu, dite Magda, la maîtresse sulfureuse du roi Carol, puis sa femme. Avant moi, sa dernière occupante était une des filles de Nicolae Ceauşescu. De retour tard dans la nuit, intriguée par une porte à la tête de mon lit, je tourne la clef : derrière, c'est un appartement complet qui s'ouvre. Un vaste salon, une salle à manger aux meubles lourds, que seul éclaire le ciel nocturne, une cuisine richement équipée qui ne semble pas avoir beaucoup servi. Et une salle de bains toute d'albâtre, lavabo, baignoire, accessoires, d'un vert cru parcouru de grosses veines. Le premier matin, le gardien m'attend dans la cour, souriant. Il tient un tout jeune chien dans ses bras. Vous avez bien dormi ? C'est pour vous. Pour vous distraire. Je le remercie, embarrassée. Vous me le rendrez quand vous partirez ! J'ai emmené avec moi mon petit chien partout, à la radio, à l'université, à l'ambassade. Frédéric Martel*, alors chef du bureau du livre à l'ambassade de France en Roumanie, le gardait sur ses genoux pendant une conférence ou une interview.

L'ambassade de France tient alors table ouverte, on peut rencontrer chaque jour au déjeuner des écrivains roumains longtemps condamnés à une semi-clandestinité, comme le philosophe et historien de l'art Andrei Pleşu, qui sera ministre de la Culture entre 89 et 91. C'est une bonne chose, car les restaurants servent des nourritures improbables. Pour le dessert, des rondelles d'ananas qu'on vous apporte dans leur boîte, avec un ouvre-boîte, souvenir des échanges avec les pays frères, dont Cuba. Les paysans cubains n'en mangeaient pas, ils étaient tous réservés à l'exportation. Dans « les pays de l'Est », en DDR, on vous servait invariablement une « côtelette Hawaï », surmontée d'une rondelle d'ananas, le tout nageant dans une sauce brune. Les liens avec Cuba étaient excellents. Fidel Castro avait été logé au luxueux Palais de printemps des Ceauşescu. D'une décoration grandiose, avec ses 80 pièces et 53 000 mètres carrés, il était pourvu d'un cinéma, d'une piscine intérieure et même d'un abri souterrain antiatomique. La baignoire, les robinets, les tuyauteries et le plafond d'une des salles de bains étaient en or, ou recouverts d'or. Lors de mon voyage, on ne le visitait pas. J'ai gardé aussi un grand souvenir du marché aux puces ; invitée à

* Écrivain, sociologue, journaliste, Frédéric Martel est notamment l'auteur du *Rose et le Noir : les homosexuels en France depuis 1968* (Le Seuil, 1996), *De la culture en Amérique. Mainstream : enquête sur la guerre globale de la culture et des médias* (Flammarion, 2010) et *Sodoma. Enquête au cœur du Vatican* (Robert Laffont, 2019).

une conférence sur le baroque, et n'ayant que ce moment de liberté, j'avais préféré m'y rendre, et j'avais bien fait. À l'époque, il servait d'exutoire à toute une partie de l'Europe et surtout aux Russes venant par la mer Noire y vendre tous leurs trésors dérisoires.

À travers mes rencontres, à l'université, à la rédaction des journaux, il se confirme ce qu'Hélène B. m'avait dit : Le français est la langue de culture, il se publie en Roumanie, cas unique en Europe, une revue littéraire en français. Je ne sais pas si elle existe toujours, mais j'apprends aujourd'hui que le français est loin d'avoir disparu en Roumanie : 1,4 million d'enfants l'ont choisi comme langue étrangère et le pays compte 8 000 professeurs de français. « Aujourd'hui tout le monde apprend une forme simplifiée de l'anglais, affirme Christophe Gigaudaut, le directeur de l'Institut français de Bucarest. Le choix intervient au niveau de la deuxième ou de la troisième langue et c'est là que le français a un rôle à jouer. » Lors de ce séjour, j'avais pris pour me rendre à Iassi un avion des lignes intérieures ; c'était un vieil Antonov soviétique à hélices qui faisait sur la piste un bruit d'enfer, un fracas de gros bombardier. Dans la cabine, je cherche ma place, on vient vers moi, une femme, un homme puis un autre, tous me parlent français, et veulent me montrer qu'ils le parlent bien : Mettez-vous où vous voulez ! Les places ne sont pas numérotées ! Je suis quand même rentrée avec un manuel d'apprentissage du roumain. Je poursuis le rêve que s'organise en France un enseignement capable de donner un accès rapide à toutes les langues du tronc latin. Il faut que j'en parle à mes confrères des Inscriptions et Belles-Lettres, mais ils y ont sûrement déjà songé.

Ce voyage en Roumanie n'est pas seulement pour moi une plongée dans un ensemble européen que j'ai commencé de découvrir à Prague, et dans ce qui reste du « communisme réel », juste après l'exécution du couple Ceauşescu. C'est l'occasion du retour le plus appuyé que j'aie jamais fait, en Europe, au monde ancien, une ruralité bien antérieure à celle que j'ai connue dans mon enfance. Sur la route de Cluj, nous nous arrêtons pour assister à une scène de battage d'une moisson tardive. Le soir, j'appelle ma mère, ravie de me donner des détails sur ces moissonneuses-batteuses du même type que celles qu'elle avait vues dans son enfance. Plus loin, à un passage à niveau, près de notre voiture, un cabriolet est attelé d'un petit cheval, comme celui de Charles Bovary partant faire ses visites dans les environs d'Yonville. Et à quel temps, à quel monde d'avant appartient-elle, cette maison décorée de tapis aux motifs rouges et verts ? Et cette famille qui, selon l'usage des villages sans restaurant, nous accueille pour un déjeuner ? On nous sert, dans les formes d'une hospitalité patriarcale, de la *mamaliga*, une galette de maïs semblable à la polenta, suivie d'un raisin coupé à la treille au-dessus de nos têtes. On m'a munie à Bucarest de quelques cadeaux bien français, de petits drapeaux tricolores et de petites tours Eiffel que je distribue à la satisfaction générale.

Dans ce village, comme dans la plupart de ceux que j'ai traversés, mon œil n'a jamais rencontré d'édifices publics, genre mairie ou école, sans doute parce qu'ils ne sont pas mis en évidence comme ils le sont en France depuis les débuts de la IIIe République. C'est toujours cet héritage, que je promène sur mon dos comme la tortue sa carapace. J'essaie de le secouer, de le soumettre au contact rugueux de l'expérience, rien n'y fait. Partout, ce qui m'attire le plus, c'est, au cœur d'un village et de ses activités paisibles, ce lieu, l'école, d'où jaillit à certaines heures le brouhaha joyeux des enfants, le même sous toutes les latitudes. Je n'aurai pas eu le temps de l'entendre en Roumanie. Mais j'aurai tout de même saisi quelques traces de l'ancienne féodalité : une allée de plusieurs kilomètres, menant à un ancien domaine. Quand il y avait des réceptions, nous raconte un vieil historien qui voulait la montrer, l'allée était éclairée par des torches que tenaient des paysans alignés d'un bout à l'autre. Tous serfs. Le servage fut aboli en 1856. Le château en question est devenu un « sanatorium », un hôpital pour des pauvres et des gens dérangés. Ils viennent autour de nous, pâles, tristes, silencieux, mon petit chien leur plaît beaucoup, ils se le passent de bras en bras. Ils vont vous le rendre optimisé, me dit notre ami, dans son français élégant. Il y a beaucoup de tuberculeux parmi eux.

1992 : Les Temps modernes *et le Chemin des Dames*

À l'automne 92, je quitte la rédaction du *Messager européen* pour entrer, à l'invitation de Claude Lanzmann, dans celle des *Temps modernes*, attirée, entre autres, par le souvenir mythique des grandes heures du passé de la revue. J'y ferai un séjour assez court, et instable. La direction que Lanzmann lui imprime est assez éloignée de l'esprit de sa grande époque, et ramenée sans cesse aux engagements et aux intérêts géopolitiques de son nouveau directeur. La dissolution de l'URSS s'étant produite en décembre 91, j'y avais publié en mars suivant un texte intitulé « L'hiver des âmes », où je tentais de faire comprendre pourquoi la fin de l'URSS n'était pas forcément une bonne nouvelle. Adam Michnik, historien, journaliste, militant de l'opposition polonaise, directeur de publication de la *Gazeta Wyborcza*, rencontré quelques années plus tôt à Varsovie, m'écrit : Qu'est-ce qui te manque ? Une utopie ? Mais tu as Le Pen ! Le même article me vaut aussi quelques échos déplaisants dans la presse de droite. Revenu d'Asie, Nor le prend très mal, il me bombarde de lettres, que je finis par déchirer sans les lire, où il m'explique mon erreur. Erreur ? Est-il injustifié de parler comme je le fais alors ? « Il y a de l'injustice à confondre ceux que la chute du communisme réjouit parce qu'il a été un monstrueux échec et ceux qu'elle réjouit parce qu'il aurait pu réussir. Il y a ceux pour qui le communisme était mauvais parce qu'il avait voulu abattre des privilèges ; il y a ceux pour qui il est mauvais parce qu'il en a rétabli de plus grands. Je suis de ceux-là. » La suite nous prouve que la liquidation de l'URSS a entraîné une série d'erreurs de notre part, et le début de convulsions dont nous ne sommes pas sortis. En 2007, Michnik lui-même l'écrira : « Le pire dans le communisme, c'est ce qui vient après. »

Mais cette entrée aux *Temps modernes* s'accompagne d'une inflexion que ma vie va prendre à partir de ces années-là, et qu'atteste mon article pour la revue, « La triste ortie veille sur ces parages », premier retour vers la province. Je me suis installée pour y faire de longs séjours dans un village du Valois, entre Senlis et Crépy-en-Valois, qui en fut longtemps le cœur historique. Comme souvent, je suis précédée dans un lieu par des souvenirs littéraires ; Rousseau mourut à Ermenonville chez le marquis de Girardin et est inhumé dans l'île des Peupliers ; Nerval, qui s'appelait Labrunie, prit ce pseudonyme parce que sa famille avait eu un clos de ce nom près de Mortefontaine. Il y a deux Valois dans son œuvre, celui qu'il parcourt à pied, et celui qui apparaît dans *Angélique* et dans *Sylvie,* premier et second volets des *Filles du feu* (1854), lieux imaginaires et recomposés, qui servent de toile de fond à la création littéraire. Mon village, à une quinzaine de kilomètres de là, est au cœur de la grande plaine à blé qui flamboie juste avant les moissons : « Midi, roi des étés, épandu sur la plaine. » Trouée par le TGV et une autoroute, ponctuée d'églises romanes et de puissantes fermes fortifiées, survolée par les longs-courriers qui laissent derrière eux des filaments cotonneux, c'est la face visible du Valois. Mais pour moi, il y en a une autre, invisible et obsédante, c'est le souvenir de la Première Guerre mondiale. La Grande Guerre est partout, dans un village voisin du mien, ou dans le petit cimetière d'Ognon, fief de la famille Seillière. Un carré y est réservé aux tirailleurs tunisiens, à l'écart des villageois et des grandes familles.

Tombe de Mohamed ben M'Barck.
Cimetière communal d'Ognon (Oise)

Plus tard, en me penchant sur le parcours de mes modestes ancêtres des bords de Loire, j'ai achevé de comprendre à quel point « la Grande Guerre » méritait son nom : elle a porté un coup d'arrêt à la lente montée de ce monde « d'en bas » qui entrait dans une modernité paisible. Une république modérée avait fini par s'installer et tenir sa promesse d'égalité, de progrès et d'instruction, avec ses mairies, ses écoles et son chemin de fer. La Grande Guerre en a été l'envers terrible, « l'apothéose cruelle de l'invention technique », comme dit Georges Duhamel. Elle a été le révélateur de l'imposture universaliste, en mettant à son service ceux que nous avions colonisés. C'est ce que me dit à Ognon la rangée de tombes surmontées d'un turban. C'est ce que me dira la Grotte (ou Caverne) du Dragon sur le Chemin des Dames, que je visite avec une amie photographe. Escortées d'un collectionneur à demi fou qui, nous ayant repérées, avait décidé de nous suivre, nous avions sillonné les champs et les creux de forêt, où partout s'ouvraient des galeries, des boyaux, des trous d'obus et des fosses tapissées de végétation. Il suffisait de se baisser pour ramasser une douille, un morceau de bêche, ou une de ces plaques de métal que les sentinelles tenaient devant elles pendant leurs gardes au ras de la tranchée. J'ai encore chez moi de ces nombreux restes rouillés affleurant dans le sol des galeries et des sous-bois. C'est là que j'ai vu la guerre comme un monstrueux envers du monde, un autre monde, sculpté par la mort. Tout autour, le silence, des oiseaux, et de riches frondaisons, engraissées de cadavres.

Au cœur du Chemin des Dames, la Caverne du Dragon. Elle était encore dans son état presque brut, le jour où j'y suis allée. C'était une ancienne carrière, d'où sont sorties les pierres qui ont construit les cathédrales de Soissons et de Laon, l'abbaye de Vauclair. Les troupes françaises en prennent possession le 14 septembre 1914, construisent des tranchées face aux positions allemandes. Elle sert d'abri, de cantonnement, de dortoir, on y stocke des munitions, de la nourriture. En janvier 1915, les Allemands l'attaquent, creusent un tunnel, y amènent l'électricité, le téléphone. Le 16 avril 1917, les deux armées vont s'affronter dans le noir, ne se reconnaissant qu'aux boutons de leurs uniformes. Les Sénégalais combattent torse nu. Dans les mois suivants, j'ai hanté les cimetières militaires, avec leurs alignements infinis, et leurs émouvantes particularités, comme ces chardons sur chaque carré, quand un régiment écossais y est enterré. Je lis Genevoix, *Ceux de 14*, et plus tard, René-Gustave Nobécourt, *Les Fantassins du Chemin des Dames*. Les poilus ne sont ni lâches ni déserteurs. Ils font preuve d'un courage inouï. Simplement, on ne la leur fait pas : ils ont une juste conscience de la réalité. « Ceux qu'ont l'pognon, c'est pour eux qu'on crève. »

La compréhension de la Grande Guerre m'est aussi venue d'un côté inattendu. En 93, je suis invitée à un dîner en l'honneur de Cezsław Miłosz chez mon amie et ancienne condisciple Véronique Schiltz, grande traductrice du russe, commissaire de l'exposition sur « L'or des Scythes ». Prix Nobel en 80, en cette année 93, Miłosz était au comble du succès, de la reconnaissance. On citait partout son *Campo dei Fiori*, poème sur l'indifférence. C'est le moment de l'insurrection du ghetto. « À Varsovie près d'un manège, / Par un beau soir de printemps, / Aux sons d'une allègre musique / Les salves venant du ghetto / Se perdaient dans la mélodie / Et les couples s'envolaient / Lancés haut dans le ciel serein. / Le vent des maisons incendiées / Apportait de sombres lambeaux, / Ils attrapaient en l'air des cendres / Ceux qui allaient au manège. / Et les robes des filles volaient, et les gens riaient heureux / Ce beau dimanche de Varsovie. » Il rayonnait, les yeux bleus, le visage bronzé souligné par de gros sourcils très blancs. J'avais une grande curiosité pour celui qui, dans *La Pensée captive* (1953), avait démonté le consentement des intellectuels polonais à l'impérialisme soviétique, mélange de marxisme et d'autocratie tsariste. Et rencontrant en France un insuccès total. Des années plus tard, il y vint tout de suite, je vis qu'il était obsédé par l'oubli où nous laissions la Grande Guerre, ce moment où le monde était entré dans une instabilité définitive, avec la destruction de trois grands empires, l'Empire austro-hongrois, l'Empire russe, l'Empire ottoman. Il en parlait avec une conviction communicative, loin de toute vision désespérée et désespérante du monde. Il riait, les yeux brillants, la grande santé l'habitait. À la fin du dîner, il a parlé de son chat, comment il l'avait retrouvé, après le grand tremblement de terre de San Francisco, en 89. Partant pour l'Europe, il l'avait laissé chez son fils, le quartier avait été dévasté, et le chat était reparu à la maison quelques mois plus tard, ayant traversé tout un champ de ruines.

Je suis restée trois ans aux *Temps modernes*, puis j'ai dû partir sur un bilan médiocre. Malgré une rencontre que j'avais organisée chez moi entre Claude Lanzmann et Leïla Shahid, alors déléguée de l'OLP à Paris, je n'étais pas parvenue à rééditer l'exploit de 67, un numéro de la revue sur le conflit israélo-arabe, avec des contributions venues des deux côtés. Je la quitterai pour avoir préparé un dossier sur le génocide des Tsiganes dont les conclusions n'avaient pas fait l'unanimité ; elles avaient semblé ouvrir une dangereuse concurrence entre les victimes du nazisme, ce qui n'était pas mon propos. Je ne regrette pas ces quelques années. Ni d'y avoir publié en février 93, dans un dossier intitulé « Une autre Serbie », les interventions du Cercle de Belgrade* dont celles d'Ivan Čolović, ethnologue, écrivain et professeur de littérature, et de Bogdan Bogdanović, architecte et ancien maire de Belgrade. Tous font entendre le danger d'une « crispation sur l'identité historique ou mythique, raciale ou religieuse ». Dans un article du même dossier, « Choses vues en Serbie », je recueillais le témoignage d'habitants de Belgrade aux appartenances multiples qui déclaraient leur regret de « la patrie yougoslave ».

Est Libertés, 92 et 93

L'association Est Libertés est fondée en 90 par Yves Michalon, gaulliste de conviction, longtemps publicitaire comblé avant de devenir éditeur, qui se décrit lui-même comme « l'enfant de Budapest et de la guerre d'Algérie ». L'objet de l'association est de soutenir les efforts de démocratisation en Europe de l'Est et d'aider les partis politiques démocratiques en Albanie, Bulgarie, Roumanie et Serbie. Je ne sais plus comment j'avais rencontré Yves Michalon, mais je me suis rendue avec Est Libertés à deux reprises en Serbie. En 92, je fais partie de la petite équipe d'observateurs qui s'est constituée à l'occasion de l'élection présidentielle et des législatives. Le gouvernement accepte qu'elles soient supervisées par l'OSCE (Organisation pour la sécurité et la coopération en Europe). À cette époque, la République fédérale de Yougoslavie (Serbie plus Monténégro) était soumise par

* Fondé en 91, le Cercle de Belgrade rassemblait un certain nombre d'intellectuels, philosophes, sociologues, historiens, opposés au nationalisme serbe et à la politique de Slobodan Milošević.

l'ONU à un embargo aérien. Il faut qu'une voiture vienne vous prendre à Budapest, puis on fait route vers Belgrade, en passant par Novi Sad, petite ville du nord de la Serbie, très marquée par son architecture habsbourgeoise. Notre groupe est composé de journalistes et de quelques jeunes attachés et attachées parlementaires, on nous loge à l'hôtel Moskva, splendide construction de type Art nouveau. Je pars à la découverte de Belgrade, on me montre tout de suite le monument à la France, érigé en 1928 dans le parc de Kalemegdan.

Dès le début de la guerre en Yougoslavie, les positions en France se sont déterminées très radicalement. La sécession de la Slovénie le 25 juin 1991 déclenche l'intervention de l'armée populaire yougoslave et, peu de temps après, la guerre d'indépendance croate commence lorsque les Serbes de Croatie annoncent leur « dissociation ». Depuis les élections législatives de 90, Franjo Tuđman est devenu le premier président de la Croatie. Son objectif principal se réalise. La Croatie déclare son indépendance le 25 juin 1991. La Serbie entre en rébellion, l'armée populaire yougoslave se range aux côtés des Serbes. En novembre 91, la ville de Vukovar, dans l'est de la Croatie, est complètement détruite par des bombardements terrestres et aériens. Le siège de Dubrovnik commence en octobre. Peu de temps après Maastricht, l'éclatement de la Yougoslavie devient pour l'Europe « le laboratoire », selon Roland Dumas, de « deux perceptions (...) opposées, véhiculées par deux pays "moteurs" de la CEE, la France et l'Allemagne. Les dirigeants allemands estiment que la guerre résulte de l'expansionnisme communiste serbe, s'opposant aux démocraties slovène et croate ; en France, on pense que la guerre est la conséquence d'un statut flou des minorités en Croatie et de sécessions réalisées sans accord préalable[135] » (Patrick Michels, *La France face aux déclarations d'indépendance slovène et croate*, 1996). En d'autres termes, la France se montre très réservée sur l'indépendance de la Croatie. L'État français, et notamment son président, est accusé de serbophilie et de vouloir rejouer une vieille solidarité avec la Serbie, née de l'alliance des deux pays durant la Première Guerre mondiale. (Miłosz avait raison, la Grande Guerre, toujours elle !) On s'étonne que les partisans farouches de l'indépendance croate aient oublié l'attitude de la Croatie lorsque la Yougoslavie avait été envahie en 41. Et l'État indépendant, suscité par Hitler et Mussolini sous la direction fasciste des Oustachis qui promulguent immédiatement des lois raciales visant les Serbes, les Juifs et les Roms. Trente mille Juifs, environ 80 % de la communauté, ont été tués par les Oustachis — ou sont morts dans les camps de concentration croates ou nazis. Très controversée est la personne du président de la Croatie indépendante, Franjo Tuđman, qui déclarait : « Dieu merci, je suis content que ma femme ne soit ni serbe, ni juive. »

Ce qui est frappant, c'est de voir à quel point la guerre de Serbie va prolonger les équivoques nées avant l'éclatement de la fédération yougoslave. Vont se retrouver du côté de la Slovénie puis de la Croatie tous ceux qui avaient défini l'Europe centrale par son rattachement à « l'Occident » et son hostilité au monde slave, qu'ils englobent dans leur rejet du communisme. La question linguistique est au cœur des débats : on insiste sur la spécificité du slovène, différent du slave sud-occidental, appelé « serbo-croate » à l'époque de l'ex-Yougoslavie, et sur la continuité « mitteleuropéenne » qu'elle confère au pays. C'est à ce titre que, dans *Le Monde* du 4 juillet 1991, Milan Kundera prend parti pour l'indépendance de la Slovénie. Quant à la Croatie, on s'attachera à démontrer que si la langue qu'on y parle est proche de celle qu'on parle en Serbie, elle s'écrit en caractères latins, non en caractères cyrilliques.

Je vois revenir la vieille question de la nation « une et indivisible », et de l'égalité devant la loi « de tous les citoyens sans distinction d'origine, de race ou de religion ». Jusqu'à quel point peut-on faire entendre sa différence sans compromettre l'unité de la nation ? Un pays doit être *celui de tous ceux qui y vivent*. Mais leurs différences doivent-elles se fondre dans un modèle unique ? La ligne de partage passe parfois au cœur d'un individu singulier : comme Tito lui-même, croate par son père, slovène par sa mère, plus de 60 % des Yougoslaves avaient des origines multiples. La Yougoslavie sous le pouvoir autoritaire de Tito ne fut pas un mauvais exemple d'une cohabitation souhaitée, du reste, par beaucoup. Et après l'éclatement, il se développe rapidement un sentiment de « yougonostalgie ». Reste une question qui n'a toujours pas trouvé de réponse : l'unité n'est pas l'uniformité, quelle forme doit prendre la reconnaissance des minorités, ethniques, linguistiques et religieuses ?

1992. Le matin du scrutin, nous partons pour Požarevac, à moins de cent kilomètres de Belgrade. Cela n'intéresse plus personne aujourd'hui, je rappelle que c'est la ville de naissance de Slobodan Milošević, président de la nouvelle République fédérale de Yougoslavie, accusé auprès du Tribunal pénal international pour l'ex-Yougoslavie (TPIY) de La Haye de crimes de guerre, crimes contre l'humanité et génocide, mort pendant l'année de son procès sans qu'aucun jugement n'ait été rendu. Dans un des bureaux de vote, j'assiste à une scène typique des vieilles sociétés rurales et patriarcales. Un jeune homme distribue ouvertement des bulletins de vote à plusieurs femmes d'âge varié qui sont venues avec lui. Le scrutin a lieu dans une salle de sport, un gymnase, nous allons placer quelques ballons à un poteau de basket. Pour calmer sans doute la pression qu'on ressent partout, dans la voiture du retour, quelqu'un montre au loin un avion et ses feux, N'est-ce pas plutôt une mouette, dit Mihnea Berindei*, qui s'est décorée pour Noël ? Dans le milieu de la journée suivante, un petit groupe de journalistes décide de se rendre à Pristina, au Kosovo, à quatre heures ou cinq heures de route de Belgrade, ils m'embarquent avec eux. Nous roulons de nuit dans des rues quasi désertes, on entend

* Né en 48, mort en 2016, Mihnea Berindei est un historien, militant politique, militant pour les droits de la personne humaine, dissident, arrivé en France en 72. Il est notamment l'auteur avec Ariadna Combes et Anne Planche en 91 de *Roumanie, le livre blanc* (La Découverte).

par moments de lointaines rafales d'armes à feu. Dans les jours qui suivent, toujours à l'hôtel Moskva, je suis abordée dans l'ascenseur par un garçon qui me paraît nerveux, agité. Dans un français parfait, il me suggère de l'accompagner pour une mission dont il ne me dit pas grand-chose, mais qui présente des risques : Vous avez l'air courageux, me dit-il. Je suis flattée, mais je décline poliment.

Je ne peux terminer sans évoquer cette scène qui conclut mon premier séjour à Belgrade avec Est Libertés. La veille de notre départ, quelques écrivains, intellectuels et journalistes « yougoslaves », membres du Cercle de Belgrade, ont décidé de se retrouver pour une soirée à Zemun, Philippe Petit et moi sommes invités. Toute proche de Belgrade, Zemun est une petite ville sur le Danube, symbole de l'ultime résistance au XVIe siècle à l'avancée de Soliman le Magnifique. Le dîner a lieu un soir de fermeture dans une auberge qui a rouvert pour notre groupe. La succession des plats se prolonge, accompagnée de libations plus que généreuses. Puis chacun à son tour se met à chanter une mélodie de sa région natale, Croatie, Serbie, Monténégro, Slovénie... C'est un dernier adieu à ce qui ne sera plus jamais ; ils ont voulu le célébrer ensemble, ils ont voulu nous y faire participer. Ivan Čolović était là, s'en souvient-il ? Il faut lire son livre, *Le Bordel des guerriers. Folklore, politique et guerre* (2005), où il étudie les liens du folklore serbe, de la politique et de la guerre dans une mythologisation de la souveraineté nationale, relayée entre autres par les commentateurs sportifs.

Vers 2 heures du matin, notre groupe frissonnant se retrouve dehors. Je reverrai toujours le Danube, le quai silencieux éclairé vivement par la lumière de la lune. Et le mouvement soudain de quelqu'un qui s'arrête et dit : Mais non ! nous ne pouvons pas nous séparer ! Et nous rentrons tous dans la salle qu'on rallume, et la soirée reprend, de chants et de slivovitz.

L'année suivante, je retrouve à Belgrade Frédéric Martel, que j'avais connu en Roumanie. Frédéric et moi décidons de nous lancer dans quelques explorations en dehors de la ville, notamment en direction de Vukovar, rasée après sa prise par les forces serbes en novembre 91. La route porte partout les traces d'anciens combats, aux carrefours on peut lire des indications menaçantes. Des sacs de sable protègent des maisons, ciblées par des inscriptions signalant l'appartenance politique et religieuse de leurs habitants. On dit qu'à certains carrefours, des hommes en armes vous arrêtent, et vous demandent de faire un signe de croix, pour déterminer à quel camp vous appartenez, chrétien ou orthodoxe, on ne le fait pas dans le même sens. La marche dans Vukovar m'a laissé des souvenirs ineffaçables, je revois le pont sur la Vuka, brisé en son milieu, les lampadaires des quais tordus sur les trottoirs, le bruit sinistre du verre et de la pierre écrasés sous nos pas. En fin d'après-midi, de petites lumières s'allument aux étages de quelques rares maisons restées debout. Ainsi donc on vit, on continue de vivre à Vukovar ?

Spectacle poignant, me voici au cœur d'un « paysage de ruines », je comprends la force du terme d'« urbicide », utilisé et réactualisé dans les années 90 par Bogdan Bogdanović, membre du Cercle de Belgrade. La destruction ritualisée des villes est une composante majeure dans les entreprises guerrières, notamment celle des espaces de progrès, de culture, dont la population accumule et entretient les traces. En même temps, on peut y lire l'appel à la restauration d'un temps ancien, fantasmé. Beyrouth, Sarajevo, Marioupol en Ukraine. Et aujourd'hui, Gaza. Comme à plusieurs reprises au cours de ce récit, l'actualité vient s'y inscrire. Dans un entretien donné au journal *Le Monde*, en date du 2 mars 2024, Peter Harling, spécialiste du Moyen-Orient, qualifie d'« urbicide » la destruction de Gaza-ville par l'armée israélienne. Détruire une ville, dit-il, c'est vouloir « détruire la civilisation adverse ». Il s'agit moins d'obtenir des avantages tactiques ou stratégiques que d'organiser la « mise en spectacle de la haine ». C'est pourquoi, ajoute-t-il, « les Israéliens prêtent une attention toute particulière à la démolition, de sang-froid, des symboles qui font la ville de Gaza : patrimoine, universités, mosquées, cimetières ».

Je ne suis revenue à Belgrade qu'une fois, en 2009, pour la traduction de mon *Castor de guerre*, accueillie par un groupe très sympathique de femmes, professeurs pour la plupart, qui m'ont joyeusement initiée au type de féminisme qu'elles étudiaient et pratiquaient. Nous avions ouvert un ou deux repas par une slivovitz bue cul sec, sans aucune de ces mines un peu mièvres que les femmes parfois se croient obligées d'adopter devant l'alcool.

« La révolution est un bloc ! »
Puis Moscou, quelques jours en 93

Je pourrais, je devrais peut-être m'arrêter un moment, faire le point. Héritage lourd, encombrant, cette tradition républicaine dont je suis porteuse ? Ou plutôt une boussole, pour m'orienter dans cette dernière partie du XXe siècle, secouée, tourmentée, dévastée ? Je ne sais pas. Je continue de raconter, je n'ai pas d'autre choix.

Au mois de mars 93, la France pense maintenir l'héritage révolutionnaire en fuyant le souvenir de la Terreur. En 89, d'une manière que l'on peut contester, elle avait fait revivre à la face du monde le 14 juillet, ce jour où, selon Victor Hugo, « Paris prenait au collet / La Bastille scélérate » (*Les Chansons des rues et des bois*, 1865). Mais 93 est le bicentenaire d'événements qu'on est beaucoup moins empressé de rappeler. Réveillant un vieux débat, ouvert par Clemenceau le 29 janvier 1891. Le 24 janvier 1891, c'est la première à la Comédie-Française de *Thermidor*, dont l'auteur, Victorien Sardou, est membre de l'Académie française. On en a sans doute oublié l'intrigue. Un jeune officier de l'armée du Rhin tente de sauver de la guillotine une jeune fille accusée de fanatisme religieux. Nous sommes le

9 thermidor an II. Autrement dit le 27 juillet 1794. Accusé de tyrannie, Robespierre est arrêté par la Convention et guillotiné dès le lendemain. Poursuivie par une « populace sanguinaire », hurlant *La Carmagnole* et scandant : « C'est une Vendéenne, une aristocrate ! », la jeune fille est emprisonnée. La seule façon de se sauver serait de déclarer qu'elle est enceinte : elle refuse ce déshonneur… La pièce est ouvertement dirigée contre la Terreur et contre Robespierre. « Que Robespierre disparaisse, dit-on dans la pièce, et demain il n'y aura plus d'échafaud[136]. » Tumulte indescriptible à la Comédie-Française, mené par les opposants de gauche. Le 27 janvier, le ministre de l'Intérieur décide « d'interrompre par mesure d'ordre public les représentations de *Thermidor* ». Le 29 janvier, le débat traîne, à la Chambre, autour de la liberté d'expression, quand Clemenceau prend la parole. Vingt minutes d'une « éloquence vengeresse » selon les mots de l'époque. « Que nous le voulions ou non, que cela nous plaise ou que cela nous choque, la Révolution est un bloc. »

C'est un point qui n'est toujours pas résolu. Au cœur, la guerre de Vendée. On n'a pas osé en 1993 relire dans *Quatrevingt-treize* ce profond aperçu des causalités historiques : le dialogue entre la tour féodale et la guillotine, « l'arbre sinistre » sorti de « cette terre superposée à tant d'abîmes et où avaient été enfouis tant de forfaits ». Sur ces sujets, nous sommes souvent des couards, ou de prétentieux m'as-tu-vu à la mémoire paresseuse. C'est donc à Philippe de Villiers et à Alexandre Soljenitsyne que nous laisserons le soin de commémorer 1793, cérémonie au cœur de la Vendée qui contribuera, entre autres, à enfermer Soljenitsyne dans son image d'icône de la réaction. Ces questions sont toujours brûlantes, en France. Et régulièrement on fait de la Terreur et des massacres de Vendée les ancêtres et les inspirateurs du système pénitentiaire soviétique. Et de Staline le fils de Robespierre. C'est un lieu commun dont on use commodément pour discréditer la Grande Révolution et faire oublier 1789. Bien utile pour faire taire l'appel à la justice et à l'égalité, chaque fois qu'il se fait entendre dans les classes populaires.

J'y penserai quelques années plus tard, en Vendée, et une autre fois, dans le Grand Nord sibérien, parmi les restes d'un des pires goulags au-delà du cercle polaire, laissant retentir longuement l'écho de la cloche au-dessus du camp de Norilsk.

En attendant, je ne sais pas si Adam Michnik a raison, si le pire du communisme, c'est le jour d'après, mais j'ai grande envie de le savoir. Et je saute sur l'occasion, quand je suis invitée en 93 à des rencontres à Moscou, que doit suivre un court passage à Nijni Novgorod. Ce qui me donne une raison d'évoquer deux figures typiques de cet « après » : les deux frères Ierofeiev, Viktor et André. C'est André, le plus jeune des deux, historien d'art et conservateur, qui trouvera à me loger à Moscou. Depuis 83, il avait entrepris de constituer une collection d'art non conformiste russe, la première, pour en faire don à un musée moscovite. À l'époque, il n'était pas autorisé d'acquérir des œuvres de ce type. Quant à Viktor, je l'avais rencontré quand il était venu en France pour la traduction de son livre *La Belle de Moscou* (1990). Qualifié à sa sortie d'« œuvre phare de la jeune littérature russe ». Note de l'éditeur : « Naïve et débauchée, paumée et aventureuse, Irina ne serait-elle pas l'âme même de la Russie d'aujourd'hui ? » Depuis la guerre d'Ukraine, Viktor Ierofeiev s'est installé en Allemagne. En mai 2022, dans une interview au *Frankfurter Allgemeine Zeitung*, il a dit : « J'ai fui la maison des morts. » Très critique à l'égard de Vladimir Poutine, il n'oublie pas que l'Occident est coupable d'avoir découragé les tentatives pro-européennes des débuts de sa présidence. Leur père, Vladimir Ierofeiev, était le traducteur personnel de Staline pour le français, c'est ce qui lui avait valu de servir d'interprète au dictateur albanais Enver Hodja, dont c'était la seule langue étrangère. L'anecdote suivante donne toute la mesure de l'humour sinistre de l'époque. Convoqué par Staline en pleine nuit, Vladimir Ierofeiev arrive le plus vite qu'il peut au Kremlin, mais il fait une chute dans un couloir mal éclairé. Il se blesse, il est en retard, et passablement inquiet. Mais qu'y a-t-il, camarade Ierofeiev ? dit Staline sur un ton très amical. Tu es blessé ? Ierofeiev balbutie une explication, un moment passe. « Puis la porte s'ouvre et un médecin et deux assistants entrent avec une petite valise à pansements. Staline avait un bouton d'appel sous sa table[137]. » Son fils le racontait dans un français parfait, avec beaucoup d'humour et un fort accent russe.

En mars 93, André Ierofeiev me trouve un petit appartement qui venait d'être libéré par la mort d'une parente âgée. Le jour de mon arrivée, il est tard, il fait froid, je mets du temps à me repérer dans ce quartier éloigné du centre. La nuit était tombée, on n'y voyait goutte, je m'oriente tant bien que mal dans la cité, un ensemble de bâtiments construits en masse après la guerre, séparés par de grandes cours cimentées toutes pourvues d'un châssis de bois pour y battre les tapis. Dès que j'ai refermé la porte, je demeure saisie. Rien n'avait été dérangé, tout était resté en l'état, une plongée dans les années 50, les meubles, la décoration, les objets de toute une vie, au mur, un poste de radio, comme en étaient équipés tous les appartements des années d'après-guerre afin de ne rien perdre des discours officiels. Le lit était défoncé, je tire le matelas sur le sol pour essayer de dormir un peu. Mais j'ai pris froid dans la nuit et je traîne lugubrement un gros rhume toute la semaine. Après quelques courses dans une épicerie, sans rapport avec les « Gastronoms » du centre, des épiceries fines très coûteuses, je reviens avec du pain, des concombres, du poisson fumé, et je mets à glacer sur le balcon une bouteille de vodka. Petit à petit je me suis enhardie, j'ai ouvert les placards, les tiroirs. Dans l'un d'entre eux, je trouve le livret qui accompagnait toute sa vie un citoyen soviétique, avec toutes les étapes de sa vie professionnelle. J'aurais dû le prendre, je l'aurais sauvé de la destruction.

La ville a changé depuis 89. Sur les grands boulevards, les avenues, les places, s'allongent des files de femmes âgées qui proposent du pain, des conserves, et aussi des objets de valeur qu'on leur a confiés, des icônes, des châles, de petites boîtes de marbre (j'en ai rapporté une). Debout dans le froid toute la journée, la tête enveloppée d'écharpes tricotées, les pieds dans des bottes fourrées, elles ne quittent leur emplacement qu'à la nuit tombante. J'ai vite fait de saisir dans quelle voie ardue s'engage le pays, sous la pression d'une communauté internationale avide d'en humilier la puissance. Nous le payons aujourd'hui : l'appétit de revanche explique en partie les menées impériales de son actuel dirigeant. On me convie l'un des jours suivants au siège de la revue *Drujba Narodov*, « L'amitié des peuples ». (Une blague de l'époque soviétique : une amitié pour l'éternité, soit, mais pas un jour de plus.) La rencontre avec les écrivains russes est décevante. Nous ne nous comprenons pas bien, malgré les efforts des traductrices. Un écrivain plus très jeune, comme tous les participants à cette étrange réunion, corpulent, la barbe fleurie, se lève et, sur un ton légèrement théâtral, résume en trois mots les thèmes des romanciers russes de ce moment-là (1993) : « Dieu, la terre, la femme. » Dans la pièce voisine, des photos au mur de quelques-uns des écrivains présents, souvent en uniforme. Je les reconnais à peine, avec leurs jeunes visages et leurs cheveux bouclés, leur sourire contraint et leur air emprunté. Le lendemain ou le surlendemain, une jeune femme de l'Institut français m'emmène à Zagorsk, à environ 70 kilomètres au nord-est de Moscou. C'est la plus proche des villes de « l'Anneau d'or », une succession de cités princières édifiées du XIIe au XVIIe siècle, avec des églises, des cathédrales, des monastères et des couvents typiques de l'architecture religieuse russe. Une pente enneigée monte depuis la gare vers la colline hérissée de coupoles bleu nuit, bleu éclatant, vertes, de dômes d'or pur, se détachant sur un ciel sombre. J'entends encore le marmonnement d'une foule pieuse, dans la lueur tremblante des petites bougies de cire, projetant des éclairs dorés sur les parois peintes des églises. Images des jours d'avant revenus dans « le jour d'après ». J'ai rapporté de Zagorsk un très petit tableau, une isba, isolée entre des arbres, sur un fond sombre et nuageux. De longues perches soutiennent son toit de chaume. À une fenêtre brille une unique lumière.

Puis nous partons pour Nijni Novgorod, qui a retrouvé son nom après s'être appelée Gorki depuis 32, du nom de l'écrivain — dont c'était du reste le pseudonyme, « l'amer », il était né Pechkov. Nijni Novgorod est à 400 kilomètres à l'est de Moscou : cela me paraît à l'époque s'enfoncer en Sibérie. La gare de Koursk, Kurskiy Vokzal (de l'anglais Vauxhall, nom du parc où fut édifiée la première station ferroviaire en Russie), dans la partie est de Moscou, a été construite à la fin du XIXe siècle. Modifiée en 72, elle a perdu sa majesté et cette extravagance architecturale qui marque les grandes gares russes, notamment sur le trajet du Transsibérien. Kurskiy Vokzal accueille alors toute une population venue de l'est, des républiques d'Asie centrale, autonomes aujourd'hui. Leur présence colorée, leurs costumes, leurs coiffures, leurs visages confèrent à la gare une teinte exotique qu'elle a perdue maintenant. Huit heures plus tard, nous arrivons, inoubliable vue du Kremlin de Nijni Novgorod près du confluent de la Volga (que Jules Verne et tout le XIXe siècle appellent « le Volga ») et de l'Oka. Sur le fleuve gelé, des pêcheurs sont installés près d'un trou dans la glace, qu'ils ont forée au vilebrequin. Une vapeur blanche monte de l'étendue bleuâtre. On me confie à une ancienne professeur de français qui me montre la maison natale de Gorki et celle où vivait une maîtresse de Lénine. Et une église, devenue bibliothèque sous le régime précédent, que les prêtres ont récupérée, « jetant tous les livres à la décharge », dit-elle, sur un ton de vive réprobation.

La veille de mon départ, en sortant du studio de la radio locale, je rate une marche dans le noir. Le lendemain matin, après une nuit sans sommeil, ma cheville est tellement enflée qu'on me conduit à l'hôpital. Spectacle hallucinant dans la salle d'attente : foule, entassement, sourdes plaintes... Près de moi, tenu sur les genoux de son père, un enfant somnole, la tête et le torse entourés de pansements. On me fait comprendre qu'il est tombé dans une bassine d'huile bouillante. On me fait passer avant lui malgré mes protestations. Le médecin m'examine rapidement, m'enveloppe le bas de la jambe et le pied dans une longue gaze molle, et on me donne une béquille. Une vraie, d'autrefois, que je glisse sous mon aisselle, mais je ne parviens pas à marcher. Ni à remettre ma botte. À l'hôtel on me donne des sacs en plastique que j'enfile et ficelle sur plusieurs paires de chaussettes. Je dors vaguement dans le train, à l'arrivée la jeune collaboratrice de l'Institut prend ma valise, mais le quai est long de plus d'un kilomètre. Soudain un homme me fait signe, il a une barbe en éventail, la chemise serrée à la taille, et le pantalon dans les bottes, comme un moujik dans un roman de Leskov. Il tire une longue chenille de chariots où sont entassés les bagages. À peine m'a-t-il vue qu'il commence à disposer bien à plat les paquets et les valises pour que je puisse m'étendre, et nous voilà partis. J'aurai un autre exemple de la sollicitude russe le lendemain à Moscou, dans la maison de Tolstoï, que je visite suivie de salle en salle par une gardienne portant une chaise qu'elle glisse sous moi à chacune de mes pauses. Premier contact avec la bonté populaire russe, cette compassion élémentaire, qui s'adresse aux malheureux, à ceux qui souffrent. Tel, dans *Vie et destin* de Vassili Grossman, le geste d'une vieille paysanne russe qui prend dans son isba pour le soigner un capitaine allemand blessé. Ou, dans l'admirable récit de Tolstoï, *La Mort d'Ivan Ilitch*, ce moment saisissant : le juge, qui va mourir, et que sa femme et sa fille ont laissé seul pour aller au théâtre, voit entrer dans sa chambre un jeune domestique, qui s'assied au pied de son lit et lui masse les jambes. Il le remercie : Eh quoi, barine ! dit le garçon. Nous mourrons tous ! Dans une version explicitement développée chez certains écrivains russes, la compassion s'étend jusqu'à la compréhension de la vie universelle. Un beau récit d'Andreï Platonov l'élargit à toute la steppe, jusqu'au plus petit brin d'herbe qui frémit dans le vent.

Tout en me rapprochant encore davantage, s'il est possible, de ce que j'imagine être « le peuple russe », ce voyage à Moscou en 93 m'a jetée dans une inquiétude que redouble encore une grave crise institutionnelle survenue en octobre de la même année. Boris Eltsine suspend les pouvoirs du Soviet suprême, le décret est rejeté par une grande partie des députés qui se retranchent dans la Maison-Blanche, le siège du gouvernement russe. L'affrontement se conclut par un bombardement du bâtiment qui fait plus de 150 morts. J'y puise le sujet d'un roman, *Les Trois Minutes du diable* (1994). Le monde est sorti de ses gonds ; de partout monte la menace de la guerre. « La guerre vient » en est le leitmotiv. Trente ans plus tard, je vois bien que j'avais raison. Nous avons cru après 89 que le monde entrait dans la paix perpétuelle, deux ans plus tard, c'était le siège de Sarajevo et le massacre de Srebrenica. On l'a oublié aujourd'hui. Au point qu'en 2022 la guerre d'Ukraine est présentée comme la première en Europe depuis 45. Je suis une enfant de la guerre, on ne me trompe pas. Née pendant l'Occupation, passant mes premiers hivers dans une grande maison partiellement occupée par des soldats ennemis, j'ai toujours su que la guerre ne me quitterait jamais. Que je vivrais à jamais sous son ombre, et sous la menace de la voir revenir.

IV

« LE PLUS LONG DÉTOUR EST LE PLUS COURT RETOUR »

Le planisphère de la gare de Xi'an

J'ai longuement dit comment la fascination pour une mythique « Europe centrale » m'avait entraînée dans une surestimation de « notre » culture, de « notre » monde. J'y reviens, parce que je vais aborder un moment décisif où je me suis vue arrachée à ce dangereux européocentrisme. C'était en Chine, en 94. Déjà, il m'apparaissait clairement que la chute du Mur avait impudemment légitimé la prétention de l'Europe, et de tout le monde occidental, à se constituer en modèle. Quel modèle, du reste ? Le traité de Maastricht, signé le 7 février 1992, donne le jour à une Europe qui combine et confond les droits de l'homme avec ceux du marché. Aux dépens du « Sud » sur lequel nous avions longtemps exercé notre domination, nous considérant non seulement comme le centre, mais comme le maître du monde. Cette idée n'avait jamais dérangé la petite républicaine en galoches, instruite très tôt que nos institutions sont un modèle pour le monde entier. France, mère des arts, des armes et des lois ! Toute mon éducation en porte la marque ; la foi dans le progrès et l'instruction se double d'un universalisme équivoque et d'un suprémacisme ingénu. Retour à Renan, pour sa formule dans *L'Origine du langage* : « Envisagés par le côté physique, les Sémites et les Aryens ne font qu'une seule race, la race blanche ; envisagés par le côté intellectuel, ils ne font qu'une seule famille, la famille civilisée. » « Les Blancs face au reste », conclut François Hartog[138] : Polynésien téléphonant, vous dis-je. Renan en tirera une conclusion en faveur des bienfaits de la colonisation. Afin de tenir la grande promesse républicaine, il me fallait donc nécessairement me décentrer, aller ailleurs, regarder ailleurs. Ailleurs dans l'espace et dans le temps. M'ouvrir à tout ce qui bouscule, ébranle, fait vaciller les tranquilles certitudes républicaines, sur le plan politique, sur le plan social, sur le plan religieux. Avant de *me retrouver chez moi.* Décentrement, recentrement. C'est ce double mouvement qu'il me reste à raconter.

En juillet 94, après une rencontre avec des écrivains chinois à Pékin, j'étais allée passer seule une semaine à Xi'an, l'ancienne capitale impériale. À la fin de mon séjour, dans la salle d'attente de la gare où j'attends le train qui doit me ramener à Pékin, je promène distraitement mes regards sur une grande carte du monde, dessinée sur un mur en face de moi. Jusqu'à ce que soudain mon attention s'éveille. Mais qu'est-ce que je vois, en fait ? Une immense surface marine, un océan bordé de continents sur les deux côtés. Mais ce n'est pas l'Atlantique, c'est le Pacifique. L'Amérique est sur la droite, selon un tracé inconnu, et la gauche est occupée par la Chine et les autres pays d'Asie. L'Europe a disparu. Elle est invisible. Elle est « derrière ». Tandis que retentit une musique aux accents militaires, *L'Orient est rouge*, je traverse un moment de soulagement, d'exaltation et de joie. Nous ne sommes pas au centre du monde, peut-être même que le monde n'a pas de centre. Enfin, je suis délivrée ! Enfin je suis partie de chez moi ! Enfin je suis dépaysée ! Quelque chose est en train de se soulever, qui m'avait longtemps pesé. La fin d'une charge ? D'un commandement ? D'une mission ?

Après le voyage à Pékin en décembre 93 de Jacques Friedmann, envoyé spécial du Premier ministre Édouard Balladur, la Chine et la France décident de « restaurer leurs relations d'amitié

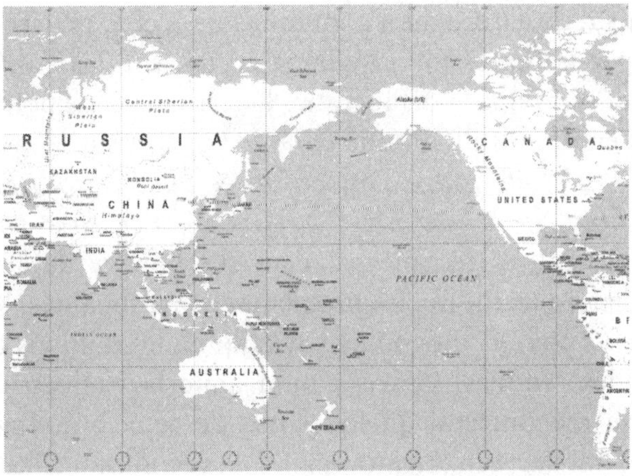

et de coopération traditionnelles sur la base des principes qui ont présidé à l'établissement des relations diplomatiques entre les deux pays ». En juin suivant, une petite délégation d'écrivains français est envoyée rencontrer leurs homologues chinois, comme on dit, à Pékin, autour de Claude Roy, qui a voyagé en Chine depuis les années 50, et fait partie de ceux qui connaissent le mieux le pays. Mais il ne se sent pas assez solide pour un lointain voyage et suggère aux Éditions Gallimard qu'on m'envoie à sa place. France Culture me confie un petit magnétophone sur lequel je devrai enregistrer chaque jour quelques minutes pour une diffusion durant l'été suivant.

Je n'arrive pas ici avec les mêmes attentes que la revue *Tel Quel* en 74, fascinée par le maoïsme. Ni même que Simone de Beauvoir et Sartre en 55. Quarante ans ont passé, il n'est plus possible de penser qu'aller à la rencontre de la Chine, c'est la saisir dans « cette longue marche qui achemine pacifiquement la Chine de la révolution démocratique à la révolution socialiste » (Simone de Beauvoir, *La Longue Marche*). Ce n'est plus l'époque où à Nanterre des étudiants s'intéressaient au *Petit livre rouge*, et j'ai pour ma part dépassé le temps d'une interrogation anxieuse sur la nature du « communisme réel », révélée une fois de plus par la répression sanglante en 89, sur Tian'anmen, des manifestations pour la démocratie. Je retrouve cette note rédigée, comme j'en prends l'habitude dans ce voyage, sur le modèle des haïkus : *« L'étoile rouge s'est enfoncée dans le sol / Sa pointe ardente fume et se refroidit / Les morts n'en sont pas soulagés. »* Des ombres terribles planent sur l'image de la Chine : l'immensité du territoire, les problèmes de nationalités, les *laogai* (équivalents chinois du goulag soviétique), les millions de morts des grandes famines. Grâce à mon amie la traductrice Annie Curien, je rencontrerai quelques-uns de ceux qui, étudiants à l'époque, ont survécu, bien ou mal, à la révolution culturelle des années 60. Mais un fossé générationnel s'est creusé du fait de la révolution, une rupture évidente avec la paysannerie traditionnelle, ses habitudes, ses superstitions. Même si, depuis la mort de Mao, le pays est sorti de l'uniformisation que lui conférait une organisation de fer, il n'est pas revenu aux formes du passé.

Vol de nuit. Parce qu'on dort tout le temps, le Paris-Pékin d'une dizaine d'heures se réduit pratiquement à rien malgré le décalage horaire qui dans ce sens n'est pas à notre avantage. Un peu avant notre arrivée, sans me dire pourquoi, mon voisin me cède sa place près du hublot. Et soudain la Grande Muraille s'y encadre, serpentant sur un fond aride de rochers coupés de forêts. Je le remercie avec effusion. Partie de Paris dans la fin de l'après-midi, accueillie à l'aéroport par Annie Curien et son mari, je déjeune avec eux à 13 heures (heure locale) dans le meilleur et le plus populaire des restaurants de canard laqué.

Le soir de notre installation à l'hôtel, j'entreprends de faire un tour dans le quartier. Mais les indications en chinois ne me sont d'aucun secours, je fais donc sur mon carnet des croquis pour trouver mon chemin au retour, jusqu'au moment où je découvre que les deux petits lions se faisant face à l'entrée d'un immeuble sont les mêmes quelques immeubles plus loin. Mais cela ne fait rien, je m'oriente à peu près, parvenue aux murs rouges de la Cité interdite, je reviens sans encombre, mais non sans fierté, à mon hôtel. Son nom, dont j'essaierai vainement de copier les idéogrammes pour demander mon chemin quand je serai seule à Pékin, c'est À la Grue Blanche, 白鹤. L'un de ces vifs contrastes culturels que j'aime tant : chez nous, une grue — on n'emploie plus guère le mot et c'est tant mieux —, c'était une femme qui fait le trottoir, s'appuyant contre le mur une jambe repliée, comme l'oiseau. En Chine, au contraire, c'est un oiseau très bien vu, symbole de la pureté et de la longévité. On félicite les personnes très âgées par la formule « he-shou ! » qui signifie « une longévité de grue ! ». En rentrant dans mon hôtel je me fais la promesse de louer une bicyclette avant de quitter Pékin. Et d'y passer au moins une semaine seule lorsque mes compagnons de voyage seront tous rentrés à Paris. Le lendemain matin, dans une atmosphère effroyablement polluée, qui me rappelle les pires jours de Calcutta, nous gagnons à pied le Café français, repérable à une tour Eiffel en miniature au-dessus de l'entrée. C'est là que siège la revue *Zhongguo Tushu Pinglun* (« Revue des livres en Chine »). Chacun de nous tente de faire comprendre ce qui le définit et sa source principale d'inspiration. Peu après mon intervention, le président de l'association des écrivains me décerne le nom sous lequel il me désignera désormais, et je me fais faire en sortant un tampon que j'ai toujours : « l'être qui marche ». C'est une des incarnations de Bouddha : « Le sage taoïste Tchouang-tseu disait en ce sens de l'homme véritable que “sa respiration provenait de ses talons ; alors que la respiration des hommes ordinaires ne provient que de la gorge[139]”. » À propos de respiration, de retour dans la rue, en direction de notre hôtel, je suis de nouveau suffoquée par le manque d'air, étourdie par la rumeur d'un flot ininterrompu de voitures, mêlées au déferlement des bicyclettes. Tard dans l'après-midi et dans le soir tombant, j'erre de nouveau autour de la Cité interdite, dans un entrelacs de ruelles où se presse un peuple avide de fraîcheur et de calme.

Quelques jours plus tard, on se disperse, Michel Butor rentre à Paris, Annie Curien, son mari et ses enfants me proposent de les accompagner avec un jeune écrivain chinois dans le Wutaishan, la montagne du Wutai, l'une des quatre montagnes sacrées bouddhiques de Chine dans la province du Shanxi, à 350 kilomètres de Pékin. De Li Rui (on prononce Li Jué), Annie traduira quelques années plus tard son roman *Arbre sans vent*. J'ai toujours une statuette en métal de la Bodhisattva Guan Yin, la déesse de la Compassion, qu'il m'avait offerte. Nous partons en voiture, je tiens scrupuleusement ma parole, j'enregistre trois minutes d'une traite tous les soirs. Sur le Wutaishan, « le mont aux cinq terrasses », s'échelonnent des dizaines de temples. Les pèlerins gravissent un à un les escaliers qui les relient. Nous nous contentons sagement de les descendre. D'en haut se découvre une profonde vallée, couverte d'une végétation d'un vert intense. *« Sur le flanc vert du mont / L'été se repose entre les écharpes de brume. »* La foule silencieuse nous regarde avec indifférence. Réfugiée dans l'enceinte d'un temple, la pluie nous ayant surpris, je me glisse avec le magnétophone près d'une gouttière en terre cuite. C'est le seul moment où je me sens proche d'une forme de spiritualité qui d'ordinaire m'est tout à fait étrangère : la fascination occidentale pour le bouddhisme me semble une des expressions les plus consternantes du désarroi moderne. Dans la lumière verte sous l'auvent, le tip-tap des gouttes donne de la marche irréversible du temps une illustration à la fois solennelle et joyeuse. Avant de rejoindre notre voiture, nous restons un moment dans un temple de moniales. L'une d'entre elles s'attarde avec nous. Elle vient de Harbin, grande ville industrielle du nord-est de la Chine, centre important après 1917 pour la communauté des Russes blancs émigrés pendant la guerre civile. Après la victoire de l'Armée populaire de libération chinoise en avril 46, les Russes sont déportés en Sibérie. Le récit de la nonne est touchant : son mari est un haut fonctionnaire du Parti, il a accepté sa conversion et son départ, mais elle a pris soin avant de le quitter de divorcer, et de lui trouver une nouvelle femme.

Elle nous raccompagne sous la pluie, les bras nus dans sa robe orangée, le temps a fraîchi, je lui offre mon K-way. Merci, me dit-elle, je n'ai pas le droit de le porter mais je le prends et le garderai en souvenir de vous.

Qu'est devenue la nonne au beau visage ?

Il était prévu que nous nous quitterions dans la ville voisine de Taiyuan, les Curien retournent à Pékin, je vais partir dans la direction opposée, vers l'ancienne capitale de Xi'an. On m'installe dans le train de nuit. Les wagons, comme en Russie ceux du Transsibérien, n'ont que de rares compartiments à couchettes. C'est un vaste espace divisé en rangées de châlits. Je m'étends sur l'un d'entre eux, je me roule dans ma couverture, ayant pris soin de glisser sous ma tête la petite sacoche qui contient passeport et argent. Mais au même moment, par la fenêtre ouverte, passent deux longs bâtons, suivis d'une civière sur laquelle repose un homme aux yeux fermés, relié à une perfusion. On le glisse dans le châlit en face de moi, personne ne l'accompagne, il ne bougera pas de toute la nuit. Je ne parviens pas à m'endormir, autour de moi on ne dort pas davantage, on m'offre de la nourriture, progressivement tout se calme, la nuit s'épaissit, seulement trouée par des lueurs vives dansant de place en place au flanc de la montagne, des forges, des briqueteries ? Je reste un moment contre la fenêtre à les regarder. Surtout ne bois pas ! m'ont dit mes amis. Les sanitaires sont indescriptibles. Au retour, je partagerai mon espace entre les châlits avec des étudiantes américaines révoltées par ce manque d'hygiène. Mais « Paris is dirty, isn't it ? » me dit celle qui s'est présentée comme « Pat ».

« Antoine », un étudiant chinois à qui on m'a confiée, m'attend à la gare pour me conduire à l'hôtel de la Cloche — tout près d'un des plus anciens monuments de Xi'an, la tour de la Cloche, construite en 1384, au début de la dynastie Ming —, il propose aussitôt que nous nous rendions sur le site du mausolée de Shi Huang, le premier empereur de Chine, entouré de

8 000 statues de soldats et chevaux en terre cuite. En 74, un paysan qui forait un puits a découvert la première statue : les vieux, en voyant qu'on avait sorti de terre des « statues de divinités », sont très mécontents, ils craignent une retombée sur le village et sur les découvreurs. Certains essaient de les réenterrer, d'autres brûlent de l'encens, apportent des offrandes. Mais on voit bien qu'on est en Chine communiste. Le paysan découvreur, qui a servi dans l'armée durant six ans, possède quelques notions au sujet des objets anciens et n'est plus très convaincu de l'influence des forces occultes. « J'ai appelé quelques femmes, dit-il, et j'ai attelé trois chariots à deux roues pour transporter la statue et les objets en terre cuite que j'avais déterrés au musée du district de Lintong. Si ce ne sont pas des objets historiques, je les jetterai dans la rivière, je me laverai et je rentrerai à la maison[140]. » Plus d'une fois, au cours de ce voyage, d'abord à Xi'an, puis à Pékin, je devine le degré d'ébranlement qu'a subi la Chine traditionnelle, et c'est un de ses contrastes les plus forts avec l'Inde, pétrie d'une spiritualité parfois étouffante. Dans les rues des grandes villes, quoique faiblement marquées à l'époque de modernité technologique, on rencontre un peuple d'aujourd'hui, rapide, alerte, qui ne s'encombre ni de manières ni de costumes anciens. Les classes et les distinctions sociales paraissent effacées, les hiérarchies nous sont invisibles. À plusieurs reprises, je tenterai de me rapprocher d'une réalité qui m'échappe, au-dehors des grandes villes.

J'y parviendrai quelques jours plus tard, en mettant à exécution le dessein que j'avais de me rendre au mausolée de Qianling, ce vaste ensemble funéraire construit pour l'empereur Tang Gaozong, en pleine campagne, à quelques dizaines de kilomètres de Xi'an. La plupart des touristes voyagent en groupe, on organise pour eux les visites, je suis seule, et n'ai aucune langue en commun avec le staff des hôtels qui à l'époque ne parle pas toujours anglais. Je m'aide de photos, de petits dessins, et un matin vers 8 heures je me retrouve au fond d'une voiture quittant Xi'an dans la direction du mausolée. Sans doute le chauffeur procède-t-il ainsi avec tous les touristes ; nous nous arrêtons sur une petite route, au bas d'une colline, et il me fait signe de descendre. J'hésite un moment, et il agite plus énergiquement la main. Je m'exécute, je gravis le monticule escarpé et, parvenue à son sommet, soudain, entre deux arbres, à droite, à gauche, à l'infini, je vois s'ouvrir une large et longue avenue dallée, bordée de place en place de statues. Je m'arrête, saisie. Au loin, les silhouettes de visiteurs.

Mausolée de Qianling

Je comprends la joie que dut éprouver Victor Segalen, lorsqu'en 1914, chargé d'une mission en Chine, il eut « la bonne fortune » de découvrir « la plus ancienne statue de pierre actuellement connue dans l'art de la Chine et, par conséquent de tout l'Extrême-Orient ». C'est un « cheval nu piétinant un barbare Hiong-nou que les textes et une stèle permettent de dater exactement de l'an 117 avant J.-C. ». Il fait le compte rendu de cette découverte dans une lettre adressée à l'Académie des inscriptions et belles-lettres[141]. Je ne sais pas si à l'époque j'avais lu *Les Immémoriaux*, où Segalen décrit la destruction d'une civilisation par l'arrivée à Tahiti des premiers missionnaires. Mais ce « réactionnaire convaincu » m'accompagne souvent, parce qu'il a quitté sa terre natale pour s'exposer à une radicale altérité, en Polynésie, en Chine, avant de finir mystérieusement sa vie dans la forêt de Huelgoat, un des lieux les plus secrets de Bretagne. Foncièrement opposé à l'ethnocentrisme exotique, c'est un mystique, un mystique athée, qui rejette toutes les religions, bouddhisme ou catholicisme, mais veut conserver « une vision ivre » de l'univers. Antidote nécessaire à la vision positive, voire positiviste, où vous enferme parfois la rigoureuse éducation républicaine.

Le chauffeur et moi déjeunons ensemble, sans un mot, et pour cause, mais de façon très fraternelle, et nous reprenons la direction de Xi'an. Soudain la voiture quitte la grand-route et s'engage sur un chemin entre des champs cultivés. À plusieurs endroits pendent aux branches des rubans de couleur vive que le vent agite. Ce sont des rubans de prière. Puis la voiture s'arrête devant une maison basse, couverte de chaume. Le chauffeur va toquer à la porte, un couple de paysans nous fait entrer. Tout un côté de ce qui semble être l'unique pièce de la maison est occupé par un kang, cette vaste construction en maçonnerie sous laquelle circule la fumée chaude d'un poêle. Les deux paysans se tiennent à distance, me regardent sans hostilité mais sans curiosité. Je voudrais bien échapper à la honte qui me gagne d'exposer ainsi ma condition déplorable de touriste. Je regarde autour de moi les paniers, les pots. Serais-je capable de vivre là une année, et même quelques semaines ?

Mais qu'est devenu ce musée, sur lequel mon carnet s'étend longuement, « le musée de la 8e armée de route » ? La « 8e armée de route » avait été créée le 22 août 1937, durant la guerre sino-japonaise. Elle était commandée par le général Zhu De, fondateur de l'Armée rouge chinoise, ancêtre de l'Armée populaire de libération. Il apporte son soutien, ses troupes et son expérience militaire à Mao Zedong à partir de 35. Aucune trace sur l'internet, je ne peux que faire des recoupements à partir de mes notes, des noms propres que je peine à déchiffrer. Et aussi de quelques dessins que j'ai faits, dont celui que je reproduis ici, non pour sa qualité artistique mais parce que je n'ai trouvé aucune trace de ce musée.

Il est vide de tout visiteur ; je vais librement de pièce en pièce, prenant des notes, peinant à m'y retrouver parmi les images, affiches, photographies. Tout ou presque tourne autour de la présence de communistes étrangers entre 36 et 39. Au mur, une photographie d'Edgar Snow, l'auteur de *Red Star over China*, premier journaliste étranger à rencontrer Mao en 36. (On l'accusera plus tard de complaisance envers le régime.) J'ai noté : « 12 décembre 1936, ici mourut frappé d'une balle le communiste allemand Harbert. » Je n'ai pas retrouvé sa tracc. Autre notation : « 1er février 1938, Norman Bethune rencontre Zhou Enlai et Lin Boqu*. » Norman Bethune était un médecin canadien, un des initiateurs des unités mobiles de transfusion sanguine. Venu en Chine pour soigner ses camarades commu-

* Zhou Enlai (1898-1976), Premier ministre de la République populaire de Chine d'octobre 49 à sa mort. Lin Boqu (1886-1960), poète et homme politique. Secrétaire général du Comité central du gouvernement populaire, il préside la cérémonie de fondation de la nouvelle nation le 1er octobre 1949.

nistes, il meurt deux ans plus tard à Huangshikou, victime d'une septicémie, le 12 novembre 1939. Je suis frappée de voir que les débuts de la révolution chinoise ont attiré des communistes de tous les pays, une sorte de brigade internationale : du reste Norman Bethune revenait d'Espagne quand il se rend en Chine. Il n'était pas le seul ; une vingtaine de médecins brigadistes partirent en Chine, et furent surnommés « les médecins espagnols », même si aucun d'entre eux n'était espagnol. À sa mort, Mao salue en lui « un étranger qui, sans être poussé par aucun intérêt personnel, a fait sienne la cause de la libération du peuple chinois ».

J'épargne au lecteur la liste des chambres, la description des objets, tables, fauteuils, cahiers. Dans celle de Ye Jianying, futur ministre de Mao, un gobelet bleu semble avoir été renversé quelques instants plus tôt. La chambre de Zhou Enlai est la plus intéressante, la plus complète. Il y vécut, semble-t-il, à partir du 2 février 1937. « Il travaillait tard. Parfois il y passait toute la nuit », j'ai recopié cette formule. C'est un stéréotype du portrait des dirigeants communistes. Un tableau bien connu montre Staline à son bureau tandis que, par la fenêtre, on voit, se détachant sur le ciel nocturne, une horloge du Kremlin marquant minuit. En face, la chambre de l'Américaine Agnes Smedley, l'auteure de *The Great Road : The Life and Times of Chu Teh* (vice-président de la République populaire sous la présidence de Mao Zedong). Norman Bethune aussi y avait une chambre. Le reste de la maison contient des pièces avec un matériel technique assez sophistiqué, une petite chambre est équipée d'un décodeur, une autre d'un télégraphe. Et il y a un salon de barbier — j'ai noté : « pour faire des économies, et préserver la clandestinité ». Par les fenêtres me parviennent des bruits de klaxons et le crissement insistant des cigales. Dans la cour une Chevrolet 1938. Je quitte ce lieu étrange *« où furent dictés des meurtres qui, à leur naissance / Avaient la bouche souriante et les yeux clos d'un enfant plein de joie »*.

Je n'ai pas poussé plus loin mes investigations, peut-être le musée subsiste-t-il sous un autre nom. À moins qu'il n'ait été victime d'une réévaluation de la personne et du rôle de Zhou Enlai, ainsi que de toute la période qui précède la Longue Marche. Le souvenir que je garde de cette visite, les notes que j'ai prises sont des traces fragiles mais précieuses de ce qui a peut-être disparu. Comme l'histoire s'écrit avec des tremblements, des ratures, des repentirs ! Parfois je m'interroge, je me demande à quoi j'étais vouée, ou condamnée. Quelle image du devenir de l'humanité, quelle image de l'histoire m'a-t-on transmise pour que je m'attarde ainsi dans des zones mouvementées du monde ? Était-ce par passion, par révolte ? Entre le désir de voir les choses s'améliorer (idée de gauche) et la certitude secrète que nous ne pouvons rien changer (idée de droite) ? *« Dans cette nuit profonde où hommes et choses s'ignorent / Seuls mon corps et mon ombre ensemble jouent. »*

De retour à Pékin, je retrouve la Grue Blanche. Moments de solitude exaltante. Marcher, ne jamais se perdre. Jeu de graphiques et de dessins, je m'oriente de mieux en mieux, je loue un vélo, mais le flot rapide des cyclistes sur les grandes avenues m'effraie, je crains de ne pas retrouver mon chemin. Je ne m'éloigne donc pas trop des petites rues autour de la Cité interdite, après l'avoir visitée plusieurs jours de suite. Toute une vaste zone extérieure a été détruite dans les années 50. Diane de Margerie raconte comment, avant la guerre, elle s'y promenait avec son père qui était consul général. Le soir tombe, les hirondelles crient au-dessus de la muraille rouge. On a posé un petit transistor sur le sol, des couples se forment, parfois de femmes, on danse. Je slalome entre les groupes, on s'écarte, on me salue en souriant. Puis je rentre à l'hôtel où je dîne de yaourts et de pêches.

C'est peut-être une bonne chose d'avoir terminé mon séjour par la visite du Palais d'été, détruit en 1860 et reconstruit par l'impératrice Cixi (de mon temps on disait Tseu-Hi) à partir de 1886. Le cœur même des rapports de la Chine avec l'Occident européen, ce sont en effet les guerres menées par le Royaume-Uni et la France, soutenus par les États-Unis et la Russie, pour imposer à l'Empire mandchou le commerce de l'opium, afin de maintenir à flot l'appareil étatique en Inde, où la plus grande partie de l'opium est produite. Ayant gagné la guerre, les Occidentaux pillent à Pékin de nombreux trésors puis, sur l'ordre du 8e comte d'Elgin, le Palais d'été est incendié par l'armée anglaise. (Le 7e comte d'Elgin avait dévalisé le Parthénon.) Auparavant « Jardin des ondes claires » ou « Jardin de la clarté parfaite », il avait été construit à partir de 1707. Un capitaine anglais de vingt-sept ans, Charles Gordon, écrit : « Vous ne pouvez imaginer la beauté et la magnificence des lieux que nous avons brûlés. » Et voici ce qu'écrivit Victor Hugo, de son exil à Guernesey : « Cette merveille a disparu. Un jour, deux bandits sont entrés dans le Palais d'été. L'un a pillé, l'autre a incendié. (...) L'un des deux vainqueurs a empli ses poches, ce que voyant, l'autre a empli ses coffres ; et l'on est revenu en Europe, bras dessus, bras dessous, en riant. Telle est l'histoire des deux bandits. Nous, Européens, nous sommes les civilisés, et pour nous, les Chinois sont les barbares. Voilà ce que la civilisation a fait à la barbarie. Devant l'histoire, l'un des deux bandits s'appellera la France, l'autre s'appellera l'Angleterre[142]. » Il faut y penser souvent : le communisme chinois, c'est aussi la revanche du nationalisme chinois. Une réponse au crime occidental.

De retour à Paris, tout en préparant une édition des 110 poèmes que j'ai écrits au fil de mon voyage, je lis une biographie de Mao, et je découvre ce qui est peut-être l'une des clefs de la révolution chinoise : sa haine des paysans[143]. Décidément, la question paysanne ne me quitte pas. Cet impensé de la Grande Révolution, cette tache aveugle de la république.

En 2008, je reviens en Chine avec d'autres invités français pour des entretiens autour de l'œuvre de Simone de Beauvoir à l'occasion du centenaire de sa naissance. Quelques jours à Nankin, puis Shanghai, où je rencontre les traductrices de mon livre *Castor de guerre*. On me prévient : il n'y a pas de castor en Chine, l'équivalent, c'est « Otarie d'eau douce ». Je n'ai pas vérifié quand j'ai reçu la traduction. Puis le petit groupe s'envole pour Xi'an. Depuis mon premier séjour, Xi'an a construit une nouvelle branche de l'université, un campus géant, très éloigné de la ville. L'ancienne université, où nous logeons, est voisine des amphis, des terrains de sport et des bâtiments où les étudiants vivent dans des conditions très spartiates, en dortoirs la première année. Dès 8 heures du matin, on peut les voir faire des tours de piste. Leur français est parfait. Ils nous assaillent de questions, jusque tard le soir. Je saisis mal la nature de leurs rapports entre eux, je vois que les filles semblent tourmentées face aux choix de vie qui leur sont proposés. Une jeune professeur me dit : Je dois me marier avant de terminer ma thèse car, ensuite, personne ne voudra de moi, aucun homme en Chine ne veut épouser une femme qui a plus de diplômes que lui. Il préfère une paysanne.

De la superstition et du mysticisme. 1996. Djakarta, Bali. 1997, L'Amazone du grand dieu

Des crapauds qui traversent une route pour se rendre à une cérémonie religieuse ; une historienne qui utilise l'évocation des esprits pour son travail ; la guérison étonnante d'un jeune écrivain indonésien... Le déplacement, le décentrement de nouveau est à l'œuvre. Ce qui s'est produit en Chine quand je me suis retrouvée devant le planisphère de la gare de Xi'an ne va pas rester sans lendemain. Parmi ces moments de confrontation avec une altérité radicale, il y a la rencontre de la foi religieuse, du mysticisme, des superstitions. Il ne s'ensuit pas que la petite républicaine en galoches en vienne à renoncer à ce rationalisme premier que toute son éducation lui a transmis. Pour toujours, et d'une façon générale, par croyance j'entendrai un assentiment sans justification rationnelle, et qui se passe de démonstration. Et je m'en tiens à la définition classique de la vérité : « Veritas est adaequatio rei et intellectus » (« La vérité est l'adéquation de la chose et de l'intelligence », par évidence ou par démonstration). Mais si croyance et vérité s'opposent, une question se fait jour : qu'en est-il de celui (celle) pour qui cette distinction n'existe pas, pour qui le fait même d'y croire garantit l'existence et la vérité de ce en quoi il (elle) croit ?

J'en viens donc à ces trois exemples, empruntés à ce mois de juillet 96 où j'étais en Indonésie pour des rencontres littéraires. Je bouscule l'ordre chronologique pour commencer par le plus saisissant. Après un court séjour à Yogyakarta, je suis pour quelques jours à Bali, et je prends un soir avec deux Américains du même hôtel un taxi pour me rendre au centre de Denpasar. La route sinue entre de hauts arbres ; d'une colline illuminée nous parviennent de la musique, le son des tambours. Soudain le chauffeur pile net, la voiture s'immobilise, les Américains s'inquiètent : *What's wrong ?* Un problème ? Le jeune chauffeur se retourne en souriant. Je laisse passer des crapauds. Il montre la colline. Il y a une cérémonie religieuse là-haut, ils y vont ! Les Américains ne réagissent pas. Il me semble que j'ai accueilli cette information sans étonnement particulier. Un jeune natif de Bali croit que les crapauds font des pèlerinages ? Bon. Ce sont de vieilles traditions, des coutumes, des superstitions inoffensives. Point. Mais n'y a-t-il pas un peu de condescendance dans cette façon de l'accepter ? Est-ce que je me suis demandé quelle vision du monde il y avait derrière ? Est-ce pour cela que le visage du jeune chauffeur est si souriant, son comportement si calme ? Je le sais bien, je souhaite tout simplement qu'il n'y croie pas, ou du moins qu'il s'interroge sur cette croyance, qu'il s'insurge contre elle, contre la manière dont elle lui a été transmise. Je continue d'être fidèle à la promesse républicaine d'émancipation qui veut arracher l'homme aux superstitions. (Aujourd'hui, je me dis que peut-être il n'y croit plus depuis longtemps, qu'il n'y avait peut-être même pas de crapauds sur la route, qu'il le dit parce que ça plaît aux touristes.) Deuxième exemple. Quelques jours plus tôt à Yogyakarta, dans un débat, une jeune historienne française, installée en Indonésie, avait exposé sa manière de mener ici ses recherches. Pour interroger directement le personnage sur lequel elle écrit, elle s'aide d'un sorcier qui fait parler les morts. Est-ce une image, une métaphore du travail de l'historien ? Peut-être avait-elle été la victime d'un charlatan ? Je n'ai pas bien réagi, j'aurais dû laisser passer, ne pas manifester mon scepticisme. Ne pas lui faire sentir que je soupçonnais un peu de complaisance et d'ostentation dans son témoignage, une façon appuyée de montrer qu'on a rompu avec le rationalisme étriqué de l'école, de l'université. Troisième exemple. Lors de la même rencontre ou le lendemain, un jeune auteur indonésien parle d'un traitement médical qui l'a guéri de ses maux de ventre. J'ai mal suivi le déroulement, il en arrive à la conclusion, qu'il formule avec énergie : Une araignée est sortie de mon ventre. Et il pose à plusieurs reprises la main à la hauteur de son nombril. Je ne me souviens pas sans rougir de ce que j'ai dit alors : Vous l'avez vue, sans doute, mais il n'y en avait pas. On peut difficilement faire plus ridicule et plus arrogant. Il y avait aussi comme une sourde peur dans ma réponse. Comment arracher les hommes aux croyances irrationnelles ? Je me sens accablée par l'immensité de cette tâche que les Lumières ont fixée aux premiers républicains. Ne serait-il pas parfois plus raisonnable de se taire, et de s'inspirer, au moins provisoirement, de Voltaire : soyons indulgents pour la faiblesse humaine ? Je m'y plie difficilement. Je suis sur ces sujets d'humeur combative, toujours prête à engager le fer. Je ne renoncerai jamais à soutenir avec Alain que : « Croyance, c'est le mot qui désigne toute certitude sans preuve[144] », mais quel sens y a-t-il à l'exprimer aussi vigoureusement ? Qu'espère-t-on ?

Il n'est pas sûr que cette raideur face à mes interlocuteurs indonésiens m'ait préparée aux défis des décennies à venir, « le retour du religieux » et la montée de l'islam sur la scène géopolitique. Nous ne sommes plus au centre du monde, soit, mais le reste du monde se rappelle parfois vivement à vous.

Ma distance envers toutes les formes de croyance ne m'empêche pas, cependant, d'avoir toujours nourri une vive curiosité pour l'expérience mystique. Non pour des raisons religieuses, mais parce que les mystiques sont le plus souvent des femmes et que le mysticisme, dit Simone de Beauvoir, est une des voies qui arrache la femme à la soumission, à l'enfermement et à la complaisance narcissique : toutes deux, l'amoureuse soumise à l'homme, et l'épouse de Dieu, en s'abolissant au sein de l'autre, « accomplissent le rêve d'exister souverainement[145] ». L'expérience mystique permet aux femmes de gagner une liberté concrète, qui s'exprimera souvent dans l'action. C'est le cas de Thérèse d'Avila. Et d'une religieuse en compagnie de qui j'ai passé pour écrire un livre sur elle plusieurs mois de ma vie : Marie Guyart, en religion, Mère Marie de l'Incarnation.

Vénérée au Québec, pour les institutions religieuses qu'elle y fonda, elle était tout à fait oubliée en France, jusqu'à ce que, en 79, le metteur en scène Jean-Louis Jacopin fasse redécouvrir son *Autobiographie* pour en composer un spectacle d'une qualité exceptionnelle. C'est à un homme, le comédien Marcel Bozonnet, qu'il avait confié le rôle de la grande mystique. Bozonnet revêtait l'habit sur scène, pièce après pièce, enserrait son visage dans l'étroit carcan immaculé de la coiffe, faisant surgir de son propre corps transfiguré le corps émacié d'une religieuse. J'avais été saisie dès les premiers mots par la puissance de son verbe, la pureté et la force de sa langue, à la suite de quoi je m'étais procuré sa correspondance, un extraordinaire mélange de méditation et d'action. En 95, l'écrivain et éditeur Frédéric Boyer me sollicite pour la collection qu'il ouvre aux Éditions Bayard, intitulée « Rencontre » : il s'agit de « mettre en relation un auteur d'aujourd'hui avec une figure de la spiritualité ». J'ai peu l'usage et l'habitude de ce mot, je ne me sens pas bien placée pour répondre à sa demande. C'est alors que me revient le souvenir du visage de Marcel Bozonnet au Lucernaire. J'accepte : ce sera *L'Amazone du grand dieu*, nom que le père Le Jeune donne à ces femmes missionnaires venues au Québec évangéliser « les filles sauvages[146] ». Naturellement, on s'attend à ce que, dans ma restitution de cette destinée hors normes, la dimension historique prenne le pas sur toutes les autres, tant je suis anxieuse de faire du passé une méditation pour l'avenir. Et je ne m'y dérobe pas, au contraire : la vie de Marie de l'Incarnation porte un éclairage indispensable sur un des moments décisifs de notre histoire, les débuts de la monarchie absolue, où les enjeux religieux se mêlent aux enjeux politiques. Ce que Bossuet appelle « planter la croix avec les lys » : ainsi va-t-il qualifier la grande entreprise de conversion liée à la découverte, puis à la colonisation du Québec.

Cette pratique de la conversion est tout entière résumée dans la formule évangélique « compelle intrare », « force-les d'entrer », justification théologique de la contrainte en matière de religion. On la trouve dans l'Évangile selon saint Luc au chapitre 14, versets 16 à 24[147]. Les violences commises par des chrétiens font partie de « l'histoire criminelle du christianisme » : Marie Guyart s'y pliera sans hésiter, elle accomplit sa mission, mais d'une manière singulière, qu'on va voir. Et je vais ainsi découvrir ce que dans sa personne et son destin on appellerait aujourd'hui une force de disruption.

Prenons les choses à leur commencement.

Marie Guyart naît en 1599 à Tours, elle se marie à dix-sept ans, elle est mère à dix-huit. Son mari est un entrepreneur en batellerie. Après son veuvage à dix-neuf ans, elle reprend l'entreprise et connaît une éclatante période mystique. Le récit de ses extases est d'une extraordinaire puissance, toutes les ressources d'une langue parfaite sont engagées pour restituer ces vifs moments de capture par le divin et de ravissement. « Toutes les puissances de l'âme sont suspendues », écrit-elle. Et soudain : « Je perçus un océan d'esprit, sans limites, éblouissant.

De quelque part que je tournasse les yeux, aussi loin que je regardais, je voyais arriver d'énormes vagues de cet océan luisant. Elles se précipitaient furieusement sur moi avec un bruit formidable, comme pour m'avaler. Je perdis conscience, je tombai. Au-dedans de moi roulait un océan de joie ineffable. » D'où lui vient cette science incomparable de la langue, ce rythme, ces images ? Ces extases la saisissent en plein milieu d'une action, dans une rue, et la laissent pantelante, comme arrachée à un songe. Elle en verra soudainement la fin, et s'orientera radicalement dans un projet, en apparence tout autre, mais qui en est en quelque sorte la conséquence, et l'application : celui de se dévouer à la cause récente des Ursulines, cet ordre enseignant récemment créé.

L'Église officielle saura utiliser telle ou telle mystique pour ses desseins, mais en règle générale elle ne les aime pas, on l'a vu avec Mme Guyon. Les mystiques peuvent en effet se passer du relais de l'Église pour entrer en relation avec le divin, surtout, elles se déclarent capables de l'accueillir en elles. D'où le soupçon d'hérésie. En posant l'immanence du divin dans le fond de l'âme, on entre dans une naturalisation du surnaturel, peut-être même dans une dérive panthéiste. En tout cas, dans la relation qu'ils (elles, le plus souvent) établissent entre leur monde intérieur et la présence divine, les mystiques découvrent que « l'infini est en nous[148] », qu'il y a de l'infini en nous. On ne peut enfermer l'homme dans la finitude de sa condition biologique. C'est la révélation d'une puissance. Spinoza : « Ma durée est aux mains des causes externes. Mais cela est aussi ce qui m'assure une part d'éternité malgré ma finitude : comme mon essence ne prescrit aucune durée, cette durée peut se terminer sans que mon essence en soit affectée » (*Éthique*, I, prop. 24, corollaire). C'est le point nodal de ma découverte, et la clef de l'intérêt passionné que je leur porte. Je n'ai jamais eu la rigueur et la capacité conceptuelles pour le penser, mais obscurément j'ai souvent eu la sensation d'être traversée à de certains moments par une force sans origine d'où toute limitation aurait disparu.

À laquelle, contrairement à Marie Guyart (ou à Jeanne-Marie Guyon), je ne donne pas de nom, mais où l'on peut, comme elle le fait, puiser le ressort de l'action, et peut-être de la création. Un acharnement obtus, source de joie.

Les mystiques, rejetées par l'Église pour soupçon d'hérésie, seront bientôt cantonnées dans l'enfer de la maladie mentale : c'est le cas de la pauvre Madeleine, soignée en 1896 par Pierre Janet. « Mon être entier se trouve plongé dans une ineffable ivresse (...). Je jouis de l'union divine », écrit-elle. Discréditer et ravaler la véritable expérience mystique en affirmant, au nom de la science, que les mystiques n'étaient que des malades des nerfs, l'Église qui pourtant se défiait d'elles ne peut pas le tolérer. Les travaux de Janet sont fortement critiqués. Remettre en cause le caractère surnaturel du phénomène religieux, mettre sur le même plan les réactions morbides d'une malade et les grands mystiques catholiques, c'est « n'avoir aucune idée de ce qu'étaient ces chefs-d'œuvre spirituels ». L'Église fut si inquiète des résultats de ses travaux qu'elle tentera de récupérer son cas[149]. Madeleine elle aussi avait découvert *qu'il y a de l'infini en nous*. C'est là qu'elle puise une joie qui inquiète, qu'on ne comprend pas, et qui la laisse dans des états de sécheresse abominable quand elle se retire.

Bien qu'ayant éprouvé qu'il y a de l'infini en nous, Marie de l'Incarnation va échapper à la condamnation dont l'évêque de Meaux frappe toutes les mystiques, parce qu'elle est la figure dont avait besoin la Contre-Réforme dans sa stratégie de reconquête. Et qu'elle va contribuer à mettre en place, vers 1650, une nouvelle configuration politique et religieuse de la France. On en revient toujours à cette énigme, l'articulation d'un destin singulier et de la grande histoire. Le rôle de Marie Guyart est indiscutable dans un moment clef de la Contre-Réforme, après l'échec du protestantisme de France. La ville de Loudun a été secouée par l'affaire des Possédées. Loudun n'est pas loin de Tours, et elle relève de Richelieu, évêque de Luçon. En 1633, celui-ci, qui trouve le prêtre Urbain Grandier trop proche des protestants, initie un procès qui le condamne à mort. Il est jugé responsable de cas de sorcellerie dans un couvent d'Ursulines, dont la prieure est Mère Jeanne des Anges. Elle-même et quatorze autres religieuses auraient été victimes des pactes de sorcellerie qu'il aurait signés. Soumis à la question, il est condamné au bûcher le 18 août 1634, malgré la rétractation des religieuses. Le père Lactance, qui l'avait torturé, sombrera dans la démence. Avant de quitter pour toujours la France, Marie de l'Incarnation a rencontré, une seule fois, la mère Jeanne des Anges qui, après l'exécution de Grandier, quittait Loudun pour parcourir la France en montrant ses stigmates. La foule se presse, elle étend le bras par une fenêtre sur un coussin. Que se sont-elles dit, lors de cette unique entrevue ? Quels secrets ont-elles partagés ? Après son entrée en religion, Marie Guyart avait elle aussi subi les assauts du démon. Il lui était apparu une fois, il ne lui inspire aucune frayeur, avec sa petite taille et ses « gros yeux de bœuf ». Cela ne m'aurait pas effrayée non plus. Je me souviens que dans mon enfance, désolée de voir ma grand-mère en proie à toutes sortes de maux qui attristaient son regard, sa parole, je m'étais résolue à convoquer le diable pour lui demander des comptes. Je l'ai attendu en vain sur le petit palier où s'ouvraient les portes des chambres, dans la lumière incertaine filtrée par la vitre dépolie d'un cabinet de toilette.

Suivons pas à pas le cours de son destin. Après avoir obtenu de son père la permission de ne pas se remarier, elle est entrée en religion sous le nom de Marie de l'Incarnation, et elle reçoit mission d'aller fonder au Canada un couvent d'Ursulines. Passée de l'extase à l'action, elle s'embarque en 1638 à Dieppe après un détour par Saint-Germain, où elle va s'incliner sur le berceau du petit Louis-Dieudonné, le futur Louis XIV. De nouveau s'impose la dimension politique de sa personne, et de son action. La traversée sera rude, semée d'incidents, une « ville de glace » s'approche dangereusement du vaisseau, on est mal logé, nourri de

« molue » trop salée. Elle vogue droit vers des terres inconnues, où des missionnaires ont été mis à mort, elle a laissé derrière elle son fils, en classe de rhétorique à Orléans d'où il est venu, sur la route, lui faire ses adieux. Jusqu'à sa mort en 1672, pendant un peu plus de trente ans, elle se montrera une femme d'action et de décision, bien au-delà de ce qu'on attend de la supérieure d'un couvent, et selon des orientations parfaitement inattendues pour l'époque. Elle bâtit un couvent et le dirige, elle le reconstruit après un incendie, mais surtout, dans son enseignement, elle s'ouvre à des pratiques singulières. Ces « filles sauvages », certes, n'ont pas choisi de lui être confiées. On saura, au début du XXe, à quelles violences les gouvernements successifs et les religieux se sont livrés sur les enfants des minorités ethniques, qu'on enlève et enferme pour assurer leur salut. Marie de l'Incarnation a de la considération pour elles, elle rapporte que leurs parents en pleurs viennent les réclamer jusque sous les murs du couvent. Ainsi avait fait son fils lors de son « abandonnement » quand il avait dix ans et qu'elle avait décidé d'entrer en religion, il était venu sous ses fenêtres, criant : Rendez-moi ma mère ! Elle veut les entendre, les comprendre, se faire comprendre d'elles ; elle étudie les langues locales, en cite des expressions dans ses lettres, elle compose des lexiques, des dictionnaires. Elle rapporte dans sa correspondance des traits de la culture des Hurons, de leurs façons de faire, de se vêtir, elle collationne les manières d'accommoder prunes et melons. À chaque vaisseau en partance, elle porte des dizaines de lettres, destinées aussi à son fils pour qui elle rédige plusieurs *Relations autobiographiques*. Nous devons beaucoup à ce fils devenu à son tour un religieux, et qui sera prieur influent dans la congrégation de Saint-Maur. Il nous a débarrassés d'une hypothèse réductrice, un peu sale, concernant les extases mystiques, qu'on illustre souvent en relevant le sourire orgastique de la sainte Thérèse du Bernin. Ma mère avait été mariée, écrit-il, elle a toujours su faire la différence entre l'amour divin et l'amour humain. Lui du reste n'en ignorait rien : il eut bien du mal à oublier une jeune catéchumène qu'on lui avait confiée.

Marie de l'Incarnation meurt dans son couvent au Québec, étant parvenue à réunir entre la Loire et le Saint-Laurent ces deux infinis, l'expérience intérieure et la volonté d'agir. Le raptus mystique et l'action. Qu'on entende bien toute la charge de ce mot, « l'action », qui nous transforme autant que nous transformons.

Tombeau de Gharib el-Ashkalani et de Rami Fayyad. L'équation infâme

Écrites au printemps de 2024, les pages qui vont suivre sont le « Tombeau », au sens ancien du terme, des deux hommes qu'on voit sur cette photographie : l'écrivain Gharib el-Ashkalani et Rami Fayyad, professeur de français à l'Institut de Gaza. lls sont morts tous les deux, Gharib el-Ashkalani il y a deux ans — au moins, il n'est pas mort sous les bombes. Le plus jeune n'a pas eu cette chance, il a succombé faute de soins dans un hôpital dévasté de Gaza au début de février dernier.

Gaza, 1997.
Rami Fayyad (au premier plan) en compagnie de l'écrivain Gharib el-Ashkalani

J'aborde en cet endroit de mon récit un de ses moments les plus douloureux. Il y a dans chaque siècle une catastrophe sociale, politique, humaine qui le condamne. Pour notre siècle, ce sera « Gaza 2024 ». Il faudra y penser chaque fois qu'on entreprendra de juger l'attitude de ceux qui nous ont précédés et qu'on s'étonnera de leur indifférence et de leur lâcheté. Que diront nos descendants de notre silence devant l'horreur de ce qui se passe aujourd'hui à Gaza ?

Le 7 octobre 2023, le Hamas lance sur le sud d'Israël une attaque d'une cruauté indescriptible qui fait plus de mille morts. Je n'hésite pas un instant à qualifier cette attaque de terroriste, à la condamner pour les horreurs commises, viols, enlèvements, mutilations, exposant de surcroît sciemment les Gazaouis à l'anéantissement. Mais qui peut le nier ? Cette violence répond hélas à une autre violence. Un peu d'histoire récente le fait comprendre. Les accords d'Oslo de 93 n'ont pas été respectés, l'État palestinien n'a pas vu le jour. Pour interdire la possibilité d'un État associant deux territoires, la Cisjordanie et Gaza, Ariel Sharon en 2005 a retiré de Gaza toute présence israélienne. L'Autorité palestinienne a refusé les élections qui s'y sont déroulées, laissant ainsi la voie libre au Hamas. La « bande de Gaza » est alors soumise à un blocus aérien, terrestre et maritime qui, au mépris du droit international, livre toute une population à un enfermement dévastateur. Depuis 2005, une succession de révoltes est violemment réprimée au cours d'opérations menées par l'armée israélienne dans le silence, et avec la complicité des Occidentaux.

Le 7 octobre 2023, le Hamas pénètre dans le sud d'Israël et y perpètre une série d'exactions, de destructions et d'assassinats. La riposte israélienne se déchaîne, la population civile de Gaza est écrasée sous un tapis de bombes pour payer une faute qu'elle n'a pas commise. Chassés du nord au sud du territoire, puis refoulés de nouveau vers le nord, deux millions de Palestiniens sont plongés dans une situation proche de la famine. Avec notre accord et notre complicité. La notion dangereuse de « civilisation » a fait son retour à l'autre bout de la Méditerranée, soutenir Israël est présenté comme une nécessité vitale pour « l'Occident ». Israël est depuis Theodor Herzl, son fondateur, « un bastion avancé de la civilisation occidentale contre la barbarie de l'Orient ». Lors de l'opération *Colonne de nuée* ou *Colonne de nuages* menée par l'armée israélienne dans la bande de Gaza entre le 14 et le 21 novembre 2012, Ehud Barak, ministre israélien de la Défense, avait eu cette formule : Israël est une « villa dans la jungle » — entourée de barbares et de bêtes sauvages. Du reste, l'expression qu'utilisent les Israéliens depuis longtemps pour qualifier leur stratégie à Gaza et les opérations militaires qu'ils y mènent régulièrement, c'est « tondre la pelouse ». Ce qu'on fait pour entretenir une villa.

Je me suis rendue deux fois sur ce territoire, en 97 et en 98, à l'invitation des Instituts français de Cisjordanie et de Gaza mis en place par les accords d'Oslo. Grâce au livre de Jean-Pierre Filiu, *Histoire de Gaza*, on devine ce qu'avait pu être cette étroite bande de terre au fond de la Méditerranée : pendant plusieurs millénaires, une oasis, de culture, de civilisations, d'architectures et d'échanges, objet de convoitise, depuis les Égyptiens jusqu'aux chrétiens en passant par les Grecs et Alexandre. Les caravanes venues d'Égypte ou d'Arabie empruntaient cet étroit chemin le long de la mer, moment d'apaisement après la traversée du désert. Il n'en reste rien. Les bombardements subis par Gaza auront effacé toutes les traces et tous les symboles de ce que fut Gaza : universités, mosquées, cimetières. La grande mosquée al-Omari est en ruine après les bombardements israéliens, de même la mosquée Jawharat al-Chams et d'autres sites archéologiques précieux, des églises, des hammams, des sites romains. Manifestation de cet « urbicide », dont j'ai longuement parlé à propos de la guerre de Yougoslavie : la volonté de « détruire la civilisation adverse ». « Je suis fière de voir Gaza en ruine », lançait la ministre israélienne à l'Égalité sociale, May Golan, le 21 février à la tribune de la Knesset (*La Croix*, 20 mars 2024).

Le Gaza que j'ai sillonné en 97, c'était le Gaza d'avant le

retrait israélien. Encerclé de défenses militaires et de barbelés, n'ouvrant que par un poste-frontière sévèrement contrôlé. Une mince bande de terre, des camps, des colonies invisibles, et une ville principale, Gaza-ville, avec ses commerces, ses hôtels, et sa plage, où se baignaient les femmes en longue robe, une route spécialement ouverte pour Arafat le long de la côte, mais aussi de beaux édifices de l'époque ottomane, dont l'Institut français, croulant sous les bougainvillées. Gharib el-Ashkalani et Rami m'avaient emmenée dans le camp de Jabaliya, à l'extrémité nord de Gaza, le plus peuplé, près de 100 000 habitants à l'époque. Quand je l'avais quitté, Gharib m'avait offert un curieux objet que j'ai toujours, un long morceau de bois taillé muni de courtes tiges dont on se sert pour écraser les légumes de la soupe. C'est le Moulinex des camps, m'avait-il dit.

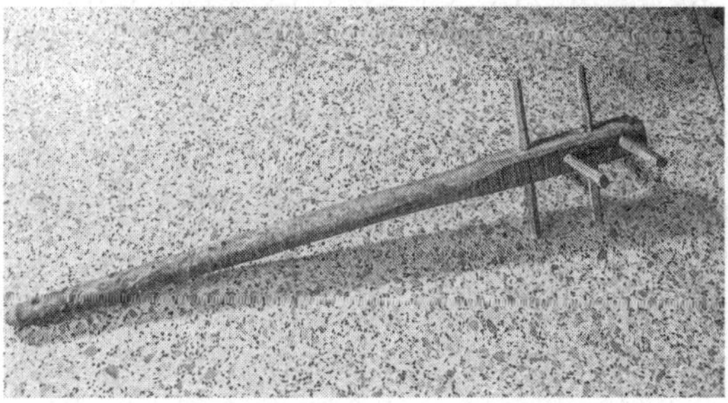

Gharib el-Ashkalani, de son vrai nom Abdeljabbar al-Zand, était né en 48 à Majdal Asqalân, devenu Ashkelon, que sa famille avait dû fuir la même année. Les premiers résidents de la nouvelle ville furent de nouveaux immigrants juifs et des soldats israéliens récemment démobilisés. On les installa dans les maisons d'où les habitants arabes avaient été évacués durant la guerre d'indépendance déclarée par les armées arabes au lendemain de la proclamation de l'État d'Israël. Chassée de Majdal, la famille de Gharib el-Ashkalani était venue s'installer dans un camp de réfugiés qu'il n'a jamais quitté, il en a fait le sujet de son œuvre : des nouvelles, des romans et deux anthologies de la nouvelle palestinienne dans les territoires occupés. À Jabaliya, un enfant m'avait montré les clefs de « sa maison ». Celle de ses parents ou de ses grands-parents chassés lors de la Nakba, en 48, d'une localité voisine, Ashkelon, ou Sdérot ? Où est-il aujourd'hui, où il doit avoir quarante ans ? Qu'est-il devenu ? Un paisible citoyen ? Un terroriste ? A-t-il été tué hier avec ses enfants lors d'un bombardement ? Ou depuis longtemps déjà ?

Il faut que je fasse comprendre dans quel état d'esprit, à l'automne 97, je pars pour la Cisjordanie et pour Gaza. J'ai alors pour Israël une sympathie intense, et inentamée, nourrie par mes lectures, mes voyages en Pologne, l'amitié et la conversation de quelques-uns, mon ancienne fascination pour les kibboutz, ma découverte de la Shoah. Ce type de préoccupation anxieuse, renouvelée, pour le peuple juif et son histoire, doublé d'admiration, ne prépare pas à aborder la question palestinienne autrement qu'avec une grande méfiance, voire une hostilité. Et on finit par exiger trop d'Israël. Je suis alors, au demeurant, très mal informée sur la situation au Moyen-Orient. Pendant longtemps, je me suis interdit de m'y intéresser davantage, pendant des années j'ai gardé une distance prudente, malgré les récits de Jean Genet que je rencontre souvent chez Paule Thévenin, depuis le début des années 70. C'est chez elle que j'avais appris en 73 la responsabilité du Mossad (les services secrets israéliens) dans la mort de Mahmoud Hamchari, représentant à Paris de l'OLP. Mais je ne sortais pas d'une réserve, que cherchaient pourtant à ébranler quelques-uns de mes étudiants. Ce sont eux qui m'entraînent un jour à la Mutualité pour écouter Ezzedine Kalak, le nouveau représentant de l'OLP à Paris. Quelle douleur aujourd'hui en pensant à son évocation d'une « Palestine laïque et démocratique où les Juifs et les Arabes auraient pu vivre ensemble, avec les mêmes droits et les mêmes devoirs » ! Il est tombé en 78 sous les balles d'un commando du groupe Abou

Nidal, en représailles de la proposition de paix faite par Yasser Arafat à l'ONU.

Ce bref moment d'adhésion ne dure pas. Je regarde sans sympathie les stands qui vendent le keffieh palestinien, noir et blanc pour le Fatah, rouge pour le FPLP. Je me tiens à l'écart des « comités Palestine » et, ayant subi en 86 le choc du film de Claude Lanzmann, je développe une sensibilité de plus en plus vive à la mémoire de ce qu'on appelle maintenant « la Shoah ». Bouleversée par la lecture de sa réédition, je publie dans *Le Monde* une recension du livre de Primo Levi, *Si c'est un homme*. Je dois à cet article la rencontre du « piccolo Hans », le jeune garçon à qui Primo Levi fait lire Dante dans l'enfer d'Auschwitz. Devenu pharmacien à Strasbourg après la guerre, il m'appelle un jour, ayant lu mon article dans *Le Monde*. J'étais très émue en ouvrant ma porte à un couple discret à l'allure de retraités paisibles. Le journal m'avait organisé un rendez-vous avec Primo Levi à Turin, j'apprends sa mort la veille du jour fixé.

Je suis donc nourrie de cette sympathie douloureuse, constamment renouvelée, quand je me retrouve en septembre 97 en Cisjordanie. Et j'ai pour boussole ce qui est la base et le fondement de l'idéal républicain, amendé, enrichi de l'expérience du terrible XXe siècle : une vision universaliste du droit à la justice et à l'égalité. C'est alors que je subis l'effondrement de tout ce que j'avais reçu en héritage. Je découvre une terre où l'égalité ne règne pas, où sévit le deux poids deux mesures entre deux catégories de citoyens, où la loi n'est pas la même pour tous, où la terre n'est pas celle de tous ses habitants, où le suprémacisme colonial s'impose, malgré la résistance de courageux citoyens israéliens. À mon retour, je publie un article, puis un autre. En 98, un livre, *Carnet de route en Palestine occupée*, où j'ose raconter ce que j'ai vu à Jérusalem-Est, Naplouse et Ramallah : l'injustice cruelle qui s'est mise en place pour racheter une injustice millénaire. C'était mon devoir, c'était ma charge, l'héritage de mon éducation républicaine, une vieille idée de la justice, entre les hommes, entre les peuples. Pouvais-je me taire quand, entrant à Jérusalem-Est par la porte Mandelbaum, je vois un colon lourdement armé dévaler la rue et bousculer en passant d'un coup de pied le panier d'oranges d'une vieille femme arabe ? Est-ce que je devais cacher qu'on se serait cru dans la casbah d'Alger avant 62 ? Ce qui alors m'avait submergée, en face d'une telle scène, c'était la violence de la déception. Mais il était imprudent de le dire, et naïf de croire que je serais entendue. Une autre violence m'attendait en retour. Incompréhension, déni et une accusation récurrente, qui depuis ne m'a jamais lâchée. Une équation infâme s'est en effet mise en place pour intimider et pour faire taire : toute critique d'Israël, toute réserve à l'endroit du sionisme, est une forme d'antisémitisme. J'osais aussi faire part d'une crainte, celle de voir s'instaurer une situation irréversible. C'est ce qu'avait bien compris Pierre Vidal-Naquet, qui écrivait en août 98 dans *Le Monde* en conclusion de son article sur mon livre : « Je pense que, dans dix ans, dans vingt ans, on pourra le relire en jugeant que l'auteur n'a été que trop lucide[150]. » Mais à quoi bon ? Il n'est pire sourd que celui qui ne veut entendre.

Pour retrouver un peu de bon sens face au déploiement irraisonné des passions, et à leurs conséquences désastreuses, on devrait, s'il en est encore temps, lire ou relire le livre courageux de Viviane Forrester, *Le Crime occidental*, paru il y a tout juste vingt ans. Les Israéliens et les Palestiniens, écrit-elle, sont victimes les uns et les autres d'une longue histoire, celle des crimes antisémites européens, dont les uns furent la proie et auxquels les autres n'eurent aucune part. La France est bien placée dans l'histoire de cette double culpabilité. Parce que nous sommes coupables d'avoir participé à l'holocauste à travers le régime de Vichy, nous n'osons pas tenir un discours courageux pour contenir Israël, et soutenir les revendications des Palestiniens. De l'autre côté, malgré la fin de notre domination, nous persévérons dans une vision coloniale et postcoloniale du monde arabe, qui nous incite secrètement à la défiance et à la distance envers lui.

Les choses ne s'arrêteront pas là. Je dois donc faire un bond en avant de quelques années pour ne pas disjoindre cette première affaire d'une autre, où le même schéma se reproduit.

En août 2002, je suis en vacances en Corse, j'apprends qu'une action judiciaire vient d'être ouverte contre les signataires, dont je suis, d'une tribune parue dans *Le Monde* au mois d'avril sous le titre « Israël-Palestine, le cancer ».

Ça devait arriver. Les choses s'étaient tellement mal passées quelques années plus tôt, après mes deux voyages en Cisjordanie, mes articles, et mon *Carnet de route en Palestine occupée*. Et la publication, début 99, dans *Le Monde*, d'un nouvel article où je fais le récit d'une découverte, en Israël : celle des villages arabes « illégaux » qui n'ont même pas de nom sur une carte. Des amis de vingt ans avaient rompu avec moi. J'avais reçu des lettres désobligeantes, des cartes postales anonymes, obscènes pour la plupart. L'article de Vidal-Naquet sur mon livre avait dû attendre le mois d'août, où tout le monde est en vacances. Tout de même, un procès. Avoir un procès, gagner un procès, perdre son procès, ce sont des choses qui, dans mon enfance, suffisaient à mes yeux pour évoquer un monde différent du nôtre, complexe et dangereux, où on joue avec la loi, et parfois on perd à ce jeu. Je n'avais jamais rien entrepris qui pût en évoquer l'hypothèse. J'ai donc ressenti comme une intrusion brutale, imméritée, de recevoir, un matin d'août 2002, l'avis qu'une poursuite était engagée contre Edgar Morin, Sami Naïr, moi-même et le journal *Le Monde*[151].

Rappelons les faits. Le 27 mars 2002, à l'hôtel Park de Netanya, un attentat revendiqué par le Hamas tue 30 civils et en blesse 143 alors qu'ils fêtaient la Pâque juive. Ariel Sharon engage l'opération *Rempart*, au cours de laquelle l'armée se redéploie dans les territoires palestiniens autonomes de Cisjordanie. Le 3 et le 11 avril, l'armée fait une incursion dans le camp de Jénine, considéré comme un réservoir de terroristes. Un quartier entier du camp est soumis à une destruction totale, aplani au bulldozer. Le quotidien *Haaretz*, dans l'édition du

15 avril 2002, estime « que le nombre des victimes dans les combats s'élève à quelque 200 Palestiniens, y compris des civils, dont une partie est enterrée sous les décombres des maisons effondrées ». Le travailliste Shimon Peres parle de « massacre ». Cette intervention donne lieu le 20 avril à la résolution 1405 de l'ONU afin de déterminer les faits. Le rapport du secrétaire général des Nations unies, publié le 1er août 2002, ramènera le nombre total des morts palestiniens à 52. Ce qui motive notre article, essentiellement rédigé par Edgar Morin, c'est le témoignage d'un réserviste israélien, Moshe Nissim, qui raconte comment, aux commandes d'un bulldozer géant, il s'est acharné à pulvériser maisons et foyers, où peut-être il y avait des habitants. Et dit « y avoir pris son pied[152] ». Hélas, ce n'est pas la dernière fois : *Courrier international*, en date du 28 juillet 2024, cite le média israélien *Siha Mekomit* : des soldats révèlent que leurs officiers les autorisent à « tirer sans aucune retenue et à "se défouler" pour tuer leur ennui ». Selon le sociologue militaire Yagil Levy, depuis la seconde Intifada (2000-2005), « l'armée ne fixe plus aucune règle d'engagement aux soldats », ce qui laisse une immense latitude aux réservistes et à leurs commandants. Mais aussi : quelle éducation ont-ils donc reçue, en famille, à l'école ? Quelle image leur a-t-on inculquée des Palestiniens ?

En mai 2002, le philosophe Daniel Bensaïd s'était demandé : « Pourquoi tant de surdité ? Pourquoi tant d'indifférence ? En avril, à Paris, le nom de Jénine parvenait à peine, comme un bruit de fond assourdi par le mol oreiller de la campagne électorale. Pourquoi cette honteuse démission des clercs[153] ? » C'est pour rompre ce silence que nous adressons cet article au *Monde*. La thèse en est claire : un peuple persécuté durant des millénaires s'est transformé en peuple persécuteur. Nous citons Victor Hugo, « Dans l'opprimé d'hier l'oppresseur d'aujourd'hui », mais nous commettons une erreur en écrivant : « Les Juifs victimes de l'inhumanité montrent une terrible inhumanité. » Il y a dans notre formulation une façon inacceptable d'essentialiser un peuple. Et ce n'est pas rendre justice aux courageux Israéliens qui se battent contre les formes répressives de l'occupation des « territoires ». Mais là où nous sommes inattaquables, c'est quand nous suggérons que l'histoire, hélas, n'enseigne rien. Au contraire : qu'elle devient une justification. C'est au nom de l'extermination des Juifs qu'Israël « revendique un crédit moral inépuisable et un droit de réparation illimité » (Bensaïd). Le cas de Jénine en 2002 n'est pas isolé. Deux générations sont nées dans le souvenir de ces dénis répétés de justice. On en voit aujourd'hui les conséquences.

Le procès a lieu en 2004. Mon avocat est le courageux William Bourdon, qui l'a montré à maintes occasions depuis. Pèsera lourdement, à notre désavantage, la publication, en septembre 2002, des *Territoires perdus de la république*, ouvrage qui mettait l'accent sur le sexisme et l'antisémitisme de certains jeunes des banlieues, et qui sera reçu très favorablement dans les sphères néoconservatrices et par l'extrême droite. On voudra, lors du procès, nous imputer sur ces jeunes une influence que nous n'avons évidemment pas. Bien au contraire, il me semble qu'une juste appréciation des dangereuses politiques menées par Israël les désarmerait. Nous gagnons en première instance, nous perdons en appel, nous nous pourvoyons en cassation. L'arrêt est rendu en 2006. Dans ses attendus, la Cour annule la condamnation pour « diffamation raciale », considérant que le texte publié n'était que l'expression d'une opinion. La cour d'appel de Versailles a, selon elle, violé la loi sur la liberté de la presse du 29 juillet 1881, mais aussi l'article 10 de la Convention de sauvegarde des droits de l'homme et des libertés fondamentales sur la liberté d'expression.

Je ne serai pas tirée d'affaire pour autant ; je reçois de nouvelles lettres d'insultes, de nouvelles cartes postales obscènes, je suis interrompue par des interpellations dans des conférences, à des Salons du livre, poursuivie à la sortie d'une librairie. Je ne regrette rien. Nous avions choisi, non sans témérité, de rappeler que tout homme (toute femme) a *droit au droit* ; que nous ne pouvons pas édifier, pour y vivre, une « villa dans la jungle ».

Encore une fois, je ne regrette rien. Mes aïeux anonymes peuvent s'y reconnaître : le souci de justice était leur premier vœu. Dans notre virulence et, certainement, notre maladresse, nous lancions une alerte, un cri d'alarme, un avertissement. Vingt ans plus tard, l'histoire nous donne raison. J'ai des réserves sur quelques formulations, on ne devrait signer que ce qu'on a écrit, mais qu'importe. Nous avions raison, je ne cesserai de le redire.

L'hostilité flagrante que j'avais rencontrée dès 98, et de nouveau en 2002, c'était la preuve qu'une dérive avait eu lieu, qu'une transformation profonde affectait le champ politique et intellectuel. J'aurais dû, nous aurions dû rencontrer un soutien « de gauche », si la gauche n'était pas gravement atteinte. Il est hautement significatif que, partiellement oublieuse de son anticolonialisme, elle ait peureusement reculé, sauf dans ses composantes extrêmes, à l'idée qu'on puisse la soupçonner d'antisémitisme si elle faisait entendre une critique des politiques successives menées par Israël dans les territoires occupés depuis la guerre des Six-Jours.

L'équation infâme, scélérate, entre antisionisme et antisémitisme continue aujourd'hui plus que jamais de vouloir paralyser, stériliser et interdire une parole libre.

2002 : « Ici on se donne du tu et on s'honore du titre de citoyen »

Je progresse à tâtons. Les événements de l'année 2002 ont entre eux des liens qui alors me semblaient improbables. Quelque chose, à l'évidence, les unit. À ma manière, j'ai toujours voulu préserver ce que je tenais de mon héritage protorépublicain. Ainsi, en appliquant ses critères de justice et de droit au drame du Moyen-Orient pour tenter de le comprendre. De même en rejoignant en janvier la campagne présidentielle de Jean-Pierre Chevènement, vrai sursaut de l'idée républicaine où j'ai été formée. Dans toute son ampleur — avec ses limites et ses contradictions.

J'ai beaucoup appris durant cette campagne en côtoyant un de nos rares hommes d'État, doué d'un humour ravageur à la Clemenceau, répondant à Michel Rocard qui lui suggérait d'organiser des assises du Parti socialiste : « Les assises ! Tu es bien sévère. La correctionnelle suffirait. » C'est la question de l'école qui m'a décidée ; en un mot, il m'a suffi, pour soutenir la candidature de Jean-Pierre Chevènement, qu'il ait placé, dans son programme, l'école au cœur de ses préoccupations. Et qu'il ait déclaré préférer la notion d'« instruction publique » à celle d'« éducation nationale ». Référence à la formule de Condorcet : « La société doit au peuple une instruction publique. » On pourrait y ajouter, du même Condorcet : « Plus un peuple est éclairé, plus ses suffrages sont difficiles à surprendre (...), même sous la Constitution la plus libre, un peuple ignorant est esclave[154]. » « Éducation nationale » est apparu avec Édouard Herriot, on aura raison de toujours y soupçonner une volonté politique d'organiser et d'orienter l'enseignement selon les desseins d'un régime ou d'un gouvernement en place. « Instruction publique » fut très provisoirement rétabli par Vichy, mais « éducation nationale » s'imposa définitivement dès 41. Et fut conservé à la Libération. Valéry Giscard d'Estaing en retirera le mot « nationale », qui est revenu depuis. (C'est à lui également qu'on doit le fâcheux remplacement sur les timbres-poste de « République française » par « France ».) Éduquer n'est pas l'équivalent d'instruire. Victor Hugo : « L'éducation, c'est la famille qui la donne ; l'instruction, c'est l'État qui la doit. » Petite note au passage : à travers l'instruction, l'école éduque aussi. Elle éduque à l'effort, à la rigueur. Parce qu'elle est transmission de ce que le monde d'hier nous a légué, l'instruction enseigne un certain rapport au temps, à la mémoire ; elle enseigne la raison et la dette : donc elle éduque. Comme l'instruction publique est donnée à d'autres en même temps qu'à moi, elle oblige à prendre l'autre en considération : donc elle éduque directement, et indirectement. Bien au-delà d'un vain prêchi-prêcha sur le tri sélectif des déchets et les valeurs du « vivre-ensemble ».

Mais, lorsque le Pôle républicain se met en place, est-ce que je mesure, en le rejoignant, que c'est sans doute un adieu à une certaine façon d'incarner et de réaliser l'idéal d'une « République sociale, démocratique et laïque » ? Le Pôle républicain va tenter un coup de force, qui ne réussira pas. Ancré au départ à gauche en raison de l'origine politique de son fondateur, il essaiera vainement de dépasser le clivage gauche-droite sans devenir centriste, autour de quelques idées-force, comme celle de nation. Mais il est déjà trop tard pour redonner de la force à ce que les institutions européennes sont en train de saper. Et la gauche « sociétale » a déjà trop gagné de terrain sur la gauche « sociale » pour que puissent se réaliser nos espérances. Je ne regrette rien pourtant de ces moments fiévreux, où j'ai connu, une seule fois dans ma vie, l'atmosphère des meetings, à Paris ou en province. Et croisé des figures anciennes de la Résistance, telle Lucie Aubrac, des membres de la gauche socialiste, comme Edmonde Charles-Roux, que je retrouve près de trente ans après nos visites à Aix-en-Provence. La dernière fois que je l'ai vue, chez des amis communs, elle préparait un livre sur Zinovi Pechkoff, fils adoptif de Gorki, frère de Sverdlov, le bolchevique qui ordonnera à Ekaterinbourg le massacre du tsar et de sa famille. Ou encore Anicet Le Pors, qui avait été, avec Jack Ralite, l'un des quatre ministres de François Mitterrand en 81. C'est à lui que je dois le rappel de cette inscription placardée sur l'entrée des maisons en 1789 : « Ici on se donne du tu et on s'honore du titre de citoyen ». Mais les temps changent : en 2017, contrairement à Jean-Pierre Chevènement qui soutient Emmanuel Macron, il votera blanc. Pour Anicet Le Pors, « c'est un “produit politique”, fabriqué par les efforts combinés de l'oligarchie financière, du MEDEF, des gouvernements Hollande, de la technostructure administrative, des opportunistes de tous bords, de la totalité des médias ». Dans la même logique de surmontement des clivages, le Pôle républicain compte aussi des

« républicains de l'autre rive ». Lors de quelques réunions, je voisine avec William Abitbol, ancien membre d'Ordre nouveau, et Paul-Marie Coûteaux, qui ralliera Éric Zemmour en 2022, et je demande d'urgence un rendez-vous à « Jean-Pierre » quand j'apprends la tentative de rapprochement que mène Philippe de Villiers. Il me convainc de rester. J'aurai besoin de vous, me dit-il, à l'Éducation nationale. Je reste. Mais le rapprochement n'aura pas lieu. Je demeure cependant ébranlée, tout de même, et pas entièrement persuadée que droite, gauche, c'est bonnet blanc et blanc bonnet. « Lorsqu'on me demande si la coupure entre partis de droite et partis de gauche, hommes de droite et hommes de gauche, a encore un sens, la première idée qui me vient est que l'homme qui pose cette question n'est certainement pas un homme de gauche », écrit Alain (décembre 1930). (On voit que je ne réduis pas Alain à « Polynésien téléphonant ».)

Aujourd'hui, en ce début de l'été 2024, je mesure aussi combien était centrale, et véritablement progressiste, l'affirmation souverainiste qui était au cœur de la campagne, suite logique du « non » au traité de Maastricht. Et combien il était dangereux de l'abandonner à une droite dure. Il s'est avéré à travers une succession de crises que l'Europe de Maastricht tente d'imposer aux nations, qui n'ont pas disparu, une « souveraineté » équivoque ; je n'ai jamais renoncé pour ma part à soutenir qu'il ne peut y avoir de souveraineté que venant du peuple, et que l'Europe n'a pas de « peuple ». À l'époque, ce qui domine, c'est l'idée de constituer une « Europe des régions ». Je me souviens d'avoir vu, à l'occasion d'une de nos actions militantes, dans une rue de Perpignan, non sans quelque agacement, une grande carte de la Catalogne unifiant par-delà les frontières la région de Valence et les Pyrénées-Orientales. Et je m'interroge toujours sur l'existence d'un « peuple corse » et, comme à l'époque, sur la nécessité d'adopter une charte des langues régionales. Le français est la langue de la république, et je ne voudrais aujourd'hui encore ne céder en rien sur un enseignement rigoureux de la langue nationale commune, dont tous ont besoin. C'est un enjeu politique autant que culturel. Il s'agit de donner à tous et toutes les instruments de leur insertion dans le monde, et dans la vie d'adultes et de citoyens. Cela impose une rigueur et une vigilance de chaque instant ; une attention au mot et à l'expression justes, non pas comme une norme autoritaire, mais comme un moyen assuré de comprendre et de se faire comprendre. Des modèles, des exemples, des solutions originales abondent dans l'histoire de notre langue et les textes écrits en conservent la mémoire. « Conserver » est le grand mot, dont on ne doit pas avoir peur, conserver, c'est préserver, empêcher que se perde ou se dissipe une puissance d'agir. C'est avec cet espoir que j'ai cru possible, et efficace, de rejoindre en 2011 l'Académie. Même s'il me semble aujourd'hui tout à fait indispensable de faire sa part à la transmission des langues régionales, et de s'ouvrir aux langues que parlent ou parlaient les nouveaux venus.

Le 5 mai, après avoir frôlé les 15 % d'intentions de vote, Jean-Pierre Chevènement obtient 5 % des voix. Fureur des socialistes qui ne figurent pas au deuxième tour, où triomphe Jean-Marie Le Pen. C'est la faute de Chevènement ! Qui répond : « Oh ! M. Jospin était bien assez grand pour perdre tout seul. »

L'amour de la France

Peu avant que je m'engage aux côtés du Pôle républicain, dans le courant de 2001, Philippe Petit me fait rencontrer le critique gastronomique de *Marianne*, Périco Légasse, pour un entretien qui paraîtra sous le titre « République, identités, région », en mars 2002. C'est pour moi un précieux témoignage sur le moment de la campagne présidentielle de J.-P. Chevènement, l'une des dernières manifestations d'un républicanisme à la française. Périco Légasse est connu pour sa défense des terroirs et de leur univers propre en matière de cuisine, de produits et de vins, mais aussi pour un attachement à ses racines basques. Face à lui, je campe sur des positions diamétralement opposées, exprimées avec une vigueur que je modérerais sûrement aujourd'hui, persuadée comme je le suis aujourd'hui de l'existence et de la valeur des rattachements multiples. Aujourd'hui, je suis consciente de ce que j'ai reçu de la terre où je suis née ; je le balayais alors d'un geste, non pour renier « mes racines » mais parce que je pensais alors que « s'enraciner » est suspect, au reste impossible, puisque le lieu de la naissance est arbitraire. Il est rare qu'on puisse, dans une démarche autobiographique, éviter d'avoir à reconstituer une époque. Ici elle se restitue. Ce que je partage toujours avec celle qui maniait alors l'épée contre Périco, c'est un certain jacobinisme, dont j'ai tempéré la définition, en le complétant par le jeu des initiatives locales, à condition qu'elles ne contredisent pas ou ne compromettent pas l'unité nationale. À l'époque, mon ennemi, c'était « la région », j'ai dit plus haut mon agacement de voir à Perpignan la Catalogne l'emporter sur la France. Aujourd'hui, mon inquiétude, c'est l'émergence d'une souveraineté sans nation, et sans peuple, l'Europe, une contradiction dans les termes.

Mais ce qui manque dans mes propos d'alors, et que suggérait pourtant le titre, c'est que je ne questionne pas la nature de mon amour de la France, sa dimension émotive et charnelle, assez proche finalement de la formulation gaullienne : « J'ai toujours eu une certaine idée de la France. » Quand je participe à cet entretien, et quand je rejoins le Pôle républicain, je n'ai aucune hésitation à affirmer que la France existe, ni, aujourd'hui, à m'insurger quand le président soutient qu'il n'existe pas de culture française (ce qui ne signifie nullement qu'on en approuve tous les aspects). Mais je demeure, à l'époque, encore très marquée par l'internationalisme prolétarien, cet horizon d'attente pour les étudiants et jeunes intellectuels en mal de révolution que nous étions. Et par le temps des guerres d'indépendance où nous avions découvert l'impérialisme colonial constitutif de la république. Je ne suis donc pas en mesure de sentir la charge affective de mes rapports avec mon pays natal. Nullement contredit par le rejet de son suprémacisme colonial et de son arrogance. L'identité de la France ne me paraît pas contestable, elle devient cependant suspecte à partir du moment où ce thème est confisqué par l'extrême droite, et par la droite de gouvernement, au moment de la campagne présidentielle de Nicolas Sarkozy en 2007. Le soir de sa victoire au second tour, il déclare solennellement : « Je veux rendre aux Français la fierté d'être français. » Le message est clair : il s'adresse à nos compatriotes venus d'ailleurs, essentiellement d'outre-Méditerranée, et aux immigrés en général.

Refuser cette agressive revendication, c'est être acquis à l'idée que notre « identité » n'est pas une essence atemporelle, qu'elle s'est construite dans l'histoire, à travers une suite d'apports. Pour faire pièce aux dangereux thuriféraires de « l'identité nationale », l'*Histoire mondiale de la France*, sous la direction de Patrick Boucheron, prend en 2017 au pied de la lettre la phrase de Michelet (1831), « Ce ne serait pas trop de l'histoire du monde pour expliquer la France ». Mais sans toutefois se prononcer sur le sens que lui donnait Michelet : comment vont s'articuler ces éléments venus d'ailleurs ? Vont-ils contribuer à construire l'unité de la France ou à la dissoudre ? Il faut ici faire appel à un autre ouvrage, écrit en 50, édité seulement en 2012, *Nous sommes des sang-mêlés*. Lucien Febvre, l'auteur de *La Religion de Rabelais*, veut lui aussi barrer la route à des revendications identitaires qui ont conduit aux affrontements de la dernière guerre ; et il veut mettre en lumière comment la France s'est créée grâce à un constant métissage ethnique et culturel : toute nation est le résultat d'apports extérieurs. Mais la différence est radicale entre les deux entreprises. La démarche de Boucheron est centrifuge : elle cherche à faire éclater le prétendu noyau de l'identité en renvoyant des fragments vers leur source. La démarche de Febvre est centripète : il y a bien une identité de la France, un caractère spécifique. C'est la force d'un projet unificateur qui fait fusionner des éléments qu'elle a empruntés.

Telle est la démarche dans laquelle je me reconnais.

Pour conclure, droite et gauche campent, comme on dit, sur des positions irréconciliables. À droite, on se référera pour définir l'identité de la France à un passé disparu, souvent fantasmé, le temps de notre grandeur et de notre rôle dans « le concert des nations », au nom de quoi elle efface ou tente d'oublier ce qui pourrait contredire ou noircir cette image. À gauche, on se refusera à évoquer une possible identité de la France, sauf pour pointer nos traits négatifs qu'on lui impute, et ne retenir que les contradictions criantes de notre prétendue grandeur : le colonialisme, la persistance des inégalités (que je ne songe nullement à nier). L'école, la grande fierté des républicains, ne ressort pas indemne d'une inquisition sourcilleuse. La querelle sur l'identité n'a guère rapproché une certaine gauche de l'idéal républicain. Et ne m'a pas rapprochée d'elle.

J'y pensais avec anxiété, tandis que j'achevais ce livre. Ni l'une ni l'autre de ces positions ne me convient. Je n'ai aucune sympathie pour une définition de la France qui porte au repli nationaliste et à l'exclusion de l'étranger, mais la détestation appuyée de la France est un des points de ma confrontation la plus radicale avec une certaine gauche. Que faire ? Comment en sortir ? La lumière s'est faite durant l'été 2024, tandis que j'achevais ce livre, précisément le 15 août, fête de l'Assomption de la Vierge, jour aussi du débarquement des Alliés en Provence en 44. Nous sommes au cœur de notre histoire la plus singulière, à travers deux événements qui marquent cette journée d'un sceau national. La fête de l'Assomption, d'abord. Une fête religieuse ? Elle n'est pas dans le Nouveau Testament. Trait typiquement français, c'est en fait une pure célébration politique, qui renvoie à la consécration de la France par Louis XIII à la Vierge Marie, et à ses renouvellements successifs. La Révolution l'avait supprimée ; Napoléon la rétablit dans l'esprit du Concordat, elle avait lieu auparavant en mai, « le mois de la Vierge », il la déplace au 15 août, parce que c'était le jour de son anniversaire. Le 13 décembre 1914, nouvelle consécration de la France au Cœur immaculé de Marie. Et enfin, sous le régime de Vichy, le marquis André de La Franquerie obtient du maréchal Pétain, le 22 novembre 1940, la consécration de la France à la Vierge et il organise, avec le curé de Saint-Louis de Vichy, la cérémonie officielle du 28 mars 1943. Ces bas calculs théologico-politiques ne sont pas pour moi des pièces dans un dossier à charge contre la France : en en rejetant l'esprit et les intentions, je rejoins plutôt cette France que j'admire pour avoir su briser avec eux, au moins une fois, en 1789. Deuxième célébration du 15 août, le débarquement en Provence. Succès rapide, Toulon est libéré. Nous le devons à « notre » empire colonial, et aux « tirailleurs sénégalais » qui composaient à 80 % l'armée française. Mais en même temps objet de colère et de douleur : on avait dans les jours qui suivent procédé au blanchiment des troupes tandis qu'elles progressaient vers Paris — de peur, entre autres, de susciter la réaction raciste de l'Allemagne quand elles iraient occuper la Ruhr. J'étais née, je suis la contemporaine de cette infamie, comme de beaucoup d'autres... Je peux avoir honte de la France, des lois raciales de Pétain, des crimes coloniaux. Mais je n'ai pas honte d'être française. Le 15 août est un raccourci de tous ces éléments dont est faite à mes yeux « l'identité de la France », pour lesquels je n'ai aucune complaisance. J'y trouve l'occasion d'y nourrir une vive contestation avec le pays qui m'a vue naître, n'omettant jamais non plus de saluer sans arrière-pensée ce que la France a proposé au monde : une appartenance par-delà les origines et les déterminations de naissance, un projet « de construire des sociétés politiques (...) rassemblant des citoyens émancipés, maîtres de leur propre destin, unis par leur seule raison[155] ». Tout en combattant ceux qui veulent qu'on impose ce modèle par des voies autoritaires à nos concitoyens venus d'ailleurs, qui ne profitent pas toujours de sa valeur émancipatrice, du fait de leur situation d'assujettissement économique. C'est un exemple parmi cent des contradictions où l'on doit vivre.

Au bout du compte, rien qui ne me soit intensément familier et cher. J'aurais pu naître ailleurs, mais c'est le monde qui m'a faite, dont à travers les changements d'époque j'ai perçu les profondes continuités, et tenté de combattre, à ma façon, les errements et les dangereuses déviations. Bien au-delà de la colère, du rejet, ou de l'adhésion, je sais que je lui suis liée par les mille liens obscurs d'un attachement grondeur.

Mais je dois vivre avec cette question : qu'est-ce qu'être de gauche et aimer la France ? Sur une ligne de crête : à gauche, le rejet de la France, comme une entité raciste, impérialiste et colonialiste ; à droite, les solutions identitaires et l'exaltation de la nation charnelle.

Le pari et le pacte de la transmission

Depuis plusieurs décennies, j'ai assisté avec désespoir à l'indéniable ébranlement de ce pilier de la république que fut longtemps l'école, une école qu'elle voulait au service de tous, une école capable d'assurer à chacun les conditions de son émancipation et de son insertion dans la vie citoyenne. L'effondrement du niveau des élèves se confirme année après année à travers toutes les évaluations nationales et internationales. Et, aussi bien dans le diagnostic que dans les solutions, je suis depuis longtemps et continuerai d'être en désaccord avec la gauche.

Il n'y a pas de crise de l'école, disait Péguy, la crise de l'école est une crise de civilisation. Une crise de la transmission. En disant cela, je me mets en rupture avec une des thèses les plus connues, et acceptées, de Jacques Rancière. Pour lui, parler de la transmission du savoir, « c'est dire qu'il est inscrit dans tout un système où quelqu'un est supposé détenir un savoir, quelqu'un d'autre est supposé ne pas le détenir ; le premier est dans une position de supériorité et le deuxième d'infériorité ». Car, en fait, il n'y a pas des « gens qui savent » : il y a des gens « qui exercent la position de celui qui sait ». Et cela interdit toute forme d'égalité entre le maître et l'élève. La transmission est donc une consécration infinie de l'inégalité. On ne peut émanciper selon cette logique : on ne peut parvenir à l'égalité qu'en partant de l'égalité.

Il m'a toujours semblé que cette position, en apparence inattaquable, reposait sur un sophisme concernant la notion d'égalité. Entre celui qui sait et celui qui ignore, s'il y a inégalité, ce n'est pas la transmission qui la consacre, c'est l'intransmission qui la prolonge. Cette inégalité est un fait, un donné, d'ordre généalogique ; l'enfant, ce nouveau venu dans le monde, naît désarmé, mais il n'est pas seul, il est précédé. D'où le devoir qui s'impose à celui (celle) qui est *né avant* : le devoir de mettre à la disposition du nouveau venu ce dont on a été, à un moment antérieur, pourvu. (Ce qui impose une constatation, que je ne puis formuler sans être sûre qu'elle me fera descendre encore de quelques degrés dans l'estime de mes amis de gauche : l'enseignement est naturellement, essentiellement et forcément *conservateur*. Ce qui n'implique pas qu'on doive l'être sur le plan personnel. Au contraire. *Un conservatisme de gauche*. Voilà ma théorie de l'action.)

L'inégalité s'efface ; c'est peut-être même la seule des inégalités qui puisse s'effacer par un renoncement volontaire à la supériorité que conférerait un savoir qu'on ne partage pas. Mais je le vois bien : je ne peux me détacher de ce dont j'ai eu le pressentiment obscur dans ma petite enfance rurale. L'ignorance venant renforcer la séparation de classe. La volonté de transmettre n'est dès lors pas un talent, une qualité individuelle, une bonne volonté : c'est un devoir. La génération qui précède, et qui doit donc logiquement s'effacer la première, se tourne vers celle qui la suit et dépose ses possessions, ses biens, matériels et immatériels, entre ses mains. La « crise de la transmission », c'est le refus de reconnaître ce devoir ; le méconnaître est un orgueil et une lâcheté. Cependant, on est forcé de constater que les conditions n'en sont pas toujours réunies : le mirage technologique, la force de conviction matérielle du monde technique et marchand rendent dérisoire et inutile ce qui vient d'avant. Les élèves ne ressemblent plus à ceux que dépeint une vision nostalgique de « l'école d'avant », des enfants sages qui se croisent les bras, tandis que le maître ou la maîtresse écrit au tableau l'énoncé d'un problème. Ceux, celles qui enseignent, aujourd'hui, sont désarmés devant des jeunes qu'affecte un changement de nature anthropologique : le présent est leur seul horizon, l'avenir les effraie, et tout les encourage à rejeter un passé dévalué par le consumérisme technologisé. La tentation est donc grande de voir en eux de nouveaux « barbares ». Un observateur effrayé n'avait-il pas noté, avec horreur, que dans un collège de banlieue les élèves croyaient que « le grec » était un kebab et non la langue de Platon ? Les publics scolaires d'aujourd'hui sont en proie à des besoins incomparablement plus grands qu'auparavant, parce qu'ils n'ont plus les ressources de la tradition, la culture populaire des quartiers ouvriers ou des anciens bourgs.

Il faudrait sans doute poser autrement la question : non pas se demander s'il est possible de transmettre, mais reconnaître et affirmer que nous n'avons pas le choix. Notre condition de mortels politiques, au sens d'Aristote, nous condamne à la transmission, que cela soit possible ou non, que cela soit facile ou non. Il faut poser que la transmission est possible parce qu'elle est nécessaire. Il faut donc engager la question de la transmission sous la lumière du pari, lequel est une des données fondamentales de l'action ; nous ne pouvons faire nos choix que dans l'incertitude du résultat, mais cela ne nous contraint nullement à l'inaction. Le pari, c'est la conscience qu'il faut affronter l'absence de certitude, c'est l'intégration raisonnée, raisonnable de l'incertitude. Dans le cas de la transmission, le pari est une forme de générosité : il engage celui qui veut transmettre sans qu'il ait la certitude d'être reçu, d'être compris, d'être suivi, d'être accepté. Celui qui s'engage à transmettre n'attend pas de preuves ou de gages ; il n'attend pas non plus qu'on le remercie, ou qu'on lui en sache gré. Transmettre est un acte de pure confiance : confiance dans la valeur de ce qu'on transmet, confiance dans la valeur de ceux à qui on le remet.

Un détour historique s'impose : on n'est pas républicain sans méditation du passé. Rien de ce qui nous effraie aujourd'hui n'est nouveau : à chaque époque se pose la question du « pacte de transmission ». Plus que jamais depuis la Révolution, où s'est posée pour la première fois la question de l'éducation du peuple. Condorcet y répond par ses *Mémoires sur l'instruction publique* en 1791 ; la Restauration, par les lois sur l'instruction élémentaire de 1816. Et en 1833, ce sera l'ensemble des « lois Guizot sur l'Instruction » en attendant celles de Jules Ferry. En même temps une autre inquiétude est née avec l'émergence d'une nouvelle catégorie sociale, le peuple, travailleur, ouvrier, qui se montre parfois indocile, rebelle à un esclavage né de l'industrialisation. Dans les débuts de la monarchie de Juillet, les formes nouvelles de l'industrie et de l'économie ont dégradé profondément les conditions de vie des ouvriers et des artisans. Un exemple. À Lyon, les canuts, ouvriers de la soie, se voient dépossédés de leur savoir-faire ancien et ravalés au simple rang de force de travail au service des machines. Des émeutes éclatent. Leur monde, qu'ils se sont transmis avec conscience et fidélité, s'effondre sous les coups du machinisme et du profit. À l'appel de quelques-uns, ils entrent en résistance, s'assemblent, rejetant violemment un monde qui ne leur fait pas de place, proclamant leur attachement aux formes de vie et de travail qu'on leur a transmises et qu'ils souhaitent à leur tour transmettre à leurs fils. Le 22 novembre, les émeutiers se rendent maîtres de la ville au terme d'une rude bataille — qui fait plusieurs centaines de morts, et de très nombreux blessés. Stupeur à Paris ; serait-ce le triomphe des idées républicaines ? Dans ces mois-là, une panique saisit la bonne société. L'insurrection lyonnaise nous vaut une apostrophe célèbre de Saint-Marc Girardin, dans le *Journal des débats* du 8 décembre : « Les "barbares" ne sont ni dans les montagnes du Caucase ni dans les steppes de la Tartarie mais dans les faubourgs de nos villes manufacturières. » À quoi fera écho, peu avant les journées révolutionnaires de février 1848, la célèbre phrase de Frédéric Ozanam, catholique frondeur et fondateur de la Société de Saint-Vincent-de-Paul : « Passons aux barbares ! et suivons les masses populaires qui sont chères à l'Église, parce qu'elles sont la pauvreté que Dieu aime et le travail qui fait la force. » « Passer aux barbares », c'est se tourner vers la classe ouvrière : écouter ses revendications sociales et politiques, s'unir avec elle pour construire une société plus juste. Et peut-être surtout prendre toute la mesure de la puissance créatrice dont elle est porteuse.

Question énorme, considérable ! Que veut le peuple, qu'attend-il ? S'instruire, sûrement. Savoir lire, écrire, compter ; mais à quel prix ? Un marché est en train de se conclure, un pacte est en train de se nouer : peut-être le devine-t-il. Au prix d'une perte, celle de son monde, de ses façons de dire et de faire, qu'il veut transmettre à ses enfants. Un monde que lui ont arraché, déjà, les machines Jacquard, rejetant les canuts au rang de prolétaires interchangeables. L'instruction a un prix, inéluctable ; l'école en pourvoira tous les enfants, mais en les obligeant à abandonner leurs traditions, religions, manières de dire et de faire. L'école les supplante, les rend obsolètes, les vide de leur contenu. Ce n'est plus en elles qu'on va trouver de quoi se former, penser, orienter sa vie : c'est désormais dans les instruments que l'école va fournir.

Ce que le peuple reçoit, c'est un gain, une conquête, mais au prix d'un immense sacrifice. Songeons-y un instant. L'école s'accompagne d'une promesse : par les sciences et les arts, la culture, et le maniement expert du langage, on permet à l'homme (au sens générique, est-il besoin de le dire ?), encore enfant, l'accès à une forme plus haute d'humanité. On l'ouvre à une plus grande disposition de soi, on l'arrache aux soumissions héritées sans consentement, mais on l'arrache aussi à la bienheureuse protection du « chez-soi », de « l'entre-soi » à qui nul ne peut refuser un peu d'adhésion ou, quand il l'a perdue, de nostalgie. Apprendre sépare, et sépare parfois de ce qu'on avait de plus cher. D'où des formes de résistance ou de refus qu'autrefois on ne prenait pas vraiment en compte. Et qui aujourd'hui reviennent en force. Michelet l'avait bien compris. En 1846, deux ans avant la célèbre apostrophe d'Ozanam, il avait écrit ceci, dans *Le Peuple* : « Lorsqu'on compare l'ascension du peuple, son progrès, à l'invasion des barbares, le mot me plaît, je l'accepte, barbares ! oui, c'est-à-dire voyageurs en marche vers la Rome de l'avenir. » Et son projet d'instruction en tient compte. Lui aussi il rêve d'instruire le peuple, mais d'une instruction qui serait conçue de manière à ce que l'homme du peuple, l'homme d'en bas, n'ait pas à perdre ce qui le faisait tel, et puisse apporter aux « hommes d'études » ce que l'homme d'études ne possède pas toujours. « Enseignez le peuple en astronomie, dit-il, en chimie, à la bonne heure ; mais quand il s'agit de l'homme, c'est-à-dire de lui-même, quand il s'agit de son passé, de morale, de cœur et d'honneur, ne craignez pas, hommes d'études, de vous laisser enseigner par lui. » Et il ajoute : « Faites passer l'enseignement du peuple de l'oral à l'écrit, de la légende à la science historique, transformez la sagesse inexprimée du peuple en savoir enseignable en chaire, des écoles de village au Collège de France. Les petits et les pauvres pourront découvrir, par l'histoire professée, à quelle chaîne humaine, à quelle unité ils appartiennent, ce qu'indirectement ils sentaient déjà. »

À cette question redoutable, chaque bouleversement de notre histoire a répondu en proposant un pacte. S'instruire pour accéder à de meilleurs emplois ; s'arracher à la misère et au crime pour devenir un libre citoyen de la nouvelle république vers 1870 ; plus tard, durant les Trente Glorieuses, bénéficier de « l'ascenseur social ». Mais aujourd'hui l'école est nue : il lui faut faire accepter des règles, des contenus, des finalités, sans une immédiate contrepartie. Et dans la concurrence cynique exercée par les transmissions familiales. D'où les manifestations récurrentes de rébellion et de refus. Pendant longtemps, elles sont passées inaperçues, on les considérait comme un mal pour un bien. L'élévation générale de la population les ferait disparaître ; à l'horizon, on s'inclinerait devant les bienfaits de l'instruction et de l'éducation. C'est là-dessus que l'école fondait sa certitude innocente et féroce que nul ne peut se soustraire volontairement au règne de la raison. Mais cette raison était aussi la raison des plus forts ; devant quoi et au nom de quoi les humbles savoirs des sans-pouvoir ont dû s'effacer, laissant les mains vides, dit Michelet, à « ce grand peuple innombrable des castes laborieuses et méprisées, utiles et foulées ». Aujourd'hui, il n'existe pas plus qu'hier une collectivité utopique dont l'école devrait assurer l'avènement. Mais ils existent toujours, ces nouveaux venus dont l'existence et le lent mouvement vers la reconnaissance sont à chaque époque un objet de scandale et la preuve de leur prétendue barbarie. L'enfant des banlieues ou de ce qu'on appelle avec condescendance « les quartiers » a pris la place des Gavroches de 1830, des jeunes Bretons qui devaient s'arracher à leur petite patrie pour accéder à la grande, et du Méridional qui devait sacrifier son accent pour dire les grands textes. C'est le même sacrifice qu'on lui impose : à nous donc de rendre nécessaire et même désirable le chemin par lequel on quitte sa maison, sans l'oublier, *afin d'en découvrir une plus vaste*. Ces « nouveaux barbares », comme on dit, sont « nos enfants », ils nous attendent, ils ont besoin de nous. Ils viennent parfois de plus loin. Serions-nous devenus incapables de ce qui s'est fait hier ? Ils ne sont pas toujours aimables, ni faciles, que faire pourtant ? sinon parier obstinément sur chaque enfant, quel qu'il soit, d'où qu'il vienne, en gardant obstinément ce cap, fixé par Victor Hugo dans *Les Quatre Vents de l'esprit*, « Chaque enfant qu'on enseigne est un homme qu'on gagne ». Il y va de notre avenir, de notre survie. La transmission est toujours possible parce qu'il existe en nous quelque chose qui est commun à tous par-delà toutes les différences. Et c'est là-dessus que l'école doit se fonder. Dans l'exercice de la pensée méthodique, et des apprentissages raisonnés ; devant une équation mathématique, devant une règle de grammaire, nous sommes tous égaux. Dans l'émotion que fait naître la structure parfaite d'un cristal ou d'un poème, dans la joie de découvrir, le plaisir d'apprendre et de comprendre, tous différents, mais égaux. Dans l'observation attentive du ciel étoilé ou d'un texte. Tous égaux. D'où qu'on vienne. Et sans qu'on doive pour autant renoncer à ses attachements privés. Qui sont d'un autre ordre, et doivent le demeurer.

Le poids des inégalités sociales est d'autant plus intolérable qu'il est une offense à cette égalité première, primaire, où se manifeste une communauté métaphysique, le destin d'une liberté jetée dans le monde. Elles se manifestent et se liguent contre cette liberté souveraine. Mais qu'on ne se trompe pas d'ennemi : réduire, infléchir, accommoder les apprentissages pour compenser l'injustice sociale ne restaure pas l'égalité, au contraire, mais l'interdit à jamais.

Gauche/droite, clivage, ligne de crête et quelques fondamentaux

À la fin du précédent chapitre, je prends le risque de susciter une vive réaction de la part d'une gauche autoritaire qui, en matière d'éducation, refuse d'interroger ses choix, et d'admettre qu'elle a une part de responsabilité dans le naufrage de notre système éducatif. Et pourtant, comme on dit, casser le baromètre ne fait pas revenir le soleil… À l'évidence, la question de l'instruction vient brouiller la distinction droite-gauche. Et même davantage : la question de l'instruction ouvre un clivage entre deux gauches. Depuis près d'un demi-siècle, une certaine gauche s'obstine à nier l'échec patent de notre système éducatif et se focalise sur la situation déplorable des enseignants, que du reste on ne saurait nier ; des salaires trop faibles, un personnel insuffisant, un exercice quotidien rendu difficile par la surcharge des classes, une avalanche de réformes contradictoires. En face de quoi, une autre gauche, fidèle à la tradition républicaine, maintient des positions que la droite prétend être son apanage — souci de l'excellence, respect des maîtres et de l'autorité légitime, attachement aux formes rigoureuses de l'expression linguistique, exigence dans la formation mathématique et scientifique. La guerre des deux gauches est ouverte. Mais qu'on y prenne garde. En soupçonnant la gauche républicaine de droitisme, on se fourvoie, on affaiblit la gauche et c'est une chance pour la droite. On oublie que l'horizon n'est pas le même. Si, pour la droite, l'effondrement de l'école est le signe majeur de notre déclin civilisationnel, pour une gauche digne de ce nom, c'est une rupture majeure, lourde de conséquence, dans une logique d'émancipation ouverte dès les premiers temps de la Révolution.

Le moment est donc venu d'aborder sans détour la question qui me taraude depuis le début de ce livre. Se dire républicain, dans la tradition qui est la mienne, directement issue de la IIIe République, c'était « avoir des valeurs de gauche », Maurice Agulhon le souligne. Mais concrètement ? En revenant sur mon parcours, j'ai vu se multiplier des moments de flottement, d'incertitude, d'accord, de rejet. Des occasions de me retrouver en porte à faux. Dès la fin de mes études, dans mon rapprochement en demi-teinte avec « la deuxième gauche », dès mon refus des dérives gauchistes du mouvement de Mai. Un peu plus tard, en subissant la grande tentation bolchevique, étais-je en train de soutenir une forme extrême des idéaux de gauche ou, au contraire, de rompre définitivement avec un socialisme à la française, nourri des éléments constitutifs de la pensée libérale ? Plus tard, rompre avec cette utopie, était-ce revenir vers une « vraie » gauche, ou subir une tentation « de droite » ? Ce fut la grande incertitude, le piège même, des « années Soljenitsyne ». Elles ont ouvert la voie à un néoconservatisme ; elles ont rendu la gauche flottante et incertaine ; et rien ne prouve qu'on en est sorti par le haut, c'est-à-dire vers une forme plus juste, plus égalitaire de l'espérance socialiste. Et avec le tournant des années 2000, en passant de la critique sociale à la défense des minorités, s'est-on mis en devoir de retrouver ou de quitter « les valeurs de gauche » ?

D'où la question. Et mon angoisse quand je me retourne sur ces années-là. Qu'était devenue « la gauche » ? Qu'était-elle en train de devenir ? Était-ce moi qui avais changé ? M'étais-je éloignée d'elle ? S'était-elle éloignée de moi ? Plus d'une fois j'ai senti le sol bouger sous mes pieds. Les temps étaient propices à ces ébranlements. Mes nombreux séjours et voyages dans les pays du « mensonge déconcertant » ne pouvaient guère m'aider à garder le cap : ce clivage, ces mots n'avaient pas beaucoup de sens là-bas. Un exemple, qui dit tout, sorti de ma longue fréquentation de la Tchécoslovaquie d'avant 91. Un bon nombre de mes amis tchèques appartient à la communauté catholique, objet de persécutions depuis 48. Parmi eux, une ancienne professeur d'histoire de l'art, Miloslava (dite Milu) Holubova. Un jour, elle me raconte que, juste après son élection au pontificat, elle était allée à Varsovie rencontrer Jean-Paul II, qu'elle avait connu lorsqu'il était étudiant à Cracovie juste avant la guerre. Elle voulait lui dire une seule chose : que l'Église s'était gravement trompée en ne soutenant pas la théologie de la libération. Rappelons les origines de ce mouvement. Dans la suite du concile Vatican II, en Amérique latine, des théologiens prennent conscience que leur continent, très majoritairement catholique, est marqué des injustices les plus graves. Évidemment, la grille d'analyse marxiste ne pouvait convenir au prêtre polonais qu'était Karol Wojtyła. Milu était-elle devenue marxiste ? J'en doute. Mais proche de Dom Hélder Câmara, « l'évêque rouge » de Recife, qui disait : « Je nourris un pauvre et l'on me dit que je suis un saint. Je demande pourquoi le pauvre n'a pas de quoi se nourrir et l'on me traite de communiste. » Un tel exemple en dit long sur les secousses que subit un idéal abstrait ; on ne le préserve souvent qu'en se gardant de le mettre au défi des réalités. Finalement, au lieu de brouiller les cartes, et d'introduire de la confusion, cette conversation avec Milu, dans le bel appartement sur la place Saint-Nicolas de Malá Strana qu'elle avait finalement récupéré après ses années de prison, m'a aidée à formuler la solution, et peut-être d'abord le nœud du problème : pour être (et rester) de gauche, il faut oser se tenir sur une ligne de crête.

Rien n'est simple, quand on fait retour sur l'histoire, sur son histoire ; *mais tout est clair*. Et, dans le fond, une certitude, d'abord : le clivage droite/gauche n'a pas disparu, et il ne doit ni ne peut disparaître. Même si aujourd'hui pour plus de 60 % des Français ce clivage est « dépassé », un quart d'entre eux ne se positionnant nulle part, ni à droite, ni à gauche, ni au centre. J'appartiens à un autre monde ; un monde où ces mots avaient un sens. Quelle que soit l'ampleur ou l'étendue de mes désaccords avec « la gauche », quelque éloignement que je ressente parfois, le lien qui m'unit à la gauche s'étire, mais il ne se rompt jamais. Naturellement, l'histoire même de ces désaccords suivis de rapprochements mériterait d'être écrite, ne serait-ce que pour tenir compte de l'histoire de la gauche et de l'histoire tout court. Mais tel n'est pas, depuis le début, mon propos ; mon propos est de restituer des continuités, des adhésions, une fidélité, qui parfois s'émousse ou s'estompe dans les incidents de la route, mais ressurgit immanquablement. C'est vrai : je suis « de gauche » par héritage, comme mes parents l'étaient et non parce qu'ils l'étaient ; je suis de gauche pour les mêmes raisons qu'eux. Par fidélité à une certaine idée romantique, à la Michelet, de ce qu'est « le peuple », dont ils sortaient, auquel ils continuaient d'appartenir. D'où leur attachement, qui est aussi le mien, à la notion de progrès : il faut, pour la mettre en doute comme on le fait aujourd'hui, avoir bien peu de considération pour les améliorations sensibles qu'a connues la vie des plus humbles dans ses conditions matérielles et dans ce que Michelet appelle « l'égalité visible ».

Le nom même de Michelet, souvent cité ici, le prouve : être de gauche, c'est être entouré de quelques grandes figures, d'ombres qui se tiennent derrière vous. C'est maintenir vivants quelques lignes directrices, quelques principes, quelques valeurs, c'est s'inspirer de formulations décisives, marquantes. Comme la notion d'autonomie, tirée de Kant, dans *Qu'est-ce que les Lumières ?* : capacité de se donner ses propres lois « contre l'officier qui dit : Ne raisonnez pas, exécutez ! contre le percepteur qui dit : Ne raisonnez pas, payez ! contre le prêtre : Ne raisonnez pas, croyez ! ». Mais c'est aussi constater que de cette liberté, tous ne peuvent pas disposer ; que ce droit est souvent un droit purement formel contredit par l'organisation politique, économique d'une société. « L'avidité mercenaire fonde le despotisme politique », un despotisme qui, pour se légitimer, « fait descendre du ciel des pouvoirs menteurs et un joug sacrilège », écrit Volney, l'idéologue ami de Cabanis et de Condorcet*.

Être « de gauche », c'est ne jamais oublier que l'histoire, c'est l'histoire de la domination. Sous toutes ses formes. Il n'y a donc pas d'autre devoir concret que de toujours combattre « pour les faibles contre les puissants, pour le peuple contre ceux qui l'oppriment, pour la justice sociale contre l'iniquité et contre l'injustice », disait Jaurès. On n'aura pas l'impudence, ou le ridicule, d'attribuer à « la droite » une indifférence aux formes de la souffrance individuelle ou collective, ou d'accorder à « la gauche », selon une formule célèbre, « le monopole du cœur ». Mais cette phrase de Jaurès n'est pas un appel à la compassion, ou à la charité, elle est une promesse, un engagement au combat pour l'émancipation. Contre toutes les formes de la domination, politique, religieuse, sociale, sexuelle, coloniale. La référence à Jaurès, c'est le rappel que la république est inachevée si elle n'est pas en même temps une république sociale. « Sans le socialisme, la République est vide » ; « sans la République, le socialisme est impuissant ». La référence au socialisme donne un sens très particulier et un contenu concret à la proclamation d'attachement à la république, dont tout le monde aujourd'hui se targue.

* On peut admirer aujourd'hui encore la force de ce jeune penseur de vingt-sept ans qui, quelques années avant la Révolution, décrivait « ces fortunes concentrées en un petit nombre de mains, et toutes les lois et les institutions favorisant cette accumulation » (*Les Ruines ou Méditations sur les révolutions des empires*, publié en 1791, quand il est député à la Constituante). Et il ajoute que « les oppresseurs étant moins nombreux que les opprimés » il a fallu, « pour soutenir ce faux équilibre, perfectionner la science de l'oppression ».

Elle oblige la gauche à élaborer une politique définitivement débarrassée de la tentation autoritaire. Car il faut toujours en revenir à ceci, « la puissance d'un grand peuple voulant se diriger lui-même » : le peuple est « le souverain », c'est de lui que tout pouvoir tient sa légitimité. La politique, comme la vérité, ne peut pas venir d'en haut, être dictée d'en haut. C'est la formule de Marx en 1864 : « L'émancipation des travailleurs doit être l'œuvre des travailleurs eux-mêmes. » C'était vingt ans plus tôt, en 1843, l'apostrophe de Flora Tristan aux femmes, qu'elle généralisait à tous les opprimés : « C'est à vous, à vous seules, qu'il appartient d'agir dans l'intérêt de votre propre cause. »

Pour conclure, être de gauche, c'est un certain rapport au temps. L'âge d'or, pour l'Antiquité, se situait derrière nous ; la gauche a fait sien le retournement de perspective qui marque l'entrée dans le monde moderne. Il y a « devant nous » la possibilité que le monde soit meilleur et plus juste. Être « de gauche », c'est depuis la Révolution de 1789 manifester, face à un état des choses (de la société) qu'on déplore, le désir et la volonté d'un changement radical.

Il demeure donc une question que je me dois de poser ; je m'impose une fois encore de soulever une objection que je fuis, ou que j'écarte dès qu'elle se présente. La gauche ne pèche-t-elle pas par volontarisme ? Mot que les dictionnaires définissent comme l'attitude de celui qui croit pouvoir *soumettre le réel à sa volonté*. C'est une objection « de droite » : elle émane, depuis 1789, des penseurs et des cercles les moins favorables à la Révolution. Comme Burke, le député britannique whig, dans ses *Réflexions sur la Révolution de France* (1790). Elle est reprise et développée à la fin du XIXe siècle par Hippolyte Taine dans *Les Origines de la France contemporaine*, et elle fera constamment retour tout au long du XXe siècle. La Révolution est condamnée par la manière dont elle a plaqué sur une situation les conclusions de systèmes abstraits. Taine ne regrette pas le régime monarchique ; il accuse l'absolutisme d'avoir généré la crise révolutionnaire, et il retrace en termes sans équivoque l'affreuse situation où croupit le peuple accablé d'impôts, victime des famines et des guerres. Mais la Révolution à ses yeux est d'abord l'œuvre d'une minorité active et organisée qui vise le pouvoir et, pour cela, excite et conduit les passions populaires. La matrice idéologique du mouvement, selon lui, est le *Contrat social* de Rousseau, œuvre qui à ses yeux n'est en fait « qu'un évangile » réduisant « la science politique à l'application stricte d'un axiome élémentaire ». Le résultat — la résultante — en est la Terreur. Dans la Terreur l'Ancien Régime et la Révolution ont « cumulé leurs effets » (Éric Gasparini, *Taine et la Terreur*, Presses de l'université Toulouse Capitole).

La critique du volontarisme de la gauche est-elle nécessaire ? Oui. Elle pointe le risque de s'illusionner sur les capacités concrètes de changement par souci de préserver l'idéal. Mais elle ne doit pas devenir l'excuse de l'immobilisme, ou le masque d'une secrète volonté de faire que rien ne change. En 92, lorsque Václav Havel avait pris la parole sous la Coupole, on s'en souvient, je ne l'avais pas entendu sans un certain malaise rejeter « les utopies » qui, en politique, finissent nécessairement par « provoquer d'horribles souffrances ». Je craignais que la chute du Mur ne redonne toute leur force aux thèses de Burke et de Joseph de Maistre et ne serve finalement de justification à la version néolibérale du capitalisme faisant du marché le grand régulateur naturel. Trente ans plus tard, revenue des grandes espérances millénaristes de l'Orient rouge, je suis toujours de gauche, je n'ai pas renoncé à souhaiter que *le monde soit meilleur et plus juste*, et à soutenir les actions qui y contribuent. Il est trop facile en effet d'accuser de prométhéisme, pour susciter des images de vengeance divine, ceux (et celles) qui ne croient pas à un ordre naturel des choses, substitut laïcisé du droit divin.

Éloge de ma mère et du style indirect

En avril 2002, au moment où je participe avec conviction aux réunions du Pôle républicain, ma mère choisit de ne pas résister plus longtemps à la profonde mélancolie où elle s'est enfoncée depuis la mort de mon père. Elle s'est retirée dans une résidence pour personnes âgées et, à chacune de mes visites, j'essaie de lui faire partager ma joie de voir renaître un projet politique, je lui raconte comment j'ai tenu une réunion sous un préau d'école, elle fait semblant de s'intéresser. Peine perdue. Un jour, elle pense que ça suffit comme ça, que le monde peut bien continuer sans elle. Un souffle, un autre, ça y est, elle n'est plus. Avec ma mère disparaît l'un des derniers témoins de ce qu'avait été ce corps d'instituteurs et d'institutrices formés par la IIIe République.

Dans les années 40, au cœur de notre petit village, on s'est habituées, ma mère et moi qui venais de naître, à la vie en temps de guerre. Elle était seule, mon père était prisonnier, nous nous sommes tenu compagnie, on dormait dans la grande chambre d'angle, avec une fenêtre sur le jardin et une fenêtre sur la cour, une grande pièce carrelée de rouge qu'on pouvait chauffer grâce à un poêle à bois, le mirus, qui sait encore ce que c'était qu'un mirus ? Le soir, elle me lisait des histoires, je voulais toujours les mêmes, comme tous les enfants. Je disais, attends, attends !, comme on fait pour un chat qui tente de voler le rôti, quand on entendait la voix du Maréchal à la radio. Un jour de 44, les habitants ont fui en masse, les bombes alliées pleuvaient sur les ponts de Loire, ma mère m'avait mise sur sa bicyclette, c'est le médecin qui nous a fait revenir dans nos maisons.

Comme elle fut ma première et ma seule institutrice, je veux dire ce qu'était l'enseignement donné par ma mère, dans sa rusticité, sa rigueur et sa justesse, un enseignement qu'alors on donnait partout, jusque dans la plus modeste école de village. La lecture était le cœur, la clef et le modèle de tous les autres apprentissages. Regarder le ciel, observer les métamorphoses d'un insecte, le développement d'une plante, c'est lire. Qu'on se le représente un instant : une maison austère, un jardin entouré d'un haut mur couronné de giroflées, deux tilleuls et un laurier dans la cour, l'été on s'assied en rond pour réciter la leçon dans leur ombre ; une salle de classe qu'on arrose d'un grand coup d'eau pour abattre la poussière avant d'y passer le balai ; un poêle de fonte qui rougeoie et ronfle l'hiver ; de rudes petites filles, avec des nattes, et des pulls tricotés sous la blouse ; leurs fous rires, leur air par en dessous, et ce silence, tandis qu'on fait une addition, tandis qu'on lit, tandis qu'on écrit des phrases dans son cahier, avec des doigts tachés d'encre, dans le bruit des sabots qu'on remue sous la table. J'ai mis exprès beaucoup de points-virgules dans ma phrase, c'est à cette époque-là que j'ai appris à quoi ils servent.

Je veux dire aussi tout cet ensemble éducatif dont elle avait le souci et la charge, matin et soir. Les lourds tableaux qui pivotent pour dégager une carte des fleuves dessinée à la craie de couleur ; des bûchettes de bois taillées pour enseigner le calcul ; des mesures en étain dans un petit placard, le « compendium » ; des tables et des bancs cirés par le passage des générations, des encriers incommodes, et ces mines de crayon fragiles qui cassaient pour un rien. Surtout, je veux dire son exigence en matière de langage, de correction, de précision, de nuance. J'ai retrouvé un de mes cahiers, en rangeant ses papiers après sa mort. C'est un exercice d'époque, une rédaction. En marge, à l'encre rouge, l'écriture régulière de ma mère : « Pourquoi passez-vous au style indirect ? » Je ne sais pourquoi en effet j'avais soudain interrompu un (modeste) dialogue. Mais tout est là. Ma mère dit vous à ses élèves. Elle n'approuve pas un changement de ton inexpliqué, et elle le dit. Elle pense qu'elle peut employer une expression savante, « le style indirect ». (Après on dira plutôt le discours indirect, ça ne change rien.) Elle pense qu'on peut comprendre à huit ans, à dix ans, ce qu'est le style indirect, à quoi ça sert. Elle pense que c'est utile, même si on ne va pas au-delà du certificat, ni même toujours jusque-là. Que c'est une ressource quand on écrit. Qu'en rapportant la parole de l'autre, on apprend à l'écouter, à ne pas parler toujours de soi. Je ne dis pas que c'était mieux alors ; je dis comment c'était. Je dis qu'ainsi s'ouvraient des vies, des voies. Quand je ne connaissais pas un mot, m'a dit récemment une de ses anciennes élèves, qui n'est plus toute jeune, forcément, j'appelais ta mère. Jusqu'à la fin. Elle me répondait toujours. Un jour, je lui ai demandé herpès. Elle m'a dit : Ça veut dire serpent. Elle me disait aussi, mais regarde dans le dictionnaire ! Je n'ai jamais eu de dictionnaire. Je l'avais, elle, pas besoin.

Une dernière image de ma mère. C'est un jeudi. Nous partons faire une promenade. Soudain elle s'arrête sur le bord d'un chemin, et cueille la fleur d'une plante sauvage, qui pousse entre les cailloux, sous le vent. Elle écarte soigneusement la corolle, elle compte les pétales, examine le pistil. Ça doit être une sorte de trèfle, dit-elle, dommage que je n'aie pas pris mon Bonnier (une flore utilisée dans les Écoles normales avant la guerre).

Non à l'alliance du voile et du téléphone portable. Et bref portrait de Sofiane

Tout n'a pas été dit sur le sens et la signification des événements du 11 septembre 2001. Rien de tel n'était jamais arrivé à une puissance impérialiste, à la première puissance impérialiste du monde. « Nous sommes tous américains », titrera aussitôt *Le Monde* le lendemain. Au point d'ignorer nos responsabilités ? Seul Noam Chomsky osera en 2011 dans *Pouvoir et Terreur* replacer l'attaque terroriste dans le contexte des interventions américaines depuis 45, défiant ouvertement les États-Unis d'appliquer à leurs propres actions les critères moraux qu'ils exigent des autres nations, et veulent leur imposer. C'est aussi un exemple de l'alliance monstrueuse, typique de notre modernité, entre le fanatisme et la rationalité instrumentale : non seulement la technique n'en débarrasse pas l'être humain, mais elle lui donne le moyen d'en décupler la puissance. J'en fais le point de départ en 2004, avec *dieu.com*, d'une réflexion sur le port du voile. En développant le contraste qu'il fait avec le téléphone portable, je révèle à l'évidence que je ne me suis pas encore détachée du « Polynésien téléphonant » d'Alain, que je n'ai pas pris une claire conscience de la charge de suprémacisme colonial qui s'y dissimulait. J'ai tout de même assez de vigilance politique pour ouvrir mon livre sur le fameux dialogue de *Quatrevingt-treize*, transposé : « Le Boeing pénétrant dans une des Twin Towers aurait pu dire à la tour qui allait s'effondrer dans le feu et le métal fondu : je suis ton fils[156] ! » Mais, sur la question du voile, je n'ai pas beaucoup avancé depuis l'affaire de Creil en 89. Le voile : expression publique d'une contrainte religieuse, signe indiscutable de la soumission des femmes, je m'en tiens là. Mais lors d'un débat télévisé où j'ai été conviée pour ce livre, il me paraît impossible de condamner l'imposition autoritaire du voile dans les sociétés islamiques fondamentalistes sans évoquer, en face, la marchandisation du corps « libéré » des femmes occidentales. Aucun des participants ne me soutient : l'unanimité face au voile islamique a pour envers une surestimation du modèle occidental, comme, avec la chute du Mur, le rejet du « socialisme réel » s'était mué en triomphe du mode de vie consumériste et marchand. À ce moment-là, une petite voix se fait entendre : celle de sœur Emmanuelle, venue parler de son action dans les bidonvilles du Caire. C'est Danièle qui a raison, dit-elle. Les femmes voilées du Caire ne sont pas moins libres que les femmes qu'on montre dénudées sur des panneaux publicitaires pour vendre des voitures ou des parfums.

C'était il y a vingt ans et progressivement il apparaît que des femmes adultes, majeures, se sont mises à porter le voile en nombre croissant. Va-t-on le leur interdire ? Quand elles sont fonctionnaires, soit. Mais quand elles travaillent dans une crèche privée, accompagnent des enfants en sortie scolaire ?

Petit à petit, je suis gagnée par une interrogation : que penser de celles qui le portent ? On suppose toujours qu'elles ne le font pas librement. Mais si c'était l'effet d'un choix, non d'une contrainte ? Je m'enfonce dans des contradictions. J'accepte de signer un manifeste contre le port de « la tenue islamique » aux Jeux olympiques, au moment même où je doute de plus en plus qu'il soit juste de soumettre les femmes voilées à une prétendue « libération » par nous décrétée. Les femmes doivent-elles passer d'un autoritarisme communautaire à un autoritarisme d'État ? Changer de maître pour assurer leur liberté ? Au nom de quoi puis-je dire : tu te crois libre, mais tu ne l'es pas ? Je sais mieux que toi ce qui est bon pour toi ? Que valaient les campagnes de « dévoilement » menées en 58 dans l'Algérie coloniale par les épouses d'officiers OAS ? En s'acharnant contre une religion, disait Clemenceau, l'État républicain ne ferait que retourner la régression cléricale, voire inquisitoriale de certaines religions, et remplacerait le cléricalisme religieux par le cléricalisme politique. Rappelons son discours du 17 novembre 1903 : « Pour éviter les congrégations, nous faisons de la France une immense congrégation. »

Vingt ans plus tard, je n'ai aucune hésitation à protester contre le port obligatoire du voile, et je suis toujours aussi solidaire dans leurs combats des femmes iraniennes qui risquent la prison ou la mort si elles sortent la tête nue. Mais je me refuse à utiliser la laïcité pour mener une confrontation avec les religions. Je me suis progressivement dégagée d'une vision de la laïcité, issue de certaines circonstances de mon enfance, où j'ai vu mes parents embarqués dans les combats autour de l'école publique qui faisaient rage dans le milieu des années 50 : il m'a fallu du temps pour accepter ce que suggère Jacqueline Lalouette dans un article de 83, qu'« on peut être anticlérical sans être athée ou hostile à la chose religieuse ». Progressivement, je me suis constitué un corps à peu près cohérent de doctrine : l'interdiction du voile à l'école, comme celui de tous les signes religieux dits « ostentatoires », me semble toujours devoir être scrupuleusement observée. Mais je me suis acheminée vers une version de la laïcité moins susceptible de dériver et d'être déviée au gré d'options politiques de circonstance.

En séparant l'État des religions, la laïcité pose une distinction entre le public et le privé, mais aussi entre la sphère publique et l'espace public. La sphère publique exige la neutralité religieuse ou politique ; il est tout à fait légitime de signer, comme je l'ai fait alors, une tribune de protestation lorsque, pour les obsèques de François Mitterrand, une messe solennelle à Notre-Dame avait réuni autour de Jacques Chirac de très nombreux chefs d'État et de gouvernement étrangers ainsi que les principaux responsables politiques français. Mais l'espace public est celui de la liberté. Je refuse donc de me ranger, en France, aux avis des éradicateurs ou éradicatrices, à leur vision fondamentaliste de la laïcité : je vois bien quel mélange de sexisme et de racisme il y a dans l'interdiction du voile. C'est une des raisons pour lesquelles, malgré mon républicanisme affirmé, je me suis toujours tenue à l'écart du Printemps républicain, créé en 2016 pour « rassembler les républicains face aux identitaires et aux communautaristes ». Il était clair que, sous prétexte de laïcité, on s'apprêtait à faire un procès tendancieux aux musulmans de France, nos compatriotes. Dans les propositions du Printemps républicain, je retrouvais quasi inchangés les arguments de l'affaire de Creil sur « le Munich de l'école républicaine » : face à une offensive mondiale de l'islam, la faible résistance de la France mettrait son avenir et même son existence en danger. Pour le Printemps républicain et ses amis, les « islamo-gauchistes », hostiles à des mesures d'interdiction qu'ils jugent liberticides, ne sont qu'un ramassis de dangereux collaborateurs, intéressés ou inconscients. Et les islamistes, et peut-être les musulmans en général, sont les nouveaux nazis. On n'aura pas de mal à relever dans ces propositions les traits d'une peur, d'un rejet voire d'une haine de l'islam, une « islamophobie » héritière ou simplement nourrie de la mémoire coloniale…

La laïcité « ne consiste pas à rendre les croyances invisibles, mais à faire vivre ensemble des individus différents, qui le disent, qui le laissent voir, mais qui l'acceptent au nom de la liberté de conscience », écrit Jean-Fabien Spitz, dans une tribune du *Monde* (17 avril 2024). Cela ne retire rien à ce qu'on peut penser des religions : on peut, comme moi, ne pas se reconnaître dans un système fondé sur la croyance en un être supérieur. Au nom du principe de laïcité, on a la liberté de le dire, de le manifester, sans jamais chercher à l'imposer, sans insulter celui ou celle qui pense autrement. Nul ne doit, à tort ou à raison, penser qu'on cherche à l'humilier. C'est une loi de protection, non d'agression.

Or ce débat n'a pas été et n'est toujours pas sans conséquences ; il a obscurci la réflexion sur la laïcité, mais il a aussi tordu jusqu'à la provocation l'application d'un autre principe, la liberté d'expression. La liberté d'expression est imprescriptible ; on ne peut pas l'abolir mais elle doit être encadrée. Son exercice s'accompagne donc d'un certain nombre de conditions. Selon la loi, elle « ne doit pas inciter à la discrimination, à la haine, à la violence ou à la ségrégation », ni contribuer à « la diffusion d'idées fondées sur la supériorité raciale ou la haine raciale ». Question devenue d'une actualité brûlante lorsqu'en 2020, un professeur, Samuel Paty, est décapité pour avoir montré dans sa classe une caricature de Mahomet. Cet acte monstrueux a sidéré la pensée, le corps social a sombré dans l'émotion. Et pourtant, plus que jamais, ç'aurait été le moment de dire que la liberté d'expression ne va pas sans son complément indispensable : la responsabilité. On aurait peut-être ainsi évité le pire. Je renvoie au « Tract » que j'ai publié en 2021, *Parole en haut silence en bas*, où je m'interroge sur l'usage pédagogique d'une image obscène, pornographique, celle d'un homme nu, à quatre pattes, tous attributs visibles. Avait-elle sa place dans une classe de quatrième ? Ou projetée sur la façade d'un immeuble public ? À mes yeux, d'évidence, non. Du reste, en ces matières, l'exercice politique de la responsabilité ne devrait pas uniquement être entièrement confié aux pouvoirs, et dépendre de décisions soumises à la fluctuation des alliances, des compromis, et des échéances électorales. Un débat public, démocratique et contradictoire, aurait pu être lancé à propos des caricatures de Mahomet, de leur origine, de leur sens, de la manière la plus responsable d'en faire usage. Ça n'a pas été le cas. C'est un thème que j'avais développé dans un « Tract » précédent, *Jojo, le Gilet jaune* (2019), où je déplorais le peu de considération que l'on a pour la parole citoyenne, surtout si elle vient d'en bas. En résumé : pas de persécution religieuse, pas de liberté sans responsabilité. Telle devrait être notre politique, si nous voulons vivre dans une société en paix. Ouverte à des différences qui ne compromettent pas la vie en commun.

Chaque fois que je me rends à la médiathèque de Creil, je me réjouis d'y rencontrer des femmes, la tête couverte d'un foulard, venues des quartiers difficiles, comme on dit, pour accompagner leurs enfants. J'ai surpris un jour l'une d'entre elles, en larmes devant une exposition sur la guerre de 14-18. Elle se retourne vers moi : Madame, Madame ! Cette guerre ! Je ne savais pas ! Tous ces morts, tous ces jeunes ! Être français, on ne cesse de le marteler à droite, c'est partager une mémoire ; cette femme était en train de devenir française. Avec son fichu sur la tête. Mais je pense aussi à Sofiane, le jeune et triste héros d'un fait divers dont j'ai trouvé le récit dans la presse quotidienne. Sofiane pourrait être né à Creil. Il a tout juste vingt et un ans, il vient d'être arrêté pour une énième tentative de cambriolage. Sofiane est un prénom arabe dérivé de *safi*, « pur », « serein ». Sofiane n'est ni pur ni serein. Quand on l'interroge, il dit : « J'ai personne, j'ai juste mon dieu. » Qu'on médite cette phrase terrible. Et on touchera au cœur du drame actuel des sociétés privilégiées du monde occidental. Parce que aucune autre issue ne leur est offerte, le repli religieux est parfois l'unique recours de ceux à qui l'avenir est ou semble fermé. Si nous persévérons dans une attitude de défiance aux limites du rejet, comment ne pas imaginer qu'à bout de ressources, l'un ou l'autre de ces jeunes gens finisse par se tourner vers des mirages identitaires et religieux ? Qu'une fille décide de se voiler. Qu'un garçon, égaré entre deux mondes, en quête de repères, s'enfonce dans une violence éperdue, ou tout simplement dans une délinquance quotidienne, mêlée de religiosité. Sofiane dit : « J'ai personne, j'ai juste mon dieu. » Va-t-il à la mosquée ? Sûrement. Fait-il le ramadan ? Sans doute. Sera-t-il approché par des fondamentalistes ? Est-il la proie d'une tentation communautariste, séparatiste ? Ce n'est pas impossible. Alors ? Alors il est un danger pour la république « une et indivisible », qui va brandir contre lui son bras armé, la laïcité ! Non, il est en danger. C'est à tous ces Sofianes inconnus d'aujourd'hui que s'adresse la splendide promesse dont l'écho était venu, vers 1870, battre les rives de mon fleuve natal. Justice, progrès, instruction. Si cette grande promesse était comprise et tenue, on ne pourrait plus entendre quelqu'un dire : « J'ai personne, je n'ai que mon dieu. »

Mais que peut bien signifier, pour lui, chacun de ces trois termes ? Ils avaient eu une force de conviction et d'entraînement pour tout un petit peuple rural, nourri de soumission et de vagues espérances eschatologiques. J'en ai perçu la force, en me penchant sur la vie d'une de mes aïeules. Un siècle plus tard : la justice ? Sofiane n'en voit que le bras armé, à chaque fois qu'il accomplit un de ses modestes forfaits ; le reste du temps, il voit bien qu'on ne porte aucune considération particulière ni à lui ni à sa famille. Le progrès ? C'est pour profiter de ses retombées machiniques, un smartphone, une console de jeux, qu'il se livre à des rapines de banlieue, arrachant sa caisse à un pompiste ou forçant la porte d'un couple de retraités. Il espère ainsi rejoindre une grande communauté de prestige, tout en s'éloignant de celle qui l'a vu naître. Son père ou son grand-père sont venus en France au temps où on allait chercher en masse des OS dans l'Atlas, pour les faire travailler à la chaîne et vivre dans un bidonville à Nanterre. Reste la troisième promesse qui couronne les deux premières : l'instruction. Elle est formulée en termes radicaux par Condorcet, qui cependant ne parvient pas à la faire résonner avec l'égalité. Mais le peuple s'y reconnaît ; et fait entendre un appel qui se confond avec le désir de reconnaissance et en quelque sorte de respectabilité : l'ignorance est un fléau qui complète la soumission et y contribue. Le temps n'est plus où Sofiane aurait bénéficié d'une attention rudimentaire et grondeuse pour ses fautes de grammaire et de calcul dans une école de village. Dans le collège qu'il a fréquenté au cœur de sa cité, les enseignants et enseignantes s'épuisent à devoir supporter les conséquences de nos aveuglements et de nos dénis. Ils ne sont plus soutenus, comme le furent les générations précédentes, par la puissance de l'idée républicaine. Et ils souffrent de voir leur vaine générosité se dissiper inutilement. Quant à Sofiane, sa force intacte, il l'a mise dans une résistance butée. Ses échecs, ses vaines rébellions l'ont convaincu que ce n'est pas ici qu'il trouverait sa place ; qu'on ne l'aimait pas, qu'on ne voulait pas de lui, qu'il n'avait personne, *juste son dieu.*

Tunis, 2004, du voile, derechef

Je suis allée trop vite, et trop loin. J'ai sauté trop d'étapes. J'avais un long travail à faire sur moi-même, avant de parvenir à porter une attention plus juste et plus généreuse aux femmes musulmanes, à prendre en considération le jeune Sofiane, qui n'a « que son dieu ». C'est l'expérience qui s'en est chargée. Je n'ai jamais changé que sous l'effet de rencontres, plus ou moins arbitraires, de découvertes imprévues : d'où ce que je dois à mes voyages successifs. Dont quelques-uns en Tunisie. Un premier séjour, en décembre 2004, prend alors une valeur exemplaire, j'y fais la preuve de mes résistances face aux manifestations du religieux, et en même temps, quelque chose s'amorce insensiblement. Submergée par la beauté de la lumière, les toits bleus, l'odeur des fleurs et de la cuisine, les voix, les corps, je ne le perçois pas tout de suite. Yves

Mézières, alors responsable du Bureau du livre à Tunis, m'avait conviée aux « Translittéraires » qu'il organise à La Marsa. Je retournerai en Tunisie plusieurs fois pour des rencontres et des débats au Collège international qu'Hélé Béji a fondé, dans sa belle maison à l'entrée de la médina, lorsque Ben Ali a interdit les réunions publiques. Un voyage au Maroc, à la fin de mes études, m'avait laissé une empreinte durable et ambiguë, faite de fascination et de remords. Rien ne peut être simple entre le monde arabe et nous, trop d'histoire, et douloureuse. La question religieuse n'était intervenue qu'une fois, soulevée par ce garçon de quelques années plus âgé que nous, né en Algérie, réfugié au Maroc, qui avait rejoint les maquis de la guerre d'indépendance. La montée de l'islam rigoriste, en Algérie, le préoccupait. C'était pour lui une conséquence de la domination coloniale, un repli et une revendication inévitables pour un peuple en quête d'une identité qu'on lui avait refusée. Le raisonnement m'avait convaincue. Nous n'en imaginions pas, alors, les développements des années 90.

Sur ma suggestion, Yves Mézières a invité aussi Jean Soler, l'auteur de *L'Invention du monothéisme (Aux origines du Dieu unique)*. Nous correspondons régulièrement depuis que j'ai lu ce livre, plus tard complété par *La Violence monothéiste* et *Qui est Dieu ?*. Ces trois ouvrages suscitent une durable hostilité. Non seulement ils bouleversent notre connaissance de la Bible, mais ils remettent en cause nombre d'idées reçues à son sujet et surtout ils développent le thème qui soulèvera le plus de résistances : la croyance en un Dieu unique incline les peuples à la violence. S'il n'y a qu'un dieu, le vrai, l'unique, les autres sont faux et, au nom du dieu unique, il faut combattre les autres dieux. Jean Soler, pour venir à Tunis, a quitté un moment sa vie retirée du monde d'ancien diplomate devenu érudit. Nous visiterons ensemble Carthage, ses ruines, l'ancienne cathédrale érigée sur le lieu de la mort de Saint Louis, où est inhumé Mgr Lavigerie, l'évêque missionnaire, le fondateur des Pères blancs, qui en 1890 avait « brisé les vitres » en portant un toast à Alger devant les officiers de l'escadre française pour déclarer son adhésion « sans arrière-pensée » à la république.

Premières rencontres à l'université. Dès que Jean Soler expose les règles d'une lecture critique des textes sacrés, justifiée, selon lui, puisque leur composition révèle des apports et des ajouts espacés dans le temps, un frémissement gagne le groupe d'étudiants. Une main se lève, une voix se fait entendre, polie mais résolue, celle d'une jeune femme la tête couverte. À l'époque, le voile est interdit en Tunisie à l'université. C'est l'effet de la « circulaire 108 » du début des années 90, juste après l'interdiction du parti islamiste Ennahdha (« Renaissance »). Non, Monsieur, c'est faux. Le Coran est un texte incréé. Je résume, pour ne pas avoir à entrer dans un débat théologique complexe : c'est la parole d'Allah elle-même retranscrite par Jibril (Gabriel pour les chrétiens) puis restituée par Mahomet (Prophète de l'islam). Une légère irritation me saisit, que ne semble pas partager mon voisin, plus habitué que moi à ces objections, et qui poursuit calmement sa démonstration. Mais le champ s'est ouvert, et il ne se refermera pas. En France, poursuit la même jeune femme, on interdit le port du voile à l'école, n'est-ce pas ? Mais que je porte le voile ne m'empêche pas d'étudier. Je n'ai pas tout à fait tort de suggérer qu'elle peut créer un trouble, ne serait-ce qu'en marquant d'un signe négatif celles qui ne le portent pas. Mais je m'aventure imprudemment, une fois de plus, sur un terrain que je ne connais pas : c'est l'héritage le plus contestable de mon républicanisme primaire, qui ne s'embarrasse pas des êtres ni des circonstances, persuadé que l'universalité de ses principes les rend immédiatement convaincants.

Est-ce que je tire une leçon de ce bref affrontement ? À l'évidence, non. Est-ce que je me suis interrogée sur les motivations de cette jeune femme, son parcours, son milieu ? À l'évidence, non. Son hostilité, que vise-t-elle ? Les mécréants que nous sommes ? Les Français, anciens colonisateurs ? Ou le pouvoir tunisien, autoritaire et faussement libérateur des femmes ? Un bref passage par Kairouan, en me faisant ressurgir la figure et l'œuvre de Bourguiba, m'enfonce plutôt dans une dialectique de l'émancipation sévère à l'égard des religions. On parle peu de Bourguiba, dans la Tunisie de 2004, mais sous le gouvernement autoritaire de Ben Ali, on profite des avancées qu'il avait permises, notamment pour le statut des femmes. La Tunisie de Ben Ali est, en un sens, ce que furent l'Égypte de Nasser ou l'Irak de Saddam Hussein.

De La Marsa, nous essaimons vers Sousse et Kairouan. Bourguiba était en froid avec Kairouan. Et Kairouan avec Bourguiba. En 61, pour le tournage du film de Mario Bava *Les Mille et Une Nuits*, on avait logé des chevaux dans la Grande Mosquée. De violents incidents éclatent, ils font cinq morts, l'agent de sécurité de l'ambassade américaine qui avait autorisé le tournage est tué. Cette autorisation n'était-elle pas une provocation inutile ? Je n'ignore rien des dérives finales du « Combattant suprême », de son autoritarisme, mais sa figure est revenue au centre des débats dans la Tunisie actuelle, et plus que jamais depuis le Printemps arabe de 2011. L'attitude de Bourguiba face à la religion réveille en moi la tradition républicaine que je transporte partout (je dis exprès transporter et non porter, c'est un charroi, ça pèse, ça encombre mais je ne m'en séparerais pour rien au monde). Bourguiba ne cessa de combattre l'emprise de la religion sur la société, c'était un rationaliste, il était resté croyant, dit *Jeune Afrique*, mais il est clair qu'il puisait son inspiration plutôt dans les valeurs de la Révolution française. « Son admiration allait plus à la Carthage punique qu'à Kairouan[157]. » À peine président, mettant en place la sécularisation de la société, il s'était retrouvé aux prises avec l'islam. Dès la proclamation de la république (25 juillet 1957), il publie un code du statut personnel moderniste et laïque, renforcé en 93 par la suppression de l'obligation d'obéissance de l'épouse à son mari, encourage l'abandon du voile, permet qu'on n'observe pas le jeûne de ramadan en situation de guerre : « Or nous sommes aujourd'hui en état de guerre contre le sous-développement. » Le sociologue Mohamed Kerrou rappelle ses affrontements avec le cheikh Abderrahman Khelif (1917-2006), « héros de la foi » qui présidait régulièrement à Kairouan les prières du vendredi et les cérémonies religieuses. Au lendemain de l'indépendance nationale (1956), il s'était opposé farouchement à Bourguiba « à cause de son modernisme : liquidation de l'université islamique de la Zeitouna de Tunis, émancipation des femmes, rejet du jeûne de Ramadan, du sacrifice de l'Aïd et du pèlerinage à La Mecque[158] ». Le débat sur le port du voile sera régulièrement ravivé, notamment en 2006, par la position officielle de l'État et de Ben Ali. Des dirigeants de haut rang relaient le message présidentiel, mettant en garde la population contre « le danger » que représentent les habitudes vestimentaires, « vecteurs d'obscurantisme ». Le ministre de l'Intérieur Rafik Belhaj Kacem qualifie le voile de « signe distinctif d'une frange dure et renfermée sur elle-même ». Il y voit « le symbole d'une appartenance politique qui se cache derrière la religion et qui cherche à faire revenir la réalité de la société aux ères très anciennes ». Quant au secrétaire du tout-puissant Rassemblement constitutionnel démocratique (RCD), il a appelé à la mobilisation générale. Autoriser le port du voile serait, selon lui, une « véritable régression »[159].

Les mêmes interrogations autour de la question religieuse, de son articulation avec le politique se poursuivront au Collège international de Tunis. Notamment, en 2006, avec « Réécrire les Lumières ? » et, en 2009, « Malaise dans la culture, malaise dans la liberté ». Mais je n'y promène plus les évidences arrogantes de 2004 : des contacts réguliers avec le monde musulman, en Tunisie et au Maroc, les ont profondément ébranlées. Dans la Tunisie de 2024, qui souffre d'un régime dictatorial, où la question religieuse est un clivage entre ceux qui y voient le marqueur d'une entreprise mondiale de domination menée par l'islam, je suis devenue capable de comprendre et soutenir ceux et celles qui y voient d'abord une revendication identitaire de populations ou de peuples héritiers de la domination coloniale. Mais au fait, pourquoi n'avais-je pas retenu la leçon reçue lors de mon voyage au Maroc en 65 ? J'avais effacé ce témoignage de ma mémoire. Pourquoi ? Était-ce un effet du changement des temps, des nouvelles menaces nées du retour aux religions, d'une crainte savamment entretenue par des médias conservateurs voire davantage ? Tout cela à la fois, sans doute.

« *Une petite bonté sans idéologie* »

L'expérience concrète d'une terre, d'un peuple, en Tunisie, produit sur moi les mêmes effets que mes voyages à Berlin ou Moscou dans le milieu des années 70 : un ébranlement sans retour. J'admire qu'on puisse sortir de ses contradictions ou les surmonter par un travail sur soi, par la réflexion et le raisonnement ; ce n'est pas mon cas. Il me faut pour cela un incident, comme à Jérusalem le panier d'oranges renversé d'un coup de pied à la porte Mandelbaum, ou encore, toujours à Berlin, un aperçu fugitif, cette femme au visage fatigué venant apporter de quoi aider sa famille de l'autre côté du mur. Soudain tout est dit, tout s'éclaire. Un court échange, un sourire, des regards, quelque chose fait signe. Ils semblent bien modestes, bien ténus, ces moments dans la médina de Tunis, après les échanges intenses entre les invités du Collège, ou les étudiantes de l'université. Presque chaque jour, je trouve un peu de temps pour y faire une longue promenade. Et à chaque fois, il m'arrive la même chose. Je m'arrête à des échoppes, à des boutiques, j'adresse la parole à un marchand, à un artisan, je le félicite pour ses produits, on parle de ses chats, on me propose un verre d'eau, un endroit pour me mettre à l'ombre, je remercie et à chaque fois, on me répond, Hamdulillah, ma fille, ce n'est rien ! Je t'en prie ! Je m'en retourne, songeuse, préoccupée, émue. Cent autres exemples se présenteraient, comme cette courte conversation, cette fois c'est à Tanger, je parlerai plus tard de ce retour au Maroc, je ne sors pas du monde islamique.

Des femmes attendent la fin d'un marché pour rapporter chez

elles ce qu'elles n'ont pas vendu, elles ne veulent pas être photographiées, je m'assieds un peu à l'ombre, elles me proposent d'essayer un chapeau de l'Atlas garni de pendilles colorées, elles s'exclament quand je l'essaie, puis elles s'enhardissent, me demandent si je connais leur village, l'une d'elles s'exprime bien en français, Garde-le, fais attention, il faut te protéger, si tu ne le fais pas pour toi, fais-le pour tes enfants ! Elles rient, elles rajustent leur foulard, j'ai rendu le chapeau avec un air d'excuse, et elles s'éloignent avec quelques mots que je ne comprends pas. Je ne suis pas habituée à ça. C'est quelque chose dont chez nous l'habitude s'est perdue. C'est l'attestation et l'expression d'une attitude à laquelle non plus je ne suis pas habituée. Un échange sans lendemain, placé sous le signe d'une espèce de bienveillance, spontanée, générique. Voici qu'à des années de distance et à des milliers de kilomètres, il me semble retrouver ce que j'avais connu à Moscou, lorsqu'en 93 le porteur avait disposé les bagages sur son chariot pour que je puisse m'y étendre. Ou dans la maison de Tolstoï, quand la gardienne se tenait derrière moi avec une chaise tandis que je béquillais de pièce en pièce. Une forme d'humanité participative, qui s'adresse à la personne qu'on a devant soi, une attention à l'accueillir, à devancer ses besoins. Je pourrais en trouver maint exemple, dans nos rudes et froides villes occidentales, en observant le comportement de nos compatriotes venus d'outre-Méditerranée. Telle cette femme dans une « grande surface » qui va chercher à la caisse de l'essuie-tout pour nettoyer au pied d'une gondole des fruits écrasés sur quoi tout le monde piétine et glisse en maugréant. Quelqu'un pourrait tomber, me dit-elle, d'un ton d'excuse, étonnée que je la regarde faire.

Expression d'un peuple ? D'une bonté populaire ? D'une compassion élémentaire ? J'ai évoqué Grossman, *Vie et destin*, lorsqu'à Moscou, claudiquant avec ma béquille, j'avais fait l'objet des soins attentifs et précautionneux d'un porteur à la gare de Koursk. J'y reviens, avec la préface qu'Efim Etkind donne en 80 à la traduction française. Il s'interroge avec lui sur la convergence des systèmes qui veulent le bien de l'humanité. Stalinisme et nazisme mais aussi « les enseignements du christianisme [qui] ont causé plus de victimes que les crimes de brigands et des criminels faisant le mal pour le mal ». Quelle solution, alors ? La seule issue pour les hommes est « la bonté privée d'un individu à l'égard d'un autre individu, une bonté sans témoins, *une petite bonté sans idéologie*. On pourrait la qualifier de bonté sans pensée. La bonté des hommes hors du Bien religieux et social ». Victor Hugo, encore lui, en avait saisi dans *Choses vues* la manifestation spontanée : quand passe la chaîne des forçats descendant vers Toulon et le bagne, un murmure monte de la foule indifférente à leurs crimes. L'esprit français, l'ironie française se rebellent devant cette coupable compromission avec l'esprit clérical. Mais c'est nous laisser au seuil d'une question. Comment agir « en temps de détresse » ? Comment réagir face au besoin que manifeste autrui ? Ne faut-il pas admettre (et donc agir en conséquence) que nous sommes aussi des êtres faibles et souffrants ? Je vais faire un aveu, qui surprendra ceux (et celles) avec qui je partage un refus des consolations religieuses et un attachement résolu à la république et à ses institutions. Chaque fois que je visite la cathédrale de Quimperlé, je reste un moment devant une statue médiévale d'un Christ aux liens, qui se tient assis, la tête légèrement inclinée sur le côté, les épaules affaissées, le torse maigre. Exposé, sans recours. On s'en est servi pour attirer le peuple dans des voies mensongères ? Sans aucun doute. Mais ce petit peuple breton de laboureurs et de marins se reconnaissait dans cette image douloureuse plus que dans toutes les gloires auréolées de l'imagerie pieuse.

Après un séjour en Tunisie, au Maroc, et de retour chez moi, je n'en finis pas de méditer ces brèves expériences énigmatiques. Elles m'ont à l'évidence aidée à sortir de ma bonne conscience républicaine. Elles m'ont rendue attentive à des façons de penser et de vivre qui m'avaient échappé, trop soucieuse de me protéger et de ne pas sortir du cercle étroit des certitudes héritées.

Ont-elles, par exemple, changé ma vision du voile islamique ? Probablement. La Tunisie et le Maroc retrouvé après un demi-siècle m'ont permis de dépasser une certaine vision de l'islam, occupant face à « l'Occident » la place de Grand Antagoniste, laissée vide par l'effondrement du communisme. Après plusieurs jours à monter et descendre les escaliers de la casbah, et d'autres à me mêler aux femmes sur un marché, et des moments de muets échanges avec des enfants jouant sur une place, je quitte Tanger avec le sentiment imprécis mais réconfortant d'un acquis irréversible. La dernière fois, c'était sous le nuage sorti du volcan islandais. Les vols étant suspendus, nous sommes rentrés en autocar à travers l'Espagne, après une traversée du détroit sur un ferry, comme je l'avais fait quelques décennies plus tôt. Beauté majestueuse du site... Des dauphins sautaient joyeusement autour du bateau, faisant rejaillir l'écume. En débarquant à Algésiras, j'ai eu une pensée pour le vieux consul qui nous avait accueillies dans la pièce où séchait du jasmin.

Bref excursus autour d'une notion ambiguë, fragile et incommode, la fraternité

Cette attention à l'autre, quelle qu'en soit la forme, il ne faut en exagérer ni la nature ni l'ampleur ; elle vient d'un monde disparu, où une solidarité fruste était une des conditions de la survie. Elle s'est perdue dans nos villes égoïstes, marquées par la brutalité des rapports sociaux, et l'étroitesse d'un individualisme de consommateurs. Elle s'est perdue dans le quant-à-soi politique et social auquel chacun s'astreint, et on ne peut pas imaginer de la voir renaître, sauf par un vrai détour politique. Du sentiment populaire de participation, née d'une communauté de destin, on ne peut passer que par un saut hasardeux à la fraternité, troisième terme de la grande trilogie républicaine. C'est pourtant ce que fait la Grande

Révolution de 89, qui reprend ce mot au vocabulaire chrétien pour se l'approprier. « Salut et fraternité » est la formule qu'utilisent les citoyens pendant la période révolutionnaire et elle sera toujours employée par les libres-penseurs, les anarchistes et autres libertaires. Le mot est inscrit le 14 juillet 1790 sur les drapeaux des fédérés lors de la fête de la Fédération au Champ-de-Mars. « L'âme se sentait affaissée sous le poids d'une délicieuse ivresse à la vue de tout un peuple redescendu aux doux sentiments d'une fraternité primitive. » Quelle belle formule, cette « fraternité primitive » ! N'est-ce pas celle qu'il me faut, quand j'hésite et tâtonne, rejette « compassion », mais ne me satisfais guère de « bonté populaire » et encore moins d'« humanité participative »...

La fraternité devra cependant attendre pour rejoindre les deux autres principes, liberté, égalité. En fait, pour qu'elle s'impose, il faudra 1848. On a très vite compris que sans ce troisième terme, les deux premiers sont abstraits et inopérants. Mais, en revanche, qu'il est lui-même stérile et trompeur, s'il n'est précédé des deux premiers. Yannick Bosc montre qu'ils « disent la même chose sous trois formes. (...) La liberté est la condition naturelle de l'homme. (...) L'égalité est la réciprocité de la liberté. La fraternité est l'expression de cette réciprocité, elle est la réciprocité mise en acte. Il ne peut y avoir de liberté sans égalité ». Mais un ordre social reposant sur la propriété et structuré par l'intérêt ne peut en aucune manière être considéré comme fraternel, c'est-à-dire fondé sur la liberté comme non-domination. La mise en œuvre du principe de fraternité supposera, toujours selon Yannick Bosc, « une politique capable de corriger les effets sociaux négatifs du droit de propriété ». L'élimination des robespierristes en thermidor an II marque l'arrêt de cette politique. La Convention thermidorienne vide la Déclaration de son contenu en rétablissant le suffrage censitaire et l'ordre social des propriétaires dont il est juste d'exclure ceux qui n'apportent rien dans l'association. D'où la force disruptive de ce troisième terme de la devise républicaine, proche par ses attendus de la longue rêverie sur « l'impropriété » dont Babeuf s'était fait le chantre et le théoricien.

Mais je ne peux m'empêcher d'être sensible, cependant, aux interrogations et à l'argumentation déployées par Alain Supiot, et que je résume ici[160]. La notion de fraternité, exclue du champ du droit social, repose sur la notion d'héritage (règles de conduite, règles d'initiation), mais aussi de partage (des conditions). Elle présente donc une double ambivalence. D'une part elle peut aussi bien légitimer l'égalité parfaite que l'équité, laquelle justifie une hiérarchie. D'autre part, elle peut aussi bien conduire à des comportements d'exclusion qu'à des comportements d'aide, de partage et d'assistance, fondant ainsi une opposition entre « eux » et « nous ». Je le dis depuis le début, je suis condamnée à ne jamais sortir de l'ambivalence, ce clair-obscur si redouté des rationalistes de stricte obédience. Cela ne m'empêchera nullement d'élire, pour réinventer et réenchanter le (et la) politique, cette notion, la fraternité, dont l'aspect sensible s'adresse au cœur autant qu'à la raison. Je la crois hautement nécessaire pour installer une démocratie comme conflit raisonné des opinions.

La Marquisanne et « Je suis née à quatre heures du matin, le neuf janvier 1908, dans une chambre aux meubles laqués de blanc »

Suite logique de mes voyages au Maghreb ? Probablement : quand on me propose en 2007 de participer à l'opération « ambition réussite », je choisis sans hésiter de me rendre au collège de la Marquisanne à Toulon, peuplé de jeunes « issus de l'immigration ». L'opération a été mise en place à la rentrée scolaire 2006, pour « relancer l'éducation prioritaire en recentrant les moyens financiers et humains sur des écoles élémentaires et des collèges dans lesquels les élèves en grande difficulté scolaire sont particulièrement surreprésentés ». La Marquisanne, c'est le nom d'un quartier excentré, dans le nord de la ville. À la fin de ma deuxième visite, comme je quitte les élèves à la sortie d'une classe de quatrième, un garçon s'attarde, visiblement il hésite à me poser une question. Puis il se lance : Madame ! C'est vrai, ce qu'on nous a dit ? Que vous êtes allée au Maroc ? — Mais oui, j'en reviens justement. De Tunisie, aussi. Pourquoi tu me demandes ça ? — C'est que je suis marocain, Madame, j'ai mon grand-père là-bas. Son visage brille de joie. Et je suis tunisien aussi. Est-ce une réponse à la profonde inconsidération dont il se sent l'objet, à tort ou à raison ? En tout cas, j'en ferai un usage pédagogique. J'ai très vite saisi leur fascination pour la technique, pour l'internet, le téléphone portable (et nous ne sommes qu'en 2007). Pour un petit exercice d'écriture que je leur ai demandé, je leur fais lire *Regarde, de tous tes yeux regarde**, une courte pièce que je n'ai jamais publiée. On y voit deux adolescentes passionnées par l'Égypte antique et ses rites funéraires. Ce qui suscite aussitôt un refus, une fin de non-recevoir. Ah ! non, Madame, ça ne nous intéresse pas, ça ! C'est trop vieux, ces Égyptiens-là ! Moi : Parce qu'ils n'ont pas de téléphone portable ? Et alors ? Je me tourne vers celui qui s'était réjoui de partager avec moi le Maroc et la Tunisie. Dis-moi, ton grand-père, au Maroc, il a un téléphone portable ? Non ? Alors tu ne veux pas le voir ? Il ne t'intéresse pas ? — Bien sûr que si, Madame ! Il rougit, remue les pieds, il est embarrassé, ça se voit. Plus tard il me demandera de venir jouer au foot avec ses copains, appuyant cette proposition d'une délicate flatterie : Vous faites jeune, Madame ! Ces adolescents brouillons, souvent excités, rarement violents, me touchent, ils me font comprendre ce qu'est la vie dans une « cité », de grands immeubles bâtis hâtivement au début des années 60 pour « les rapatriés », auxquels ont succédé des familles issues de l'immigration. Progressivement, les autres familles ont retiré leurs

* Mise en scène en 86 par Brigitte Jaques, avec Madeleine Marion et Emmanuelle Riva. Théâtre national de l'Odéon.

enfants de ce collège pour les mettre à l'abri dans l'enseignement privé. La Marquisanne est à quatre kilomètres du port de Toulon. Le principal m'apprend que les trois quarts des jeunes n'ont jamais vu la mer. J'en parle un jour avec le rappeur et réalisateur Hamé, Mohamed Bourokba, né à Perpignan en 75. Tu sais, me dit-il, nous non plus nous n'allions jamais sur les plages. En nous voyant arriver, les gens ramassaient leurs affaires, attention, voilà les quartiers nord !

Grâce à son principal, grâce aux jeunes professeurs qui m'accueillent dans leur classe, et avec qui je me lie d'amitié, je commence à percevoir, encore qu'imparfaitement, la raison d'une résistance presque unanime à la lecture, surtout chez les garçons. Ils laissent entendre que ce n'est pas une occupation virile. Mais leur résistance a sans doute des raisons plus profondes. Souvent leur mère est analphabète, leur père fait des fautes, la langue des livres fait tinter la différence, c'est la langue du pouvoir. Les livres séparent, même entre gens du même âge. L'obligation de lire leur apparaît comme une intrusion, un prétexte et une occasion pour ceux « qui ne les aiment pas » de les rejeter encore davantage dans leur déréliction. Que les livres leur veulent du bien, voilà ce qu'il faudrait leur faire comprendre. Que les mots leur veulent du bien, à eux qui sont tellement souvent persuadés, les garçons surtout, que la violence est une voie plus naturelle. Je me suis souvenue alors de la déception de mon père, de ses difficultés, quand il s'était retrouvé face à des enfants d'un quartier populaire et déshérité d'Angers. Comment tenir compte de ce monde et de cet arrière-monde qui entoure des enfants trop tôt confrontés à une vie quotidienne heurtée, frappée par les ruptures, le chômage, les naissances rapprochées, l'étroitesse des logements ? Dans mon collège de Toulon, les filles avaient l'obligation de rentrer directement à la maison, pour s'occuper des petits ; les garçons au contraire celle de rester dehors, parce qu'ils sont bruyants, parce qu'ils gênent, « toujours dans mes pattes » ! Daniel, l'éducateur, en accueillait quelques-uns dans un appartement de la cité loué exprès par la mairie. Il y avait des tables, des dictionnaires, il les aidait pour leurs devoirs, ou simplement les aidait à se calmer. Je n'ai pas voulu raconter tout ce que j'avais découvert, parfois aux limites du supportable, en écoutant les professeurs, le principal, des ruptures, des scènes de violence familiale, des incestes. Je me suis contentée de donner en janvier 2008 au récit de ces rencontres le titre qui s'imposait : *Nous, on n'aime pas lire.* Je l'avais entendue dix fois, cette phrase, toujours avec un serrement de cœur. « Qui que vous soyez qui voulez cultiver, vivifier, édifier, attendrir, apaiser, mettez des livres partout » (Victor Hugo, *Ouverture du Congrès littéraire international de 1878*)[161]. Oui, tout est là, mais tout est à faire. Il faut tout reprendre à la base. Tout ? L'idée est désespérante, le découragement me guette.

Rien n'est clair ni facile pour moi dans ces années-là. J'ai les yeux rivés sur un idéal et sur une espérance, politique, sociale, qui tarde à se concrétiser, et j'ai la nostalgie du pouvoir qu'ont eu tout un temps les intellectuels. Je me mets donc avec joie et conviction à un livre sur Simone de Beauvoir, *Castor de guerre*, pour le centenaire de sa naissance (2008). Je vais essayer de comprendre et faire comprendre l'entreprise singulière qu'elle rapporte dans ses écrits autobiographiques : comment, dans quelles conditions et selon quelles circonstances, elle a fait, à chaque instant de sa vie, le choix de la liberté. Les *Mémoires d'une jeune fille rangée* sont la suite du *Deuxième Sexe*, et de la fameuse phrase « On ne naît pas femme, on le devient » : notre existence n'est précédée d'aucun mandat. Elle le saisit au point de départ de toute expérience : l'enfance, l'adolescence. « Je suis née à quatre heures du matin, le neuf janvier 1908, dans une chambre aux meubles laqués de blanc, qui donnait sur le boulevard Raspail. » Cette laque immaculée est comme une page vierge où un destin va s'inscrire, je lis souvent « murs » au lieu de « meubles », tellement je suis frappée par le caractère inaugural de cette première fois. Je n'ai pas oublié ma découverte du livre, en classe préparatoire à Fénelon. Aucun livre ne m'avait jamais parlé ainsi ; je ne m'étais jamais sentie aussi encouragée par une lecture ; c'était un signe, un ordre, une autorisation, une promesse. En se racontant, Simone de Beauvoir ne se donnait pas en exemple, elle *donnait un exemple* de ce qu'il est possible de faire. « Le travail d'un intellectuel, écrit Gérard Noiriel, est de mettre au service des autres, son savoir, ses connaissances, et de leur faire partager son expérience. » Tout s'ouvrait, tout devenait possible. C'était, dans l'austérité choisie de nos études, une échappée vers un horizon insoupçonné : les rôles associés au genre sont des constructions sociales, transmises par l'éducation ; notre vie, nos choix, notre action ne sont pas déterminés par nos attributs physiologiques. Ma génération (j'use encore une fois de cette catégorie douteuse) est placée sous le signe de cette incommensurable avancée, la lutte contre les stéréotypes de genre, bientôt complétée par l'accès à une contraception fiable. Lorsque j'ai entrepris de réveiller la mémoire d'une de mes aïeules, il m'a suffi de ce double exemple pour trouver du sens au mot de « progrès ». Et pour nourrir une constante anxiété devant les signes avant-coureurs d'un possible *backlash* (« retour de bâton », titre d'un livre justement célèbre, paru il y a trente ans)[162]. L'accès à l'interruption volontaire de grossesse, refusé ou limité aux États-Unis et dans quelques pays d'Europe. Et d'autres reculs là où on ne s'y attend pas : je ne méconnais nullement la réalité de la souffrance de ceux et celles qui ne se reconnaissent pas dans le sexe déclaré lors de leur naissance. Mais il arrive que, par un retournement paradoxal, « la transition de genre » s'accomplisse ou soit souhaitée pour se donner une image conventionnelle du genre qu'on souhaite rejoindre... En fait, la menace d'un « retour en arrière » est partout, jusque dans les dérives d'une démarche scientifique et technique tout à fait nouvelle : l'intelligence artificielle. La définition donnée par l'IA de « la beauté » d'une femme, c'est un profil de Barbie : « visage jeune, peau claire et lisse, nez retroussé, pommettes saillantes, maquillage appuyé, cheveux longs et légèrement bouclés, poitrine ronde, hanches fines, robe fastueuse au décolleté sexy » (Michel Guerrin, *Le Monde* du 7 juin 2024). On imagine les ravages sur des adolescentes en pleine construction de soi. Et les effets de ce suprémacisme racial : aucune de ces femmes n'a des traits asiatiques ou africains.

Cela dit, je pourrais avoir des comptes à rendre en matière de féminisme : il ne m'a jamais semblé nécessaire de me joindre à un militantisme actif. Au temps où ces mots avaient un sens aigu, et radical, il me semblait que la lutte des classes sans féminisme était une impasse ; mais aussi que le féminisme séparé de la lutte des classes en était une autre. Plus tard, si j'avais mieux maîtrisé la langue allemande, j'aurais aimé m'en entretenir avec Christa Wolf, plusieurs fois rencontrée au détour des années 90… Les figures féminines abondent dans son œuvre, de Médée à Cassandre qui ne veut pas se marier, ne voulant pas imiter Hécube, sa mère, ou ses sœurs en se confinant dans les tâches du foyer. La situation de Christa Wolf lui donne un rapport singulier avec le féminisme des années 70. En Allemagne de l'Est, où elle a toujours vécu, les femmes sont entrées dans le monde du travail, elles ont montré qu'elles étaient capables d'y égaler les hommes, mais le modèle masculin l'emporte toujours, et beaucoup d'entre elles renoncent à l'espoir d'une vie réussie. Dans son rejet du patriarcat, Christa Wolf n'oublie cependant jamais les formes de domination qui pèsent aussi sur les hommes : les femmes sont exploitées par des exploités.

Aujourd'hui, l'un des objectifs du féminisme est de soustraire les femmes à plusieurs types d'injonctions. D'un côté, celles du fondamentalisme religieux, qui leur assignent autoritairement une place et un rôle, et les punissent férocement si elles se rebellent. De l'autre une politique d'émancipation, autoritaire elle aussi, qui dicte aux femmes les modalités de leur liberté, retrouvant et reproduisant ainsi des formes anciennes de domination. Telle est, dans nos sociétés développées, l'idée que se fait de la liberté des femmes le capitalisme marchand. Un piège grossier est tendu à des jeunes femmes qui, dans leur inconscience, acceptent de se soumettre à une image stéréotypée du corps féminin pour aller vanter et vendre des produits sur les réseaux sociaux...

2011. « Des villages aux villes et des villes aux Académies »

Je l'ai dit, et je le redis : mon républicanisme primaire fait de moi un cas d'école, un pur produit de ce système justement décrié pour les inégalités qu'il suppose et qu'il entretient, « l'élitisme républicain ». J'en ai suivi étape après étape le chemin qui, selon l'expression de Rousseau cité par Lévi-Strauss, va « des villages aux villes et des villes aux Académies ».

Justement, l'Académie. Quand au début des années 2000, Hélène Carrère d'Encausse m'avait suggéré de m'y présenter, ma première réaction avait été de surprise et d'interrogation : je n'y avais jamais songé. Pourquoi déciderait-on, à un âge plutôt avancé, de poser sa candidature à l'Académie, alors qu'on l'a brocardée dans sa jeunesse, et ignorée tout le reste du temps ? Comment répondre aux objections qu'on ne manque pas de vous faire ? (Qu'est-ce que tu vas faire là ?) Qu'on se fait ? (Y suis-je à ma place ? Quel rôle puis-je y jouer ?) On ne se faisait pas faute de me rappeler, pour me décourager, la formule de Paul Bourget, citée plus haut, sur « les quatre piliers de l'Europe » que sont « le haut commandement prussien, la Chambre des lords, l'Académie française et le Vatican ». Ou la solitude d'Anatole France dans une compagnie largement antidreyfusarde. Plus souvent encore, les coupables compromissions de certains membres de la compagnie durant l'Occupation. Je découvrirai plus tard que l'honneur a été sauvé par Georges Duhamel qui, à partir de 42, adopte une « résistance à visage découvert », fait attribuer des prix littéraires à des écrivains maquisards tandis que ses propres ouvrages sont imprimés dans la clandestinité ou à l'étranger.

Mais, en réalité, que sait-on de l'Académie française ? Qui cela intéresse-t-il, en dehors des académiciens et de ceux qui rêvent d'en être ? Elle fait partie du paysage français comme une de ces singularités dont nous avons le secret. Le grand public la révère de loin, les linguistes contestent sa légitimité, Montesquieu, déjà, faisait remarquer « qu'elle s'était érigée en une espèce de tribunal, et qu'il n'y en avait pas de moins respecté dans le monde ». Oublié le temps où un grand journal du soir publiait dans leur extension les discours de réception à ses fauteuils. Lorsqu'un désordre particulièrement frappant touche la pratique de la langue, quelques voix s'élèvent. Que fait l'Académie ? Rien, comme d'habitude, répondent les plus malveillants. Et on n'y pense plus. Puis de nouveau, un chœur de voix plaintives : Vous avez vu comment on parle à la radio, à la télévision ! Et l'Académie ne proteste pas ? Mais pourquoi ne vous entend-on jamais ! Car çà et là on continue de penser à juste titre qu'elle a un rôle à jouer. Mais lequel ? Donner des règles en matière de langue, d'orthographe, de grammaire ? À une époque où personne n'est disposé à respecter une norme, fût-elle proposée par une prestigieuse et ancienne Académie ?

Mais précisément, mon « républicanisme primaire » m'a légué une considération extrême pour les grandes institutions qui ont traversé le temps. La république offre à tous ses enfants la possibilité d'entrer dans ses grands corps. L'Académie n'appartient à personne, elle est au service de la nation et non d'elle-même, elle est ce que font d'elle ceux et celles qui en deviennent membres… En 2007, je passe donc outre aux objections qu'on me fait et que je me fais. Une femme de plus à l'Académie, c'est toujours un point de marqué dans la grande lutte des femmes pour l'égalité. Je me présente, élection blanche, ma candidature a été barrée par d'obscures oppositions d'une inspiration très étrangère aux missions dévolues à l'Académie. J'étais décidée à renoncer, persuadée qu'elles se renouvelleraient. Du reste, je n'avais pas tout à fait surmonté les doutes qui m'avaient assaillie depuis le début. Peut-être avais-je fait une erreur en acceptant de me présenter ?

Mais quelques années plus tard, tout se décide à bord d'un train, le Transsibérien, quelque part dans la taïga, tandis que défilait à l'extérieur une morne et envoûtante succession de sapins, coupée de rares villages. C'était en 2010. Pour l'année France-Russie, nous étions une douzaine d'écrivains français invités à rejoindre Vladivostok par le train. Dominique Fernandez en faisait partie. Il réussit à me convaincre. J'ai été élue, en mars suivant, au fauteuil de Maurice Druon.

Ce qui m'avait finalement persuadée, c'était la perspective de rejoindre une assemblée d'écrivains, d'historiens, de philosophes, se réunissant librement chaque semaine pour réfléchir sur l'état de la langue française et donner des avis, répondant ainsi à la mission clairement exposée dès la fondation de l'Académie en 1635 : « La principale fonction de l'Académie sera de travailler, avec tout le soin et toute la diligence possibles, à donner des règles certaines à notre langue et à la rendre pure, éloquente et capable de traiter les arts et les sciences » (article 24 des statuts). Rien ne pouvait mieux me convenir que la mission de « défendre la langue ». Je renouerais avec l'inspiration la plus ancienne et la plus haute, le lien établi par Du Bellay entre « la défense » et « l'illustration » de la langue, dans son fameux manifeste. Je renouerais avec l'enseignement donné par ma mère, sa rusticité, sa rigueur et sa justesse ; avec les exercices d'analyse logique de Suzanne Proust au lycée d'Angers ; je retrouverais le vœu profond de mes aïeux assoiffés de justice et d'instruction. En entrant à l'Académie, je leur serais fidèle, j'accomplirais le vœu inexprimé des miens, je poursuivrais leur obscur trajet, ils entreraient à l'Académie avec ma petite école rurale et avec moi. « C'est Gabriel qui aurait été content », m'a dit lors de mon élection une ancienne élève de ma mère, dans mon village natal. (C'était un ami de mon père, un vigneron qui aimait Alexandre Dumas.)

Sans doute, « la défense de la langue française » n'est pas un long chemin paisible. Elle vaut à l'Académie une succession de pièges où elle est régulièrement tombée : on y a souvent pris le parti ultraconservateur de défendre une vision normative et normée de la langue. Mais ce n'est pas une fatalité. La succession des temps oblige à réévaluer et à réinterpréter une « mission » définie il y a bientôt quatre siècles. Peut-on imaginer que rien n'ait changé durant une longue période qui a vu se succéder monarchie, empires et républiques ? Lorsqu'en 1635, il donne ses statuts à l'Académie, Richelieu le fait dans une intention politique précise : la fondation d'une académie entre dans une politique de la langue, c'est un outil dans la volonté d'asseoir l'autorité royale sur la centralisation du pouvoir. À l'époque, la langue française s'est imposée de façon relativement récente ; est-ce qu'on sait que le premier des rois Bourbons, Henri IV, eut l'anglais comme langue maternelle ? Le français en 1630 est encore imparfaitement fixé, et subit avec bonheur l'influence des langues régionales : la prose élégante et savoureuse du même Henri IV est nourrie de gascon. Celle de Montaigne aussi. On cite souvent ce mot des *Essais* : « C'est aux paroles à servir et à suivre, et que le gascon y arrive, si le français n'y peut aller. » Pour l'Académie lors de sa fondation, il s'agit donc d'éliminer du français les régionalismes et autres provincialismes, ainsi que « les ordures qu'il avait contractées dans la bouche du peuple ainsi que du Palais ».

Or la langue française traverse en ce moment une période qui n'est pas moins tourmentée. La langue française *n'est pas* en danger de mort, loin de là, elle est parlée largement dans le monde mais c'est un monde secoué de grandes turbulences qui, nécessairement, affectent les langues. Une planète traversée par la circulation de masses inédites de population. Une société reposant sur la course aux profits pour quelques-uns et la frustration pour le plus grand nombre, une décennie qui voit la renaissance de révoltes sourdes, et la mise en péril d'un pouvoir centralisé. La langue se transforme, s'ouvre à des champs inconnus, s'abâtardissant parfois, mais c'est le sort de toutes les langues. De plus, on la somme de prendre en compte de profondes réévaluations dans les rapports entre les sexes, dans la situation du monde occidental en face de terres longtemps soumises. Et de l'aveu général, l'état actuel de la langue française est préoccupant.

Les médias se signalent par leurs fautes d'orthographe et de syntaxe, les politiques aussi. Faiblesse de son enseignement à l'école, désinvolture dans la pratique, désintérêt pour la correction ou la justesse de l'expression, invasion d'un anglais international. La droite et l'extrême droite se disputent les commentaires déclinistes, tandis qu'une certaine gauche se complaît dans une forme de déni. La réponse politique est insuffisante. Les enfants obtiennent chaque année des résultats de plus en plus catastrophiques en français, mais loin de prendre ce problème à bras-le-corps, l'école se contente de souligner le poids des déterminations économiques et sociales sur les apprentissages précoces, sans mettre en place l'enseignement rigoureux qui pourrait y obvier. Dans une terrible inconscience : aux épreuves du « bac pro », le sujet de 2022 comportait un mot que la majorité des candidats ne connaissait pas, le mot « ludique ». On s'indigne. À quel degré d'ignorance ces adolescents sont-ils parvenus ! On oublie que, dans le même temps, les heures de français, dans ces sections, viennent d'être diminuées de moitié. La question la plus préoccupante, aujourd'hui, est celle de la transmission à tous d'une langue riche, rigoureuse, exacte, ferme sur son passé et ouverte à de nouveaux apports. La démission du système éducatif pèse nécessairement plus lourd sur les plus défavorisés, sur tous ceux à qui leur famille ne transmettra pas ce que l'école omet de leur donner. La maîtrise de la langue est une nécessité vitale. Pour une pleine intégration dans notre société, pour la pleine réalisation d'une vie de citoyens. Et pendant ce temps, une langue internationale prend une place démesurée dans les échanges, dans le commerce, la publicité, sur les réseaux sociaux : le *globish*, un anglais au vocabulaire limité et à la syntaxe élémentaire, employé comme langue véhiculaire.

Il apparaît donc comme une nécessité vitale de mettre en place des instances douées d'autorité et de compétences, non pour livrer des avis souverains, mais pour émettre des recommandations, fédérer des actions, soutenir des projets, offrir des lieux et des occasions de débat, rendre des avis désintéressés, répercuter des initiatives et les récompenser, accueillir des enseignants et des chercheurs, fournir des ressources, donner de la profondeur historique à la réflexion... Les conditions sont réunies comme jamais auparavant pour qu'on s'interroge radicalement sur l'existence et sur le rôle de l'Académie. Elle dispose de puissants atouts — des ressources d'État, une bibliothèque riche de plusieurs millions de volumes, des services extrêmement compétents. Elle est en mesure de répondre aux défis de l'époque. À condition d'une profonde réflexion sur sa nature, son recrutement, ses finalités. Sur la manière dont elle entend remplir sa mission. « Défendre » la langue ? Mais encore, qu'est-ce que la langue française, aujourd'hui ? La langue d'avant ? La langue des livres ? La langue d'aujourd'hui, face à la montée de l'anglais ? Ses inventions qu'il faudrait soutenir, protéger, premier degré de « la conservation » ? Tout cela à la fois. L'Académie est particulièrement dans son rôle en se faisant le conservatoire, ouvert à tous, vigilant et actif, de la langue écrite, de la langue des livres. Le passé de la langue est une ressource pour aujourd'hui. Encore faut-il qu'il soit transmis. L'enseignement scolaire du français a pratiquement renoncé à la langue écrite, l'apprentissage du passé simple ayant été jugé inutile. L'école n'assure plus aujourd'hui un accès à toute la gamme de l'expression linguistique dont les livres témoignent au cours de l'histoire. Pour compenser cette déficience, l'Académie pourrait promouvoir une vaste politique de communication et d'ouverture au public, en lançant un programme de conférences de tous niveaux sur les textes du passé, indispensables à l'éclosion d'aventures contemporaines dans la langue.

L'Académie peut retrouver le rôle que lui avait confié son fondateur, et relégitimer sa place et sa fonction en abandonnant cette vision largement fantasmée d'une France dont elle aurait mission d'incarner la grandeur ; en se débarrassant définitivement de ses prétentions normatives ; en se donnant clairement pour finalité la transmission de la langue ; en entrant résolument dans les combats du siècle sans pour autant renoncer à sa longue mémoire ; en donnant à ses interventions un ton qui les rapproche de nos contemporains, partout dans le monde : ouvert, généreux et libre.

Le chantier est vaste, les perspectives, exaltantes. Cessons d'agiter le spectre d'un effondrement de l'identité nationale menacée par l'état préoccupant où se trouve aujourd'hui la pratique quotidienne de la langue française. Entreprenons plutôt de soutenir des manifestations en faveur de la lecture, du livre, de l'enseignement du français ; de remplacer certains de ses prix désuets par des bourses données à des élèves, à de jeunes professeurs. Offrons un soutien aux formateurs et/ou enseignants de langue française, en leur ouvrant notre bibliothèque, en leur fournissant des instruments de travail et de réflexion ; en leur proposant des séances de débat où l'Académie entendrait leurs revendications, leurs besoins et plus généralement s'intéresserait à leur pratique. La francophonie est l'espoir de notre langue. On rêverait de la création d'académies dans les pays francophones à l'instar de ce qui s'est passé en Amérique latine lors de l'indépendance des colonies espagnoles. Et au « dépaysement » de l'Académie qui se réunirait une fois par an dans un pays francophone ou « ayant le français en partage », sous l'égide et en l'honneur d'écrivains de langue française... Que l'Académie ose donc rompre avec son passé d'immobilité gourmée, de pompe inutile, de savantes et peureuses esquives, de prétention à dicter le bon ton et le bon usage ! Qu'elle ose poser enfin la seule question qui vaille : quel est l'objet d'une Académie française ? La France ? Sa grandeur ? Sa notoriété dans le monde ? Non : la langue française.

S'il est un trésor à défendre, ce n'est pas l'institution et ses rites, c'est notre langue. Sous toutes ses formes. Dans tous ses états. Partout où on la parle, en tous lieux où elle est présente. Un trésor de pensée, d'imagination, d'action et de combat. Un autre avenir l'attend, et elle peut s'en donner les moyens : devenir la grande Académie de la langue française dont notre pays a urgemment besoin.

L'éternelle Russie ?

La Russie est donc présente de bout en bout dans ce récit, même lorsqu'on l'y attendait le moins, comme on vient de le voir. Elle l'est dans toute ma vie, bien avant mon premier voyage en 77, au moins par sa littérature dont je me suis imprégnée très précocement. C'est avec elle que j'ai découvert, je devais avoir treize ou quatorze ans, la puissance de la lecture, puissance d'arrachement, foudroiement de la rencontre, choc des univers. J'étais pensionnaire dans mon lycée de province. L'une de nos professeurs était absente, on nous envoie en permanence, je prends au hasard à la bibliothèque, peut-être pour son titre, le premier livre russe de ma vie, *Crime et Châtiment*. Je ne l'ai plus lâché pendant les jours suivants. Je ne savais évidemment pas qui était Dostoïevski, on s'en doute. Qu'on s'imagine un peu. Saint-Pétersbourg, la neige, la hache, le sang, la lutte d'une conscience prise entre le refus et le besoin de l'aveu. Je n'avais jamais connu rien d'autre que mon village et les bords sableux de la Loire. C'est ce qui me fera, des années plus tard, errer à Leningrad dans le quartier de la place aux Foins, devenue place de la Paix… Mais je n'en finirais pas si je devais explorer la nature et la force des liens que j'ai noués avec la Russie dès que j'ai commencé à m'y intéresser, et leur nature énigmatique. La Russie puis l'URSS, à laquelle de Gaulle ne donna jamais ce nom, puis de nouveau la Russie. Bousculée, basculant d'un régime à son opposé et revenant brutalement à des formes politiques anciennes, et à une vision théologico-politique du pouvoir. (Je n'ai jamais oublié la formule de Custine : « La Russie est un despotisme tempéré par l'assassinat. ») Le tout aggravé par l'hostilité du monde occidental.

En 2010, pour l'année France-Russie, les Russes invitent une délégation d'écrivains français à s'embarquer sur le Transsibérien jusqu'à Vladivostok. J'en fais partie. La Sibérie est chargée d'images terribles — les distances, le froid, le goulag. Ce que je n'avais jamais imaginé, c'est la splendeur du bref et brutal printemps sibérien : radieux, foisonnant, libéré. Le 28 mai 2010, trente auteurs français, des photographes et un studio mobile de France Culture s'installent à Moscou dans deux wagons du Transsibérien, ce train mythique qui traverse la Sibérie en dix jours. J'étais anxieuse de voir ce qu'il restait de l'ancien monde soviétique. Je n'avais pas oublié mes derniers séjours dans la Russie des années 90, les longues files de petites vieilles vendant des icônes et des bottes fourrées sur les avenues. À part Dominique Fernandez, mes compagnons semblent étonnamment blasés. Est-ce parce qu'il est admis aujourd'hui que tout cela fut horrible mais que c'est clos définitivement ? Mais que peut-on inventer, si on ne médite pas le passé ? Dans sa grandeur comme dans ses crimes ? J'ai aussitôt pu vérifier que Gide avait raison quand il écrivait : « Trop souvent la vérité sur l'URSS est dite avec haine et le mensonge avec amour. » (C'était vrai en 36, date de son *Retour de l'URSS* ; ça l'est encore plus aujourd'hui.)

Sibir, nom russe de la Sibérie, c'est au départ un « khanat » proche de l'Oural, un des petits royaumes turciques issus de l'éclatement de la Horde d'Or (Empire mongol gouverné par le fils de Gengis Khan). En 1570, de nombreux cosaques sont engagés pour protéger l'Oural russe des attaques des Tatars. Le chef cosaque Ermak entreprend alors la conquête du khanat de Sibérie. J'ai raconté ce voyage dans *Sibir*[163]. Je n'ai rien oublié, ni les étendues infinies de la taïga tandis que notre train déroule sa longue chaîne de wagons entre les mêmes arbres, indéfiniment. Ni les gares, ces chefs-d'œuvre d'architecture, audacieux, solennels et grandioses ; ni l'amitié attentive de ceux qui nous accueillent avec du pain et du sel, un petit orchestre, et des enfants joliment habillés à l'ancienne. Pas davantage nos libations de compartiment en compartiment. Et plus que tout, notre tristesse au moment de reprendre, à Vladivostok, l'avion pour Moscou. Nous faisons des adieux touchants à nos *provodnitsas*, les deux employées du train qui nous ont accompagnés durant ces trois semaines, et attendus quand nous faisions escale dans les grandes villes. Elles sont en larmes, moi aussi, tandis que je les photographie sur les marches du wagon... Les larmes : mode ancien et précieux de sentir et de s'exprimer. Manifestation archaïque d'une considération pour l'autre, pour son existence et la nôtre, communes, précaires, menacées. Quand on quittait une maison, dans l'ancienne Russie, on s'asseyait un moment ensemble en silence. Quelque chose a eu lieu, a pris corps, a existé, et on le rompt de force, violemment. Pleurer quand on se quitte ; c'est la conscience, profonde, aiguë, tragique, de l'irréversible. Nous ne nous reverrons jamais. Et nous le savons.

Deux ans plus tard, un autre groupe, dont je fais également partie, embarque sur le bateau de ligne qui descend l'Ienisseï jusqu'à la ville de Norilsk, au nord du cercle polaire. Nous devons le prendre à Krasnoïarsk, déjà visité deux ans plus tôt, mais cela me vaut, cette fois, de faire la connaissance d'un écrivain disparu en 2001, Victor Astafiev. Si je ne devais faire qu'un portrait d'écrivain de l'époque soviétique, c'est lui que je choisirais.

Timbre à l'effigie de Victor Astafiev

Regardez bien cette belle tête, elle dit tout.

Victor Astafiev était né en 1924 dans le village d'Ovsianka, à une vingtaine de kilomètres de Krasnoïarsk. Orphelin, chassé par sa famille, il connaît la même adolescence difficile que Gorki, à quinze ans, il charge du bois sur les vapeurs remontant les cours d'eau puis il devient pêcheur et ensuite, mécanicien. Après la guerre, il commence à écrire et, toujours obsédé par la guerre, sa cruauté, les manquements de l'état-major, il ose en témoigner et même évoquer, dans *Maudit et tué*, la souffrance des jeunes soldats allemands plongés dans le même enfer que les jeunes Russes. Il revient vivre ses dernières années à Ovsianka, au bord de l'Ienisseï, et proteste contre la construction de l'énorme barrage qui a ravagé la région. Des villages entiers ont dû être abandonnés, noyés. Avant de les quitter, on avait repeint les volets, les fenêtres, réparé les toits, fleuri les jardins. L'eau du lac de retenue est maintenant impropre à la consommation, trop de pins y ont été engloutis, dégageant des substances toxiques. La maison d'Astafiev est devenue un musée, mais c'est toujours une maison où on pourrait, où on voudrait vivre. Comme nous en sortons, une vieille femme aux cheveux orange se précipite sur nous, notre interprète se rapproche. Elle dit : Aidez-moi ! Aidez-nous ! On nous ment ! Mais qui lui ment ? En lui disant quoi ?

De Victor Astafiev, il faut lire *Perdu dans la taïga*, l'histoire d'un jeune garçon, Vassioutka, qui s'est égaré en poursuivant un tétras, sorte de coq de bruyère. Après un moment de désespoir, il trouve le moyen de survivre et de retrouver son chemin en regardant autour de lui, il se repère notamment grâce à l'orientation de la lumière, à l'observation des plantes, de la mousse, qui sur les troncs des arbres indique le nord. Aujourd'hui, l'odyssée de Vassioutka ne fait sans doute pas le poids face à un manga où « deux petits pilotes perdus dans l'espace (...) sont hébergés par un extraterrestre très sympathique dans son vaisseau spatial capable de parcourir l'Univers[164] ». Le petit livre d'Astafiev, c'est un autre temps, où l'on pensait que les livres pour la jeunesse pouvaient être une leçon de vie (et non une leçon de morale civique puérile, comme souvent aujourd'hui), en se déroulant dans un univers vraisemblable, reconnaissable, concret. Tout autre est celui des mangas. Prenons *One Piece*, d'Eiichirō Oda, qui en novembre 2013 a atteint un tirage de 300 millions d'exemplaires, le manga le plus vendu au monde. Depuis le 26 septembre 2021, une version française est prépubliée en même temps que la version japonaise sur les plates-formes en ligne Manga Plus et Glénat Manga Max. Son personnage principal est un garçon nommé Monkey D. Luffy, dont le corps a acquis les propriétés du caoutchouc après qu'il a mangé par inadvertance un fruit du démon. L'histoire se déroule dans un monde fictif, selon la logique binaire d'une confrontation entre des pirates qui prônent la violence et des soldats garants de la justice. La géographie, l'histoire, la psychologie des personnages, les objets techniques relèvent de schémas pulsionnels très élémentaires et, pour parler en langage d'aujourd'hui, très addictifs. Qu'on ne se méprenne pas sur le peu d'estime que j'ai pour les mangas. Je reconnais la qualité de leur graphisme et l'ingéniosité de certaines intrigues. Mais, branchés directement sur une rêverie fantasmatique, ils se montrent parfaitement accordés aux univers dématérialisés de la finance, de la production jetable et de la consommation sans frein. Leur lecture n'apprend rien, ne délie de rien, ne relie à rien, les mangas ne proposent ni sol ni ciel, comme dit le poète. Or nous avons besoin des deux. Ils ne peuvent qu'égarer encore davantage un adolescent (une adolescente) d'aujourd'hui face à un monde en plein bouleversement.

Mais j'ai hâte de revenir à Krasnoïarsk. À Krasnoïarsk l'univers soviétique n'est pas mort. Au moment où nous devons prendre le bateau, on craint qu'à cause de la sécheresse, le niveau du fleuve soit trop bas ; les autorités décident donc que, s'il le fallait, on lâcherait les lacs de retenue du grand barrage pour le faire remonter. Ce ne fut pas nécessaire. (Khrouchtchev avait bien envisagé, pour arroser les déserts d'Asie centrale, d'inverser le cours des principaux fleuves.) Coulant vers le nord, l'Ienisseï traverse d'abord des gorges, puis il s'élargit de plus en plus, les rives s'éloignent, s'estompent. Parfois la brume nous enveloppait, les bords se noyaient dans une vapeur blanche. C'était l'effet des gigantesques incendies qui alors ravageaient la forêt. Petit à petit, c'est l'été polaire, les nuits blanches. La lumière baisse, devient laiteuse, mais elle ne s'éteint pas, le soleil se lève de nouveau, et le cycle recommence. C'est un bateau de ligne, nous nous arrêtons régulièrement pour laisser descendre des passagers. De joyeux canots à moteur virevoltent autour de nous. La rive est sableuse, escarpée, des marches de bois permettent de la gravir sans trop de mal.

Qui continue de vivre ici ? Dans l'abandon général ?

Dans les villages où nous faisons escale, beaucoup de maisons sont vides, abandonnées, celles qu'on habite encore sont bien entretenues, peintes de couleurs pastel mais peuplées de gens plutôt âgés, tous les jeunes sont partis ou veulent partir. Les réalisations du temps de l'URSS, scieries, conserveries de poisson, tanneries, sont en ruine, toits effondrés, murs branlants. Des caractères pendent à leurs frontons pâlis. Vides, la maison des jeunes, la maison de la culture. C'est la faute de Gorbatchev ! Il a été notre malheur. À bord, on parle, on s'attarde sur le pont, on fait des photos, notre groupe s'est vu réserver la salle à manger la plus agréable, une rotonde à la poupe. Puis c'est Norilsk et ses alentours. Rase, inhabitée, la région est lugubre. Tout au long de la route interminable qui nous y mène à la descente du bateau, c'est un vaste paysage désert, planté d'usines obsolètes, abandonnées à la rouille, qui se succèdent à l'infini. L'univers du Stalker. Norilsk se trouve au nord du cercle polaire arctique, c'est une des villes les plus septentrionales au monde, les immeubles sont construits sur pilotis, parce qu'on ne peut pas creuser le permafrost. Et un des pires camps y fut ouvert à partir de 35, quand le gouvernement soviétique décida de créer dans la région un combinat minier et métallurgique. Des détenus vinrent par milliers édifier un camp baptisé Norillag, sur la péninsule de Taïmyr. Les premiers arrivés durent affronter sans protection la nuit polaire et des températures de – 40 degrés. Après la mort de Staline, en 53, un de ces camps s'est soulevé, voyant que rien ne changeait. J'entends encore la cloche lugubre qui retentit lorsqu'on pénètre dans la zone d'un des goulags de Norilsk devenue musée.

À deux reprises, j'aurai donc traversé une grande partie de cette Russie gigantesque et qui l'est demeurée malgré de sérieuses amputations après la chute de l'URSS, puisqu'elle est passée de 22 à 17 millions de kilomètres carrés. Le monde russe a fait retour définitivement dans ma vie, et je suis obsédée par une question : que devient ce peuple russe, que je crois connaître au moins à travers sa littérature ? On lui a imposé depuis le début du XXe siècle des épreuves démesurées. Il a été dupé, « la splendide promesse » a été trahie, il a servi de terrain d'expérience, il a été abandonné. Une vieille blague soviétique le dit bien : Je m'en doutais ! dit une babouchka. Si vraiment le socialisme avait été une théorie scientifique, on aurait commencé par l'essayer sur des animaux ! Le peuple russe a souffert quand on prétendait ériger le monde de la grande promesse, il a souffert quand on l'a trahie, il a souffert quand on a choisi, en haut, d'y renoncer. Les Russes ont survécu grâce aux trésors accumulés dans les temps immémoriaux de la grande patience, mais ils ne sont protégés de rien, ils peuvent à tout moment être soumis à la logique infernale de la grandeur, de l'identité, de la puissance. Et ils y résisteront d'autant moins qu'ils ne peuvent pas compter sur nous. Aujourd'hui un despote leur fait miroiter l'espoir de la reconnaissance, de la revanche, de la restitution. Jusqu'à leur faire accepter depuis deux ans de mener une guerre inutile, cruelle, insensée.

De retour à Moscou, je découvre une ville d'été, une ville joyeuse qui ne ressemble plus du tout à celle que j'avais connue lors de mon tout premier voyage. Je loge à la résidence de l'ambassade de France, la maison Igoumnov, bâtie en 1895 dans le style « pseudo-russe » à la mode de ce temps-là. Une seule personne prend son petit déjeuner dans la grande salle à manger de l'étage où je me rends vers 8 heures, après une première nuit. C'est Mylène Demongeot, qui achève paisiblement son thé. Je n'ai pas oublié son charme, sa voix légèrement voilée et gouailleuse. Ça l'a fait rire quand je lui ai dit que j'avais aimé *Les Sorcières de Salem*, et *Les Garçons* de Bolognini. J'ai eu de la peine quand elle est morte il y a deux ans. J'avais l'impression de l'avoir connue.

De Fontevraud à Jojo le Gilet jaune

Pendant longtemps, j'ai totalement souscrit à l'idée que la république, pour en finir avec les dominations non consenties, devait permettre à chacun de rompre les liens avec le temps et les lieux de sa naissance. J'avais pressenti qu'il y avait là une impasse, dix ou quinze ans plus tôt, en voyant dans mon université des étudiants se développer comme des plantes qui doivent chercher hors sol leur nourriture. Et puis un jour j'ai découvert que j'appartenais aussi à quelque chose de plus ancien que moi. C'était en 2002, après le décès de ma mère et la dispersion de ses cendres. J'avais convié à un hommage quelques-unes de ses anciennes élèves dans le village de mon enfance. J'ai alors retrouvé des lieux que je n'avais pas parcourus depuis vingt ans et la mort des derniers amis de mes parents. *Et j'ai cessé de me débattre pour me sentir libre.* Quelque chose s'est ouvert, la possibilité d'un attachement, d'une appartenance. Je m'en étais approchée, quelques années plus tôt. Gonzague Saint-Bris, qui savait où j'étais née, me demandait un jour pourquoi je ne vivais pas dans la vallée de la Loire. Je lui avais répondu spontanément par une formule un peu grandiloquente, inspirée sans doute par celle de mon interlocuteur. « Ce n'est pas le pays où on vit, c'est le pays dont on vit. » Il avait paru charmé et s'était mis du coup à réciter des vers de Péguy comme s'il venait de les improviser : « Le long du coteau courbe et des nobles vallées / Les châteaux sont semés comme des reposoirs / Et dans la majesté des matins et des soirs / La Loire et ses vassaux s'en vont par ces allées. » Je me suis alors souvenue de cette salle de cours de mon université, ouverte sur un espace chaotique et confus, de toits, de hauts immeubles, de bretelles, de voies rapides, entre lesquels, au loin, se devinaient des collines et des arbres. J'avais alors fugitivement senti qu'il n'est pas forcément bon d'être privé de racines. En regardant ce groupe de garçons et de filles presque insaisissables, je l'avais brusquement compris : si je n'avais pas de prise sur eux, c'est parce que eux-mêmes n'avaient pas de prises certaines sur le monde. Ils flottaient sur lui, ils ne lui appartenaient pas. Mais à cette époque, je ne voyais encore que prisons dans les enracinements.

En 2004, on inaugure dans l'ancien presbytère de Savennières une « Maison de lecture » à laquelle on donne mon nom. On se retrouve le soir pour un banquet. Je passe de table en table comme on fait aux repas de noces, et à un moment je viens m'asseoir à côté de M. Roynard. M. Roynard était un ami de mon père. Né la même année que lui, c'était un homme de l'ancien monde rural, il parlait avec fierté du « certificat » où il avait été reçu en 1921 « premier du canton ». Il avait travaillé toute sa vie comme vigneron et jardinier dans les châteaux. Il était fin, spirituel, rempli de la sagesse sans illusion des gens qui ont travaillé toute leur vie de leurs mains. Je vais vous faire passer un examen, me dit-il ce soir-là en souriant. On va bien voir. Et il me cite des mots, des phrases courantes de la langue angevine, qui tend à disparaître aujourd'hui. Je les comprends sans effort et le sens de sa démarche s'éclaire : en parlant sa langue, je donne la preuve de mon appartenance à la communauté qui m'a jugée digne de cette dédicace.

En 2004, j'ai retrouvé ma langue natale ou plutôt découvert qu'à côté du français que j'avais appris à aimer et à pratiquer correctement dans la petite classe de ma mère, j'avais une autre langue, le français qu'on parle en Anjou, en Poitou, en Saintonge. Quotidien, charnel, chaleureux, souvent considéré, à tort, comme fautif par l'école et les instituteurs, témoignant de la présence des formes de l'ancienne langue dans la langue d'aujourd'hui. La langue française est l'unique langue de la république, mais je comprends désormais ce que souhaitent les Bretons, les Corses et les Occitans : ne pas laisser perdre ce trésor, la langue que parlaient leurs aïeux, et le transmettre. Car c'est aussi la langue qu'on a reçue de sa famille, avec l'école on va plus ou moins l'abandonner et, du reste, on l'accepte, comme tous le souhaitaient en 1789 pour former un seul corps. Mais on n'y renonce pas sans déchirement. Cette langue vernaculaire, au demeurant l'instituteur ou l'institutrice, qui est du coin, en use spontanément, mais jamais en classe ; il ne dira pas comme à la maison : passe-moi « le ramasse-bourrier », pour passe-moi la pelle à poussière ; ou « le friquet » pour l'écumoire. En écoutant parler M. Roynard, les inflexions anciennes de sa langue, ses chuintements, ces « e » à demi fermés, je voyais ressurgir la longue cohorte de mes ancêtres, sortant de leurs ateliers, de leurs vignes, de leurs petites maisons que chaque année menace une crue de la Loire. J'entendais à nouveau leurs mots, leur accent. Ça va-t-y mon gars ? C'est-y ton queniau, ça ? T'es tout trempéguené ! Quien, ça r'vient. On va cor' s'ramasser une renapée !

Allez, topette* ! L'une des conséquences de ce « retour au pays natal », c'est, dix ans plus tard, mon *Dictionnaire amoureux de la Loire*, issu lui aussi d'un cheminement secret dont je n'avais pas mesuré l'ampleur. Invitée par le directeur de la collection à proposer un titre, je lui avais suggéré de me dire ceux qui étaient disponibles ; au mot « Loire », je l'ai arrêté : c'est pour moi ! C'était évidemment la suite de ce qui s'était produit quand, ramenant chez elle les cendres de ma mère, j'avais compris que j'étais chez moi dans ce paysage aux larges brèches, s'ouvrant à la lumière, au vent, au fleuve. Et avec le fleuve, à la longue mémoire de tous ceux qui m'ont précédée sur ses rives et sur ses coteaux.

D'où ce moment singulier, quelques mois plus tard, où je me retrouve seule à l'abbaye de Fontevraud. J'y étais venue pour un débat public autour de ce *Dictionnaire amoureux de la Loire*. Je l'ai visitée très jeune, quand elle venait juste de rouvrir après des années où elle avait été un centre pénitentiaire. J'ai pour Fontevraud un sentiment fait d'admiration pour son architecture splendide, ses figures historiques, ses gisants, ses abbesses, mais aussi de rejet, à cause de son passé de lieu carcéral, décrit par Jean Genet, qui du reste n'y a jamais été enfermé. Située non loin de Saumur, à la limite des anciennes provinces de Touraine et du Poitou, c'est un des plus beaux et des plus vastes ensembles monastiques d'Europe. Fondée au XIe siècle après la visite du pape Urbain II à Angers qui en a confié la mission à un moine prédicateur nommé Robert d'Arbrissel. Lequel moine trouve dans un vallon un emplacement auprès d'une source, il y installe ses fidèles des deux sexes, ce qui lui vaudra les foudres de l'Église. Mais il s'obstine : ce sera la première abbaye où

* Trempé-guené : mouillé. Renapée : averse. Queniau : petit, enfant. Topette : salut, au revoir.

Quien, pour « tiens ». Balzac, *Eugénie Grandet* : « Il faudra du bois pour chauffer le four, dit l'implacable Nanon. — Eh ! bien, tu en prendras à ta suffisance, répondit-il mélancoliquement, mais alors tu nous feras une tarte aux fruits, et tu nous cuiras au four tout le dîner ; par ainsi, tu n'allumeras pas deux feux. — Quien ! s'écria Nanon, vous n'avez pas besoin de me le dire. »

de hautes fonctions sont confiées à des femmes. La première abbesse est une jeune noble, Pétronille de Chemillé. Sur décision expresse de Robert d'Arbrissel, ce seront toujours des femmes qui dirigeront cette abbaye double (mais non mixte, les hommes et les femmes ne se rencontrent jamais, ce n'est pas l'abbaye de Thélème). Trente-six abbesses s'y succéderont de 1115 à 1792. Dont la sœur de Mme de Montespan, Marie-Madeleine-Gabrielle-Adélaïde de Rochechouart de Mortemart de Vivonne, de 1670 à 1704. Nommée par Louis XIV. Linguiste, philosophe, théologienne, traductrice d'Homère et de Platon...

En ce jour du printemps 2014, vers 11 heures du soir, les invités se dispersent, les portes de l'abbaye se referment, je gagne la chambre qui m'a été réservée dans le bâtiment à droite de l'entrée, dit Maison des abbesses. Quelque chose descend lentement sur moi avec le silence, et la présence de ces grands corps qui veillent dans l'ombre, l'église abbatiale, la cuisine, la chapelle Saint-Benoît, le cloître, les bâtiments conventuels. La nuit est lumineuse, très douce. Aucun bruit. Il y a sans doute d'autres résidents, comme dans tous les centres culturels régionaux, mais je n'en ai encore rencontré aucun, et aucune lumière ne brille nulle part. Et soudain, étant allée à la fenêtre que j'ouvre en grand, je demeure immobile, saisie : le silence et la fraîcheur de la nuit envahissent la pièce, j'ai devant moi la coupole polygonale de l'ancienne cuisine, ses étranges absidioles, et le détail de sa couverture en écaille. Majestueuse et paisible, respirant lentement dans l'air nocturne. Sur ma gauche, sans que je puisse les voir nettement, je devine les clochers de l'abbatiale, et tout un ensemble indistinct de bâtiments que je parcourrai le lendemain. Mais dans cette soirée de mars, je fais face à l'incursion saisissante dans mon propre temps d'un fragment intact du passé et mon cœur éclate de joie.

Je me croyais seule, je ne l'étais pas. Le lendemain matin, quand je descends prendre mon petit déjeuner dans la salle qu'on m'a indiquée, j'y trouve, terminant leur café, des musiciens et un ingénieur du son, qui résident eux aussi dans la Maison des abbesses et travaillent à un enregistrement de musique médiévale dans le cloître : un de ses angles est réputé pour avoir la meilleure acoustique d'Europe.

Détail du gisant d'Aliénor d'Aquitaine

Toute ma journée se passe à visiter l'abbaye, à photographier ses gisants, à faire des allers-retours entre l'abbaye et le village, et chaque fois qu'en rentrant j'en franchis le porche d'entrée, je retrouve dans un élan de joie mêlé d'effroi l'ensemble presque monstrueux de bâtiments qui me semblent « chus d'un désastre obscur » (Mallarmé, « Le Tombeau d'Edgar Poe »). Comme, dans un film de science-fiction, un vaisseau venu d'ailleurs, hérissé d'antennes, de pseudopodes métalliques, de prolongements rétractiles. Mais ceux qui l'habitent ne sont pas de petits bonshommes verts, c'est tout un peuple, qui l'a bâti, qui l'a servi, dans la succession des générations. Et j'éprouve un immense désir de me rapprocher de lui, de le connaître, de le comprendre, et lui rendre ce que je lui dois. Est-ce l'effet de cette nuit à Fontevraud ou le souvenir de ces moments où le fossé de classe s'était révélé à mes yeux d'enfant ? J'ai été immédiatement sensible au mouvement des Gilets jaunes. Ces chemins, ces liaisons sont obscurs. Qui sont-ils, ces Gilets jaunes ? Des gens ordinaires, des citoyens anonymes, qui ne s'accommodent plus d'être oubliés dans la prise de décisions engageant leur vie. C'est justement ce qui a déclenché, je l'ai découvert plus tard, une toute première manifestation, au printemps, contre la gêne engendrée par une « ligne à grande vitesse », la « LGB » Paris-Rennes, pour l'établissement de laquelle les gens se plaignent de ne pas avoir été consultés. Des jardins sont coupés en deux. Des villages, bouleversés, qui ne profiteront jamais du moindre arrêt. Le bruit, le souffle, l'invasion d'une puissante vie machinique dans de paisibles contrées qui n'ont rien demandé, à qui on n'a rien demandé. Un peu après, l'application de la taxe sur les carburants votée en 2014 cristallise un mécontentement diffus, le mouvement prend corps en novembre dans différents endroits, des rassemblements se tiennent tous les samedis autour de blocages illégaux de routes et ronds-points. Au centre, ceux qui ne peuvent se passer de « la bagnole », comme dit un ministre. D'où le choix du « gilet jaune » des automobilistes comme signe de ralliement ; j'en ai gardé un dans ma boîte à gants, je l'enfilais pour dire ma solidarité aux groupes des ronds-points. Les revendications s'élargissent à la question du niveau de vie, incluant le sentiment de déclassement et d'inconsidération dont se sent l'objet une petite classe moyenne de gens « qui ne comptent pas », face à l'élite autoproclamée, membres des cercles de pouvoir et de décision, dociles produits de l'économie de marché, intellectuels et artistes asservis et complices. Au départ, j'hésitais, malgré ma sympathie, à cause de certaines violences de langage, de propos homophobes ou antisémites. Très vite, cependant, je découvre la solidité, la maturité des Gilets jaunes, leur exigence de justice et d'égalité, parfois confuse, mais profondément démocratique. Retrouvant l'inspiration des grands sursauts populaires de notre histoire. Début décembre, je rejoins leur cause un soir, au Havre, à l'occasion d'une manifestation annuelle. Une responsable culturelle s'énerve. Ils feraient mieux d'aller dans une médiathèque, dit-elle, au lieu d'encombrer les ronds-points ! Au moins, ça les ferait lire ! Un silence gêné accueille cette sortie.

Je tiens mon sujet, mais je n'ai pas encore de titre. C'est le président Macron qui me le fournit : Oui, je comprends, dit-il mais tout de même, ça ne va pas. On donne autant de place sur les plateaux de télévision à un « Jojo en gilet jaune » qu'à un ministre ! Je publierai un « Tract » sous ce titre en avril 2019. Dans cette formule chargée d'incompréhension, de dérision, et d'un secret mépris, la classe politique révèle l'étendue et la profondeur abyssale du fossé économique, politique, social et culturel qui la sépare des gens ordinaires... La partie du peuple la plus nombreuse et la moins entendue se voit rejetée vers les démagogues et l'extrême droite. Ce sont les seuls qui n'ont pas honte de nous, disait fin avril 2024 une femme qu'on interrogeait sur ses intentions de vote aux prochaines élections européennes. On en a vu le résultat le soir du 9 juin 2024.

La condescendance des « élites » se double d'un mépris appuyé pour le mode de vie des gens ordinaires, du rejet de la culture « de masse » et d'un désintérêt pour l'éducation populaire. La critique justifiée de la marchandisation des loisirs ne débouche sur aucune de ces tentatives qui ont marqué au XXe siècle notre histoire, depuis l'avant-guerre jusque dans les années 90. Depuis le Front populaire, avec Jean Zay, ministre de l'Éducation nationale et des Beaux-Arts, et Léo Lagrange, sous-secrétaire d'État aux Sports et Loisirs, jusque dans l'après-guerre, avec, à droite, les « Maisons de la culture » d'André Malraux. Mais surtout avec la politique culturelle menée par le Parti communiste. Un Parti communiste français profondément stalinien, mais l'une des rares forces politiques en France capable de définir un rapport juste à l'art et à la culture. La ségrégation culturelle redouble en effet les maux dont souffrent les populations soumises à une ségrégation sociale, économique, spatiale, alors que la culture est indûment accaparée à son seul profit par la classe dominante. C'est ainsi que dès la Libération, Jean Vilar, compagnon de route, jamais inscrit, prend l'initiative en 51 de rendre au théâtre de Chaillot son nom de Théâtre national populaire. Vingt ans plus tard, selon Antoine Vitez, le théâtre doit être « élitaire pour tous », le plus grand nombre a droit au meilleur. Maire d'Aubervilliers, Jack Ralite fera venir le Collège de France au théâtre d'Aubervilliers.

D'où la conclusion de *Jojo, le Gilet jaune* (je me cite). « Si sévère qu'on puisse être à juste titre envers les crimes du "communisme réel", il serait injuste d'oublier ce qu'a été en France le "communisme municipal". » Qui, jusque dans les années 90, a sauvé les banlieues de l'isolement culturel et de l'enfermement communautaire. Et peut-être du trafic de stupéfiants. D'où ce rapprochement qui fait frémir, ce glissement de l'histoire, ce moment contemporain : le passage des banlieues du communisme municipal au narcotrafic.

Du communisme municipal au narcotrafic

Détour, pour amorcer ma conclusion, par l'ex-« banlieue rouge ». L'occasion d'évoquer d'anciennes configurations politiques, des destins, des figures singulières qui ont disparu, faisant disparaître avec elles les espoirs qu'elles portaient.

2023. Le procès va bientôt s'ouvrir à Bobigny d'un important réseau de trafiquants de drogue démantelé en décembre 2021, à L'Île-Saint-Denis, dans les tours de la cité Marcel-Paul. L'histoire et les mésaventures de ce petit territoire de la Seine-Saint-Denis en disent beaucoup sur notre époque, les secousses qu'elle subit et ce qui reste aujourd'hui de « la splendide promesse faite au tiers état ». Le département de Seine-Saint-Denis, « le 93 », « le 9-3 », est un des trois départements de « la petite couronne ». Sa création récente, 1968, résulte d'un objectif politique précis, le *containment* — le mot anglais s'impose : c'est le nom de la doctrine des États-Unis après la guerre visant à stopper l'extension de la zone d'influence soviétique, « l'endiguement », donc du

Parti communiste qui s'était implanté depuis 35 autour de Paris dans des communes du département de la Seine. On y trouve des sites archéologiques, des restes paléolithiques, de vieux villages ruraux et des ensembles très urbanisés. La commune de L'Île-Saint-Denis (8 000 habitants) est connue pour sa situation géographique singulière, c'est la seule en Île-de-France dont le territoire coïncide avec une île fluviale. Elle est connue aussi pour avoir attiré les peintres impressionnistes, dont Sisley et son fameux *Pont à Villeneuve-la-Garenne* (Metropolitan Museum of Art de New York). Un parcours de visite en est organisé régulièrement à partir de la médiathèque Elsa-Triolet pour en faire découvrir la faune, la flore, et les paysages. Son site officiel la présente comme « une place forte pour l'économie sociale et solidaire et (...) une référence nationale en matière de transition écologique et populaire (...). L'Île-Saint-Denis conjugue sobriété, innovation, nature et humanité ».

Mais, depuis quelque temps, L'Île-Saint-Denis s'est vue confrontée, comme tout le département, à des défis nouveaux. Les efforts des municipalités et des habitants sont compromis par la présence de réseaux criminels qui ont délaissé les centres-villes depuis les années 80. La Seine-Saint-Denis, dont le président Macron veut faire une « Silicon Valley à la française », occupe en effet la deuxième place en France après Marseille pour l'usage de stupéfiants et le nombre de mis en cause dans le trafic de drogue. C'est ainsi qu'en décembre 2021, un vaste coup de filet a démantelé dans la cité Marcel-Paul de L'Île-Saint-Denis un réseau de narcotrafiquants. La cité Marcel-Paul a pris ce nom en 82, c'est l'ancienne cité Pagel, trois tours construites dans les années 60, avec la cité Marcel-Cachin, de part et d'autre du boulevard Pagel, maire de la ville de 1843 à 1879. De « la banlieue rouge », on est passé à un autre monde. Une autre population a succédé au peuple ouvrier : la partie la plus fragile de l'immigration, en mal d'intégration, en quête d'argent facile, devenue une proie pour les trafiquants internationaux. La cité Marcel-Paul a connu pendant des années de graves problèmes d'insalubrité. Pour les JO de 2024, les trois tours ont été démolies et l'ensemble des résidents relogés. Le *Bondy blog* cite le cas d'une habitante à qui on avait proposé un logement encore plus dégradé à Montreuil. Elle l'a refusé. « C'est un manque de respect. On ne proposerait pas ces appartements à des Blancs. » (*Bondy blog*, 22 février 2024.)

Qui est Marcel Paul ? Son nom ne dit probablement plus rien à personne. Il fut pourtant l'un des ministres communistes du général de Gaulle, ministre de la Production industrielle de novembre 45 à novembre 46. Évoquer sa mémoire, c'est évoquer une mémoire ouvrière, celle d'un monde où le quotidien des familles était difficile, les logements sans confort, les salaires insuffisants, mais un temps aussi de luttes syndicales et politiques, de solidarité, et d'espoir dans les progrès à venir : plus de justice, plus d'égalité, plus d'instruction. Marcel Paul était né le 12 juillet 1900 à Paris dans le XIVe arrondissement, enfant illégitime d'une jeune femme de vingt ans. Elle l'abandonne à sa naissance ; son père le reconnaît le 29 mai 1913 à Denain, mais il est tué dans l'Aisne le 20 août 1918 sans avoir jamais vu son fils. En 1917, la marine ayant besoin de troupes fraîches, l'Assistance publique est mise à contribution et Marcel Paul est mobilisé. Plus tard, il devient électricien de la marine. Il travaillera pour la centrale de Saint-Ouen, et ne la quittera plus. En 1922, il avait dit : « J'étais sorti de mon écrasement. J'étais devenu un ouvrier. » (Il y eut donc un temps où on était fier d'être ouvrier ?) La guerre, la Résistance ; il est arrêté, détenu à Fontevraud puis déporté à Buchenwald. Il fera partie de ces communistes qu'on accuse d'avoir voulu au camp sauver d'abord les camarades. Plus tard il est lavé de ces accusations. Après la guerre, devenu militant syndical, puis politique, il est élu à Plaisance, le quartier le plus pauvre de la capitale. (Je ne raconte pas tout. Je renvoie à la notice de Maitron[165].) Puis c'est le Comité central, et le poste de ministre de la Production industrielle dans le gouvernement du général de Gaulle. Les autres ministres communistes étaient : Maurice Thorez, ministre de la Fonction publique et vice-président du Conseil entre 46 et 47, Ambroise Croizat, ministre du Travail, fondateur de la Sécurité sociale, François Billoux, ministre de l'Économie nationale, et Charles Tillon. Le Général leur a refusé les trois ministères clefs : Affaires étrangères, Armées et Intérieur. Le 4 mai 1947, ils sont exclus du gouvernement.

Plus tard, déçu, il se consacre aux œuvres sociales de l'EDF. Pendant la guerre d'Algérie, il participe à des meetings contre la torture et il intervient, au nom de la Fédération, pour tenter de sauver Fernand Iveton, militant communiste, qui avait placé une bombe dans un local inutilisé de l'usine à gaz d'Alger. Marcel Paul est reçu avec maître Nordmann par René Coty, président de la République, qui refuse la grâce : Iveton est guillotiné le 11 février 1957[166]. Marcel Paul meurt à L'Île-Saint-Denis en 82. En 82, L'Île-Saint-Denis, c'est encore « la banlieue rouge » ; la municipalité sera perdue par les communistes en 2001 au profit d'un maire écologiste Vert. Encore une occasion d'évoquer des destins et des figures dont l'absence pèse cruellement sur la politique aujourd'hui. De 71 à 98, la maire de L'Île-Saint-Denis est Josiane Andros, née en 40, fille d'un ouvrier métallurgiste et d'une employée de bureau. Elle adhère à l'Union des jeunes filles de France, organisation politique liée à la Fédération des jeunesses communistes de France. Créée en 36 par Danielle Casanova, elle est dissoute en 74. (Danielle Casanova mourra à trente-quatre ans le 9 mai 1943 en déportation à Auschwitz.) En 55, Josiane Andros participe au Festival mondial de la jeunesse à Varsovie. À dix-sept ans, à Bourges, elle adhère au Parti communiste, cellule Paul Langevin. « Toujours domiciliée à L'Île-Saint-Denis, elle consacre sa retraite à l'histoire de l'art », écrit Claude Pennetier, dans sa notice du dictionnaire de Maitron.

C'est donc à Marcel-Paul qu'un trafic de drogue a été démantelé en décembre 2021. Le narcotrafic dans une tour délabrée de l'ex-banlieue rouge, telle est la face cachée et la vérité de notre démocratie (oligarchie) néolibérale. Le service de vente à domicile de la drogue imite jusque dans le détail les méthodes des entreprises légales : services après-vente, franchises, innovations marketing. Avec des conséquences et des effets sans nombre sur des vies qu'elle accapare, dévie et détruit. Jeunes hommes usés par la drogue, décimés par les règlements de comptes, familles à la fois victimes et complices : « Mes parents n'approuvent pas ce que je fais », dit un jeune, qui fait office de guetteur, « mais ils sont contents de l'aide financière que je leur apporte » (*Le Monde*)[167].

De ce monde disparu, il subsiste seulement quelques noms. Celui de quelques écoles de L'Île-Saint-Denis : Paul-Langevin, Jean-Lurçat, Irène-Joliot-Curie. D'autres évoquent des temps plus lointains, mais toujours une ancienne idée de la république et de l'instruction : Jules-Michelet, Victor-Hugo, Émile-Zola, Jules-Vallès, Anatole-France. Les nouvelles dénominations, plus récentes, témoignent sans doute d'un vrai souci d'ouverture et d'émancipation : Petit-Prince, Andrée-Chedid, Nelson-Mandela, Pef (Pierre-François Martin-Laval, l'un des membres de la troupe comique Les Robins des Bois). Mais on y devine une certaine fragilité, un peu d'égarement, on ne sait plus trop à qui se vouer, de qui et de quoi s'inspirer.

« Si tu le dis, ma petite fille ! »

Je vois mon arrière-grand-mère Laurence, revenue d'entre les morts, qui s'inquiète et me regarde d'un air peiné. Alors, tout ça pour ça ?

Nous avons changé de monde. Un monde nouveau est né. Plus rien ou presque ne ressemble à celui où l'on vit s'installer définitivement en France l'idée républicaine, ni non plus à celui qu'on avait imaginé de construire selon ses valeurs. Selon Jacqueline Lalouette, l'idéal républicain s'est affaibli pour un Français sur deux. L'horizon s'est élargi à la planète. Des peuples en masse tentent d'aborder sur nos côtes pour échapper à la dictature ou à la misère, et parfois aux deux. Le développement technique, source d'un progrès dont on avait soif, ouvre à un désordre dans le climat, et à une destruction sans précédent des ressources naturelles, des espèces... Confisqué, livré au mensonge, l'idéal républicain a subi une série de métamorphoses dont il pourrait ne pas se relever. Le 14-Juillet, le drapeau tricolore et *La Marseillaise*, la nation une et indivisible, l'universalisme, la langue française, l'élitisme républicain, la laïcité... chacun de ces thèmes a subi une déconstruction, souvent légitime, mais sans considération pour leur histoire et la charge positive dont ils étaient porteurs. L'extrême droite a compris qu'elle pourrait jouer de la nostalgie qu'ils suscitent. Elle profite d'une équivoque, que la gauche doit absolument lever. Faire retour sur « le monde d'avant », ce n'est pas s'y enfermer, et déplorer qu'avec lui toute grandeur ait disparu. C'est y chercher une leçon, dont la gauche républicaine ne peut se dispenser : elle s'inscrit en effet dans une longue histoire où « viendront d'autres horribles travailleurs [qui] commenceront par les horizons où l'autre s'est affaissé » (Rimbaud, *La Lettre du voyant*). Mais ce chemin n'est pas une glorieuse montée vers la lumière. La république s'était arrêtée à mi-côte, « incomplète », « inachevée », disait Jaurès déjà cité, « tant que la démocratie sociale ne vient pas accomplir la démocratie politique ». Face à ce qui se mettait en place, issu de la révolution industrielle, le capitalisme marchand, puis financier, la république « modérée » ne s'est pas défendue, tant elle était tenue par la peur des barricades et des luttes sociales. Les utopies libératrices se sont renversées en asservissement. Mise à l'épreuve par la puissante vague de la course au profit, de la concurrence et de la compétitivité, elle n'a pas su faire entendre qu'il y avait incompatibilité entre l'intérêt général et un monde axé sur la croissance et l'individualisme consommateur. Aujourd'hui, la justice sociale est étranglée par l'appétit du gain ; le désir de reconnaissance est toujours inassouvi, les Gilets jaunes l'ont montré avec éclat ; l'idée de nation se dissout dans la construction européenne. Le ciment des traditions s'est fissuré, la liberté y a certes gagné, mais l'angoisse quotidienne a décuplé, ainsi que le sentiment de frustration. L'unité du peuple s'est fracturée sous la poussée des démagogues ; les plus déshérités retournant leur colère contre ceux qui, venus d'ailleurs, partagent la même inconsidération et les mêmes injustices qu'eux. La vie politique est dévastée par l'effondrement des grands partis traditionnels, moteur en France de la vie démocratique ; l'ascenseur républicain est en panne ; l'école ne parvient plus à offrir ce minimum qu'était l'école de la IIIe République. Comment tenir la grande promesse républicaine de justice, d'égalité, de reconnaissance, d'instruction et de progrès ?

C'est comme s'il fallait tout reprendre de zéro.

J'erre. Je tâtonne. L'extrême droite est aux aguets. Sa menace est à nos portes. Je puise à plusieurs sources. Je dessine hâtivement des perspectives. J'énumère des tâches, des urgences. Je raisonne à ma façon. Je n'aurai pas le temps de voir si j'ai raison ou non. Avec Joseph Andras, je pense que « le mot "républicain" est devenu trop souvent l'arme des privilégiés ». Mais en même temps, comme lui, je voudrais revenir au « geste républicain fondateur, pour ce qu'il a ouvert, rendu imaginable, figurable »[168]. Et redonner sa chance au républicanisme primaire d'un petit peuple avide d'instruction, de justice et de progrès, qui attendait depuis la Révolution l'abolition de vieux privilèges et la réparation de longues injustices. Alors, un populisme ? Oui. Mais *de gauche*. Populisme : encore un mot confisqué par la droite, qui joue de l'opposition entre « le peuple » et « la caste ». Le populisme de droite comme le populisme de gauche partent d'un même diagnostic : le sentiment « d'aliénation de nombre de groupes sociaux qui se sentent exclus de l'exercice effectif de la citoyenneté par les élites "éclairées[169]" ». Mais les remèdes que propose le populisme de droite sont pires que le mal, parce qu'ils développent d'autres formes d'exclusion et de rejet, face aux « étrangers », aux migrants et à nos concitoyens venus d'ailleurs.

Ayant visité les lieux et le temps du « communisme réel », j'en ai conçu un attachement définitif au pluralisme démocratique. Lequel n'est pas l'expression d'une tolérance molle, mais la condition même du politique, construction d'un univers commun dans la confrontation et le débat. Que vaut un pays où la grande majorité n'est pas conviée à décider, à vouloir ? Que valent des changements qui n'auront pas été voulus ? Un exemple suffira : celui du traité de Lisbonne. En 2005, les peuples français et néerlandais avaient refusé par référendum le projet de traité constitutionnel européen. Il sera adopté, sans consultation des citoyens, par les parlementaires français en Congrès à Versailles le 4 février 2008. Trompé, trahi, complice parfois, victime toujours, le peuple. Voyez, dans ces mois de l'automne 2023, les habitants du nord de la France, hébétés face à leurs maisons inondées, leurs jardins engloutis, leurs petites entreprises ravagées, les modestes trésors de toute une vie flottant dans la boue et l'eau sale. Et eux, debout sur le pas de leur porte, portent sur leur visage la marque de toute une vie soumise à l'injonction : conforme-toi ! Accepte de vivre en zone inondable dans ton pavillon préfabriqué. De ne pas te faire soigner les dents. De voir tes enfants exposés aux trafics en tout genre et à la drogue, abreuvés de TikTok et de mangas. Est-ce le destin qu'avait rêvé pour sa descendance mon arrière-grand-mère des bords de Loire, poussant sur le quai sa brouette chargée de linge mouillé ?

La rupture s'impose avec un système économique et politique fondé sur la croissance, le profit, le libre-échange et une concurrence généralisée. Mais nous n'avons plus le même rapport au politique, à la révolution, au peuple, à la république, nous vivons dans la retombée des grandes utopies millénaristes. Un populisme « de gauche », selon mon vœu et ma définition, devra donc réveiller d'anciennes alternatives politiques, économiques et symboliques, des formes disparues d'économie sociale et solidaire. Remettre en place, par exemple, la pratique des communs, gestion collective des ressources, visant à les préserver et à les pérenniser, où la propriété n'est plus conçue comme une appropriation ou une privatisation mais un usage. Retrouver, dans le même temps, certaines pratiques de gratuité, de réemploi et de partage ; une écologie d'avant l'écologie, faite de frugalité et de respect de la nature. En somme, le populisme « de gauche » devrait être un progressisme conservateur. La grande idée à mettre en œuvre, c'est que nul n'a besoin ni ne veut qu'on pense l'émancipation à sa place et en son nom. Mais si *tout le monde pense*, tout le monde a besoin d'être instruit. D'où la nécessité politique, sociale, d'une réforme, d'une refonte, d'une refondation de l'école — sujet sur quoi se concentre, depuis le début, ma passion républicaine. Pour rompre avec sa logique inégalitaire, pour que le futur citoyen, la future citoyenne puissent prendre leur avenir en main, il faut que tous soient nourris, dès les premières années, aux trois savoirs de base : un maniement solide et exact de la langue, une connaissance raisonnée de l'histoire, une initiation rigoureuse à la pensée scientifique. Ainsi l'école pourra accomplir cette fonction émancipatrice que lui assigne Jaurès : permettre aux enfants d'« entrevoir, au-dessus de l'ordre social présent, la possibilité d'un ordre nouveau ».

Une démocratie participative, une écologie solidaire, une école refondée ? En écrivant ces mots, je vois combien il est urgent d'y travailler, et dans le même temps, combien ils auraient paru obscurs et peu convaincants à Laurence, qui n'était allée que trois ou quatre ans à l'école chez les bonnes sœurs de La Salle-de-Vihiers (Maine-et-Loire). Je la vois qui s'éloigne ; elle se retourne, hausse les épaules et me sourit : Si tu le dis, ma petite fille ! Comment retrouver la confiance d'un peuple désabusé par tant de désillusions et de promesses non tenues ?

ANNEXES

CHRONOLOGIE GÉNÉRALE

Les éléments personnels sont en italique.

1947. 16 janvier : élection de Vincent Auriol
14 avril : création du RPF par Charles de Gaulle
5 mai : éviction des ministres communistes
À Angers, le gaulliste Victor Chatenay devient maire
29 novembre : partage de la Palestine
Décembre : début de la guerre civile en Grèce
Charles-Fernand Pressoir publie *Débats sur le créole et le folklore*
Alger la Blanche

1948. 30 janvier : assassinat de Gandhi
17-25 février : le coup de Prague
14 mai : création de l'État d'Israël
28 juin : le Parti communiste yougoslave est expulsé du Kominform
25 juillet : visite de De Gaulle à Angers

1949. Jean Nohain lance l'émission « Reine d'un jour » sur Radio Luxembourg
Suppression du tramway d'Angers (ouvert en 1896)
24 janvier : ouverture du procès Kravchenko
3 avril : accords d'armistice entre Israël et la Jordanie, créant la ligne verte
21 avril : exécution à Angers de Germaine Leloy-Godefroy
16 octobre : fin de la guerre civile en Grèce
26 novembre : Inde, adoption de la Constitution

1951. Création du service de la radio-télévision scolaire (RTS)
28 septembre : loi Marie-Barangé
Octobre : j'entre en sixième

1952. Jean Vilar s'installe avec le TNP au palais de Chaillot
25 mai : Guy Mollet se prononce en faveur de l'adhésion de la France à la Communauté européenne de défense (CED)
Printemps : mon premier voyage à Paris

1953. Le Comité national de défense laïque devient Comité national d'action laïque
5 mars : mort de Staline
14 juillet : sept morts dans le cortège algérien d'une manifestation place de la Nation à Paris
Premier livre de poche : *Kœnigsmark* de Pierre Benoit
14-15 octobre : Israël, massacre de Qibiya

1954. Premières émissions de la télévision scolaire
18 mars : inauguration du Foyer des lycéennes par André Marie, ministre de l'Éducation nationale
7 mai : défaite française à Diên Biên Phu
3 août : mort de Colette
Août : rejet du projet de Communauté européenne de défense (CED)
1er novembre : début de la guerre d'Algérie
Juillet : séjour linguistique en Allemagne

1955. Construction à Prague du monument à Staline

1956. 12 mars : par 455 voix, y compris celles des 146 députés du Parti communiste français, contre 76, le gouvernement de Guy Mollet accorde les pouvoirs spéciaux à l'armée française
23 octobre : insurrection de Budapest
29 octobre : crise de Suez
Otomar Krejča prend la direction artistique du Théâtre national à Prague

1957. Janvier : Elsa Triolet, *Le Monument*
Assia Djebar est exclue de l'ENS pour avoir rejoint les étudiants de l'Ugema, et refusé de passer ses examens
Je quitte Savennières pour Angers

1958. 13 mai : putsch d'Alger
17 et 18 mai : « cérémonies de dévoilement » patronnées par les épouses du général Massu et du général Salan
26 juin : exécution à Budapest d'Imre Nagy
28 septembre : en France, référendum constitutionnel
2 octobre : la Guinée devient indépendante
4 octobre : inauguration de la Ve République
23 octobre : conférence de presse du général de Gaulle
Marcel Dassault est élu député de l'Oise
21 décembre : de Gaulle président de la République
Création de la Communauté française, associant la France et son empire colonial
Tournage du film de Roger Vadim *Les Liaisons dangereuses 1960*, sorti le 8 septembre 1959
29 septembre : je m'installe à Paris au Foyer des lycéennes de la rue du Docteur-Blanche

1959. Frantz Fanon, *L'An V de la révolution algérienne*
André Schwarz-Bart, *Le Dernier des Justes*
6 janvier : une ordonnance porte à seize ans l'obligation scolaire
22 novembre : discours du général de Gaulle à Strasbourg sur l'Europe « de l'Atlantique à l'Oural »

1960. Fin de la Communauté française
7 août : la Côte d'Ivoire devient indépendante
20 octobre : *L'Express*, entretien de Claude Lévi-Strauss avec Madeleine Chapsal, « L'humanité c'est quoi ? »

1961. 8 janvier : référendum sur l'autodétermination de l'Algérie
31 mars : le maire d'Évian est assassiné
21 avril : Alger, putsch des généraux
3 mai : mort de Merleau-Ponty
1er juillet : mort de Céline
Nuit du 12 au 13 août : le mur de Berlin est érigé sous la forme d'un rideau de fils barbelés
17 octobre : répression sanglante à Paris d'une manifestation d'Algériens
6 décembre : mort de Frantz Fanon
Mort à Savennières de la comtesse de Gramont de Coigny, Anne-Marie Brincart, petite-fille du juriste Ernest Duboys d'Angers, née en 1868

Juin : j'entre à l'ENS du boulevard Jourdan
Juillet : voyage à Rome
Fin octobre : ma première carte d'électeur

1962. 8 février : répression au métro Charonne d'une manifestation (neuf morts)
18 mars : accords d'Évian
5 août : mort de Marilyn Monroe
14-28 octobre : affaire des missiles soviétiques à Cuba
28 octobre : 62 % des électeurs se prononcent en faveur de l'élection au suffrage universel du président de la République
Mai : dans Tribune socialiste, *mon article sur le livre d'Alfred Grosser,* La IVe République et sa politique extérieure (*Éditions Armand Colin*)
Été : voyage en Grèce

1963. Mai : *La Maison de Matriona* de Soljenitsyne paraît dans *Les Temps modernes* n° 202
5 août : Malraux lance le plan de ravalement des principaux bâtiments de Paris
5 novembre : première pierre de l'université de Nanterre
22 novembre : assassinat de Kennedy
L'écrivain grec Stratís Tsírkas quitte l'Égypte pour s'installer en Grèce
Jeanne Moreau chante « J'ai la mémoire qui flanche »
Visite d'Aragon à l'École à l'occasion de la parution du Fou d'Elsa

1964. 14 octobre : Nikita Khrouchtchev remplacé par Leonid Brejnev
Ouverture de la faculté de Nanterre
Parution du livre de Bourdieu-Passeron, *Les Héritiers*
Mai-juillet : je passe l'agrégation
Automne : je m'installe à Montrouge

1965. 5 et 19 décembre : élection présidentielle
Nommée professeur au lycée Félix-Faure à Beauvais
Été : voyage au Maroc
Automne : je prends mon premier appartement, place Étienne-Pernet à Paris

1966. Janvier : *Treblinka* de Jean-François Steiner
Juin : voyage du général de Gaulle en « Russie »
Mes débuts à la télévision scolaire

1967. Mai : le Biafra déclare son indépendance, reconnue rapidement par Houphouët-Boigny
5 juin : début de la guerre des Six-Jours
Juillet : numéro spécial des *Temps modernes*, « Le conflit israélo-arabe »
27 novembre : conférence de presse du général de Gaulle
Fin 67 : chargée de cours à la faculté de Nanterre

1968. 5 janvier : début du Printemps de Prague
20 mars : événements à Nanterre
Mi-mai : occupation des locaux de la radio-télévision scolaire à Montrouge
Nuit du 20 au 21 août : entrée des troupes soviétiques à Prague
Fin août : Aragon préface *La Plaisanterie* de Milan Kundera
Octobre : Jeannette Vermeersch démissionne du Bureau politique et du Comité central du PC
Grèce : scission du KKE
Novembre : le théâtre Za Branou de Prague est à Paris
Raymond Aron : *De Gaulle, Israël et les Juifs*
16 décembre : loi portant sur l'autogestion en Yougoslavie
Février : télévision scolaire, mes cinq émissions sur Rousseau
Juillet-août et de nouveau en octobre, avec la radio-télévision scolaire à Abidjan

1969. 4 juin : *Ma nuit chez Maud*
5 mars : mort d'Alexander Werth
18 septembre : Marcel Ophuls, *Le Chagrin et la Pitié*

1970. Janvier : second colloque à Cluny de *La Nouvelle Critique*, « Littérature et idéologies »
9 novembre : mort du général de Gaulle
Sortie des *Mémoires d'espoir*
Bourdieu-Passeron, *La Reproduction*
Otomar Krejča présente *Ivanov* et *Lorenzaccio* à Paris

1971. Août : le Za Branou est fermé autoritairement. Otomar Krejča est limogé
Aragon, *Henri Matisse, roman*

1972. Mai-juin : 1er numéro de la revue des étudiants de Nanterre *Littérature/Science/Idéologie*

1973. 9 janvier : assassinat de Mahmoud Hamchari, représentant de l'OLP à Paris
11 septembre : mort d'Allende
6 octobre : guerre de Kippour. Fin des Trente Glorieuses
26 décembre : sortie à Paris en langue russe de *L'Archipel du Goulag*

1974. Ouverture du viaduc de Saint-Cloud
1er juin : sortie de la traduction française de *L'Archipel du Goulag*
1er volume des *Luttes de classes en URSS* de Charles Bettelheim
Mai : Aragon, *Théâtre/Roman*
15 juillet : invasion turque de Chypre
1er numéro de *Digraphe*

1975. 11 juillet : loi Haby sur l'enseignement secondaire, instituant « le collège unique »
Août : création par Antoine Vitez au festival d'Avignon de *Catherine* d'après *Les Cloches de Bâle* d'Aragon
Octobre : Paysage de ruines avec personnages *(Éditions Flammarion)*

1976. Janvier : Antoine Vitez reprend *Catherine* au théâtre des Amandiers
30 avril : en Grèce, le démotique devient langue officielle
Juin : Claude Lefort, *Un homme en trop. Réflexions sur* L'Archipel du Goulag
28 août : Inde. Le 42e amendement à la Constitution de 1949 ajoute les mots « socialiste » et « laïque »
Décembre : loi Haby instaurant la mixité obligatoire à l'école
Septembre : voyage en Grèce
Décembre : une semaine à Berlin

1977. 2e volume du livre *Les Luttes de classes en URSS* de Charles Bettelheim (Éditions du Seuil)
Mars : voyage à Moscou
Septembre : Le Voyage d'Amsterdam ou les Règles de la conversation *(Éditions Flammarion, « Digraphe »)*

1978. 8 juin : discours de Soljenitsyne à Harvard
Publication aux États-Unis de *L'Orientalisme* d'Edward Saïd (en français, 1980)
3 août : assassinat d'Ezzedine Kalak, représentant de l'OLP à Paris
Octobre : élection du pape Jean-Paul II

1979. 18 septembre : Haïti. Décret fixant l'orthographe haïtienne

1980. 2 mai : Pierre Vidal-Naquet dans *Le Monde*, « Treblinka et l'honneur des Juifs »
6 mai : publication aux Éditions Gallimard de l'ouvrage collectif de dissidents russes *Métropole*
31 août : fondation de Solidarność
Septembre : Mon premier voyage à Prague
3 décembre : Les Portes de Gubbio *(Éditions Hachette / P.O.L)*

1981. 20 janvier : Ronald Reagan est élu président des États-Unis
10 mai : François Mitterrand est élu président de la République française

1982. 3 mars : mort de Georges Perec
Juin : *Journal de Chaillot*, n° 6, Antoine Vitez, « Le théâtre, lieu où le peuple vient écouter sa langue »

1983. Novembre : Milan Kundera, « Un Occident kidnappé » (*Le Débat*)
13 décembre-22 juillet 1984 : état de siège, ou de guerre, en Pologne
Beauvais : on détruit les derniers baraquements
Novembre : Un printemps froid

1984. Novembre : Giorgio Strehler, Paris, théâtre de l'Odéon, *L'Illusion comique*
Octobre-décembre : j'enseigne à New York University

1985. Dominique Lapierre : *La Cité de la joie*
Fusion Sèvres - rue d'Ulm

1986. *Printemps :* La Vie fantôme *(P.O.L)*
Voyage à Prague

1987. Note confidentielle du Comité central soviétique : octroi d'une aide d'un million de dollars pour la campagne d'André Lajoinie
Mars : avec France Culture en Haïti
Mai : Prague puis Budapest
Mon entrée au Messager européen

1988. Mai : János Kádár destitué par les réformateurs du Parti, inspirés et poussés par Mikhaïl Gorbatchev
16 juin : les cercueils des leaders du soulèvement de 56 sont exposés sur les marches du musée des Beaux-Arts de Budapest
28 janvier : mort de mon père
Mars-avril : Prague, Cracovie, Auschwitz, Vienne
Automne : Finlande, plus Leningrad

1989. Juin : Budapest, les protagonistes de l'insurrection de 1956 sont réhabilités
10 juillet : loi d'orientation sur l'éducation, dite loi Jospin. Les écoles normales d'instituteurs disparaissent et sont remplacées par les IUFM
14 juillet : Paris. Fêtes du bicentenaire de 1789
Octobre : Creil, « l'affaire du foulard »
9 novembre : chute du mur de Berlin
16 novembre-29 décembre : Prague, la révolution de velours
14 décembre : mort d'Andreï Sakharov
16 décembre : début de la révolution roumaine à Timişoara
25 décembre : exécution du couple Ceauseşcu
Février : voyage en Inde pour le bicentenaire de la Révolution française et le centenaire de Nehru
16-23 juillet : Budapest
9 octobre : Berlin
29 novembre-4 décembre : Prague
13-19 décembre : Moscou

1990. Fondation par Yves Michalon de l'association Est Libertés
30 avril : mort d'Antoine Vitez
2 août : début de la première guerre du Golfe
28-31 janvier : Prague
26 février-7 mars : Yougoslavie
2-20 novembre : deuxième voyage en Inde

1991. 28 février : fin de la guerre du Golfe
18 novembre : prise et destruction de Vukovar
25 décembre : fin de l'Union soviétique
Mars : Le Don des morts *(Éditions Gallimard)*
Octobre : Roumanie
Novembre : New York

1992. 7 février : signature du traité de Maastricht, instituant l'Union européenne et signé par les douze États membres de la Communauté économique européenne
Mars : Les Temps modernes, *n° 548, « L'hiver des âmes »*
Fin octobre : Berlin
13 novembre : Belgrade. Zemun

1993. 13 septembre : accords d'Oslo
25 septembre : Soljenitsyne à l'inauguration du Mémorial de la Vendée aux Lucs-sur-Boulogne
19 décembre : élections en Serbie
Janvier : Passages de l'Est *(Éditions Gallimard)*
Mars : séjour à Moscou
Décembre : avec Est Libertés à Belgrade, Vukovar

1994. *Janvier :* Principe de ruine *(Éditions Gallimard)*
Janvier-février : numéro spécial des Temps modernes, *n° 570, « Une autre Serbie »*
25 juin-15 juillet : Chine
Août : Les Trois Minutes du diable *(Éditions Gallimard)*

1995. *Novembre :* Lettres mortes *(Éditions Michalon)*

1996. *Djakarta, Yogyarkata, Bali*

1997. L'Amazone du grand dieu *(Bayard Éditeur)*
Viol *(Éditions Gallimard)*
12-23 novembre : premier voyage en Palestine

1998. *14-27 octobre : deuxième voyage en Palestine*
31 décembre : Carnet de route en Palestine occupée *(Éditions Stock)*

1999. *15 octobre : Prague avec France Culture*
9 décembre : Varsovie

2000. Septembre : début de la seconde Intifada ou Intifada al-Aqsa (septembre 2000 - février 2005)
29 septembre : visite d'Ariel Sharon sur l'esplanade des Mosquées et le mont du Temple
30 septembre : mort de Mohammed al-Dura

2001. 11 septembre : quatre attentats-suicides perpétrés le même jour aux États-Unis. Mort de 2 977 personnes, à Manhattan à New York, à Arlington en Virginie et à Shanksville en Pennsylvanie

2002. Avril : opération *Rempart*, épisode de la seconde Intifada. L'armée israélienne se redéploie dans les territoires palestiniens autonomes de Cisjordanie du 3 au 11 avril : incursion à Jénine. Le travailliste Shimon Peres qualifie l'opération de « massacre »
21 mars : *Les Territoires perdus de la République* (Mille et Une Nuits)
21 avril-5 mai : élection présidentielle
4 juin : Edgar Morin, Sami Naïr, Danièle Sallenave publient, dans *Le Monde*, « Israël-Palestine, le cancer »
Je participe à la campagne de Jean-Pierre Chevènement
Mars : Nos amours de la France. République, identités, régions, *entretiens de Danièle Sallenave et Périco Légasse avec Philippe Petit (Éditions Textuel)*
Avril : mort de ma mère
Été : Avocats sans frontières et France-Israël engagent des poursuites contre les auteurs d'« Israël-Palestine »

2003. Guerre d'Irak
9 avril : chute de Saddam Hussein
5 février : dieu.com *(Éditions Gallimard)*

2004. 15 mars : loi sur les signes religieux dans les écoles publiques, suivant les recommandations de la Commission Stasi
Mai : procès d'Edgar Morin, Sami Naïr et Danièle Sallenave
20 novembre : inauguration de la « Maison de lecture Danièle-Sallenave » à Savennières
7 décembre : Tunis, les « Translittéraires »

2005. 29 mai : référendum sur le traité établissant une Constitution pour l'Europe (aussi appelé traité de Rome II ou traité de Rome de 2004)

Mai : procès d'Edgar Morin, Sami Naïr et Danièle Sallenave. La décision de mai 2004 est infirmée en appel à Versailles

2006. *12 juillet : procès en cassation d'Edgar Morin, Sami Naïr et Danièle Sallenave. La Cour de cassation annule la condamnation*
24-25-26 novembre : Tunis, Collège international de Tunis, « Réécrire les Lumières ? »

2008. *3 janvier :* Castor de guerre *(Éditions Gallimard)*
Automne : visites au collège de la Marquisanne à Toulon dans le cadre de l'opération « ambition réussite »

2009. *Janvier :* Nous, on n'aime pas lire *(Éditions Gallimard)*
31 octobre-1er novembre : Tunis, « Malaise dans la culture, malaise dans la liberté » avec l'espace analytique franco-tunisien

2010. Mars : l'éruption de l'Eyjafjöll débute le 20 mars et perturbe le trafic aérien
Mai : invitation à l'Institut français de Tanger
29 mai-11 juin : à l'occasion de l'année France-Russie, seize écrivains français sont invités à bord du train Blaise-Cendrars, destination Vladivostok
26 août : Pourquoi on écrit des romans ? *(Éditions Gallimard Jeunesse)*

2011. *7 avril : élection à l'Académie française au fauteuil de Maurice Druon*
Printemps : de nouveau Maroc, Tanger

2012. *12 janvier :* Sibir. Moscou-Vladivostok *(Éditions Gallimard)*
20 mars : réception à l'Académie française

2014. *27 mars :* Dictionnaire amoureux de la Loire *(Éditions Plon)*

2018. *Mars :* L'Églantine et le Muguet *(Éditions Gallimard)*

2019. *11 avril :* Jojo, le Gilet jaune *(Éditions Gallimard, « Tracts »)*

2021. *21 janvier :* Parole en haut silence en bas *(Éditions Gallimard)*

2022. *6 octobre :* Rue de la Justice *(Éditions Gallimard)*

NOTES

1. « M. Mendès France : ni cette Constitution ni l'Assemblée qui en sortira ne dureront longtemps », *Le Monde*, 8 septembre 1958.

2. Jean-Paul Sartre, « La Constitution du mépris », *L'Express* n° 378, 11 septembre 1958, repris in *Situations VI*, Éditions Gallimard, 2020, p. 30.

3. Charles de Gaulle, *Mémoires d'espoir*, tome 2, Plon, 1971.

4. Pastiche, annoncé dans *La Vie parisienne* du 14 décembre 1912, paru dans cette même revue le 11 janvier 1913 et repris par Grasset très peu de temps après, dans un volume intitulé *À la manière de...*, troisième série, en février 1913, sous le titre « Deuxième subdivision de la trente-septième série préparatoire du cinquième des Cahiers de la neuvaine — Cahier écrit spécialement en intention de saint Frusquin, et destiné à mes lecteurs, placés sous l'invocation de saint Nicodème ».

Merci à Romain Vaissermann de l'avoir mis en ligne en l'accompagnant d'un commentaire indispensable. http://romain.vaissermann.free.fr/03/03C/03C04/pastiche.htm

5. Hegel, *Philosophie de l'esprit* : « C'est dans les mots que nous pensons. »

6. Jean Tardieu, « Rengaine pour piano mécanique », *Monsieur monsieur*, Éditions Gallimard, 1951.

7. Clémence Grenat, Master 2, « Théories et pratiques du théâtre contemporain », sous la direction d'Ariane Martinez. Date de soutenance : le 18 juin 2019. https://dumas.ccsd.cnrs.fr/dumas-02291283

8. Amin Maalouf, *Les Croisades vues par les Arabes*, Éditions Jean-Claude Lattès, 1986.

9. Shashi Tharoor, *Nehru. L'invention de l'Inde*, Le Seuil, 2008.

10. Anatole France, *La Vie littéraire*, Éditions Calmann-Lévy, 1921, 1re série, p. 281-290.

11. Jean-Claude Margolin, « Sur les formes et les enjeux variés du dialogue érasmien », in *États du dialogue à l'âge de l'humanisme*, édité par Emmanuel Buron, Presses universitaires François Rabelais, 2015. https://books.openedition.org/pufr/8177?lang=fr

Voir aussi Gabriele Beck-Busse, « Les *femmes* et les *illitterati* ; ou : la question du latin et de la langue vulgaire », in *Histoire Épistémologie Langage*, 16 II, 1994. https://www.persee.fr/doc/hel_0750-8069_1994_num_16_2_2394

12. Anne-Marie Thiesse et Hélène Mathieu, « Déclin de l'âge classique et naissance des classiques : l'évolution des programmes littéraires de l'agrégation depuis 1890 », in *Littérature*, n° 2, 1981. https://www.persee.fr/doc/litt_0047-4800_1981_num_42_2_2159

13. Claude Lelièvre dans un blog du 27 juillet 2015.

14. https://fr.wikisource.org/wiki/Lettre_de_F%C3%A9nelon_%C3%A0_Louis_XIV

15. Rééditée en 1881 : « Collection des principaux ouvrages pédagogiques français et étrangers ». Fénelon, *De l'éducation des filles*. Texte collationné sur l'édition de 1687 avec une introduction et des notes pédagogiques et explicatives à l'usage des institutrices et des instituteurs par Charles Defodon.

16. Jacques Le Brun, *Le Pur Amour. De Platon à Lacan*, Le Seuil, 2002.

17. Marie Duru-Bellat, « Mixte ou pas ? », *L'École des parents*, n° 593, juin 2011. https://www.cairn.info/revue-l-ecole-des-parents-2011-6-page-28.htm

18. « Les femmes invisibles. Comment mettre en lumière ces femmes invisibles (anthropologues, collecteuses, folkloristes…) dont les travaux fournissent tant de précieux matériaux aux conteuses et aux conteurs ? Un indispensable travail de réhabilitation mené sous la houlette de la commission Égalité de l'APAC/HF », par Françoise Barret, Sonia Koskas, Anastasia Ortenzio et Claire Péricard, *La Grande Oreille*, n° 79, février 2020.

19. Christian Baudelot et Roger Establet, *L'Élitisme républicain. L'école française à l'épreuve des comparaisons internationales*, Le Seuil, 2009.

20. Danièle Sallenave, *L'Églantine et le Muguet*, Éditions Gallimard, « Folio » n° 6861, 2018, p. 71.

21. Charles-Nicolas Cochin, *Voyage d'Italie, ou Recueil de notes sur les ouvrages de peinture & de sculpture, qu'on voit dans les principales villes d'Italie,* tome premier. https://gallica.bnf.fr/ark:/12148/bpt6k106464n

22. Christine Focquenoy Simonnet, *Les Surveillants généraux (1847-1970). Entre figures littéraires et profils historiques*, Presses universitaires du Septentrion, 2021.

23. Nicole Mosconi, « Henri Marion et "l'égalité dans la différence" », *Le Télémaque*, n° 41, janvier 2021. https://www.cairn.info/revue-le-telemaque-2012-1-page-133.html

24. *Ibid.*

25. *L'Archicube,* n° 21, décembre 2016. https://www.archicubes.ens.fr/la-revue/anciens-num%C3%A9ros/le-fabuleux-destin-du-boulevard-jourdan

26. Document vidéo, entretien avec Marianne Bastid-Bruguière. https://www.oralemens.ens.fr/s/PPM/page/marianne-bastid-bruguiere

27. Ernest Brasseaux, https://www.causecommune-larevue.fr/la_place_des_sciences_et_des_scientifiques

28. Jean-Pierre A. Bernard, « Novembre 1956 à Paris », *Vingtième siècle. Revue d'histoire*, n° 30, 1991, p. 68-81. https://www.persee.fr/doc/xxs_0294-1759_1991_num_30_1_2376

29. Charles-Robert Ageron, « Jules Ferry et la question algérienne en 1892 », *Revue d'histoire moderne & contemporaine*, 1963. https://www.persee.fr/doc/rhmc_0048-8003_1963_num_10_2_2848

30. Jacques Cros, « Le vote des pouvoirs spéciaux en 1956 ». https://lepcf.fr/1956-Le-vote-des-pouvoirs-speciaux

31. « Marseille, 1962 : le cauchemar des rapatriés d'Algérie », *L'Obs*, 6 juillet 2012.

32. Guy Pervillé, « La tragédie des harkis : qui est responsable ? », *L'Histoire*, mai 2002.

33. On peut l'entendre en cliquant sur https://www.ina.fr/ina-eclaire-actu/video/cpf10005716/marie-jeanne-durry-eden.

34. Père Jean-Robert Armogathe, « La spiritualité », *Communio, revue catholique internationale*, n° 113, mai-juin 1994, p. 77.

35. Danièle Sallenave, *Rue de la Justice*, Éditions Gallimard, « Folio » nº 7351, 2022, p. 351.

36. Abdelwahab Meddeb, « Le sublime dans *Le Fou d'Elsa*. Entre Orient et Occident », *Po&sie*, nº 141, mars 2012, p. 77. https://www.cairn.info/revue-poesie-2012-3-page-77.htm

37. Jean Delay, *La Jeunesse d'André Gide*, 2 volumes, Éditions Gallimard, 1956 et 1957.

38. Céline Spector, « La lecture althussérienne de Montesquieu », *La Pensée*, nº 382, février 2015, p. 85. https://www.cairn.info/revue-la-pensee-2015-2-page-85.html

39. Clémence Cardon-Quint, *Des lettres au français*, Presses universitaires de Rennes, 2015. https://books.openedition.org/pur/89043?lang=fr

40. Geneviève Dreyfus-Armand, « La faculté de Nanterre de 1964 à 1968, entretien avec Pierre Grappin », *Matériaux pour l'histoire de notre temps*, nº 11-13, 1988, p. 100-104. https://www.persee.fr/doc/mat_0769-3206_1988_num_11_1_403836

41. « *Collègue* ou *camarade* ? Le coup de gueule d'un général de gendarmerie », *L'Essor de la gendarmerie*, 9 janvier 2023.

42. https://www.youtube.com/watch?v=dg-J_Va1Ba4

43. Frantz Fanon, *L'An V de la révolution algérienne*, « L'Algérie se dévoile », Éditions François Maspero, 1959 ; Éditions La Découverte, 2011.

44. « Le rôle du PCF dans l'élection présidentielle de 1965 », *Silomag*, mars 2017. https://silogora.org/le-role-du-pcf-dans-lelection-presidentielle-de-1965/

45. Lire Yvan Gastaut, « La Guerre des Six Jours et la question du racisme en France », *Cahiers de la Méditerranée*, 2005, p. 15. https://journals.openedition.org/cdlm/930?lang=en#bodyftn19

46. Samuel Ghiles-Meilhac, « Les Juifs de France et la guerre des Six Jours : solidarité avec Israël et affirmation d'une identité politique collective », *Matériaux pour l'histoire de notre temps*, nº 96, avril 2009, p. 12. https://www.cairn.info/revue-materiaux-pour-l-histoire-de-notre-temps-2009-4-page-12.htm

47. Cf. à ce propos l'article de Sibylle Vincendon dans *Libération* du 23 mars 2018, « L'année 68. Nanterre : l'université des *exilés* ». https://www.liberation.fr/france/2018/03/23/nanterre-l-universite-des-exiles_1638487/?redirected=1&redirected=1

48. On peut retrouver cet entretien ici : https://gallica.bnf.fr/ark:/12148/bpt6k13207018/f1.

49. Voir le blog d'Alexandre Gilbert : https://frblogs.timesofisrael.com/et-dina-dreyfus-crea-le-talk-show-philosophique/.

50. Danièle Sallenave et Sylvain Roumette, *Jean-Jacques Rousseau, portrait d'un homme libre*. https://gallica.bnf.fr/ark:/12148/bpt6k1320143j.

51. Michel Winock, « La révolution a-t-elle eu lieu ? », *L'Histoire*, n° 330, avril 2008.

52. Dimitri T. Analis, *Les Balkans (1945-1960)*, Presses universitaires de France, 1978.

53. Catherine Samary, « La révolution yougoslave et l'autogestion », *Manière de voir*, n° 106, août-septembre 2009. https://www.monde-diplomatique.fr/mav/106/SAMARY/17628

54. Georges Leygues, « La Colonisation nouvelle », *Le Petit Parisien*, 23 avril 1906.

55. Manuel de droit d'outre-mer.

56. Cf. entretien avec Étienne Brunswic. https://www.canal-u.tv/chaines/tematice/entretien-avec-etienne-brunswic.

57. Extrait de *Scienta*, janvier 1920. Éditions Librairie du Parti Socialiste et de l'Humanité, 142, Rue Montmartre.

58. Titre du livre paru en 1950 de l'écrivain et homme politique croate Ante Ciliga, l'un des fondateurs du Parti communiste yougoslave. S'étant rendu en 1926 à Moscou pour enseigner, il rejoint vite l'opposition à Staline. Emprisonné puis déporté en Sibérie, il est libéré et expulsé d'Union soviétique en 1935. En 1936, Ante Ciliga est à Paris où il écrit la première partie de son livre, *Au pays du grand mensonge*, publié en 1938, auquel fait suite une deuxième partie, *Sibérie, terre de l'exil et de l'industrialisation*, achevée en 1941 et publiée en 1950.

Dix ans au pays du mensonge déconcertant est publié à Paris par les Éditions Champ Libre en 1977.

59. Archive INA. https://www.youtube.com/watch?v=_l54ATtvaSI

60. André Lajoinie, campagne présidentielle 1988, archive INA. https://www.youtube.com/watch?v=2YFAE4Kg520

61. Pier Paolo Pasolini, *La Divine Mimesis*, nouvelle traduction de Danièle Sallenave, Éditions Bartillat, 2024, p. 23.

62. Jean Vigreux, « Waldeck Rochet et le Comité central d'Argen-

teuil », in *Annales de la Société des amis de Louis Aragon et Elsa Triolet*, numéro consacré à Aragon et au Comité central d'Argenteuil, 2000.

63. Émile Copfermann, *Conversations avec Antoine Vitez*, P.O.L, 1999.

64. D'Anne Brunswic, entre autres : *Bienvenue en Palestine*, Actes Sud, 2004 (prix RFI — Témoin du monde) ; « Babel », 2006 et 2014. *Sibérie. Un voyage au pays des femmes*, Actes Sud, 2006. *Les Eaux glacées du Belomorkanal*, Actes Sud, 2009.

65. Exemple de sommaire : *L/S/I* n° 3-4, hiver 1972 :

Deux textes de *Gramsci sur l'école* précédés de remarques introductives, *Gramsci et la question scolaire* par Ch. Buci-Glucksmann / *À partir de Gramsci*, entretien de E. Sanguineti avec J. Thibaudeau / *Littérature et communisme*, J. Thibaudeau / *Paris VII : une science des textes à l'université ?*, A. Letoulat / *Philosophie et enseignement du français*, H. Lacroix / *Rabelais lu et enseigné* (1), J. Jachymiak / Notes de lectures.

Autre exemple : *L/S/I* n° 5, automne 1973 :

Brecht / le réalisme : contributions à une littérature de combat. Le débat Brecht-Lukacs, W. Mittenzwei / *Les signes du réel*, G. Germain / *entretien avec Michel Verret*, À propos des « Dialogues pédagogiques » / *Rabelais divise : les* Prologues, J. Jachymiak.

66. Sylvie Le Bon, « Un positiviste désespéré : Michel Foucault », *Les Temps modernes*, n° 248, janvier 1967.

67. François Dosse, *Histoire du structuralisme*, tome 2, Éditions La Découverte, 2012, p. 111-123.

68. Frédérique Matonti, « Marx entre communisme et structuralisme », *Actuel Marx*, n° 45, 2009.

69. Vincent Berthelier, « Idéologie et littérature », *Contretemps*, 26 mars 2018.

70. Charles Bettelheim, *Les Luttes de classes en URSS*, Première période, 1917-1923, Le Seuil/Maspero, 1974. Deuxième période, 1923-1930, Le Seuil/Maspero, 1977.

71. *Le Monde*, 6 décembre 2023.

72. Danièle Sallenave, « Cryptes », *Digraphe*, n° 6, octobre 1975.

73. Publié d'abord en mars 63 par Tvardovsky dans la revue *Novy Mir*. Traduit par Léon Robel, juif, résistant, communiste, ami de Lili

Brik et d'Elsa Triolet qui lui commandera la traduction d'*Une journée d'Ivan Denissovitch* d'Alexandre Soljenitsyne en 1965 pour les Éditions Julliard. Robel sera aussi le traducteur de l'almanach Métropole.

74. François Hourmant, *Le Désenchantement des clercs*, Première partie : Derniers feux révolutionnaires et prémisses de la critique anti-totalitaire (1970-1976), Presses universitaires de Rennes, 1997. https://books.openedition.org/pur/24614

75. Michel Winock, « L'âge d'or des intellectuels », *L'Histoire*, n° 83, novembre 1985.

76. http://1libertaire.free.fr/Deleuze03.html

77. Entretien avec Christian Prigent, revue *TXT*, 1982, à propos de la parution de *Dante écrivain*.

78. Paul Thorez, *Les Enfants modèles*, Éditions Gallimard, « Folio » n° 1538, 1984.

79. Aragon, *L'Œuvre poétique*, t. VI (1934-1935), Le Livre Club Diderot, 1975, p. 322. Cité par Philippe Olivera dans « Aragon, "réaliste socialiste". Les usages d'une étiquette littéraire des années Trente aux années Soixante », *Sociétés & Représentations*, 2003.

80. Aragon, *Les Cloches de Bâle*, Éditions Gallimard, « La Pléiade », t. I, 1997, p. 715.

81. Cf. l'article d'André Larané sur Hérodote.net, « 1er décembre 1934. Assassinat de Kirov et purges staliniennes ».

82. Benoît Lambert et Frédérique Matonti, « Un théâtre de contrebande. Quelques hypothèses sur Vitez et le communisme », *Sociétés & Représentations*, n° 11, janvier 2001. https://www.cairn.info/revue-societes-et-representations-2001-1-page-379.htm#re51no51

83. Émile Copfermann, *Conversations avec Antoine Vitez*, *op. cit.*

84. Marie-Aude Bonniel, « Il y a 50 ans, la dictature des colonels s'installait en Grèce », *Le Figaro Histoire*, 20 avril 2017.

85. Tariq Ali, *Churchill, sa vie, ses crimes*, La Fabrique éditions, 2023, p. 539.

86. Charles Mercier, *Autonomie, autonomies*, Éditions de la Sorbonne, 2015.

87. Cité dans une note du SLPM (service de liaison et de promotion des migrants) au préfet des Hauts-de-Seine.

88. « Antoine Vitez monte *Tartuffe* à Moscou », *Le Monde*, 19 mai 1977. Non signé.

89. Cf. mon article dans *Le Monde*, 20 mars 2022, « Victor Hugo, la Russie et nous ».

90. Journal *Le Temps*, 15 septembre 1933.

91. Guennadi Aïgui, *Toujours plus autrement sur terre*, traduit du russe par Clara Calvet et Christian Lafont, Atelier de l'Agneau, 2021.

92. Alexander Werth, *Leningrad 1943*, traduit par Évelyne et Nicolas Werth, Tallandier, puis Texto, 2013.

93. Catherine Decours, *Juliette Récamier*, « Le bonheur à l'Abbaye-aux-Bois », Perrin, 2013.

94. Nicole Zand, « "Les Trois sœurs" de Tchekhov par le Théâtre Za Branou de Prague », *Le Monde*, 15 novembre 1968.

95. Lire la préface de Philippe Petit à la réédition des *Noces dans la maison* de Bohumil Hrabal, Robert Laffont, 2019.

96. Juliette Grange, « La France entre république et nation », in *La France en récits*, Presses universitaires de France, 2020.

97. Gerhard Sauder, « La conception herdérienne de peuple/langue, des peuples et de leurs langues », *Herder et les Lumières*, 2003. https://journals.openedition.org/rgi/977

98. Lucien Guirlinger, « Partir avec Descartes : le voyage comme rupture et sauvegarde », *Actes des congrès nationaux des sociétés historiques et scientifiques*, 2009.

99. Radio Prague international de 2008. C'est ce qui arrivera notamment à Jiří Mucha, écrivain et fils du célèbre peintre, qui décrit le camp de Jáchymov dans *Les Soleils froids*, publié en 1968.

100. Edmund Husserl, *La Crise des sciences européennes et la phénoménologie transcendantale*, Éditions Gallimard, 1976, p. 353-354.

101. Sylvain Venayre, *Les Guerres lointaines de la paix. Civilisation et barbarie depuis le XIXe siècle*, Éditions Gallimard, 2023.

102. Gaël de Santis, « Années 1980 : cette décennie où la gauche a déçu son peuple », *L'Humanité*, 28 décembre 2023.

103. *Georges Navel ou la seconde vue*, Éditions Le temps qu'il fait, 28 février 1982.

104. Préface de Colum McCann à *Ma découverte de l'Amérique* de Vladimir Maïakovski, Éditions du Sonneur, 2017.

105. Raphaëlle Besse Desmoulières, « New York, ville amérindienne :

"C'est notre terre. Elle renferme les esprits de nos ancêtres, nos histoires" », *Le Monde,* 30 mars 2024.

106. Charles Coutel, « Laïcité et anticléricalisme : Clemenceau, le "Discours pour la liberté" », *Humanisme*, 2018/4.

107. Pierre-Cyrille Hautcœur, « Haïti : la France doit cesser de croire que la mémoire de la violence coloniale peut être effacée », *Le Monde*, 2 avril 2024.

108. Alexandre Feron, « Karel Kosík et la dialectique du concret : marxisme et phénoménologie en Tchécoslovaquie socialiste », *Alter revue de phénoménologie*, 2013.

109. Samuel Blumenfeld, « La Défaite de la pensée », *Le Monde*, 15 août 2008.

110. François Dosse, « Du deuil éclatant de la littérature au plaisir du texte », in *Histoire du structuralisme*, La Découverte, 2012.

111. Jan Patočka, *L'Écrivain, son « objet »*, traduit par Erika Abrams, P.O.L, 1991.

112. Cf. l'article d'André Larané sur Hérodote.net, « 13 avril 1919, le massacre d'Amritsar ». Cf. aussi Shashi Tharoor, *Nehru, l'invention de l'Inde*, Le Seuil, 2008.

113. Voir sur cette question mon livre *Castor de guerre,* chapitre 9 : « Aller de nos yeux voir la révolution en marche », Éditions Gallimard, 2008, « Folio » n° 4930, p. 625.

114. « L'élève au centre du système éducatif » dans l'*Encyclopaedia Universalis* : https://www.universalis.fr/encyclopedie/eleve-au-centre/#:~:text=L'expression%20%C2%AB%20l'%C3%A9l%C3%A8ve,tendances%20id%C3%A9ologiques%20d'origines%20diff%C3%A9rentes

115. Jean Biès, « Romain Rolland, Tagore et Gandhi », *Littératures*, 1971.

116. Michael Löwy, « Le concept d'affinité élective en sciences sociales », *Critique internationale*, 1999.

117. Pierre Hadot, *L'Apport du néoplatonisme à la philosophie de la nature en Occident*, Eranos Jahrbuch, 1968.

118. Pascal Ory, *Une nation pour mémoire, 1889, 1939, 1989, trois jubilés révolutionnaires*, Les Presses de Sciences Po, 1992.

119. Steven L. Kaplan, *Adieu 89*, Fayard, 1993.

120. https://www.cairn.info/revue-reseaux1-2008-2-page-203.htm

121. Yohan Blavignat, « L'affaire des *foulards de Creil* : la République laïque face au voile islamique », *Le Figaro*, 27 juillet 2018.

122. Enzo Traverso et Simón Vázquez, *Contretemps*, 17 novembre 2023. https://www.contretemps.eu/gauche-critique-sionisme-traverso-judaisme-question-nationale/

123. Ismaïl Ferhat, *Les Foulards de la discorde, retours sur l'affaire de Creil 1989*, Éditions de l'Aube / Fondation Jean-Jaurès, 2019.

124. Françoise Gaspard, « Le foulard de la dispute », *Cahiers du Genre*, 2006.

125. Entretien avec Laurent Valdiguié dans *Marianne*, 13 septembre 2019.

126. https://www.vie-publique.fr/discours/139751-interview-de-m-francois-mitterrand-president-de-la-republique-accorde

127. Cf. Florent Champy in *Revue française de sociologie*, compte rendu de Béatrice Picon-Vallin (dir.), *Lioubimov, la Taganka*, Éditions du CNRS (« Les voies de la création théâtrale »), 1997. https://www.persee.fr/doc/rfsoc_0035-2969_1998_num_39_4_4853

128. Sur Memorial : https://legrandcontinent.eu/fr/2022/07/18/pourquoi-memorial-ne-disparaitra-pas/

129. https://www.rtbf.be/article/il-y-a-30-ans-le-proces-et-l-execution-de-ceausescu-marquent-le-tournant-de-la-revolution-roumaine-10395751

130. Antony Fiant, « Grandeur et décadence d'un dictateur du xxe siècle. À propos de *L'Autobiographie de Nicolae Ceauşescu* d'Andrei Ujica », *Double jeu*, n° 10, 2013, p. 139-147. https://doi.org/10.4000/doublejeu.582

131. Sur le symbolisme de la croix de Lorraine : https://www.persee.fr/doc/bulmo_0007-473x_1950_num_108_1_8939_t1_0204_0000_2#:~:text=En%201870%2C%20elle%20devint%20le,d'espoir%20dans%20le%20malheur

132. https://www.histoirealacarte.com/Europe-depuis-1945/la-yougoslavie-de-lunite-a-leclatement

133. *Le Monde*, 21 août 1990.

134. Paul Reboux et Charles Müller, *À la manière de...*, nouvelle édition préparée et présentée par Olivier Barrot, Grasset, Les Cahiers rouges, 1998.

135. *Revue d'études comparatives Est-Ouest*.

136. Cf. l'article de Jean Artarit, « La révolution est un bloc ! ». https://musee-clemenceau.fr/la-revolution-est-un-bloc/

137. 5 mars 1999. https://www.kommersant.ru/doc/214238

138. François Hartog, *La Nation, la religion, l'avenir. Sur les traces d'Ernest Renan*, Éditions Gallimard, 2017, p. 89.

139. Françoise Bonardel, « Être homme, marcher », *Chimères*, 2018. https://www.cairn.info/revue-chimeres-2018-1-page-84.htm

140. https://www.swissinfo.ch/fre/culture/le-paysan-chinois-et-les-guerriers-de-terre-cuite/35196670

141. Victor Segalen, « Nouvelles de la mission en Chine », *Comptes rendus des séances de l'Académie des inscriptions et belles-lettres*, 1914. https://www.persee.fr/doc/crai_0065-0536_1914_num_58_3_73388

142. Victor Hugo, « Au capitaine Butler », 25 novembre 1861, *Actes et Paroles II. Pendant l'exil.*

143. Lucien Bianco, « Les paysans et la révolution. Chine, 1919-1949 », *Politique étrangère*, 1968.

144. Alain, « Croyance et foi », *Définitions*, Éditions Gallimard, 1954.

145. Cf. Juliette Simont, « De l'importance du mysticisme dans la formation de Sartre et Beauvoir », *Genesis*, n° 53, 2021.

146. *Relation de ce qui s'est passé en la Nouvelle France sur le grand fleuve de Sainct Laurent en l'année 1634*, édition critique établie par Guy Laflèche sous le titre *Relation de 1634 de Paul Lejeune. Le missionnaire, l'apostolat, le sorcier*, Montréal, Presses de l'université de Montréal, 1973.

147. Hans Maier, « Compelle intrare », traduit de l'allemand par Noémie Piacentino, *Communio*, n° 251-252, 2017.

148. Mino Bergamo, *La Science des saints*, Éditions Jérôme Million, 1992 ; *L'Anatomie de l'âme. De François de Sales à Fénelon*, Éditions Jérôme Million, 1994.

149. Marina Lusa, « Le cas Madeleine de Pierre Janet : la mystique au carrefour des discours de la science et de la religion », *La Cause du Désir*, 2012.

150. Cf. l'article de Pierre Vidal-Naquet dans *Le Monde* du 31 juillet 1998. https://www.lemonde.fr/archives/article/1998/07/31/apartheid-en-palestine_3663173_1819218.html

151. Par Gilles-William Goldnadel (Avocats sans frontières) et France-Israël.

152. Eyal Weizman, *À travers les murs*, La fabrique éditions, 2008.

153. www.danielbensaid.org, article du 1er mai 2002.

154. Condorcet, *Cinq Mémoires sur l'instruction publique*, 1791-1792.

155. Philippe d'Iribarne, *Le Figaro*, 17 août 2024.

156. Cité par Robert Verdussen rendant compte de l'ouvrage dans *La Libre Belgique* du 4 mars 2004. https://www.lalibre.be/culture/livres-bd/2004/03/05/le-voile-et-le-portable-Q2KUF5S4K5ASNMIHXGU27U25G4

157. « Bourguiba, apostat ? », *Jeune Afrique*, 23 août 2004. https://www.jeuneafrique.com/99968/archives-thematique/bourguiba-apostat/

158. Mohamed Kerrou, « La Grande Mosquée de Kairouan : l'imam, la ville et le pouvoir », *Revue des mondes musulmans et de la Méditerranée*, 2009.

159. Thierry Oberlé, « La Tunisie en guerre contre le voile islamique », *Le Figaro*, 20 octobre 2006.

160. Jean Luciani et Alain Supiot, « La fraternité et la loi », *in* « Liberté, égalité, fraternité et droit du travail », *Droit social*, numéro spécial sous la direction de J.-J. Dupeyroux, n° 1, janvier 1990 ; *Genèses. Sciences sociales et histoire*, année 1991.

161. En ligne, le texte intégral de son discours : https://fr.wikisource.org/wiki/Discours_d%27ouverture_du_Congr%C3%A8s_litt%C3%A9raire_international

162. Susan Faludi, *Backlash. La guerre froide contre les femmes*, traduit par L.-E. Pomier, É. Châtelain-Diharce et T. Réveillé, Éditions des Femmes, 1993.

163. Danièle Sallenave, *Sibir. Moscou-Vladivostok (mai-juin 2010)*, Éditions Gallimard, 2012, « Folio » n° 5947.

164. Emiko Yoshino et Katsuhiko Takayama, *L'Univers en manga*, Bayard jeunesse, 2020.

165. https://maitron.fr/spip.php?article50530, notice « PAUL Marcel » par René Gaudy, version mise en ligne le 6 juin 2009, dernière modification le 24 février 2022.

166. Joseph Andras, *De nos frères blessés*, Arles, Actes Sud, 2016.

167. « Uberstup » par Alexandre Kaufmann, *Le Monde*, 2 mai 2024.

168. Interview dans *Frustration magazine*, 17 juin 2022.

169. Chantal Mouffe, « La “fin du politique” et le défi du populisme de droite », *La Revue du MAUSS*, 2002.

CRÉDITS

p. 17 : Archives de Gaulle, Paris, France / Bridgeman Images ; p. 21 : Lucien Lorelle / Archives Philippe Gallois / LA COLLECTION ; pp. 76, 80 : archives ENS / PSL ; p. 82 : delcampe.net ; pp. 98, 136 : CCø Paris Musées - musée Carnavalet-Histoire de Paris ; p. 116 : Réseau des médiathèques du Beauvaisis : © Adagp, Paris, 2025 / Photo12 / Alamy/ Pictorial Press, Pictorial Press Ltd ; pp. 193, 221, 251, 276, 335, 356, 385, 401, 468 : collection de l'auteur ; p. 208 : photo Thierry Noir / CC-BY-SA 3.0 ; p. 217 : pastvu.com ; p. 219 : Droits réservés ; p. 242 : Photo12/Alamy/Azoor Photo ; p. 249 : Archives d'Indre-et-Loire (AD37 2382W32) ; p. 301 : Photo12/Alamy/Pictures From History, CPA Media Pte Ltd ; p. 303 : Photo12/Alamy/Artokoloro Penta Springs Ltd ; p. 350 : photo Neoclassicism Enthusiast / CC-BY-SA-4.0 ; p. 377 : dikobraziy / iStock ; p. 383 : Photo12/Alamy/Jonathan Wilson ; p. 398 : photo g.a.b / collection de l'auteur ; p. 465 : philatelia.net / CC-BY-SA-4.0 ; p. 475 : Jean-François Amelot / LA COLLECTION (détail).

II

LE SOLEIL SE LÈVE À L'EST

III

L'ANNÉE 89 ET SES SUITES

IV

« LE PLUS LONG DÉTOUR EST LE PLUS COURT RETOUR »

ANNEXES

Œuvres de Danièle Sallenave (suite)

CONVERSATIONS CONJUGALES, 1987.
ADIEU, 1988.

Aux Éditions Autrement (« Les Villes rêvées »)

ROME, 1986.

Aux Éditions des Femmes

VILLES ET VILLES, 1991.

Aux Éditions Michalon

LETTRES MORTES, 1995.

Aux Éditions Bayard

L'AMAZONE DU GRAND DIEU, 1997.

Aux Éditions Textuel

À QUOI SERT LA LITTÉRATURE ?, 1997.
NOS AMOURS DE LA FRANCE (en collaboration), 2002.

Aux Éditions Actes Sud

LES ÉPREUVES DE L'ART, 1998.

Aux Éditions Stock

CARNET DE ROUTE EN PALESTINE OCCUPÉE, 1998.

Aux Éditions Plon

DICTIONNAIRE AMOUREUX DE LA LOIRE, 2014.

Aux Éditions Descartes & Cie

LE FOND DE L'AIR EST FRAIS, 2015.

Aux Éditions Don Quichotte

LA BATAILLE DU RAIL. Cheminots en grève, écrivains solidaires, *collectif*, 2018.

Composition : Nord Compo
Achevé d'imprimer par Normandie Roto Impression s.a.s.,
à Lonrai le 5 février 2025.
Dépôt légal : février 2025
Numéro d'imprimeur : 2406057

ISBN : 978-2-07-309841-2 / Imprimé en France.

646717